오늘의 한자
섀도잉으로 일본어 N1·N2 격파하라

이 책의 한국어판 저작권은 저작권자인 주식회사 JC교육연구소와의
독점계약으로 중앙에듀북스에 있습니다.
신저작권법에 의하여 한국 내에서 보호를 받는 저작물이므로
무단전재와 무단복제를 금합니다.

오늘의 한자
섀도잉으로 일본어 N1·N2 격파하라

JC교육연구소 지음 | 강봉수 옮김

중앙에듀북스

옮긴이의 말

여러분은 한자 공부를 어떻게 하고 계시나요?

초급, 중급, 고급 매번 단계를 올라갈 때마다 고민이 되고, 여러분의 발목을 잡는 것이 이 한자가 아닌가 싶군요. 20년이 넘게 일본어를 공부하고 N1에서 만점을 받은 역자도 한자 때문에 많은 고민을 하였으며, 좀더 효율적으로 한자 공부를 할 수 없을까 늘 고민하고 있답니다.

가장 이상적인 한자 공부는 음독과 훈독을 정석으로 배워 한자를 일관성 있게 공부하는 것이 가장 효과적이라고 할 수 있습니다. 그러나 시험을 준비하는 학생들은 그렇게 많은 시간을 내어 공부하는 것이 쉽지만은 않습니다. 그 다음으로 좋은 방법은 실제로 살아있는 생생한 문장을 MP3로 섀도잉(네이티브 발음을 모방하여 따라함)하면서 공부하는 것이 가장 이상적이라고 할 수 있습니다.

제가 여기에서 소개하는 〈오늘의 한자〉는 일본어를 공부하는 사람이라면 한번쯤은 들어보고 사이트를 이용해 봤을 것입니다.

그만큼 내용면에서 많은 인지도가 있어 N1, N2를 준비하는 수험생들이 카페나 블로그에서 유용하게 활용하고 있습니다. 여기에서 쓰인 예문들은 일본의 초, 중, 고교, 그리고 사회에서 일반상식으로서 알아두어야 할 한자들을 데이터베이스하여 만든 좋은 내용들로 구성되어 있습니다.

그럼 〈오늘의 한자〉가 어떻게 구성되어 있는지 상세히 알려드리도록 하겠습니다.
〈오늘의 한자〉의 구성을 살펴보면 다음과 같습니다.
〈오늘의 한자〉는 100% 상용한자의 범위에서 사용되었습니다.
우선 상용한자에 대해 말씀드리면, 2010년 상용한자가 갱신되어 196자가 추가(5자 삭제)되어 2136자가 되었습니다. 〈오늘의 한자〉는 구 상용한자(1945자)로 작성되었으나, 신 상용한자(2136자)의 범위이기도 합니다.

판권을 계약한 주식회사 JC교육연구소와 〈오늘의 한자〉에 대해 주고받은 내용을 잠시 소개하면,

1. [질문] 구 상용한자 1945자(新 일본어능력시험 1급 수준)가 〈오늘의 한자〉에서 100% 사용되고 있는지, 아니면 몇 %의 비율로 사용되고 있는지 가르쳐 주세요.
    [답변] 총 한자수 13641자 가운데, 중복된 한자를 제외하면 <u>1712자가 사용되고 있습니다. 구 상용한자 1945자의 사용률은 88%, 신 상용한자 2136자의 사용률은 80%</u>로 되어 있습니다.
2. [질문] 〈오늘의 한자〉 중에서 일본 초등학교에서 배우는 교육한자(1006자 : 新 일본어능력시험 2급 수준)는 전체 가운데 어느 정도로 쓰였는지 데이터가 있으시면 알려주세요.
    [답변] 〈오늘의 한자〉 전체 1006자 가운데, <u>교육한자는 903자 사용되고 있으며, 전체 중 약 90%의 사용률</u>을 보이고 있습니다.

학년별 사용한자로 살펴보면 아래와 같습니다.
1학년=62/80자, 2학년=137/160자, 3학년=175/200자,
4학년=185/200자, 5학년=178/185자, 6학년=166/181자
(학년=오늘의 한자 사용자수/학년별 교육한자 수)

상용한자 중에는 사용빈도가 많은 것도 있고, 사용빈도가 적은 것도 있습니다. 예문들은 실제로 초, 중, 고교나 일반상식으로 일본에서 쓰고 있는 것들로 구성되어 있어 N1, N2를 준비하는 학생이나 비즈니스맨들에게 좋은 자료로서 활용될 것을 믿어 의심치 않습니다.

이 책의 주요 특징을 정리해보면 다음과 같습니다.
1. 전체 문장을 MP3로 생생하게 즐기면서 섀도잉하여 어려운 한자도 이젠 술술 표현할 수 있습니다.
2. 일본 초, 중, 고교, 그리고 사회에서 일반상식으로 알아두어야 할 실제로 사용빈도가 높은 예문들로 구성되어 있어 N1, N2 수험생의 학습서로 적합합니다.
3. 하루에 〈오늘의 한자〉 20문제씩을 손쉽게 따라하면서 신문, 뉴스 어휘도 이 책으로 뚝딱 정복할 수 있습니다.
4. 중요한자 1712자에 대해 전부 후리가나와 해석본을 첨가하여 누구나 손쉽게 공부할 수 있게 배려했습니다.

N1, N2를 준비하는 일본어 수험생들에게 한 말씀드리면, 이제 여러 책으로 공부할 게 아니라 생생한 예문을 MP3로 직접 섀도잉하면서 마스터합시다.
여러분 '계속은 힘' 이 됩니다. 저도 일본어를 공부한 지 20년이 훌쩍 넘었지만, 꾸준함만큼 어학에서 중요한 건 없다고 생각합니다. 그리고 한 가지 덧붙이자면 즐기면서 목적의식을 가지고 하십시오. 그러면 짧은 시간 안에 좋은 결과를 얻을 수 있을 것이라 믿어 의심치 않습니다. 시작이 있으면 끝이 있는 법. 〈오늘의 한자〉로 여러분이 원하는 N1, N2를 합격하는 그날까지 여러분을 응원합니다. 파이팅!

강봉수

이 책의 사용법

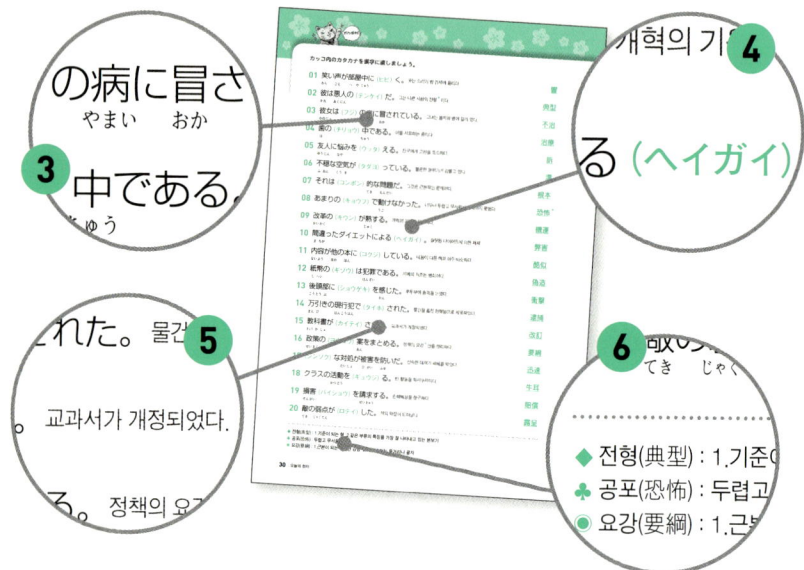

1. 하루에 20문제씩 MP3를 들으며 따라 읽습니다.
2. 밑에 붙어 있는 후리가나를 보지 않고 문장만을 읽습니다.
3. 읽기 힘든 단어가 있으면 후리가나를 보고 참고합니다.
4. 괄호 안의 가타카나에 나와 있는 한자의 의미를 생각하며 오른쪽에 적혀 있는 정답을 적어봅니다.
5. 해석을 참고하여 자신의 부족한 점을 체크합니다.
6. TIP으로 준비된 예문 속에 나오는 단어들을 한 번 더 체크합니다.
7. MP3로 예문을 반복해서 들으며 섀도잉으로 집중공략합니다.

TIP 예문을 여러 번 반복해서 듣고 읽는 것이 어학 공부에서는 절대 필요합니다. MP3를 들으며 읽고, 또 읽읍시다. 그 길만이 일본어 문장을 완전히 내 것으로 만들 수 있는 길입니다. 힘든 과정인 만큼 결과는 반드시 당신을 만족시켜 드릴 것입니다. 열심히 하는 당신을 위해 응원해 봅니다. 파이팅!

차례

옮긴이의 말 004
이 책의 사용법 006

Part 01	010
Part 02	042
Part 03	074
Part 04	106
Part 05	138
Part 06	170
Part 07	204
Part 08	236
Part 09	268
Part 10	302
Part 11	334
Part 12	366

かがみもち[鏡餅]
설 같은 때에 신불(神佛)에게 올리는 대소 두 개의 동글납작한 찰떡으로 신에게 바친 다음 가가미모치(鏡餅)를 깨서 먹음으로써 신의 영적인 힘이 생긴다고 생각한다.

오늘의 漢字(한자)

Part 01

カッコ内のカタカナを漢字に直しましょう。

01 国語 (ジテン) で言葉を調べる。 국어사전으로 단어를 찾아보다.   **辞典**

02 投書が新聞に (ノ) る。 투서가 신문에 실리다.   **載**

03 (オサナ) い頃の思い出。 어린 시절의 추억.   **幼**

04 門下から人材が (ハイシュツ) する。 문하생에서 인재가 배출되다.   **輩出**

05 父には変わった (クセ) がある。 아버지에게는 색다른 버릇이 있다.   **癖**

06 すばらしい先生に (メグ) り合った。 훌륭한 선생님을 우연히 만났다.   **巡**

07 これは絶好の (キカイ) だ。 이것은 절호의 기회이다.   **機会**

08 馬の背に (ユ) られる。 말 등에 흔들리다.   **揺**

09 火に追われて (ウオウサオウ) する。 화재에 쫓겨 우왕좌왕하다.   **右往左往**

10 将来のために (タクワ) えておく。 장래를 위해 저축해 두다.   **蓄**

11 初心者が (オチイ) る誤り。 초보자가 빠지는 실수.   **陥**

12 その事件は (センメイ) に覚えている。 그 사건은 선명하게 기억하고 있다.   **鮮明**

13 彼の絵画は (ボンヨウ) な作品ばかりだ。 그의 회화는 평범한 작품뿐이다.   **凡庸**

14 船の (シンロ) を北にとる。 배의 항로를 북쪽으로 잡다.   **針路**

15 具体的事例を (マイキョ) する。 구체적인 사례를 하나하나 들다.   **枚挙**

16 既得 (ケンエキ) が侵される。 기득권익이 침해되다.   **権益**

17 文献から (ルイスイ) する。 문헌에서 유추♦하다.   **類推**

18 台風が (テイタイ) する。 태풍이 정체하다.   **停滞**

19 惜しみない (サンジ) を贈る。 아낌없는 찬사를 보내다.   **賛辞**

20 日本が (ヒジュン) した国際条約。 일본이 비준♣한 국제조약.   **批准**

♦ 유추(類推) : 같은 종류의 것 또는 비슷한 것에 기초하여 다른 사물을 미루어 추측하는 일
♣ 비준(批准) : (법률)조약을 헌법상의 조약 체결권자가 최종적으로 확인·동의하는 절차. 우리나라에서는 대통령이 국회의 동의를 얻어 행함

今日の漢字

カッコ内のカタカナを漢字に直しましょう。

01 昔の車より (カクダン) に性能がよくなった。 옛날 차보다 현격하게 성능이 좋아졌다. — 格段

02 このチームは前より (キドウセイ) を増した。 이 팀은 이전보다 기동성을 더했다. — 機動性

03 時代の流れを (テキカク) につかむ。 시대의 흐름을 적확하게 파악하다. — 的確

04 母校が甲子園 (ケッショウ) 戦まで勝ち進んだ。 모교가 이겨서 고시엔 결승전까지 올라갔다. — 決勝

05 この暑さはとても (ジンジョウ) ではない。 이 더위는 도저히 심상치 않다. — 尋常

06 お (マツ) り騒ぎをして怒られた。 야단법석을 떨어 혼났다. — 祭

07 (サンカ) チームは五十カ国にも及んだ。 축구팀은 50개국에 달했다. — 参加

08 (ネッキョウ) 的なファンたちに支えられた。 열광적인 팬들에게 지탱되었다. — 熱狂

09 ひいきの選手に (セイエン) を送った。 특히 좋아하는 선수에게 성원을 보냈다. — 声援

10 五線譜に (オンプ) を書き込んだ。 악보에 음표를 기입했다. — 音符

11 みな勝利の (ヨイン) に浸っている。 모두 승리의 여운에 잠겨 있다. — 余韻

12 オリンピックが (カイサイ) された。 올림픽이 개최되었다. — 開催

13 師匠の言葉に (カンメイ) を受けた。 스승의 말에 감명을 받았다. — 感銘

14 更なる (キュウチ) に追い込まれた。 더욱더 궁지에 몰렸다. — 窮地

15 ひどいジレンマに (オチイ) った。 심한 딜레마에 빠졌다. — 陥

16 両国間に (マサツ) が生じた。 양국 간에 마찰이 생겼다. — 摩擦

17 真実を (オオ) い隠している。 진실을 은폐하고 있다. — 覆

18 このバスは市内を (ジュンカン) している。 이 버스는 시내를 순환하고 있다. — 循環

19 株価が (ノキ) 並み下がっている。 주가가 일제히 내려가고 있다. — 軒

20 中小企業への融資を (シブ) る。 중소기업에 대한 융자를 꺼리다. — 渋

◆ 적확(的確) : 정확하게 맞아 조금도 틀리지 아니함
♣ 여운(余韻) : 1.아직 가시지 않고 남아 있는 운치 2.떠난 사람이 남겨 놓은 좋은 영향

カッコ内のカタカナを漢字に直しましょう。

01 偉大な (ギョウセキ) を残した。 위대한 업적을 남겼다. 業績
02 問題は (ヨウイ) に解決しないだろう。 문제는 쉽게 해결되지 않을 것이다. 容易
03 (ユウガ) な振る舞いに目を奪われる。 우아한 행동에 시선을 빼앗기다. 優雅
04 合唱の (シキ) 者に選ばれた。 합창 지휘자로 선정되었다. 指揮
05 彼女のピアノの (エンソウ) はすばらしい。 그녀의 피아노 연주는 훌륭하다. 演奏
06 (ハナ) やいだ声が聞こえてくる。 밝고 흥겨운 소리가 들려온다. 華
07 会場はなごやかな (フンイキ) であった。 회장은 부드러운 분위기였다. 雰囲気
08 匿名の情報 (テイキョウ) 者。 익명의 정보 제공자. 提供
09 もう (リッパ) な大人だ。 이제 훌륭한 어른이다. 立派
10 (カロ) やかな足取り。 가벼운 발걸음. 軽
11 友好関係を (ソコ) なう。 우호관계를 해치다. 損
12 合理的な (コンキョ) を失う。 합리적인 근거를 잃다. 根拠
13 目の前で自動車が (ショウトツ) する。 눈앞에서 자동차가 충돌하다. 衝突
14 青春の (カンキ) を歌う。 청춘의 환희를 노래 부르다. 歓喜
15 (イダイ) な業績を誇る。 위대한 업적을 자랑하다. 偉大
16 雑誌に論文を (キコウ) する。 잡지에 논문을 기고* 하다. 寄稿
17 (チツジョ) 正しく行動する。 질서 바르게 행동하다. 秩序
18 郷土史の本を (アラワ) す。 향토사에 관한 책을 저술하다. 著
19 彼は (ヘイサ) 的な性格だ。 그는 폐쇄*적인 성격이다. 閉鎖
20 友達を (ウナガ) して急ぐ。 친구들을 재촉하여 서두르다. 促

♦ 기고(寄稿) : 신문, 잡지 따위에 싣기 위하여 원고를 써서 보냄
♦ 폐쇄(閉鎖) : 1.문 따위를 닫아걸거나 막아 버림 2.기관이나 시설을 없애거나 기능을 정지함 3.외부와의 문화적·정신적인 교류를 끊거나 막음

今日の漢字

カッコ内のカタカナを漢字に直しましょう。

01 (ボウダイ) な資料に目を通す。 방대한 자료를 훑어보다. 　　膨大

02 (トウケイ) をとって傾向を調べる。 통계를 내서 경향을 조사하다. 　　統計

03 (ショウガクキン) をもらって大学へ行く。 장학금을 받고 대학교에 가다. 　　奨学金

04 (シンケン) に問題に取り組む。 진지하게 문제에 몰두하다. 　　真剣

05 この (サイ) 難しい話は抜きにしよう。 이 기회 어려운 이야기는 빼고 하자. 　　際

06 政治への (カンシン) が低い。 정치에 대한 관심이 낮다. 　　関心

07 人に道を (タズ) ねる。 남에게 길을 묻다. 　　尋

08 まだ状況を (ハアク) していない。 아직 상황을 파악하고 있지 않다. 　　把握

09 その問題は (ケントウ) 中だ。 그 문제는 검토 중이다. 　　検討

10 (クノウ) に満ちた表情。 고뇌에 찬 표정. 　　苦悩

11 (カスミ) のかかった山々を眺める。 안개가 낀 산들을 바라보다. 　　霞

12 徹夜の (セッショウ) が続く。 철야의 절충[*]이 계속되다. 　　折衝

13 (ソウゼイ) 三千名の兵士。 전군 3천명의 병사. 　　総勢

14 (ムダ) 遣いを叱られる。 낭비를 해서 꾸지람을 듣다. 　　無駄

15 不要な書類を (ハイキ) する。 필요 없는 서류를 폐기[*]하다. 　　廃棄

16 他言しないことを (ゼンテイ) に打ち明ける。 다른 사람에게 말하지 않는 것을 전제로 털어놓다. 　　前提

17 発想の (テンカン) が必要となる。 발상의 전환이 필요해지다. 　　転換

18 輸入制限を (テッパイ) する。 수입제한을 철폐[*]하다. 　　撤廃

19 (センタクシ) のある問題を解く。 선택지가 있는 문제를 풀다. 　　選択肢

20 物事の (ゼヒ) をわきまえる。 매사의 옳고 그름을 분별하다. 　　是非

◆ 절충(折衝) : 이해관계가 서로 다른 상대와 교섭하거나 담판함
♣ 폐기(廃棄) : 1.못 쓰게 된 것을 버림 2.조약, 법령, 약속 따위를 무효로 함
● 철폐(撤廃) : 전에 있던 제도나 규칙 따위를 걷어치워서 없앰

カッコ内のカタカナを漢字に直しましょう。

01 彼は (ケンキャク) を誇っている。　그는 건각*을 자랑하고 있다.　　健脚

02 (コウリョウ) とした枯れ野原。　황량한 초목이 시들어 버린 들.　　荒涼

03 鳥が (ム) れをなして飛ぶ。　새가 무리를 지어 날다.　　群

04 不安の念に (カ) り立てられる。　불안한 생각에 사로잡히다.　　駆

05 目に余る (コウイ) に対して注意する。　눈꼴사나운 행위에 대해 주의하다.　　行為

06 (ト) ぎ澄まされた感覚を持つ。　예민해진 감각을 가지다.　　研

07 土地の (カンシュウ) に従う。　고장의 관습에 따르다.　　慣習

08 学費を自分で (カセ) ぐ。　학비를 스스로 벌다.　　稼

09 聖地を (ジュンレイ) する。　성지를 순례하다.　　巡礼

10 大きな痛手を (オ) う。　큰 타격을 입다.　　負

11 首相官邸での (カクリョウ) 会議。　수상관저에서의 각료회의.　　閣僚

12 当時の出来事を (ジュッカイ) する。　당시의 사건을 술회*하다.　　述懐

13 (ジュウオウ) 無尽な活躍だった。　종횡무진*한 활약이었다.　　縦横

14 事件は複雑な (ヨウソウ) を呈する。　사건은 복잡한 양상을 나타내다.　　様相

15 (ギンミ) してそろえた食器。　음미하여 갖춘 식기.　　吟味

16 苦境を乗り越えるために (フントウ) する。　역경을 극복하기 위해 분투하다.　　奮闘

17 彼のその後の (ドウコウ) を知りたい。　그의 그 후의 동향을 알고 싶다.　　動向

18 緑化 (スイシン) を図る。　녹화 추진을 도모하다.　　推進

19 (ムク) いられることの少ない仕事。　보답 받는 일이 적은 일.　　報

20 何度も (シュラ) 場をくぐってきた男。　몇 번이나 수라장*을 헤쳐 온 사내.　　修羅

♦ 건각(健脚) : 튼튼하여 잘 걷거나 잘 뛰는 다리
♣ 술회(述懐) : 마음속에 품고 있는 여러 가지 생각을 말함
♠ 종횡무진(縦横無尽) : 자유자재로 행동하여 거침이 없는 상태
♥ 수라장(修羅場) : 싸움이나 그 밖의 다른 일로 큰 혼란에 빠진 곳

今日の漢字

カッコ内のカタカナを漢字に直しましょう。

01 苦い (ケイケン) を生かす。 쓰라린 경험을 살리다. — 経験
02 栄養 (ホウフ) な食品を選んで食べる。 영양이 풍부한 식품을 골라 먹는다. — 豊富
03 申し出を (テイチョウ) にお断りする。 제의를 정중하게 거절하다. — 丁重
04 好奇心を (シゲキ) される。 호기심을 자극받다. — 刺激
05 心臓病と (タタカ) う。 심장병과 싸우다. — 闘
06 自分の感情を (オサ) える。 자신의 감정을 억누르다. — 抑
07 別れの (サカズキ) をかわす。 이별의 술잔을 주고받다. — 杯
08 急な発熱により (オカン) がした。 갑작스런 발열에 의해 오한이 났다. — 悪寒
09 台風が九州を (オソ) った。 태풍이 규슈를 덮쳤다. — 襲
10 会う機会を (シッ) する。 만날 기회를 잃다. — 失
11 (シセイ) の人々の生活。 서민들의 생활. — 市井
12 珍しい外国の (シヘイ) を収集している。 희귀한 외국 지폐를 수집하고 있다. — 紙幣
13 (カダン) の花に水をやる。 화단의 꽃에 물을 주다. — 花壇
14 ショックを受け (キョダツカン) を抱く。 충격을 받아 허탈감을 느끼다. — 虚脱感
15 市内を (ジュンカン) するバスに乗る。 시내를 순환하는 버스를 타다. — 循環
16 (カクベツ) の事もなく会談は終わった。 각별한 일도 없이 회담은 끝났다. — 格別
17 相手の立場を (ハイリョ) する。 상대의 입장을 배려하다. — 配慮
18 国が (スイタイ) の一途をたどる。 나라가 쇠퇴* 일로를 걷다. — 衰退
19 台風が (モウイ) を振るう。 태풍이 맹위* 를 떨치다. — 猛威
20 春の (コドウ) が聞こえる。 봄 고동이 들린다. — 鼓動

◆ 쇠퇴(衰退) : 기세나 상태가 쇠하여 전보다 못하여 감
♣ 맹위(猛威) : 사나운 위세

カッコ内のカタカナを漢字に直しましょう。

01 社会生活を(イトナ)む。 사회생활을 영위하다. 　営
02 滅私(ホウコウ)が叫ばれた時代。 멸사봉공*을 부르짖던 시대. 　奉公
03 橋の(ランカン)にもたれかかる。 다리의 난간에 기대다. 　欄干
04 (ロウカ)を音を立てて歩く。 복도를 소리를 내며 걷다. 　廊下
05 転んで(ス)り傷を負う。 굴러 찰과상을 입다. 　擦
06 聴衆を(ネントウ)に置いて講演する。 청중을 염두에 두고 강연하다. 　念頭
07 (ソザイ)を生かした建築。 소재를 살린 건축. 　素材
08 宿題がまだ(ス)まない。 숙제가 아직 끝나지 않았다. 　済
09 この事業に全財産を(ツイ)やした。 이 사업에 전 재산을 탕진했다. 　費
10 壁に絵を(カ)ける。 벽에 그림을 걸다. 　掛
11 バラ色の結婚生活を(ムソウ)する。 장미빛 결혼생활을 꿈꾸다. 　夢想
12 紆余(キョクセツ)を経て結論が出る。 우여곡절*을 거쳐 결론이 나다. 　曲折
13 国際社会に(コウケン)する。 국제사회에 공헌하다. 　貢献
14 円(シャッカン)の供与条件の改善。 엔 차관의 공여* 조건의 개선. 　借款
15 火山から溶岩が(フンシュツ)する。 화산에서 용암이 분출하다. 　噴出
16 個人消費が経済成長に(キヨ)した。 개인소비가 경제 성장에 기여했다. 　寄与
17 (ダトウ)性を裏付ける。 타당성을 뒷받침하다. 　妥当
18 相手に(キョウイ)を与える話し方。 상대에게 위협을 주는 대화법. 　脅威
19 没落した家を(オコ)す。 몰락한 집을 일으키다. 　興
20 個々の事情を(フ)まえて方針をたてる。 각자의 사정에 입각하여 방침을 세우다. 　踏

◆ 멸사봉공(滅私奉公) : 사욕을 버리고 공익을 위하여 힘씀
♣ 우여곡절(紆余曲折) : 뒤얽혀 복잡하여진 사정
● 공여(供与) : 어떤 물건이나 이익 따위를 상대편에게 돌아가도록 함

今日の漢字

カッコ内のカタカナを漢字に直しましょう。

01　(ハイケイ) に森を描く。　배경에 숲을 그리다.　背景

02　(ゴウカ) なホテルに泊まる。　호화로운 호텔에 숙박하다.　豪華

03　茶柱が立つと (エンギ) がよい。　찻줄기가 서면 재수가 좋다.　縁起

04　多方面から (ブンセキ) を深める。　다방면에서 분석을 깊게 하다.　分析

05　一時の (ショウドウ) に駆られる。　일시적인 충동에 휩싸이다.　衝動

06　政治家と (シンコウ) がある。　정치가와 친교가 있다.　親交

07　物事を正しく (カイシャク) する。　사물을 바르게 해석하다.　解釈

08　(カッキテキ) な発明をする。　획기적인 발명을 하다.　画期的

09　親から受け (ツ) いだ仕事。　부모로부터 이어받은 일.　継

10　身の不幸を (ナゲ) く。　자신의 불행을 한탄하다.　嘆

11　会談は (スウジ) にも及ぶ。　회담은 수차에 걸쳐 이루어지다.　数次

12　戦争で (ショウド) と化した街。　전쟁으로 초토화된 거리.　焦土

13　歴史に学ぶ (ジョウシャヒッスイ) の理。　역사에 배우는 성자쇠퇴*의 이치.　盛者必衰

14　(タソガレ) の町を歩く。　황혼의 거리를 걷다.　黄昏

15　期待に胸が (オド) る。　기대에 가슴이 설레다.　躍

16　(ダイショウ) として治療費を支払う。　보상으로서 치료비를 지불하다.　代償

17　この作品は (ヒルイ) なき傑作だ。　이 작품은 유례없는 걸작이다.　比類

18　(ソンリツ) の基盤が脅かされる。　존립의 기반이 위협받다.　存立

19　有識者の (タッケン) に耳を傾ける。　유식자의 뛰어난 식견에 귀를 기울이다.　卓見*

20　離婚 (チョウテイ) を申し立てる。　이혼 조정을 제의하다.　調停

◆ 성자쇠퇴(盛者必衰) : 융성하는 것은 결국 쇠퇴해짐
♣ 卓見(たっけん) : 뛰어난 의견(식견)

カッコ内のカタカナを漢字に直しましょう。

01 目を (オオ) うばかりの状況。 눈을 가리기만 하는 상황. 覆

02 専門家によって大いに (ケイハツ) された。 전문가에 의해 크게 계발*(계몽)되었다. 啓発

03 横丁の (ロジ) を抜ける。 골목(길)을 벗어나다. 路地

04 テレビを通じて (センデン) する。 TV를 통해 선전하다. 宣伝

05 対戦相手を (アナド) る。 대전 상대를 깔보다. 侮

06 歴史の都だけに不思議な (イツワ) が多い。 역사의 수도인 만큼 신기한 일화가 많다. 逸話

07 ネクタイを (ユル) めて楽にする。 넥타이를 느슨하게 하여 편하게 하다. 緩

08 アユ漁が (カイキン) された。 은어 잡이가 해금되었다. 解禁

09 １０年後の人口を (スイケイ) する。 10년 후의 인구를 추산하다. 推計*

10 都会での生活に (ナ) れる。 도회에서의 생활에 익숙해지다. 慣

11 渡り (ロウカ) を歩く。 두 건물을 잇는 복도를 걷다. 廊下

12 (イヒョウ) をついた発言。 의표를 찌르는 발언. 意表

13 国旗を (カカ) げる。 국기를 게양하다. 掲

14 利潤を (ツイキュウ) する。 이윤을 추구하다. 追求

15 プライバシーを (ヨウゴ) する。 프라이버시를 옹호하다. 擁護

16 彼の歩く (カッコウ) がおもしろい。 그의 걷는 모습이 재미있다. 格好

17 深く (ジカイ) しなければならないこと。 깊게 자계*해야 하는 것. 自戒

18 会員には種々の (オンテン) がある。 회원에는 여러 가지 은전*이 있다. 恩典

19 財界との (ユチャク) を断ち切る。 재계와의 유착을 근절하다. 癒着

20 (キュウキョク) の判断だった。 궁극*의 판단이었다. 究極

◆ 계발(啓発) : 슬기나 재능, 사상 따위를 일깨워 줌
♣ 추계(推計) : 일부를 가지고 전체를 미루어 계산함. 추산
● 자계(自戒) : 스스로 경계함   ◆ 은전(恩典) : 예전에, 나라에서 은혜를 베풀어 내리던 특전
＊ 궁극(究極) : 어떤 과정의 마지막이나 끝

今日の漢字

カッコ内のカタカナを漢字に直しましょう。

01　(ユウユウ)と時間が流れるインド。　유유히 시간이 흘러가는 인도.　　悠々

02　手を(タズサ)えて出発する。　손을 잡고 출발하다.　　携

03　一晩中(ケイカイ)に当たる。　밤새 경계에 임하다.　　警戒

04　(コウソク)時間が長い仕事。　구속 시간이 긴 일.　　拘束

05　当事者の責任を(ツイキュウ)する。　당사자의 책임을 추궁하다.　　追及

06　(ボウトウ)から会議は荒れた。　벽두부터 회의가 소란해졌다.　　冒頭

07　事件の犯行を(モクゲキ)する。　사건의 범행을 목격하다.　　目撃

08　(ソン)を覚悟で売りに出す。　손해를 각오하고 내놓다.　　損

09　思わぬ困難に(ソウグウ)する。　뜻밖의 곤란에 처하다.　　遭遇

10　市民の安全を(オビヤ)かす。　시민의 안전을 위협하다.　　脅

11　酸性雨が(コウジョウ)的に降っている。　산성비가 항상♦ 내리고 있다.　　恒常

12　かねてからの計画を(ジッシ)する。　이전부터의 계획을 실시하다.　　実施

13　問題の解決は(ヨウイ)ではない。　문제 해결은 쉽지 않다.　　容易

14　そんな(ユウチョウ)に構えていられない。　그렇게 마음을 느긋하게 갖고 있을 수 없다.　　悠長

15　政党内の激しい(ハバツ)争い。　정당내의 격렬한 파벌 다툼.　　派閥

16　確実に任務を(スイコウ)する。　확실하게 임무를 수행하다.　　遂行

17　実力を(ハッキ)する。　실력을 발휘하다.　　発揮

18　成績の(ジョレツ)をつける。　성적의 서열을 매기다.　　序列

19　親の(ケンイ)を保ち続ける。　부모의 권위를 계속 유지하다.　　権威

20　業績不振で(インセキ)辞任する。　업적부진으로 책임을 스스로 지고 사임하다.　　引責♣

◆ 항상(恒常) : 언제나 변함없이
♣ 인책(引責) : 잘못된 일의 책임을 스스로 짐

カッコ内のカタカナを漢字に直しましょう。

01 読書 (カンソウ) 文を書く。 독서 감상문을 쓰다.   感想

02 (ナンミン) キャンプを訪問する。 난민 캠프를 방문하다.   難民

03 被害者の (キュウサイ) に乗り出す。 피해자 구제에 착수하다.   救済

04 実に (フシギ) な話だ。 참으로 이상한 이야기이다.   不思議

05 将来は (マンガカ) になりたい。 장래에는 만화가가 되고 싶다.   漫画家

06 他人の作品を (ヒヒョウ) する。 타인의 작품을 비평하다.   批評

07 憧れの (ショクギョウ) に就く。 동경하는 직업에 종사하다.   職業

08 外国人に日本文化を (ショウカイ) する。 외국인에게 일본문화를 소개하다.   紹介

09 (コキョウ) の景色が思い出される。 고향의 경치가 생각난다.   故郷

10 今朝手紙が (トド) いた。 오늘 아침 편지가 도착했다.   届

11 (リンカク) が浮かび上がる。 윤곽이 드러나다.   輪郭

12 関連諸法案を含む (ホウカツ) 案。 관련 여러 법안을 포함한 포괄*안.   包括

13 大学と企業が (レンケイ) する。 대학교와 기업이 제휴하다.   連携

14 長年の (ケンアン) がやっと解決した。 오랫동안의 현안을 겨우 해결했다.   懸案

15 (ジュウナン) な考え方が重要である。 유연한 사고방식이 중요하다.   柔軟

16 彼は社会 (キハン) に従っていない。 그는 사회 규범에 따르지 않는다.   規範

17 新聞に記事を (ケイサイ) する。 신문에 기사를 게재하다.   掲載

18 税金を正しく (ノウフ) する。 세금을 올바르게 납부하다.   納付

19 不法入国者が (テキハツ) された。 불법 입국자가 적발되었다.   摘発

20 思想の (コンカン) をなす部分。 사상의 근간*을 이루는 부분.   根幹

◆ 포괄(包括) : 일정한 대상이나 현상 따위를 어떤 범위나 한계 안에 모두 끌어 넣음
♣ 근간(根幹) : 사물의 바탕이나 중심이 되는 중요한 것

今日の漢字

カッコ内のカタカナを漢字に直しましょう。

01 前後の (ブンミャク) から意味を判断する。 전후의 문맥에서 의미를 판단하다. — 文脈

02 (キュウキョク) の選択に迫られる。 궁극의 선택을 강요당하다. — 究極

03 会議で (ギロン) を戦わせる。 회의에서 논쟁을 벌이다. — 議論

04 (ソヨウチョウ) はかつての税目の総称だ。 조용조*는 이전의 세금 종목의 총칭이다. — 租庸調

05 (タク) みな手つきで作品を仕上げる。 능숙한 손놀림으로 작품을 완성하다. — 巧

06 住民税を (チョウシュウ) する。 주민세를 징수하다. — 徴収

07 母は (オオザッパ) な性格だ。 어머니는 데면데면한 성격이다. — 大雑把

08 後継者を (ヨウセイ) する。 후계자를 양성하다. — 養成

09 ひとしきり泣くと (ダマ) って寝た。 한바탕 울자 잠자코 잤다. — 黙

10 (ノウゼイ) は国民の義務だ。 납세는 국민의 의무이다. — 納税

11 駐車違反の (イッセイ) 取り締まりを行った。 주차위반의 일제단속을 실시했다. — 一斉

12 パソコンの普及には (カクセイ) の感がある。 컴퓨터의 보급에는 격세지감이 있다. — 隔世

13 (カクイツテキ) な教育。 획일적인 교육. — 画一的

14 大差で勝ち (ユウエツカン) に浸る。 큰 차이로 이겨 우월감에 빠지다. — 優越感

15 修正案の (シュシ) を説明する。 수정안의 취지를 설명하다. — 趣旨

16 現在の体重を (イジ) する。 현재의 체중을 유지하다. — 維持

17 (シンケン) な態度で試合に臨む。 진지한 태도로 시합에 임하다. — 真剣

18 (アンイ) な発想はよくない。 안일한 발상은 좋지 않다. — 安易

19 薬で痛みを (ヨクセイ) する。 약으로 통증을 억제하다. — 抑制

20 彼の名誉は (シッツイ) した。 그의 명예는 실추*됐다. — 失墜

◆ 조용조(租庸調) : 율령제 시대의 기본적인 세제
♣ 실추(失墜) : 명예나 위신 따위를 떨어뜨리거나 잃음

カッコ内のカタカナを漢字に直しましょう。

01 新たな (リロン) を確立した。 새로운 이론을 확립했다.　　理論
02 史実に (モト) づいた小説。 역사적인 사실에 입각한 소설.　　基
03 年々 (カクダン) の進歩をとげる。 해마다 현격한 진보를 이루다.　　格段
04 冷暖房 (ソウチ) を取り付ける。 냉난방 장치를 설치하다.　　装置
05 (イリョウ) 保険に加入する。 의료보험에 가입하다.　　医療
06 運動会で (カツヤク) する。 운동회에서 활약하다.　　活躍
07 コレラ菌を (ケンシュツ) する。 콜레라균을 검출하다.　　検出
08 主人公は (グチョク) な男だ。 주인공은 우직♦한 사내이다.　　愚直
09 新しい機械を (ス) え付ける。 새로운 기계를 설치하다.　　据
10 発電機を (カドウ) させる。 발전기를 가동시키다.　　稼働
11 勝利のために大きな犠牲を (ハラ) った。 승리를 위해 커다란 희생을 치렀다.　　払
12 大地震の (ヨチョウ) がある。 대지진의 징조가 있다.　　予兆
13 そんなことは百も (ショウチ) だ。 그런 것은 충분히 알고 있다.　　承知
14 この件はもう少し (ケントウ) します。 이 건은 좀 더 검토하겠습니다.　　検討
15 子どもの自主性を (ソンチョウ) する。 아이의 자주성을 존중하다.　　尊重
16 暴力を (ハイジョ) する。 폭력을 배제하다.　　排除
17 建物を (ジョウト) することが決まった。 건물을 양도♣하는 것이 결정되었다.　　譲渡
18 思い切った (ソチ) をとる。 과감한 조치를 취하다.　　措置
19 雨のため (ジバン) がゆるむ。 비로 인해 지반이 흔들리다.　　地盤
20 旧態 (イゼン) たる制度。 구태의연한 제도.　　依然

♦ 우직(愚直) : 어리석고 고지식함
♣ 양도(譲渡) : 재산이나 물건을 남에게 넘겨줌

今日の漢字

カッコ内のカタカナを漢字に直しましょう。

01 選挙に出たが (ラクセン) した。 선거에 출마했지만 낙선했다. — 落選

02 ここの塾は生徒を (ボシュウ) 中だ。 여기 학원은 학생을 모집 중이다. — 募集

03 (コウレイ) により抽選会を行う。 항례* 에 의해 추첨회를 실시하다. — 恒例

04 雨が上がって (ニジ) が現れた。 비가 그치고 무지개가 나타났다. — 虹

05 何か (イヘン) が起きているらしい。 뭔가 이변이 일어나고 있는 것 같다. — 異変

06 一人前の大人として (ミト) める。 제몫을 하는 어른으로서 인정하다. — 認

07 黙って (ブツダン) に手を合わせた。 잠자코 불단에 합장했다. — 仏壇

08 壁を (セ) にして立つ。 벽을 등지고 서다. — 背

09 (ケツイ) を新たにする。 결의를 새롭게 하다. — 決意

10 彼の顔が見えないのは (サビ) しい。 그의 얼굴이 보이지 않는 쓸쓸하다. — 寂

11 (マンセイ) の病気を患っている。 만성병을 앓고 있다. — 慢性

12 会議は (ボウトウ) から険悪な雰囲気だった。 회의는 벽두부터 험악한 분위기였다. — 冒頭

13 美術全集を (カンコウ) する。 미술 전집을 간행하다. — 刊行

14 彼女は (センサイ) な神経の持ち主だ。 그녀는 섬세한 신경의 소유자이다. — 繊細

15 不確かな情報に (カイギ) 心を抱く。 불확실한 정보에 회의* 심을 품다. — 懐疑

16 (ケンメイ) の救出により命は助かった。 결사적인 구출에 의해 목숨은 건졌다. — 懸命

17 彼は (トウトツ) に目の前に現れた。 그는 당돌하게 눈앞에 나타났다. — 唐突

18 言うこととやることが (ウラハラ) だ。 말하는 것과 행동하는 것이 정반대다. — 裏腹

19 (クウキョ) な生活に嫌気が差す。 공허* 한 생활에 싫증이 나다. — 空虚

20 各界の (チョメイ) な人たち。 각계의 저명한 인사들. — 著名

◆ 항례(恒例) : 하기로 정해져 있는 의식이나 행사
♣ 회의(懷疑) : 의심을 품음
♠ 공허(空虚) : 1.아무것도 없이 텅 빔 2.실속이 없이 헛됨

カッコ内のカタカナを漢字に直しましょう。

01 抜本的 (タイサク) が取られる。 발본*적인 대책이 취해지다. 　　対策
02 緊急の措置を (コウ) じる。 긴급 조치를 강구하다. 　　講
03 歴史上の (イダイ) な人物。 역사상 위대한 인물. 　　偉大
04 経済情勢について (コウサツ) する。 경제 정세에 대해 고찰하다. 　　考察
05 彼は (ソヤ) な人だと言われる。 그는 거칠고 버릇없는 사람이라고 한다. 　　粗野
06 手が (イク) つあっても足りない。 손이 여러 개 있어도 부족하다. 　　幾
07 彼の (スス) めに従って出席した。 그의 추천에 따라 출석했다. 　　勧
08 (フユカイ) なうわさが立っている。 불쾌한 소문이 나 있다. 　　不愉快
09 最近失礼な (ヤカラ) が多い。 최근 무례한 무리들이 많다. 　　輩
10 釣り糸を (タ) れる。 낚싯줄을 드리우다. 　　垂
11 世界記録を (コウシン) する。 세계기록을 갱신하다. 　　更新
12 太陽は (スデ) にかなり高い。 태양은 이미 꽤 높다. 　　既
13 悪の温床を (イッソウ) する。 악의 온상을 일소*하다. 　　一掃
14 友人を (サソ) って遊びに行く。 친구를 불러내어 놀러 가다. 　　誘
15 (セイセン) された材料のみを使用する。 정선된 재료만을 사용하다. 　　精選
16 故郷はすっかり (ヘンヨウ) してしまった。 고향은 완전히 변모하고 말았다. 　　変容
17 海外市場から (テッタイ) する。 해외시장에서 철수하다. 　　撤退
18 経済 (カクサ) が拡大する。 경제 격차가 확대되다. 　　格差
19 用意 (シュウトウ) な計画を立てる。 용의주도한 계획을 세우다. 　　周到
20 明治神宮に (サンパイ) する。 메이지신궁에 참배하다. 　　参拝

◆ 발본(抜本) : 좋지 않은 일의 근본 원인이 되는 요소를 완전히 없애 버림
♣ 일소(一掃) : 모조리 쓸어버림

今日の漢字

カッコ内のカタカナを漢字に直しましょう。

01　趣味はお (カシ) 作りだ。　취미는 과자 만들기다.　　　菓子

02　彼はいつも (ジョウダン) ばかり言っている。　그는 언제나 농담만 말하고 있다.　　　冗談

03　野球の試合を (カンセン) する。　야구 시합을 관전하다.　　　観戦

04　温泉で (シフク) のひとときを味わう。　온천에서 최고로 행복한 한때를 맛보다.　　　至福

05　大臣の (シツム) 室を訪問する。　대신의 집무실을 방문하다.　　　執務

06　敵の術中に (オチイ) る。　적의 계략에 빠지다.　　　陥

07　(クッキョウ) で背も高い若者。　매우 힘세고 키도 큰 젊은이.　　　屈強

08　国立公園の (カンリ) をする。　국립공원의 관리를 하다.　　　管理

09　大型台風が本州を (チョクゲキ) する。　대형 태풍이 혼슈를 직격◆하다.　　　直撃

10　洪水の (キケン) がある。　홍수의 위험이 있다.　　　危険

11　年とともに体力が (オトロ) える。　나이와 함께 체력이 쇠약해지다.　　　衰

12　(ボウハテイ) で釣りをする。　방파제에서 낚시를 하다.　　　防波堤

13　弾薬を (ホキュウ) する。　탄약을 보급하다.　　　補給

14　工事中の (ジャリ) 道を通る。　공사 중인 자갈길을 지나가다.　　　砂利

15　公務執行 (ボウガイ) で逮捕する。　공무집행 방해로 체포하다.　　　妨害

16　証拠物件を (オウシュウ) する。　증거 물건을 압수♣하다.　　　押収

17　アルバイトで (ホウシュウ) を得る。　아르바이트로 보수를 얻다.　　　報酬

18　災害地の実情を (チョウサ) する。　재해지역의 실정을 조사하다.　　　調査

19　被害者から事情を (チョウシュ) する。　피해자로부터 사정을 청취하다.　　　聴取

20　損害を (バイショウ) する。　손해를 배상하다.　　　賠償

◆ 직격(直撃) : 곧바로 침
♣ 압수(押収) : 물건 따위를 강제로 빼앗음

カッコ内のカタカナを漢字に直しましょう。

01 戦で城が (エンジョウ) する。 전쟁으로 성이 불타다. 炎上
02 車が激しく行き (カ) う道路。 차가 격렬하게 오가는 도로. 交
03 成績の (ラクサ) が大きすぎる。 성적의 낙차가 너무 크다. 落差
04 急に聞かれて (トマド) う。 갑자기 질문을 받아 당황하다. 戸惑
05 (ニセモノ) をつかませられる。 가짜를 속아서 사다. 偽物
06 友人の事業を (シエン) する。 친구의 사업을 지원하다. 支援
07 救援 (ブッシ) を補給する。 구원물자를 보급하다. 物資
08 日本一の腕前だと (ジフ) する。 일본 제일의 솜씨라고 자부하다. 自負
09 ボランティアで (ヒサイ) 地を訪れる。 자원봉사로 재해를 입은 지역을 방문하다. 被災
10 毎朝乾布 (マサツ) をする。 매일 아침 마른 수건으로 문지르다. 摩擦
11 多重の (サイム) を負う。 다중 채무를 지다. 債務
12 問題が (タキ) にわたる。 문제가 여러 방면에 걸치다. 多岐
13 収入から必要経費を (コウジョ) する。 수입에서 필요경비를 공제✦하다. 控除
14 (ソゼイ) を徴収する。 조세를 징수하다. 租税
15 (シンコク) な悩みを抱える。 심각한 고민을 안다. 深刻
16 木の枝が風で (ユ) れる。 나무 가지가 바람에 흔들리다. 揺
17 (タイシン) 性に優れた家屋。 내진성에 뛰어난 가옥. 耐震
18 床上まで (シンスイ) する。 마루 위까지 침수하다. 浸水
19 緊急 (ヒナン) 所を設置する。 긴급 피난소를 설치하다. 避難
20 橋の傷んだ部分を (ホキョウ) する。 다리의 상한 부분을 보강✦하다. 補強

◆ 공제(控除): 받을 몫에서 일정한 금액이나 수량을 뺌
✦ 보강(補強): 보태거나 채워서 본디보다 더 튼튼하게 함

今日の漢字

カッコ内のカタカナを漢字に直しましょう。

01 声から察すると (ネンパイ) の人らしい。 목소리로부터 추측하면 연배인 것 같다. — 年配

02 長年 (シタ) しまれてきた路面電車。 오랜 세월 사랑받아온 노면전차. — 親

03 彼は (ワダイ) の豊富な人だ。 그는 화제가 풍부한 사람이다. — 話題

04 あのチームは長年の (シュクテキ) だ。 저 팀은 오랜 세월 숙적이다. — 宿敵

05 社員一万人を (ヨウ) する大会社。 사원 만 명을 거느린 큰 회사. — 擁

06 堤防を (キズ) いて洪水から守る。 제방을 쌓아 홍수로부터 지키다. — 築

07 (キキ) 的な状態に陥る。 위기적인 상태에 빠지다. — 危機

08 企業が (ケイエイ) 不振に陥る。 기업이 경영부진에 빠지다. — 経営

09 (フキョウ) のあおりを受けて倒産する。 불황의 충격을 받아 도산하다. — 不況

10 雨のため遠足が翌日に (ノ) びた。 비로 인해 소풍이 다음날로 연기되었다. — 延

11 とうとう (メイウン) が尽きた。 결국 운명이 다했다. — 命運

12 (キンミツ) に連絡をとりあう。 긴밀히 연락을 서로 취하다. — 緊密

13 地震で壁に (キレツ) が生じる。 지진으로 벽에 균열이 생기다. — 亀裂

14 彼は財務省の (カンリョウ) だ。 그는 재무성 관료이다. — 官僚

15 敵を (チョウハツ) して攻撃させる。 적을 도발하여 공격시키다. — 挑発

16 (フタイテン) の覚悟を決める。 불퇴전♦의 각오를 정하다. — 不退転

17 結核に (オカ) されている。 결핵에 걸려 있다. — 冒

18 小包をひもで (シバ) る。 소포를 끈으로 묶다. — 縛

19 前後から (コオウ) して攻め寄せる。 앞뒤에서 호응하여 쳐들어가다. — 呼応

20 人々が互いに (ギシンアンキ) となる。 사람들이 서로 의심암귀♣가 되다. — 疑心暗鬼

♦ 불퇴전(不退転) : 굳게 믿어 마음을 굽히지 않음
♣ 의심암귀(疑心暗鬼) : 한번 의심하게 되면 공연한 것을 상상하여 더욱 의심이 들고 두려워짐

Part 01 | 27

カッコ内のカタカナを漢字に直しましょう。

01 色の (チガ) う二枚の折り紙。 색이 다른 두 장의 색종이. 　　違
02 真偽を (タシ) かめる。 진위를 확인하다. 　　確
03 台風に (ソナ) えて懐中電灯を買う。 태풍에 대비하여 회중전등을 사다. 　　備
04 (ネッタイ) 雨林にすむ生物。 열대우림에 사는 생물. 　　熱帯
05 肩が (コマ) かく震える。 어깨가 세심하게 흔들리다. 　　細
06 友人の家にしばらく (タイザイ) する。 친구 집에 잠시 머물다. 　　滞在
07 (オダ) やかな気候の国に住む。 온화한 기후의 나라에 살다. 　　穏
08 (カンダン) の差が激しい地域。 춥고 따뜻함의 차이가 심한 지역. 　　寒暖
09 (ヤワ) らかな頬に触れる。 부드러운 볼에 닿다. 　　柔
10 (シンセツ) な若者と出会う。 친절한 젊은이와 만나다. 　　親切
11 航海には (ラシンバン) が必要だ。 항해에는 나침반이 필요하다. 　　羅針盤
12 外国人の (コヨウ) を支援する。 외국인의 고용을 지원하다. 　　雇用
13 天皇は国民の (ショウチョウ) である。 천황은 국민의 상징이다. 　　象徴
14 経費 (サクゲン) を心がける。 경비 삭감에 노력하다. 　　削減
15 (キソ) 的な学力を固める。 기초적인 학력을 굳히다. 　　基礎
16 重要な任務を (カ) された。 중요한 임무를 부과 받았다. 　　課
17 新入生の (カンゲイ) 会を開く。 신입생 환영회를 열다. 　　歓迎
18 (ユル) やかな坂を登る。 완만한 언덕을 오르다. 　　緩
19 (ソッチョク) な意見が聞きたい。 솔직한 의견을 듣고 싶다. 　　率直
20 奔走＊してくれた人々を (イロウ) する。 바쁘게 뛰어다니며 노력해 준 사람들을 위로하다. 　　慰労

◆ 분주(奔走) : 몹시 바쁘게 뛰어다님

今日の漢字

하루 20단어 한자연습

カッコ内のカタカナを漢字に直しましょう。

01 (レンタイ) して債務を負う。 연대하여 채무를 지다. — 連帯

02 利益を (ホショウ) する。 이익을 보증하다. — 保証

03 (ジョウシキ) では考えられない奇行。 상식으로는 생각할 수 없는 기이한 행동. — 常識

04 街頭で (ショメイ) 運動を行う。 가두에서 서명운동을 실시하다. — 署名

05 家賃が三か月間 (トドコオ) る。 방세가 3개월간 밀리다. — 滞

06 何度もバットを (フ) る。 몇 번이나 방망이를 휘두르다. — 振

07 木の葉が (マ) い上がる。 나뭇잎이 날아오르다. — 舞

08 昔からの取引 (カンコウ) を見直す。 옛날부터의 거래 관행을 재점검하다. — 慣行

09 選挙の結果が株価に (エイキョウ) する。 선거 결과가 주가에 영향을 주다. — 影響

10 チームの優勝に (コウケン) した。 팀 우승에 공헌했다. — 貢献

11 突然砂嵐に (オソ) われる。 갑자기 모래폭풍이 덮치다. — 襲

12 こちらの (フテギワ) をお詫びします。 이쪽의 실수를 사과합니다. — 不手際

13 (コウセイ) 物質を投与する。 항생 물질을 투여하다. — 抗生

14 害虫 (タイジ) の薬を散布する。 해충 퇴치 약을 살포*하다. — 退治

15 しっかりと (ネンチャク) している。 제대로 점착*되어 있다. — 粘着

16 何よりも基本が (カンジン) だ。 무엇보다도 기본이 중요하다. — 肝心

17 (ザンテイ) 政権が発足する。 잠정 정권이 발족하다. — 暫定

18 群雄 (カッキョ) の戦国時代。 군웅할거*의 전국시대. — 割拠

19 地雷 (ジョキョ) 援助活動を始める。 지뢰 제거 원조활동을 시작하다. — 除去

20 火に油を (ソソ) ぐようなものだ。 불에 기름을 붓는 격이다. — 注

◆ 撒布(さんぷ) : 살포, 상용한자외임
♣ 점착(粘着) : 끈끈하게 착 달라붙음
● 군웅할거(群雄割拠) : 여러 영웅이 각기 한 지방씩 차지하고 위세를 부림

カッコ内のカタカナを漢字に直しましょう。

01 笑い声が部屋中に (ヒビ) く。 웃는 소리가 방 전체에 울리다. 　　響
　　わら　ごえ　へ　や　じゅう

02 彼は悪人の (テンケイ) だ。 그는 나쁜 사람의 전형*이다. 　　典型
　　かれ　あくにん

03 彼女は (フジ) の病に冒されている。 그녀는 불치의 병에 걸려 있다. 　　不治
　　かのじょ　　　　やまい　おか

04 歯の (チリョウ) 中である。 이를 치료하는 중이다. 　　治療
　　は　　　　　　ちゅう

05 友人に悩みを (ウッタ) える。 친구에게 고민을 호소하다. 　　訴
　　ゆうじん　なや

06 不穏な空気が (タダヨ) っている。 불온한 분위기가 감돌고 있다. 　　漂
　　ふ　おん　くうき

07 それは (コンポン) 的な問題だ。 그것은 근본적인 문제이다. 　　根本
　　　　　　　　　てき　もんだい

08 あまりの (キョウフ) で動けなかった。 너무나 두렵고 무서워서 움직이지 못했다. 　　恐怖*
　　　　　　　　　　　うご

09 改革の (キウン) が熟する。 개혁의 기운이 무르익다. 　　機運
　　かいかく　　　　　じゅく

10 間違ったダイエットによる (ヘイガイ) 。 잘못된 다이어트에 의한 폐해. 　　弊害
　　まちが

11 内容が他の本に (コクジ) している。 내용이 다른 책과 아주 비슷하다. 　　酷似
　　ないよう　ほか　ほん

12 紙幣の (ギゾウ) は犯罪である。 지폐의 위조는 범죄이다. 　　偽造
　　し　へい　　　　　　はんざい

13 後頭部に (ショウゲキ) を感じた。 후두부에 충격을 느꼈다. 　　衝撃
　　こうとう ぶ　　　　　　　かん

14 万引きの現行犯で (タイホ) された。 물건을 훔친 현행범으로 체포되었다. 　　逮捕
　　まん び　げんこうはん

15 教科書が (カイテイ) された。 교과서가 개정되었다. 　　改訂
　　きょう か しょ

16 政策の (ヨウコウ) 案をまとめる。 정책의 요강*안을 정리하다. 　　要綱
　　せいさく　　　　　あん

17 (ジンソク) な対処が被害を防いだ。 신속한 대처가 피해를 막았다. 　　迅速
　　　　　　　　たいしょ　ひがい　ふせ

18 クラスの活動を (ギュウジ) る。 반 활동을 좌지우지하다. 　　牛耳
　　　　　　かつどう

19 損害 (バイショウ) を請求する。 손해배상을 청구하다. 　　賠償
　　そんがい　　　　　　せいきゅう

20 敵の弱点が (ロテイ) した。 적의 약점이 드러났다. 　　露呈
　　てき　じゃくてん

◆ 전형(典型) : 1.기준이 되는 형 2.같은 부류의 특징을 가장 잘 나타내고 있는 본보기
◆ 공포(恐怖) : 두렵고 무서움
◆ 요강(要綱) : 1.근본이 되는 중요한 강령 2.기본이 되는 줄거리나 골자

今日の漢字

カッコ内のカタカナを漢字に直しましょう。

01 医者は患者に病名を (センコク) した。 의사는 환자에게 병명을 선고했다. — 宣告

02 事の意外さに (オドロ) く。 뜻밖의 일에 놀라다. — 驚

03 知人を (タヨ) って上京する。 지인을 의지하여 상경하다. — 頼

04 親友の死を (イタ) む。 친구의 죽음을 애도하다. — 悼

05 人物 (ビョウシャ) に優れた小説。 인물 묘사에 뛰어난 소설. — 描写

06 シートベルトを (シ) める。 안전벨트를 매다. — 締

07 先祖代々の墓地に (マイソウ) する。 선조 대대의 묘지에 매장하다. — 埋葬

08 遠い (シンセキ) より近くの他人。 멀리 있는 친척보다 가까운 이웃이 낫다(이웃사촌). — 親戚

09 人生を (タッカン) する。 인생을 달관* 하다. — 達観

10 (ミレン) がましい男と笑われる。 미련이 있는 듯한 남자라고 조소당하다. — 未練

11 (カンイ) 宿泊所に泊まる。 간이 숙박소에 숙박하다. — 簡易

12 彼にはとても (タチ) 打ちできない。 그에겐 도저히 대적할 수 없다. — 太刀

13 父は (ゲンカク) な人だった。 아버지는 엄격한 사람이었다. — 厳格

14 世界的な (キボ) の戦争。 세계적인 규모의 전쟁. — 規模

15 疲れが (チクセキ) されていく。 피로가 축적되어 가다. — 蓄積

16 妹はとても (ヨウリョウ) が悪い。 여동생은 매우 요령이 나쁘다. — 要領

17 党の (ケンカイ) をまとめる。 당의 견해를 정리하다. — 見解

18 距離と方位から (ケイイ) 度を計算する。 거리와 방위로부터 경위도를 계산하다. — 経緯

19 (ケイトウ) を立てて話す。 계통* 을 세워 이야기하다. — 系統

20 突然の訪問に (トマド) う。 갑작스런 방문에 당황하다. — 戸惑

◆ 달관(達観) : 사소한 사물이나 일에 얽매이지 않고 세속을 벗어난 활달한 식견이나 인생관에 이름
♣ 계통(系統) : 일의 체계나 순서

カッコ内のカタカナを漢字に直しましょう。

01 面影を心に (ウ) かべる。 모습을 마음속에 떠올리다. 　　浮
02 戦災都市を (フッコウ) する。 전쟁으로 말미암은 재난 도시를 부흥* 하다. 　　復興
03 食糧不足による (キガ) の問題。 식량부족에 의한 기아 문제. 　　飢餓
04 (ザンテイ) 的に委員長を務める。 잠정* 적으로 위원장을 역임하다. 　　暫定
05 次の世代を (ニナ) う。 다음 세대를 짊어지다. 　　担
06 事故の (コウイショウ) を治療する。 사고의 후유증을 치료하다. 　　後遺症
07 敵との (ワカイ) が成立した。 적과의 화해가 성립했다. 　　和解
08 (キョウチョウ) する部分に色をつける。 강조하는 부분에 색칠을 하다. 　　強調
09 母にそっくりな (クチョウ) だ。 어머니와 말투가 닮다. 　　口調
10 長年の歴史を (ホコ) る町。 긴 역사를 자랑하는 마을. 　　誇
11 (ダキョウ) が成立する。 타협이 이루어지다. 　　妥協
12 一晩 (ヤッカイ) になる。 하루 밤 신세를 지다. 　　厄介
13 害虫を (ボクメツ) する。 해충을 박멸* 하다. 　　撲滅
14 現金を (ウバ) って逃げる。 현금을 빼앗아 도주하다. 　　奪
15 社会的機運を (ジョウセイ) する。 사회적 기운을 조성하다. 　　醸成
16 子どもの (ギャクタイ) を防止する。 아이의 학대를 방지하다. 　　虐待
17 無期 (チョウエキ) に処せられた。 무기징역에 처해졌다. 　　懲役
18 (キビン) な動作が目立った。 기민한 동작이 눈에 띄었다. 　　機敏
19 常軌を (イッ) した振る舞いをする。 상궤* 를 벗어난 행동을 하다. 　　逸
20 本土から (カクゼツ) している島。 본토에서 멀리 떨어져 있는 섬. 　　隔絶

◆ 부흥(復興) : 쇠퇴하였던 것이 다시 일어남
♣ 잠정(暫定) : 임시로 정함
● 박멸(撲滅) : 모조리 잡아 없앰
▲ 상궤(常軌) : 항상 따라야 할 바른 길

今日の漢字

カッコ内のカタカナを漢字に直しましょう。

01 その様子は (ソウゾウ) に難くない。 그 모습은 상상하기 어렵지 않다. 　　　想像

02 おせちを重箱に (ツ) める。 명절 때 먹는 조림요리를 찬합에 담다. 　　　詰

03 受賞をたいへん (メイヨ) に思う。 수상을 대단히 명예롭게 생각하다. 　　　名誉

04 制作 (カテイ) を公表する。 제작 과정을 공표하다. 　　　過程

05 感 (キワ) まって泣き出す。 너무 감격하여 울기 시작하다. 　　　極

06 トラックに (ビンジョウ) する。 트럭을 얻어 타다. 　　　便乗*

07 (アンゼン) たる思いに沈む。 암담한 생각에 잠기다. 　　　暗然*

08 人を (イツワ) って金を出させる。 남을 속여 돈을 내게 하다. 　　　偽

09 条約を (ハイキ) する。 조약을 폐기하다. 　　　廃棄

10 北海道は (ラクノウ) が盛んだ。 훗카이도는 낙농이 번성하다. 　　　酪農

11 家族の心情を (ハアク) する。 가족의 심정을 파악하다. 　　　把握

12 (ジュウ) を構えて的を狙う。 총을 겨누어 목표를 노리다. 　　　銃

13 陰謀がすぐに (ロケン) する。 음모가 곧 드러나다. 　　　露見

14 これが騒動の (ホッタン) だった。 이것이 소동의 발단이었다. 　　　発端

15 選挙制度を (サッシン) する。 선거제도를 쇄신*하다. 　　　刷新

16 景気が (テイメイ) する。 경기가 침체하다. 　　　低迷

17 色を (シキベツ) できるロボット。 색을 식별할 수 있는 로봇. 　　　識別

18 結婚 (サギ) 師にひっかかる。 결혼 사기꾼에게 걸리다. 　　　詐欺

19 サービスが (テッテイ) している。 서비스가 철저하다. 　　　徹底

20 犯罪者に実刑を (カ) す。 범죄자에게 실형을 구형하다. 　　　科

♣ 편승(便乗) : 남이 타고 가는 차편을 얻어 탐
♣ 암연(暗然) : 슬퍼서 마음이 침울함. 암담함
● 쇄신(刷新) : 나쁜 폐단이나 묵은 것을 버리고 새롭게 함

カッコ内のカタカナを漢字に直しましょう。

01 政治の表 (ブタイ) に立つ。 정치의 공식 무대에 서다. 　　舞台
02 (デントウ) 芸能を後世に伝える。 전통 예능을 후세에 전하다. 　　伝統
03 (ウキヨエ) は菱川師宣によって大成された。 풍속화는 히시카와 모로노부에 의해 대성◆ 되었다. 　　浮世絵
04 祖母と (カブキ) を観に行く。 조모와 가부키를 보러 가다. 　　歌舞伎
05 各クラスの意見を (シュウヤク) する。 각반의 의견을 집약◆하다. 　　集約
06 計画案に (イロン) を唱える。 계획안에 이론을 제기하다. 　　異論
07 (キビ) しい表情。 엄한 표정. 　　厳
08 (コキャク) を大事にする店。 고객을 소중히 하는 가게. 　　顧客
09 彼の発言には (ウラ) がある。 그의 발언에는 이면이 있다. 　　裏
10 一大 (ヒヤク) を遂げる。 일대 비약◆을 이루다. 　　飛躍
11 固定 (シサン) 税を支払う。 고정 자산세를 지불하다. 　　資産
12 優勝杯を (カクトク) する。 우승배를 획득하다. 　　獲得
13 負担の (ケイゲン) をはかる。 부담의 경감을 도모하다. 　　軽減
14 民事 (ソショウ) を起こす。 민사 소송을 일으키다. 　　訴訟
15 (カンレイ) となっている方法に従う。 관례로 되어 있는 방법에 따르다. 　　慣例
16 父はよく (ドナ) る人であった。 아버지는 자주 화를 내는 사람이었다. 　　怒鳴
17 天井から水が (モ) れる。 천정에서 물이 샌다 　　漏
18 相手の (キゲン) が良いときに話そう。 상대의 기분이 좋을 때에 이야기 하자. 　　機嫌
19 紙風船が (フク) らむ。 종이풍선이 부풀어 오르다. 　　膨
20 一歩 (シリゾ) いて考える。 한걸음 물러나 생각하다. 　　退

◆ 대성(大成) : 크게 이룸
◆ 집약(集約) : 한데 모아서 요약함
● 비약(飛躍) : 1.지위나 수준이 갑자기 빠른 속도로 높아지거나 향상됨 2.논리나 사고방식 따위가 그 차례나 단계를 따르지 아니하고 뛰어 넘음

今日の漢字

カッコ内のカタカナを漢字に直しましょう。

01 それが (シロウト) の浅はかさだ。 그것이 아마추어의 어리석음이다. — 素人

02 (キゲン) を切って金を貸した。 기한을 정해 놓고 돈을 빌려주었다. — 期限

03 (ギシンアンキ) をかき立てる。 의심암귀♦를 불러일으키다. — 疑心暗鬼

04 密輸事件を (テキハツ) する。 밀수사건을 적발하다. — 摘発

05 (ユウワク) に駆られる。 유혹에 사로잡히다. — 誘惑

06 (ソウサ) 範囲を決める。 수사 범위를 정하다. — 捜査

07 (イキオ) いあまって川に落ちる。 기세 넘치게 강에 떨어지다. — 勢

08 海へ (ツ) りに出かける。 바다에 낚시하러 외출하다. — 釣

09 刑事が (アヤ) しいと思った男。 형사가 수상하다고 생각했던 남자. — 怪

10 廊下で (ツカ) まえて立ち話をする。 복도에서 붙잡아 선채로 이야기를 하다. — 捕

11 道路や公園を (セイソウ) する。 도로나 공원을 청소하다. — 清掃

12 冬に向けて手袋を (ア) む。 겨울을 위해 장갑을 짜다. — 編

13 内閣は総辞職を (ヨギ) なくされた。 내각이 부득이하게 총사직을 하게 되었다. — 余儀

14 必要な資材を (カクホ) する。 필요한 자재를 확보하다. — 確保

15 重大な (セキム) を負う。 중대한 책무를 지다. — 責務

16 戦争の (ギセイ) 者を供養する。 전쟁의 희생자를 공양하다. — 犠牲

17 他国の紛争に (カイニュウ) する。 타국의 분쟁에 개입하다. — 介入

18 いよいよ話の (カクシン) に近づいた。 드디어 이야기의 핵심에 접근했다. — 核心

19 とても (イギ) 深い仕事をした。 매우 뜻 깊은 일을 했다. — 意義

20 市長候補に (ヨウリツ) する。 시장후보로 옹립♣하다. — 擁立

◆ 의심암귀(疑心暗鬼) : 한번 의심하게 되면 공연한 것을 상상하여 더욱 의심이 들고 두려워짐
♣ 옹립(擁立) : 임금으로 받들어 모심

カッコ内のカタカナを漢字に直しましょう。

01 英語の (キソ) を勉強する。 영어의 기초를 공부하다. 　　基礎
02 ＷＨＯは国際保健 (キコウ) の略称だ。 WHO는 국제보건기구의 약칭이다. 　　機構
03 目的地に (トウタツ) する。 목적지에 도달하다. 　　到達
04 失敗の (ヨウイン) を考える。 실패의 요인을 생각하다. 　　要因
05 四万人を (コ) える大観客。 4만 명을 넘는 대 관객. 　　超
06 (イデン) 子の研究が発展する。 유전자의 연구가 발전하다. 　　遺伝
07 (キョウリュウ) は中生代に栄えた。 공룡은 중생대에 번영했다. 　　恐竜
08 (ゴカイ) の無いように詳しく説明する。 오해가 없도록 상세하게 설명하다. 　　誤解
09 (カゼ) を引いて学校を休んだ。 감기에 걸려 학교를 쉬었다. 　　風邪
10 ブレーキがなかなか (キ) かない。 브레이크가 좀처럼 듣지 않는다. 　　効
11 (クキョウ) に立ち向かう勇気。 곤경에 맞서는 용기. 　　苦境
12 ローマ (コウガイ) の別荘。 로마 교외의 별장. 　　郊外
13 (アンカン) とした日々を過ごす。 한가로운 나날을 보내다. 　　安閑*
14 水玉 (モヨウ) の傘を差す。 물방울 모양의 우산을 쓰다. 　　模様
15 省庁 (サイヘン) に伴う変更。 성청 재편*에 따른 변경. 　　再編
16 (サンピ) 両論が渦巻く。 찬반양론이 소용돌이치다. 　　賛否
17 身柄を (コウソク) された。 신병 구속당했다. 　　拘束
18 航路の安全を (ホショウ) する。 항로의 안전을 보장하다. 　　保障
19 観測値を (ホセイ) する。 관측치를 보정*하다. 　　補正
20 新しい条例が (シコウ) される。 새 조례가 시행되다. 　　施行

◆ 안한(安閑) : 한가로움. 태평스러움
♣ 재편(再編) : 다시 편성함
● 보정(補正) : 보충하여 바르게 고침

今日の漢字

カッコ内のカタカナを漢字に直しましょう。

01　(フジョウリ) な判定に異議を唱える。　부조리한 판정에 이의를 제기하다.　　不条理

02　彼は新劇運動の (キシュ) となった。　그는 신극운동의 기수가 되었다.　　旗手

03　吉田兼好の (ズイヒツ) を読む。　요시다 겐코의 수필을 읽다.　　随筆

04　(ジゴク) で仏に会ったようだ。　지옥에서 부처를 만난 것 같다.　　地獄

05　犯罪者は (ケイバツ) を科される。　범죄자는 형벌에 처해진다.　　刑罰

06　彼の説得も (トロウ) だった。　그의 설득도 헛수고였다.　　徒労

07　(ソシキ) ぐるみでの犯行だった。　조직적인 범행이었다.　　組織

08　コンサートを (シュサイ) する。　콘서트를 주최하다.　　主催

09　ハンカチで (ナミダ) をふく。　손수건으로 눈물을 닦다.　　涙

10　(ヨユウ) をもって計画を立てる。　여유를 가지고 계획을 세우다.　　余裕

11　(カイジョ) 犬をトレーニングする。　시중드는 개를 트레이닝하다.　　介助

12　(カッキテキ) なアイデアを出す。　획기적인 아이디어를 내다.　　画期的

13　気温の変化に (ビンカン) な肌。　기온의 변화에 민감한 피부.　　敏感

14　(ワク) にコンクリートを流す。　틀에 콘크리트를 붓다.　　枠

15　矢 (ツ) ぎ早に質問を浴びせる。　잇달아 질문을 퍼붓다.　　継

16　柿が (シブ) くて食べられない。　감이 떫어서 먹을 수 없다.　　渋

17　この二つの機器は (ゴカン) 性がない。　이 두 기기는 호환성이 없다.　　互換

18　友人を駅に (ムカ) える。　역에서 친구를 맞다.　　迎

19　誤りがないかどうか (ケンショウ) する。　잘못이 없는지 어떤지 검증하다.　　検証

20　危機感が (ネントウ) にある。　위기감이 염두에 있다.　　念頭

◆ 부조리(不条理) : 1.이치에 맞지 아니하거나 도리에 어긋남 2.부정행위를 완곡하게 말함
◆ 개조(介助) : 도움, 시중듦
◆ 호환성(互換性) : 기능이나 적합성을 유지하면서 장치나 기기의 부분품 따위의 구성 요소를 다른 기계의 요소와 서로 바꾸어 쓸 수 있는 성질
◆ 염두(念頭) : 마음 속

カッコ内のカタカナを漢字に直しましょう。

01 新聞の読者 (ラン) に投稿する。 신문 독자란에 투고하다. 　　欄
02 夕焼けが山肌を真っ赤に (ソ) めた。 저녁놀이 산의 표면을 새빨갛게 물들였다. 　　染
03 (ダイタン) な発想に驚かされる。 대담한 발상에 놀라게 되다. 　　大胆
04 彼の気持ちを (ダイベン) する。 그의 마음을 대변하다. 　　代弁
05 ごみを (ショウキャク) 炉に入れる。 쓰레기를 소각로에 넣다. 　　焼却
06 このままでは (シュウシュウ) がつかない。 이 상태로는 수습되지 않는다. 　　収拾
07 君のために (メイワク) している。 자네 때문에 폐를 입고 있다. 　　迷惑
08 寄付を (キョウヨウ) する。 기부를 강요하다. 　　強要
09 この試合は (ゼヒ) 勝ちたい。 이 시합은 꼭 이기고 싶다. 　　是非
10 人の教えを (ケンキョ) に聞く。 남의 가르침을 겸허하게 듣다. 　　謙虚
11 敵の移動中を (シュウゲキ) する。 적의 이동 중을 습격하다. 　　襲撃
12 社会への (キゾク) 意識。 사회에 대한 귀속의식. 　　帰属
13 (ドウギ) 的な責任を問う。 도의적인 책임을 묻다. 　　道義
14 市の発展を (ソガイ) する。 시의 발전을 저해◆하다. 　　阻害
15 一個師団が (チュウトン) する。 일개사단이 주둔하다. 　　駐屯
16 大統領 (ホサ) の役目を担う。 대통령 보좌 역할을 떠맡다. 　　補佐
17 魚を取る (アミ) をくぐる。 고기를 잡는 망을 빠져나가다. 　　網
18 窓にカーテンを (カ) ける。 창문에 커튼을 치다. 　　掛
19 (エンエン) と繰り返される話。 장장 되풀이 되는 이야기. 　　延々
20 個人の秘密を (バクロ) される。 개인의 비밀을 폭로♣당하다. 　　暴露

◆ 저해(阻害) : 막아서 못하도록 해침
♣ 폭로(暴露) : 알려지지 않았거나 감춰져 있던 사실을 드러냄

今日の漢字

カッコ内のカタカナを漢字に直しましょう。

01 遠くから (カネ) の音が聞こえる。 멀리서 종소리가 들린다.　　鐘

02 森の奥で泉が (ワ) く。 깊은 숲 속에서 샘이 솟아나다. 　　湧

03 五百円 (シヘイ) は使われていない。 5백원 지폐는 사용되고 있지 않다. 　　紙幣

04 物資の (リュウツウ) をよくする。 물자의 유통을 좋게 하다. 　　流通

05 楽しみはここに (ツ) きる。 이게 제일 즐거움이다. 　　尽

06 国内最後の (タンコウ) を閉山した。 국내 최고의 탄광을 폐산*했다. 　　炭鉱

07 (ガッショウ) 造りの建築。 갓쇼즈쿠리*의 건축. 　　合掌

08 (イサン) を相続する。 유산을 상속하다. 　　遺産

09 封筒を光に (ス) かして見る。 봉투를 빛에 비쳐 보다. 　　透

10 (バクダイ) な費用をかけて城を築く。 막대한 비용을 들여 성을 쌓다. 　　莫大

11 世界に (ホコ) る技術を持つ。 세계에 자랑할 만한 기술을 가지다. 　　誇

12 雑草が (ノホウズ) に広がる。 잡초가 제멋대로 퍼지다. 　　野放図

13 ブラウスを (サイダン) する。 블라우스를 재단하다. 　　裁断

14 不況のあおりを受けて (カイコ) された。 불황의 여파로 해고당했다. 　　解雇

15 (コモン) の指導を受ける。 고문의 지도를 받다. 　　顧問

16 主人公には (イツワ) が多い。 주인공에는 일화가 많다. 　　逸話

17 味噌が (ジュクセイ) する。 된장이 숙성하다. 　　熟成

18 おタバコは御 (エンリョ) ください。 담배는 사양해 주세요. 　　遠慮

19 (ムボウ) 運転で事故を起こす。 무모*한 운전으로 사고를 일으키다. 　　無謀

20 (フヘン) 的な真理を見出す。 보편*적인 진리를 찾아내다. 　　普遍

◆ 폐산(閉山) : 광산을 폐쇄함
♣ 갓쇼즈쿠리(合掌造り) : 민가의 건축 양식의 하나
● 무모(無謀) : 앞뒤를 잘 헤아려 깊이 생각하는 신중성이나 꾀가 없음
▲ 보편(普遍) : 모든 것에 공통되거나 들어맞음

せつぶん[節分]
입춘 전날에 볶은 콩을 뿌려 잡귀를 쫓는 풍습이 있음.

カッコ内のカタカナを漢字に直しましょう。

01	彼の答えはいつも (メイカイ) だ。 그의 대답은 언제나 명쾌하다.	明快
02	戦争の (キョウイ) にさらされる。 전쟁의 위협에 놓여지다.	脅威
03	広く (イッパン) に公開する。 널리 일반에게 공개하다.	一般
04	一人前を目指し腕を (ミガ) く。 제 몫을 하기위해 실력을 연마하다.	磨
05	(ミンシュシュギ) は政治の基本だ。 민주주의는 정치의 기본이다.	民主主義
06	攻撃の格好の (ヒョウテキ) になる。 공격의 알맞은 표적이 되다.	標的
07	この状況では総辞職は (ヒッシ) だ。 이 상황에서는 총사직은 필사적이다.	必至
08	まだ疑う (ヨチ) がある。 아직 의심할 여지가 있다.	余地
09	(セイギ) 感の強い若者。 정의감이 강한 젊은이.	正義
10	隣りの国と (ドウメイ) を結ぶ。 이웃 나라와 동맹을 맺다.	同盟
11	(キョウコウ) な手段を取る。 강경한 수단을 취하다.	強硬
12	自由な活動が (ヨクアツ) される。 자유로운 활동이 억압받다.	抑圧
13	反乱を (クワダ) てる。 반란을 꾀하다.	企
14	施設の (ササツ) が行われる。 시설의 사찰* 이 실시되다.	査察
15	(イカク) 射撃で様子をみる。 위협사격으로 상황을 보다.	威嚇
16	悪の組織を (ネダ) やしにする。 악의 조직을 근절하다.	根絶
17	その教えを (シンポウ) する。 그의 가르침을 신봉하다.	信奉
18	今年の活動の (ソウカツ) を行う。 올해 활동의 총괄을 실시하다.	総括
19	不祥事の責任者を (コウテツ) する。 불상사의 책임자를 경질* 하다.	更迭
20	政権 (ダッシュ) をめぐる攻防。 정권 탈취* 를 둘러싼 공방.	奪取

◆ 사찰(査察) : 조사하여 살핌
♣ 경질(更迭) : 어떤 직위에 있는 사람을 다른 사람으로 바꿈
● 탈취(奪取) : 빼앗아 가짐

今日の漢字

カッコ内のカタカナを漢字に直しましょう。

01　まさに (イッシュン) の出来事であった。 실로 한순간의 사건이었다. 　　　一瞬

02　帰り道の (トチュウ) で寄り道する。 돌아가는 도중에 다른 곳에 들르다. 　　　途中

03　子どもを (ダ) きかかえる。 아이를 껴안다. 　　　抱

04　その (ハイユウ) は演技がうまい。 그 배우는 연기를 잘한다. 　　　俳優

05　昔からの (デントウ) を受け継ぐ。 옛날부터의 전통을 계승하다. 　　　伝統

06　大雨の (エイキョウ) で電車が遅れた。 호우의 영향으로 전차가 지연되었다. 　　　影響

07　改めて現実の厳しさを (ジッカン) する。 새삼 현실의 냉엄함을 실감하다. 　　　実感

08　(カントク) の指示に従う。 감독의 지시에 따르다. 　　　監督

09　友人と一晩中 (カタ) りあう。 친구와 밤새 서로 이야기하다. 　　　語

10　(セイシン) を集中し競技に備える。 정신을 집중하여 경기에 대비하다. 　　　精神

11　権利を (ホウキ) する。 권리를 포기하다. 　　　放棄

12　救急車の出動 (ヨウセイ)。 구급차의 출동요청. 　　　要請

13　商品の (カジョウ) 包装をやめる。 상품의 과잉포장을 그만두다. 　　　過剰

14　(セイサツヨダツ) を握る大物人物。 생살여탈* 을 쥔 거물. 　　　生殺与奪

15　業界再編の (キウン) が高まる。 업계재편의 기운이 고조되다. 　　　機運

16　高い (シキケン) の持ち主。 높은 식견의 소유자. 　　　識見

17　ごまかしても失敗の感は (イナ) めない。 속여도 실패의 느낌은 부정할 수 없다. 　　　否

18　悪い偏見や風潮を (ダハ) する。 나쁜 편견이나 풍조를 타파♣ 하다. 　　　打破

19　(タヅナ) を緩めるとすぐに失敗する。 고삐를 늦추면 곧 실패한다. 　　　手綱

20　人生の (キロ) に立つ。 인생의 기로● 에 서다. 　　　岐路

◆ 생살여탈(生殺与奪) : 어떤 사람이나 사물을 마음대로 쥐고 흔듦
♣ 타파(打破) : 부정적인 규정, 관습, 제도 따위를 깨뜨려 버림
● 기로(岐路) : 갈림길

カッコ内のカタカナを漢字に直しましょう。

01 新聞に (トウショ) する。 신문에 투서 하다. 　　投書
02 堂々としていて (カンロク) がある。 당당한 모습이 관록 이 있다. 　　貫禄
03 決して (ハンロン) を許さない態度。 결코 반론을 용서하지 않는 태도. 　　反論
04 よく切れる (スルド) い包丁。 잘 드는 날카로운 부엌칼. 　　鋭
05 自分とは (ムエン) な世界。 자신과는 관계가 없는 세계. 　　無縁
06 和食に (ツケモノ) は欠かせない。 일식에 채소 절임은 빠트릴 수 없다. 　　漬物
07 天皇は日本の (ショウチョウ) だ。 천황은 일본의 상징이다. 　　象徴
08 環境問題が (シンコク) になる。 환경문제가 심각해지다. 　　深刻
09 飢餓と (ヒンコン) は解決するべきだ。 기아와 빈곤은 해결해야 한다. 　　貧困
10 (クウフク) に耐えて頑張る。 공복에 견디며 분발하다. 　　空腹
11 人によって (ケンカイ) が分かれる。 사람에 따라 견해가 나눠진다. 　　見解
12 生活 (ヒツジュヒン) を買う。 생활필수품을 사다. 　　必需品
13 社会 (フクシ) の充実。 사회복지의 충실. 　　福祉
14 洪水の (ヒサイ) 者を救済する。 홍수 이재민을 구제하다. 　　被災
15 その話は (ケイチョウ) に値する。 그 이야기는 경청할 만하다. 　　傾聴
16 (バンコン) 化が進み出生率が下がる。 늦게 결혼하는 현상이 진행되어 출생률이 내려가다. 　　晩婚
17 無駄な出費を (ヒカ) える。 쓸데없는 지출 비용을 줄이다. 　　控
18 子育て (シエン) 策を講ずる。 자녀 양육 지원책을 강구하다. 　　支援
19 教育機関の (カクジュウ)。 교육기관의 확충. 　　拡充
20 年金の (ザイゲン) を確保する。 연금의 재원을 확보하다. 　　財源

◆ 투서(投書) : 드러나지 않은 사실의 내막이나 남의 잘못을 적어서 어떤 기관이나 대상에게 몰래 보내는 일
♣ 관록(貫禄) : 어떤 일에 대한 상당한 경력으로 생긴 위엄이나 권위

今日の漢字

カッコ内のカタカナを漢字に直しましょう。

01 豆まきは (セツブン) に行う。　콩 뿌리기는 절분에 실시한다.　　節分

02 時の流れを示している (コヨミ)。　시기의 흐름을 나타내고 있는 달력.　　暦

03 (シンペン) を警戒する。　신변을 경계하다.　　身辺

04 規制を (ユル) める。　규제를 완화하다.　　緩

05 開花の (タヨ) りが届く。　개화 소식이 전해지다.　　便

06 (ニュウドウグモ) が現れる。　뭉게구름이 나타나다.　　入道雲

07 (ソクダン) せずにゆっくり考えよう。　바로 결단을 내리지 말고 천천히 생각하자.　　即断

08 (キショウ) 庁の天気予報。　기상청의 일기예보.　　気象

09 会場内は (ネッキ) に包まれた。　회장 안은 열기에 휩싸였다.　　熱気

10 方針を百八十度 (テンカン) する。　방침을 180도 전환하다.　　転換

11 (ノウム) で先が見えない。　짙은 안개로 앞이 보이지 않는다.　　濃霧

12 細かい所も (ケイシ) せず調べる。　세세한 곳도 소홀히 하지 않고 조사하다.　　軽視*

13 朝起きると (シモ) が降りていた。　아침에 일어나자 서리가 내렸다.　　霜

14 きわめて (セッパク) した状況だ。　매우 절박한 상황이다.　　切迫

15 情報の (シュウチ) を図る。　정보의 주지*를 도모하다.　　周知

16 事の重大さを (ニンシキ) する。　일의 중대함을 인식하다.　　認識

17 条約を (テイケツ) する。　조약을 체결하다.　　締結

18 夫婦に (ヘダ) たりができる。　부부간에 틈이 생기다.　　隔

19 (シサ) に富む話を聞く。　시사가 풍부한 이야기를 듣다.　　示唆

20 世界の (シュノウ) が集まる。　세계의 수뇌가 모이다.　　首脳

◆ 경시(軽視) : 대수롭지 않게 여김
♣ 주지(周知) : (여러 사람이)두루 앎

カッコ内のカタカナを漢字に直しましょう。

01 詳しくは店員にお (タズ) ねください。 상세한 것은 점원에게 질문해 주세요.　　尋
02 (イッショ) に学校へ行く。 함께 학교에 가다. 　　一緒
03 まず (ガイヨウ) を理解する。 우선 개요를 이해하다. 　　概要
04 父と (ショウギ) を指す。 아버지와 장기를 두다. 　　将棋
05 交番まで (マイゴ) を送り届ける。 파출소까지 미아를 데려가 신고하다. 　　迷子
06 新聞で (ホウドウ) されているとおりだ。 신문에서 보도되고 있는 대로다. 　　報道
07 新しい (シュショウ) が就任する。 새로운 수상이 취임하다. 　　首相
08 危険を (サ) けて生きる。 위험을 피해서 살아가다. 　　避
09 政府の (シセイ) 方針を示す。 정부의 시정방침을 제시하다. 　　施政
10 何事も (キホン) が重要だ。 매사에 기본이 중요하다. 　　基本
11 過去の (ツグナ) いをする。 과거의 죄 값을 치르다. 　　償
12 地域格差を (ゼセイ) する。 지역 격차를 시정하다. 　　是正
13 (ユウグウ) 措置を講じる。 우대 조치를 강구하다. 　　優遇
14 (メンゼイ) 店で安く買い物をする。 면세점에서 싸게 쇼핑을 하다. 　　免税
15 諸条件を (コウリョ) して判断する。 여러 조건을 고려하여 판단하다. 　　考慮
16 放置自転車を (テッキョ) する。 방치 자전거를 철거하다. 　　撤去
17 日本の景気を (フヨウ) させる。 일본의 경기를 부양시키다. 　　浮揚
18 蛙がぴょんと (ハ) ねる。 개구리가 깡충 뛰다. 　　跳
19 (ユウリョ) すべき緊急事態。 우려할 만한 긴급사태. 　　憂慮
20 川に行く手を (ハバ) まれる。 앞길을 강이 가로막다. 　　阻

今日の漢字

カッコ内のカタカナを漢字に直しましょう。

01 休日に大きな (モヨオ) しがある。 휴일에 큰 행사가 있다. — 催
02 その考えは (リカイ) しがたい。 그 생각은 이해하기 어렵다. — 理解
03 野球大会で (ユウショウ) する。 야구대회에서 우승하다. — 優勝
04 (ゲキテキ) な生涯を終える。 극적인 생애를 마치다. — 劇的
05 先制 (コウゲキ) を仕掛ける。 선제공격을 취하다. — 攻撃
06 突然の来訪に (コンワク) する。 갑작스런 내방에 곤혹스럽다. — 困惑
07 (ジャアク) な心を捨てなさい。 사악한 마음을 버리세요. — 邪悪
08 弱者の人権を (ヨウゴ) する。 약자의 인권을 옹호♦하다. — 擁護
09 全ての事柄を (レッキョ) する。 모든 사항을 열거하다. — 列挙
10 その場の (フンイキ) に飲まれる。 그 장소의 분위기에 압도되다. — 雰囲気
11 人工 (エイセイ) を打ち上げる。 인공위성을 발사하다. — 衛星
12 (ハイスイ) の陣を敷く。 배수의 진을 치다. — 背水
13 湖に (ノゾ) む大きな家。 호수에 면한 큰 집. — 臨
14 手に汗を (ニギ) る展開。 손에 땀을 쥐는 전개. — 握
15 その考えに (イロン) を唱える。 그의 생각에 이론을 제기하다. — 異論
16 他社と資本 (テイケイ) を行う。 타사와 자본 제휴를 실시하다. — 提携
17 大雨で堤防が (ホウカイ) する。 호우로 제방이 붕괴하다. — 崩壊
18 (ショクタク) 従業員を雇う。 촉탁♣종업원을 고용하다. — 嘱託
19 (キョウハク) されて金を出す。 협박당해 돈을 내다. — 脅迫
20 法律や規則を (ジュンシュ) する。 법률이나 규제를 준수하다. — 遵守

♦ 옹호(擁護) : 두둔하고 편들어 지킴
♣ 촉탁(嘱託) : 정식 직원이 아니나, 업무를 위탁함

カッコ内のカタカナを漢字に直しましょう。

01 自分の将来を (ケネン) する。 자신의 장래를 걱정하다.   懸念

02 学校の (ショクイン) 室。 학교의 직원실.   職員

03 (スイソク) だけでは決定できない。 추측만으로는 결정할 수 없다.   推測

04 (フショウジ) が発覚する。 불상사가 발각되다.   不祥事

05 悪い慣習を (ダハ) する。 나쁜 습관을 타파하다.   打破

06 かつて植民地を (センリョウ) していた。 일찍이 식민지를 점령했다.   占領

07 自分の気持ちを (ヨクアツ) する。 자신의 마음을 억압*하다.   抑圧

08 厳しい練習に (タ) える。 힘겨운 연습을 견디다.   耐

09 進路を (アヤマ) り苦悩する。 진로를 그르쳐 고뇌하다.   誤

10 他人の意見を (ソンチョウ) する。 남의 의견을 존중하다.   尊重

11 部下の (サイリョウ) を広げる。 부하의 재량*을 넓히다.   裁量

12 上司の (リフジン) な仕打ち。 상사의 불합리한 처사.   理不尽

13 (コンダン) 会で保護者が集まる。 간담회에 보호자가 모이다.   懇談

14 学期末に (ツウシンボ) が渡される。 학기말에 통신표를 받다.   通信簿

15 古い制度を (ハイシ) する。 낡은 제도를 폐지하다.   廃止

16 条例の (タイコウ) が決まる。 조례의 개요가 정해지다.   大綱

17 その本に大いに (ケイハツ) された。 그 책에 크게 계몽되었다.   啓発*

18 時代の (チョウリュウ) に乗り遅れる。 시대의 조류에 뒤지다.   潮流

19 (カンカツ) 外の事には対処できない。 관할 외의 일에는 대처할 수 없다.   管轄

20 心配が (キユウ) に終わる。 걱정이 기우*로 끝나다.   杞憂

◆ 억압(抑圧) : 자기의 뜻대로 자유로이 행동하지 못하도록 억지로 억누름
♣ 재량(裁量) : 자기의 생각과 판단에 따라 일을 처리함
● 계발(啓発) : 슬기나 재능, 사상 따위를 일깨워 줌
♠ 기우(杞憂) : 앞일에 대해 쓸데없는 걱정을 함

今日の漢字

カッコ内のカタカナを漢字に直しましょう。

01 日米間の (ボウエキ) 摩擦問題。 미일간의 무역 마찰 문제. — 貿易
02 憧れの先輩を (シタ) う。 동경하는 선배를 사모하다. — 慕
03 作品に (タマシイ) を込める。 작품에 영혼을 담다. — 魂
04 神に (イノ) りをささげる。 신에게 기원을 드리다. — 祈
05 プレゼントにカードを (ソ) える。 선물에 카드를 곁들이다. — 添
06 (ドウリョウ) と一緒に食事をする。 동료와 함께 식사를 하다. — 同僚
07 交通事故は (ヒゲキ) を生む。 교통사고는 비극을 낳는다. — 悲劇
08 会員 (メイボ) を作成する。 회원명부를 작성하다. — 名簿
09 (ヒレツ) な行為を非難する。 비열한 행위를 비난하다. — 卑劣
10 災害で (ギセイ) 者が出た。 재해로 희생자가 나왔다. — 犠牲
11 五輪の (ショウチ) 運動が行われる。 올림픽의 초치* 운동이 이루어지다. — 招致
12 サッカーの勝利に (ネッキョウ) する。 축구 승리에 열광하다. — 熱狂
13 災害犠牲者を (ツイトウ) する。 재해희생자를 추도하다. — 追悼
14 手紙の (モンゴン) を考える。 편지의 문언을 생각하다. — 文言
15 釣りの (ダイゴミ) を味わう。 낚시의 참다운 맛을 즐기다. — 醍醐味
16 (ヘンキョウ) な見方は良くない。 편협한 견해는 좋지 않다. — 偏狭
17 反対運動の (ショメイ) を集める。 반대 운동의 서명을 모으다. — 署名
18 (タマムシイロ) の発言をする。 애매한 발언을 하다. — 玉虫色*
19 (ケンメイ) な判断を下す。 현명한 판단을 내리다. — 賢明
20 鋭い (シテキ) を受ける。 날카로운 지적을 받다. — 指摘

◆ 초치(招致) : 불러서 안으로 들임
♣ 玉虫色(たまむしいろ) : 비단벌레의 날개처럼 광선의 방향에 따라 녹색이나 자줏빛으로 보이는 빛깔

カッコ内のカタカナを漢字に直しましょう。

01 (シンテンチ) で一からやり直す。 신천지에서 처음부터 다시 하다. 　　新天地

02 野菜を切り (キザ) む。 야채를 잘게 썰다. 　　刻

03 (ケワ) しい山道を登る。 험한 산길을 오르다. 　　険

04 (ウ) えと渇きに苦しむ。 기아와 갈증에 고통스러워하다. 　　飢

05 異教徒を激しく (ハクガイ) する。 이교도를 심하게 박해하다. 　　迫害

06 新しく土地を (カイコン) する。 새롭게 토지를 개간하다. 　　開墾

07 衛星の (キドウ) が変わる。 위성 궤도가 바뀌다. 　　軌道

08 プロ野球がいよいよ (カイマク) する。 프로야구가 마침내 개막하다. 　　開幕

09 (イッカクセンキン) を夢見る。 일확천금*을 꿈꾸다. 　　一攫千金

10 敵の一族を (ホロ) ぼす。 적의 일족을 멸망시키다. 　　滅

11 ストライキも (ジ) さない。 파업도 불사하다. 　　辞

12 円とドルの (カワセ) 相場。 엔과 달러의 환시세. 　　為替

13 恋しさが一層 (ツノ) る。 그리움이 한층 더해지다. 　　募

14 (チクサン) 業を営んでいる。 축산업을 영위하고 있다. 　　畜産

15 社会を (ヘンカク) する時が来た。 사회를 변혁할 시기가 왔다. 　　変革

16 台風が (テイタイ) し被害が拡大する。 태풍이 정체하여 피해가 확대되다. 　　停滞

17 血液は体内を (ジュンカン) する。 혈액은 체내를 순환한다. 　　循環

18 将来の (テンボウ) が開ける。 장래의 전망이 열리다. 　　展望

19 外部からの侵入を (ソシ) する。 외부로부터의 침입을 저지하다. 　　阻止

20 中身のない (クウソ) な議論。 내용이 없는 공허한 논의. 　　空疎

◆ 일확천금(一攫千金) : 단번에 천금을 움켜쥔다는 뜻

今日の漢字

カッコ内のカタカナを漢字に直しましょう。

01 これは (ゴクヒ) 事項です。 이것은 극비 사항입니다.　　極秘
　　　　　じこう

02 興奮が (サイコウチョウ) に達する。 흥분이 최고조에 달하다.　　最高潮
　　こうふん　　　　　　　　　たっ

03 選手たちを (カンセイ) で迎える。 선수들을 환호성으로 맞이하다.　　歓声
　　せんしゅ　　　　　　　　むか

04 (キオク) に残る出来事。 기억에 남는 사건.　　記憶
　　　　　のこ できごと

05 大会十 (レンパ) を達成する。 대회 10연패를 달성하다.　　連覇
　　たいかいじゅう　　たっせい

06 (アットウテキ) な強さで優勝する。 압도적인 강함으로 우승하다.　　圧倒的
　　　　　　　　　つよ ゆうしょう

07 故郷に錦を (カザ) る。 금의환향하다.　　飾
　　こきょう にしき

08 (キセキ) の逆転勝利を収める。 기적의 역전승리를 거두다.　　奇跡
　　　　　ぎゃくてんしょうり おさ

09 彼とは (インネン) のライバルだ。 그와는 숙명의 라이벌이다.　　因縁
　　かれ

10 目標達成は (ビミョウ) な情勢だ。 목표달성은 미묘한 정세이다.　　微妙
　　もくひょうたっせい　　じょうせい

11 様々な問題で (クノウ) する。 다양한 문제로 고뇌하다.　　苦悩
　　さまざま もんだい

12 人生最大の (キュウチ) に立たされる。 인생 최대의 궁지에 몰리다.　　窮地
　　じんせいさいだい　　　　た

13 会社の (イシン) をかけたプロジェクト。 회사의 위신을 건 프로젝트.　　威信
　　かいしゃ

14 (ホウヨウ) 力のある人物。 포용력이 있는 인물.　　包容
　　　　　りょく じんぶつ

15 核兵器の (コンゼツ) を目指す。 핵무기의 근절을 목표로 하다.　　根絶
　　かくへいき　　　　めざ

16 彼は (ソウゼツ) な死を遂げる。 그는 장렬한 죽음을 마치다.　　壮絶
　　かれ　　　　　　し と

17 ついに (シュドウ) 権を握る。 마침내 주도권을 쥐다.　　主導
　　　　　　　けん にぎ

18 (キトク) 権益を必死に守る。 기득 권익을 필사적으로 지키다.　　既得
　　　　 けんえき ひっし まも

19 資産と (フサイ) とを比較する。 자산과 부채를 비교하다.　　負債
　　しさん　　　　ひかく

20 デジタル機器を (クシ) する。 디지털 기기를 구사하다.　　駆使
　　　　　　　きき

◆ 극비(極秘): 극비밀, 절대 알려져서는 안 되는 중요한 일
♣ 근절(根絶): 다시 살아날 수 없도록 아주 뿌리째 없애 버림
◉ 기득(既得): 이미 얻어서 차지함
♠ 권익(権益): 권리와 그에 따르는 이익

カッコ内のカタカナを漢字に直しましょう。

01 自由 (ホンポウ) な生き方。 자유분방한 삶. 奔放

02 (シンギ) のほどは定かでない。 진위 여부는 정확하지 않다. 真偽

03 (リコン) 届を提出する。 이혼 신청서를 제출하다. 離婚

04 世界各地を (ヘンレキ) する。 세계각지를 편력*하다. 遍歴

05 国事行為の事務を担当する (クナイチョウ)。 국사행위*에 관한 사무를 담당하는 궁내청. 宮内庁

06 友人をパーティーに (ショウタイ) する。 친구를 파티에 초대하다. 招待

07 カラスは意外と (リコウ) だ。 까마귀는 의외로 영리하다. 利口

08 今日は家庭 (ホウモン) の日だ。 오늘은 가정 방문의 날이다. 訪問

09 芸能人と (アクシュ) する。 연예인과 악수하다. 握手

10 攻撃の (タイショウ) から外れた。 공격의 대상에서 제외되었다. 対象

11 (セイキ) の方法で手続きをする。 정규 방법으로 수속을 하다. 正規

12 寄付で会費を (マカナ) う。 기부로 회비를 조달하다. 賄

13 売れた商品を (ホジュウ) する。 팔린 상품을 보충하다. 補充

14 今後の経済動向を (チュウシ) する。 금후의 경제 동향을 주시하다. 注視

15 (オントウ) な意見を述べる。 온당한 의견을 말하다. 穏当

16 景気回復の (キザ) しが見えてきた。 경기 회복의 조짐이 보였다. 兆

17 電気信号を (ゾウフク) する。 전기 신호를 증폭*하다. 増幅

18 何もいわず (モクニン) する。 아무것도 말하지 않고 묵인하다. 黙認

19 企業の (ザイム) 状態が悪化する。 기업의 재무상태가 악화되다. 財務

20 ついに敵の術中に (オチイ) る。 마침내 적의 계략에 빠지다. 陥

◆ 편력(遍歴) : 널리 각지를 돌아다님
◆ 국사행위(国事行為) : (일본 헌법에 정해진) 천황이 하여야 하는 국사에 관한 일정한 행위
● 증폭하다(増幅する) : 1.사물의 범위가 늘어나 커지다 2.〈물리〉라디오 따위에서 전압, 전류의 진폭이 늘어 감도가 좋아지다

今日の漢字

カッコ内のカタカナを漢字に直しましょう。

01　まだ (オサナ) い子供だ。　아직 어린 아이다.　　幼

02　嫌いなことを (ケイエン) し続ける。　싫어하는 것을 계속 경원♦하다.　　敬遠

03　その事に関しては (シロウト) だ。　그 일에 관해서는 아마추어다.　　素人

04　外交問題を (ロンピョウ) する。　외교문제를 논평하다.　　論評

05　とりあえず (ソクセキ) 料理で済ます。　우선 즉석 요리로 때우다.　　即席

06　道路の (ミゾ) にはまる。　도로의 도랑에 빠지다.　　溝

07　ある男の一生を (エガ) いた作品。　어느 사내의 일생을 그린 작품.　　描

08　(ミリョク) 的な人に出会う。　매력적인 사람을 만나다.　　魅力

09　物語が (カキョウ) に入ってきた。　이야기가 가경에 들어갔다.　　佳境

10　興味や (カンシン) を成績評価に入れる。　흥미나 관심을 성적평가에 넣다.　　関心

11　(アンモク) の了解のもと事が進む。　암묵의 양해 하에 일이 진행되다.　　暗黙

12　ない知恵を (シボ) りアイデアを出す。　없는 지혜를 짜내 아이디어를 내다.　　絞

13　病院に行き (チリョウ) を受ける。　병원에 가서 치료를 받다.　　治療

14　地震の (チョウコウ) が現れる。　지진의 징후가 나타나다.　　兆候

15　不用意な発言を (ツツシ) む。　부주의한 발언을 삼가다.　　慎

16　父の (キトク) の知らせを聞き駆けつける。　아버지가 위독하다는 소식을 듣고 부랴부랴 가다.　　危篤

17　仏前の (イエイ) に手を合わせた。　불전의 초상화에 합장했다.　　遺影♣

18　敵に (サト) られずに近づく。　적이 알아차리지 못하게 다가가다.　　悟

19　今は亡き母を (ツイボ) する。　지금은 돌아가신 어머니를 추모하다.　　追慕

20　功績をたたえ (ヒョウショウ) する。　공적을 기려 표창하다.　　表彰

♦ 경원(敬遠) : 1.공경하되 가까이하지는 않음 2.겉으로는 공경하는 체하면서 실제로는 꺼리어 멀리함
♣ 위영(遺影) : 고인의 사진이나 초상화

カッコ内のカタカナを漢字に直しましょう。

01 動物が (テンテキ) から身を隠す。 동물이 천적으로부터 몸을 숨기다. 　　天敵
02 全てが水の (アワ) と帰す。 모든 것이 물거품으로 돌아가다. 　　泡
03 働く (イヨク) がないのは問題だ。 일할 의욕이 없는 것은 문제다. 　　意欲
04 通勤時に (シュウカン) 誌を読む。 통근할 때에 주간지를 읽는다. 　　週刊
05 新しい機械を (ドウニュウ) する。 새로운 기계를 도입하다. 　　導入
06 この事件の (チョウホンニン) は彼女だ。 이 사건의 장본인은 그녀다. 　　張本人
07 全 (シンケイ) を集中している。 전 신경을 집중하고 있다. 　　神経
08 過去に何度も大 (ジシン) が来た。 과거에 몇 번이나 대지진이 왔다. 　　地震
09 売れっ子の (マンガ) 家を目指す。 인기 만화가를 목표로 하다. 　　漫画
10 パーティーが (セイカイ) に終わる。 파티가 성대한 모임으로 끝나다. 　　盛会
11 人口増加で (ショクリョウ) 問題が浮上する。 인구증가로 식량문제가 부상하다. 　　食糧
12 法廷で (ジンモン) が行われる。 법정에서 심문이 이루어지다. 　　尋問
13 被災地に自衛隊を (ハケン) する。 이재 지역에 자위대를 파견하다. 　　派遣
14 必要な物を (ケイコウ) し出かける。 필요한 것을 휴대하여 외출하다. 　　携行
15 上司に判断を (アオ) ぐ。 상사에게 판단을 청하다. 　　仰
16 国の (ザイセイ) 状況は厳しい。 국가의 재정 상황은 힘겹다. 　　財政
17 (バッポン) 的な改革が必要不可欠だ。 발본적인 개혁이 필수 불가결하다. 　　抜本
18 途上国支援の資金を (キョシュツ) する。 도상국 지원 자금을 거출◆하다. 　　拠出
19 (ドヒョウ) 際で踏ん張りを見せる。 씨름판 경계선에서 버팀을 보여주다. 　　土俵
20 情報公開 (セイキュウ) をする。 정보공개 청구를 하다. 　　請求

◆ 거출(拠出) : 같은 목적을 위하여 여러 사람이 돈을 나누어 냄. 각출

今日の漢字

カッコ内のカタカナを漢字に直しましょう。

01 事件を (ケイキ) に法律が改正される。 사건을 계기로 법률이 개정되다. — 契機

02 物々 (コウカン) でわらしべ長者になる。 물물교환으로 짚대 부자가 되다. — 交換

03 先祖の (クヨウ) を毎年行う。 선조 공양을 매년 행하다. — 供養

04 修学旅行の (インソツ) を務める。 수학여행의 인솔을 역임하다. — 引率

05 不採算事業から (テッタイ) する。 채산성이 없는 사업에서 철수하다. — 撤退

06 世界的な (キボ) で広がる。 세계적인 규모로 확대되다. — 規模

07 プロボクサーの (キョウレツ) なパンチ。 프로 복서의 강렬한 펀치. — 強烈

08 (イゾク) の悲しみは消えない。 유족의 슬픔은 사라지지 않는다. — 遺族

09 薬品を水で (ウス) める。 약품을 물로 희석하다. — 薄

10 一年前から消息を (タ) つ。 1년 전부터 소식을 끊다. — 絶

11 とても (エラ) い指導者。 매우 훌륭한 지도자. — 偉

12 周りから (ユウリ) してしまう。 주위에서 동떨어지고 말다. — 遊離*

13 戦後日本は急速に (フッコウ) した。 전후 일본은 급속도로 부흥했다. — 復興

14 立つ鳥跡を (ニゴ) さず。 떠나가는 새는 머물던 곳을 더럽히지 않는다. (떠나가는 이는 뒷정리를 깨끗이 하여야 함.) — 濁

15 やるべきことが多く (ボウサツ) される。 해야 할 일이 많아 매우 분주해지다. — 忙殺

16 両者には (カクゼン) とした違いがある。 양자에게는 확연한 차이가 있다. — 画然

17 一部の人に (ベンギ) をはかる。 일부의 사람에게 편의를 도모하다. — 便宜

18 (キドウ) 力を生かした野球。 기동력을 살린 야구. — 機動

19 (シンチョウ) な対応が要求される。 신중한 대응이 요구되다. — 慎重

20 孫に財産を (ゾウヨ) する。 손자에게 재산을 증여하다. — 贈与

◆ 유리(遊離) : 동떨어짐

カッコ内のカタカナを漢字に直しましょう。

01 個々の (カチ) 観を尊重する。 개개인의 가치관을 존중하다. 価値

02 服を脱ぎ (ハダカ) になる。 옷을 벗어 알몸이 되다. 裸

03 外見だけでなく中身も (トモナ) う。 외견뿐만 아니라 내면도 수반한다. 伴

04 部下に対して (イバ) る。 부하에 대해 뽐내다. 威張

05 地球 (カンキョウ) の悪化が危ぶまれる。 지구 환경의 악화가 위태로워지다. 環境

06 (センモン) 家が集まり対策を練る。 전문가가 모여 대책을 세우다. 専門

07 重要な (キミツ) をもらす。 중요 기밀을 누설하다. 機密

08 趣味は切手の (シュウシュウ) です。 취미는 우표 수집입니다. 収集

09 徹夜をして試験に (ノゾ) む。 철야를 해서 시험에 임하다. 臨

10 (ヒニク) たっぷりのあいさつ。 잔뜩 비꼬아서 하는 인사. 皮肉

11 互いに (イシ) の疎通をはかる。 서로 의사소통을 도모하다. 意思

12 (ジュウナン) に対処する。 유연하게 대처하다. 柔軟

13 仕事を (ナマ) けてばかりいる。 일을 게으름만 피우고 있다. 怠

14 故郷を (ソウキ) させる風景。 고향을 상기시키는 풍경. 想起

15 貿易 (フキンコウ) が生じる。 무역 불균형이 생기다. 不均衡

16 世界中から (キガ) をなくす。 전 세계로부터 기아◆를 없애다. 飢餓

17 古い建物を (ハカイ) する。 오래된 건물을 파괴하다. 破壊

18 近年 (サバク) 化が著しく進んでいる。 최근 몇 년 사막화가 현저하게 진행되고 있다. 砂漠

19 蚊を (バイカイ) して移る病気。 모기를 매개♣로 하여 옮기는 병. 媒介

20 泥棒に入られないよう (ケイカイ) する。 도둑이 들지 못하도록 경계하다. 警戒

◆ 기아(飢餓): 굶주림
♣ 매개(媒介): 둘 사이에서 양편의 관계를 맺어 줌

今日の漢字

カッコ内のカタカナを漢字に直しましょう。

01 長い (チンモク) を破り話し始める。 긴 침묵을 깨고 이야기하기 시작하다. — 沈黙

02 天候にかかわらず (ジッシ) します。 날씨에 관계없이 실시합니다. — 実施

03 (コウギ) の電話が殺到した。 항의 전화가 쇄도했다. — 抗議

04 敵の様子を (カンシ) した。 적의 움직임을 감시했다. — 監視

05 この滝の (ラクサ) は日本一だ。 이 폭포의 낙차는 일본 제일이다. — 落差

06 専門的な知識が (トボ) しい。 전문적인 지식이 부족하다. — 乏

07 (フシギ) な体験をした。 신기한 체험을 했다. — 不思議

08 全身に (ショウゲキ) が走った。 전신에 충격이 미쳤다. — 衝撃

09 世界の (グンシュク) が進まない。 세계의 군축이 진행되지 않는다. — 軍縮

10 文化の違いを (ツウカン) する。 문화의 차이를 통감* 하다. — 痛感

11 各地で (コウエン) 会を開く。 각지에서 강연회를 열다. — 講演

12 借金が (サイゲン) なく増えていく。 빚이 한없이 늘어가다. — 際限

13 つい (ダセイ) で続けてしまう。 그만 타성으로 계속해 버리다. — 惰性

14 他人に土地を (イジョウ) する。 타인에게 토지를 이양* 하다. — 移譲

15 冬になると路面が (トウケツ) する。 겨울이 되면 노면이 얼어붙는다. — 凍結

16 城の (ガイカク) を修理する。 성의 외곽을 수리하다. — 外郭

17 信号が黄色の (テンメツ) に変わる。 신호가 노란색 점멸* 로 바뀌다. — 点滅

18 勇敢な行動を (ショウサン) する。 용감한 행동을 칭찬하다. — 称賛

19 彼女は (シリョ) 深い人物だ。 그녀는 사려 깊은 인물이다. — 思慮

20 社会と学校と家庭の (レンケイ)。 사회와 학교와 가정의 제휴. — 連携

◆ 통감(痛感) : 마음에 사무치게 느낌
♣ 이양(移譲) : 남에게 넘겨줌
● 점멸(点滅) : 등불이 켜졌다 꺼졌다 함

カッコ内のカタカナを漢字に直しましょう。

01 政治団体に (ケンキン) する。 정치단체에 헌금하다. 献金

02 政財界の (ユチャク) を暴く。 정재계의 유착*을 폭로하다. 癒着

03 システムを (カンサ) する。 시스템을 감사하다. 監査

04 会社の新しい (トリシマリ) 役。 회사의 새로운 임원. 取締

05 (サイバン) で決着をつける。 재판에서 결말을 내다. 裁判

06 カツ丼*で (エンギ) をかつぐ。 커틀릿 덮밥으로 길흉을 따지다. 縁起

07 土地の売買 (ケイヤク) をする。 토지의 매매계약을 하다. 契約

08 児童福祉 (シセツ) を建設する。 아동복지시설을 건설하다. 施設

09 アルバイトを (ボシュウ) する。 아르바이트를 모집하다. 募集

10 知り合いの会社に (シュッシ) する。 아는 사람의 회사에 출자하다. 出資

11 テロの危険性に (ケイショウ) を鳴らす。 테러의 위험성에 경종을 울리다. 警鐘

12 スランプから (ダッキャク) する。 슬럼프에서 벗어나다. 脱却

13 ついに病気を (コクフク) する。 마침내 병을 극복하다. 克服

14 野菜が (フハイ) し悪臭を放つ。 야채가 부패하여 악취를 풍기다. 腐敗

15 経済 (セイサイ) を加える。 경제제재를 가하다. 制裁

16 各国の条約 (ヒジュン) 状況。 각국의 조약비준상황. 批准

17 一応 (ダイタイ) 案も検討しておく。 우선 대체안도 검토해두다. 代替

18 グループから (リダツ) する。 그룹에서 이탈*하다. 離脱

19 日本の車は (ネンピ) が良い。 일본의 차는 연비가 좋다. 燃費

20 二酸化炭素を (ハイシュツ) する。 이산화탄소를 배출하다. 排出

◆ 유착(癒着) : 사물이 서로 깊은 관계를 가지고 결합하여 있음. '엉겨 붙기'로 순화
♣ 카츠돈(カツ丼) : (일본 요리에서) 밥 위에 돈가스와 계란 등을 얹은 덮밥
● 이탈(離脱) : 어떤 범위나 대열 따위에서 떨어져 나오거나 떨어져 나감

今日の漢字

カッコ内のカタカナを漢字に直しましょう。

01 レース前に薬物 (ケンサ) をする。 레이스 전에 약물검사를 하다.　　　　検査
02 茶碗 (ム) しをつくる。 계란찜을 만들다.　　　　蒸
03 外交 (コウショウ) が難航する。 외교섭이 난항을 겪다.　　　　交渉
04 競って国威を (ハツヨウ) する。 다투어 국위를 선양하다.　　　　発揚 *
05 優勝賞金を (カクトク) する。 우승 상금을 획득하다.　　　　獲得
06 (カクダン) に性能が良くなった。 현격하게 성능이 좋아졌다.　　　　格段
07 甘い物にアリが (ムラ) がる。 단 것에 개미가 무리를 짓다.　　　　群
08 犯罪 (ヒガイ) 者が団結する。 범죄 피해자가 단결하다.　　　　被害
09 大勢の (カンキャク) を集める。 많은 관객을 모으다.　　　　観客
10 価格 (キョウソウ) に負けて撤退する。 가격 경쟁에 져서 철수하다.　　　　競争
11 自分の (サイリョウ) で仕事をする。 자신의 재량으로 일을 하다.　　　　裁量
12 傷害罪で (キソ) される。 상해죄로 기소 되다.　　　　起訴 *
13 手術前に (マスイ) をかける。 수술 전에 마취하다.　　　　麻酔
14 刑に執行 (ユウヨ) がつく。 형에 집행유예가 붙다.　　　　猶予
15 蛇ににらまれ (コウチョク) した蛙。 뱀이 노려봐 경직된 개구리.　　　　硬直
16 世の中に (イキドオ) りを感じる。 세상에 분노를 느끼다.　　　　憤
17 (カクリョウ) の意見を聞く。 각료의 의견을 듣다.　　　　閣僚
18 恋人の死を (ナゲ) く。 애인의 죽음을 한탄하다.　　　　嘆
19 (ロコツ) な嫌がらせを受ける。 노골적인 괴롭힘을 당하다.　　　　露骨
20 各地で (フンソウ) が絶えない。 각지에서 분쟁이 끊이지 않는다.　　　　紛争

◆ 발양(発揚) : 선양, 마음, 기운, 재주 따위를 떨쳐 일으킴
♣ 기소(起訴) : 검사가 특정한 형사 사건에 대하여 법원에 심판을 요구하는 일

カッコ内のカタカナを漢字に直しましょう。

01 (ショカ) から本を取り出す。 서가에서 책장을 꺼내다. 　　書架

02 酒は (イッテキ) も飲めない。 술은 한 방울도 마시지 못 마신다. 　　一滴

03 (ナミダ) ぐましい努力。 눈물겨운 노력. 　　涙

04 犯人と顔が (コクジ) している。 범인과 얼굴이 많이 닮다. 　　酷似

05 連立 (セイケン) を樹立する。 연립정권을 수립하다. 　　政権

06 ついに (トッパ) 口を見つけた。 마침내 돌파구를 찾았다. 　　突破

07 優勝を (ダンゲン) する選手たち。 우승을 단언하는 선수들. 　　断言

08 受験に向け勉強に (ハゲ) む。 수험을 향해 공부에 힘쓰다. 　　励

09 (カンタン) な問題から解き始める。 간단한 문제부터 풀기 시작하다. 　　簡単

10 (カク) れた逸材を登用する。 숨은 인재를 등용하다. 　　隠

11 世界を (セッケン) する。 세계를 석권◆ 하다. 　　席巻

12 (カンゼンチョウアク) の映画を見る。 권선징악의 영화를 보다. 　　勧善懲悪

13 その作品に (カンメイ) をうける。 그 작품에 감명을 받다. 　　感銘

14 生命の (ヤクドウ) を感じる。 생명의 약동♣ 을 느끼다. 　　躍動

15 仲間の入賞に (シゲキ) される。 동료의 입상에 자극받다. 　　刺激

16 犬の鳴き声が (セイジャク) を破る。 개의 우는소리가 정적을 깨다. 　　静寂

17 人生の (ヒアイ) を感じる。 인생의 비애를 느끼다. 　　悲哀

18 花の香りがほのかに (タダヨ) う。 꽃의 향기가 그윽하게 감돌다. 　　漂

19 恩人に (シャイ) を表する。 은인에게 감사의 뜻을 표하다. 　　謝意

20 弁当におかずを (ツ) める。 도시락에 반찬을 담다. 　　詰

◆ 석권(席巻) : 돗자리를 만다는 뜻으로, 빠른 기세로 영토를 휩쓸거나 세력 범위를 넓힘
♣ 약동(躍動) : 생기 있고 활발하게 움직임

今日の漢字

カッコ内のカタカナを漢字に直しましょう。

01 大勢の前で (エンゼツ) する。 많은 사람 앞에서 연설하다.　演説

02 徳川家康が江戸 (バクフ) をつくる。 도쿠가와 이에야스가 에도막부를 만들다. 　幕府

03 茶道や華道における (リュウギ)。 다도나 꽃꽂이에 있어서의 법식. 　流儀

04 世界の (ヨウジン) が一堂に会す。 세계의 요인이 한자리에 모이다. 　要人

05 胸中 (オダ) やかでない。 속마음이 평온하지 않다. 　穏

06 江戸後期の (ロウジュウ) 水野忠邦。 에도 후기의 로쥬* 미즈노 다다쿠니. 　老中

07 父の (ガンメイ) さにあきれる。 아버지의 완고하고 사리에 어두움에 질리다. 　頑迷*

08 これは捨てるに (シノ) びない。 이것은 차마 버릴 수 없다. 　忍

09 国会で政治献金に (ゲンキュウ) した。 국회에서 정치헌금에 대해 언급했다. 　言及

10 壁のペンキを (ヌ) り直す。 벽의 페인트를 다시 칠하다. 　塗

11 (キンキュウ) 事態が発生する。 긴급사태가 발생하다. 　緊急

12 今 (カンバツ) が必要な森林が多い。 지금 솎아베기가 필요한 삼림이 많다. 　間伐*

13 体力が著しく (オトロ) える。 체력이 현저하게 쇠약해지다. 　衰

14 地域 (シンコウ) 政策を打ち出す。 지역 진흥* 정책을 내세우다. 　振興

15 財政の立直しが (キュウム) だ。 재정의 바로잡기가 급선무다. 　急務

16 世界 (キョウコウ) では株価が急落した。 세계 공황에서는 주가가 급락했다. 　恐慌

17 世界から (コリツ) してしまう。 세계에서 고립되어 버리다. 　孤立

18 (オンケン) 派と過激派の対立。 온건파와 과격파의 대립. 　穏健

19 連立政権の (イチヨク) を担う。 연립정권의 일익* 을 담당하다. 　一翼

20 (ドジョウ) を改良し豊作となる。 토양을 개량하여 풍작이 되다. 　土壌

◆ 로쥬(老中) : 에도막부의 장군 직속으로 정무를 담당하던 최고 책임자
♣ 頑迷(がんめい) : 완고하여 사리에 어두움
◉ 간벌(間伐) : 나무들이 적당한 간격을 유지하여 잘 자라도록 불필요한 나무를 솎아 베어 냄. 솎아베기
♠ 진흥(振興) : 떨치어 일어남　　＊ 일익(一翼) : 1.중요한 구실을 하는 한 부분 2.조그마한 도움

カッコ内のカタカナを漢字に直しましょう。

01 会議の (シツギ) の時間。 회의의 질의시간。　　　　　　　質疑
02 重労働から (カイホウ) される。 중노동에서 해방되다。　　　解放
03 (ドクゼツ) コメンテーター。 독설 해설자。　　　　　　　　毒舌
04 導体は電気 (テイコウ) が低い。 도체는 전기 저항이 낮다。　抵抗
05 夏に水 (ア) びをする。 여름에 물을 끼얹다。　　　　　　　浴
06 一瞬の (ハヤワザ) を見逃す。 한순간의 재빠른 솜씨를 놓치다。　早業
07 一生 (ケンメイ) に生き抜く。 열심히 살아나가다。　　　　　懸命
08 この店の (セキニン) 者を呼ぶ。 이 가게의 책임자를 부르다。　責任
09 事故の (イチイン) に挙げられる。 사고의 한 원인으로 들 수 있다。　一因
10 仕事が (イソガ) しすぎる。 일이 너무 바쁘다。　　　　　　　忙
11 (ドクサイ) 者が支配する国家。 독재자가 지배하는 국가。　　独裁
12 従来の方針を (ケンジ) する。 종래의 방침을 고수하다。　　堅持＊
13 生物における食物 (レンサ)。 생물에 있어서의 식물연쇄。　連鎖
14 来年から法律が (ハッコウ) する。 내년부터 법률이 발효되다。　発効
15 世界平和を (セツボウ) してやまない。 세계평화를 갈망하여 마지않다。　切望
16 伝統を軽んじる (フウチョウ)。 전통을 경시하는 풍조。　　　風潮
17 一方の意見を (モクサツ) する。 한쪽의 의견을 묵살하다。　　黙殺
18 自分の子供を (イッカツ) する。 자신의 아이를 한 번 큰소리로 꾸짖다。　一喝＊
19 緊急 (ヒナン) 場所に指定される。 긴급 피난 장소로 지정되다。　避難
20 孤軍 (フントウ) したが結局失敗する。 고군분투했지만 결국 실패하다。　奮闘

◆ 도체(導体) : 열 또는 전기의 전도율이 비교적 큰 물체를 통틀어 이르는 말. 열에는 금속, 전기에는 금속이나 전해 용액 따위가 이에 속함
♣ 견지(堅持) : 어떤 견해나 입장 따위를 굳게 지니거나 지킴. 고수함
● 일갈(一喝) : 한 번 큰 소리로 꾸짖음
♠ 고군분투(孤軍奮闘) : 남의 도움을 받지 아니하고 힘에 벅찬 일을 잘해 나가는 것

今日の漢字

カッコ内のカタカナを漢字に直しましょう。

01　負けて (クヤ) しい思いをする。　져서 분한 생각이 든다.　　悔
02　(ナゲ) いてもしようがない。　한탄해도 하는 수 없다.　　嘆
03　火山が火を (フ) く。　화산이 불을 뿜다.　　噴
04　(タテ) と横と高さを測る。　세로와 가로와 높이를 재다.　　縦
05　強敵に苦戦を (シ) いられる。　강적에게 고전을 면치 못하다.　　強
06　日本経済の (シシン) を示す。　일본 경제의 지침을 제시하다.　　指針
07　(テイアン) を受け入れる。　제안을 수용하다.　　提案
08　贈答品を (ホウソウ) してもらう。　증답품을 포장해 받다.　　包装
09　高齢者への (ハイリョ) を忘れない。　고령자에 대한 배려를 잊지 않다.　　配慮
10　世界 (ヒョウジュン) の規格を作る。　세계 표준의 규격을 만들다.　　標準
11　病気の (シンダン) を行う。　병의 진단을 실시하다.　　診断
12　決勝進出を (ハバ) まれた。　결승 진출을 저지당했다.　　阻
13　ワインの (カイキン) 日がせまる。　와인 해금일이 다가오다.　　解禁
14　情報漏洩が (ケネン) される。　정보 누설이 걱정된다.　　懸念
15　毎日 (ケイジ) 板をチェックする。　매일 게시판을 체크하다.　　掲示
16　来客を (ネンゴ) ろにもてなす。　방문한 손님을 정성스레 대접하다.　　懇
17　りんごの実が (セイジュク) する。　사과 열매가 성숙하다.　　成熟
18　風景を (センメイ) に覚えている。　풍경을 선명히 기억하고 있다.　　鮮明
19　試験後 (キンチョウ) がほぐれる。　시험 후 긴장이 풀리다.　　緊張
20　米ドルは (キジク) 通貨だ。　미 달러는 기축*통화이다.　　基軸

◆ 기축(基軸) : 어떤 사상이나 조직 따위의 토대나 중심이 되는 곳

カッコ内のカタカナを漢字に直しましょう。

01 窓から景色を (ナガ) める。 창문에서 경치를 바라보다. 　　眺
02 肉体に魂が (ヤド) る。 육체에 영혼이 깃들다. 　　宿
03 委員長を懸命に (ホサ) する。 위원장을 열심히 보좌하다. 　　補佐
04 日本各地の (ミンヨウ) を聞く。 일본 각지의 민요를 듣다. 　　民謡
05 新築ビルを (ヒロウ) した。 신축 빌딩을 공개했다. 　　披露
06 先生の (キゲン) を気にする。 선생님의 심기를 걱정하다. 　　機嫌
07 あなたに (キョウミ) はない。 당신에게 흥미는 없다. 　　興味
08 著作権の重要性を (ト) く。 저작권의 중요성을 설명하다. 　　説
09 原文と比較 (タイショウ) する。 원문과 비교 대조하다. 　　対照
10 秋の (シュウカク) を楽しみに待つ。 가을의 수확을 즐거움으로 삼으며 기다리다. 　　収穫
11 テロ組織を (ソウトウ) する。 테러 조직을 소탕*하다. 　　掃討
12 道路を (フウサ) し退路を断つ。 도로를 봉쇄하여 퇴로를 차단하다. 　　封鎖
13 地域の (ジョウセイ) を調べる。 지역의 정세를 조사하다. 　　情勢
14 若者の (カゲキ) な服装に驚く。 젊은이의 과격한 복장에 놀라다. 　　過激
15 法律違反者を (ショバツ) する。 법률 위반자를 처벌하다. 　　処罰
16 (ホコ) を収め話し合おう。 싸움을 그만두고 서로 대화하자. 　　矛
17 友人を (シンライ) する。 친구를 신뢰하다. 　　信頼
18 危く事故を (マヌカ) れる。 위태롭게 사고를 모면하다. 　　免
19 受賞を (ハゲ) みにする。 수상을 자극으로 삼다. 　　励
20 長く使うと (アイチャク) がわく。 오랫동안 사용하면 애착이 간다. 　　愛着

◆ 소탕(掃討) : 휩쓸어 죄다 없애 버림

今日の漢字

カッコ内のカタカナを漢字に直しましょう。

01 (ナットク) が行く説明を求める。 납득이 가는 설명을 요구하다. — 納得

02 ついに (ガマン) の限界に達する。 마침내 인내의 한계에 달하다. — 我慢

03 人が (ヒンパン) に出入りする。 사람이 빈번하게 출입하다. — 頻繁

04 流行に (ビンカン) な若者たち。 유행에 민감한 젊은이들. — 敏感

05 お祭り (サワ) ぎとなる。 축제 분위기가 되다. — 騒

06 自分の好みに (カタヨ) る。 자신의 취향에 치우치다. — 偏

07 (ロコツ) に圧力をかける。 노골적으로 압력을 가하다. — 露骨

08 情報格差を (ゼセイ) する。 정보 격차를 시정하다. — 是正

09 参加希望者を (ツノ) る。 참가 희망자를 모집하다. — 募

10 今や基本的人権は (トウゼン) の権利だ。 바야흐로 기본적 인권은 당연한 권리다. — 当然

11 論文の (ガイヨウ) を英訳する。 논문의 개요를 영어로 번역하다. — 概要

12 使わない施設を (ヘイサ) する。 사용하지 않는 시설을 폐쇄하다. — 閉鎖

13 商業地に (リンセツ) する住宅街。 상업지에 인접한 주택가. — 隣接

14 今日は潮の (カンマン) の差が大きい。 오늘은 조수 간만의 차가 크다. — 干満

15 湖を (カンタク) し農地にする。 호수를 간척*하여 농지로 삼다. — 干拓

16 政官財の (ユチャク) が問題だ。 정관재의 유착이 문제다. — 癒着

17 決して (カンカ) できない悪事。 결코 간과할 수 없는 악행. — 看過

18 信用を (シッツイ) する。 신용을 실추*하다. — 失墜

19 遺跡の (ハックツ) で化石が見つかる。 유적 발굴에서 화석이 발견되다. — 発掘

20 賞味期限を (キサイ) する。 상미기한을 기재하다. — 記載

◆ 간척(干拓) : 육지에 면한 바다나 호수의 일부를 둑으로 막고, 그 안의 물을 빼내어 육지로 만드는 일
♣ 실추(失墜) : 명예나 위신 따위를 떨어뜨리거나 잃음

カッコ内のカタカナを漢字に直しましょう。

01 同じ事の繰り返しに (ア) きる。 같은 일의 반복에 싫증이 나다. 飽

02 マッチを (ス) って火をつける。 성냥을 켜서 불을 붙이다. 擦

03 手先が (キヨウ) なのが自慢だ。 손재주가 뛰어난 것이 자랑이다. 器用

04 顕微鏡で細胞を (カンサツ) する。 현미경으로 세포를 관찰하다. 観察

05 他人の非ばかり (セ) める。 남의 잘못만 꾸짖다. 責

06 自転車の部品が (コワ) れた。 자전거 부품이 고장났다. 壊

07 詳しい説明を (ハブ) く。 상세한 설명을 생략하다. 省

08 違法建造物を (テッキョ) する。 위법 건조물을 철거하다. 撤去

09 初の (ココロ) みに成功する。 첫 시도에 성공하다. 試

10 (センデン) につられて買ってしまう。 선전에 현혹되어 사 버리다. 宣伝

11 産業の (クウドウ) 化が問題となる。 산업의 공동화*가 문제가 되다. 空洞

12 高齢者の (カイゴ) をする。 고령자의 병간호를 하다. 介護

13 老後に備え (チョチク) する。 노후에 대비해 저축하다. 貯蓄

14 ここ数日が (トウゲ) となる。 최근 며칠이 고비이다. 峠

15 世界各地を (メグ) り旅する。 세계 각지를 둘러보며 여행하다. 巡

16 けんかの (ホッタン) はささいなこと。 싸움의 발단*은 사소한 것. 発端

17 打開策を (モサク) する。 타개책을 모색하다. 模索

18 (ヒダイ) 化した組織を縮小する。 비대해진 조직을 축소하다. 肥大

19 諸悪の (コンゲン) を断つ。 온갖 악의 근원을 끊다. 根源

20 先人の偉業を (ライサン) する。 선인의 위업을 예찬하다. 礼賛

◆ 공동화현상(空洞化現象) : 1.(경제)해외의 생산 활동 비중이 높아지면서 국내 생산 활동의 규모가 축소되는 일 2.(사회)속이 텅 비게 되는 현상. 흔히 도심의 상주인구가 감소하는 현상을 말함
♣ 발단(発端) : 어떤 일의 계기가 됨

今日の漢字

カッコ内のカタカナを漢字に直しましょう。

01 ここでの (タイザイ) 期間は短い。 여기에서의 체재기간은 짧다. — 滞在
  きかん　みじか

02 放映する前にビデオを (ヘンシュウ) する。 방영하기 전에 비디오를 편집하다. — 編集
  ほうえい　まえ

03 日本人の (カツヤク) に励まされる。 일본인의 활약에 격려 받다. — 活躍
  にほんじん　はげ

04 水がぽたぽたと (タ) れる。 물이 뚝뚝 떨어지다. — 垂
  みず

05 委員会 (カイサイ) の準備。 위원회 개최 준비. — 開催
  いいんかい　じゅんび

06 (ヘイガイ) を取り除く。 폐해*를 없애다. — 弊害
  と　のぞ

07 (ユカイ) な一時をすごす。 유쾌한 한때를 보내다. — 愉快
  ひととき

08 雪の上をさっそうと (スベ) る。 눈 위를 시원스럽게 미끄러지다. — 滑
  ゆき　うえ

09 年末に大 (ソウジ) をする。 연말에 대청소를 하다. — 掃除
  ねんまつ　おお

10 (ジミ) だが重要な役割。 수수하지만 중요한 역할. — 地味
  じゅうよう　やくわり

11 新産業で (コヨウ) を生み出す。 새로운 산업으로 고용을 창출하다. — 雇用
  しんさんぎょう　う　だ

12 価値観が合わず (リコン) する。 가치관이 맞지 않아 이혼하다. — 離婚
  かちかん　あ

13 (キンコウ) を破り突出*する。 균형을 깨고 갑자기 쑥 나오다. — 均衡
  やぶ　とっしゅつ

14 テスト (ハンイ) が指定される。 테스트 범위가 지정되다. — 範囲
  してい

15 話の (コシ) を折る。 남의 이야기를 중도에 가로막다. — 腰
  はなし　お

16 法案が衆議院で (シンギ) される。 법안이 중의원에서 심의되다. — 審議
  ほうあん　しゅうぎいん

17 企業は (リジュン) を追求する。 기업은 이윤을 추구하다. — 利潤
  ぎぎょう　ついきゅう

18 (ジュヨウ) にあわせた生産。 수요에 맞춘 생산. — 需要
  せいさん

19 (コキャク) のニーズを探る。 고객의 수요를 살피다. — 顧客
  さぐ

20 新しく研究所を (ソウセツ) する。 새롭게 연구소를 창설하다. — 創設
  あたら　けんきゅうじょ

◆ 폐해(弊害) : 폐단으로 생기는 해
♣ 돌출(突出) : 예기치 못하게 갑자기 쑥 나오거나 불거짐

カッコ内のカタカナを漢字に直しましょう。

01 事故で記憶 (ソウシツ) となる。　사고로 기억 상실이 되다.　　喪失

02 (トホウ) もない夢を持つ。　얼토당토않은 꿈(이상)을 가지다.　　途方

03 (ゲンジョウ) 維持でも大変なことだ。　현상유지라도 힘든 일이다.　　現状

04 嫌なことを (キョヒ) する。　싫은 일을 거부하다.　　拒否

05 アメリカとソ連の (レイセン)。　미국과 소련의 냉전.　　冷戦

06 不注意に (キイン) する事故。　부주의에 기인한 사고.　　起因

07 睡魔に (オソ) われる。　몹시 졸리다.　　襲

08 (ネッキョウ) 的なファンが集まる。　열광적인 팬이 모이다.　　熱狂

09 来春いよいよ (シュウショク) だ。　내년 봄 드디어 취직이다.　　就職

10 他人に変装し (オドロ) かせる。　다른 사람으로 변장하여 놀라게 하다.　　驚

11 船が (チンボツ) しそうになる。　배가 침몰할 것 같다.　　沈没

12 財務大臣の (シモン) 機関。　재무대신(장관)의 자문♦기관.　　諮問

13 日本の (ザイセイ) 状況は厳しい。　일본의 재정상황은 힘겹다.　　財政

14 不況の長期化が (ケネン) される。　불황의 장기화가 걱정되다.　　懸念

15 裁判所に (ウッタ) える。　재판소에 고소하다.　　訴

16 借金の返済♣が (トドコオ) る。　빚을 갚는 것이 밀리다.　　滞

17 洪水の被害は (ジンダイ) だ。　홍수의 피해는 막대하다.　　甚大

18 数多の困難を (ヘ) て出世する。　숱한 곤란을 거쳐 출세하다.　　経

19 苦手科目を (コクフク) する。　잘 못하는 과목을 극복하다.　　克服

20 建設計画を (スイシン) する。　건설 계획을 추진하다.　　推進

◆ 자문(諮問) : 어떤 일을 좀 더 효율적이고 바르게 처리하려고 그 방면의 전문가나, 전문가들로 이루어진 기구에 의견을 물음
♣ 반제(返済) : 꾸어 쓴 돈이나 빌려 쓴 물건을 갚음

今日の漢字

カッコ内のカタカナを漢字に直しましょう。

01 大量生産大量（ショウヒ）が終わる。 대량생산 대량소비가 끝나다. 　　消費
　　たいりょうせいさんたいりょう　　　　お

02 （ガイトウ）でアンケートをとる。 길거리에서 앙케트를 하다. 　　街頭

03 事件の（ソウサ）が行き詰まる。 사건의 수사가 정체 상태에 빠지다. 　　捜査
　　じけん　　　　　　　　い　つ

04 詐欺（ヨウギ）で捕まる。 사기 용의로 체포되다. 　　容疑
　　さぎ　　　　　　つか

05 記念写真を（サツエイ）する。 기념사진을 촬영하다. 　　撮影
　　き ねんしゃしん

06 （セイコウ）に作られた工芸品。 정교하게 만들어진 공예품. 　　精巧
　　　　　　つく　　　こうげいひん

07 （チセツ）な文章しか書けない。 치졸*한 문서밖에 쓰지 못한다. 　　稚拙
　　　　　　ぶんしょう　か

08 （コジ）成語を勉強する。 고사성어를 공부하다. 　　故事
　　　　せい ご　べんきょう

09 犯罪を見たら警察に（ツウホウ）する。 범죄를 보면 경찰에 통보한다. 　　通報
　　はんざい　み　　けいさつ

10 イベントが功を（ソウ）する。 이벤트가 성공하다. 　　奏
　　　　　　　こう

11 家庭を（カエリ）みる余裕がない。 가정을 돌아볼 여유가 없다. 　　顧
　　かてい　　　　　　　　よ ゆう

12 偉人の（ショウガイ）が伝記になる。 위인의 생애가 전기가 되다. 　　生涯
　　いじん　　　　　　　　でん き

13 行動（キハン）を定める。 행동 규범을 정하다. 　　規範
　　こうどう　　　　　　さだ

14 明治や大正の（シイカ）が好きだ。 메이지나 다이쇼의 시가를 좋아하다. 　　詩歌
　　めい じ　たいしょう　　　　　す

15 歌を（アンショウ）できるようにする。 노래를 암송할 수 있게 하다. 　　暗唱
　　うた

16 給食の（コンダテ）をたてる。 급식 메뉴를 세우다. 　　献立
　　きゅうしょく

17 忘れ物を（アワ）てて取りに行く。 분실물을 서둘러 찾으러 가다. 　　慌
　　わす　もの　　　　　と　　い

18 有能な（フトコロ）刀を持つ。 유능한 심복을 두다. 　　懐
　　ゆうのう　　　　　　がたな　も

19 今や城の（アト）さえ残っていない。 이제는 성의 흔적조차 남아 있지 않다. 　　跡
　　いま　しろ　　　　　　のこ

20 銀行から（ユウシ）を受ける。 은행에서 융자를 받다. 　　融資
　　ぎんこう　　　　　　　う

◆ 치졸(稚拙)：유치하고 졸렬함

カッコ内のカタカナを漢字に直しましょう。

01 新居に友達を (マネ) く。 새로운 집에 친구를 초대하다. 　　招
　　しんきょ　ともだち

02 大臣が (コウテツ) される。 대신이 경질*되다. 　　更迭
　　だいじん

03 頭の中が (コンラン) している。 머리 속이 혼란해지다. 　　混乱
　　あたま　なか

04 責任の所在を (メイカク) にする。 책임 소재를 명확히 하다. 　　明確
　　せきにん　しょざい

05 (シャクゼン) としない話だ。 석연치 않은 이야기다. 　　釈然
　　　　　　　　　　　はなし

06 ひどい仕打ちに (フンガイ) する。 심한 처사에 분개하다. 　　憤慨
　　　　しう

07 公平に両者を (サバ) く。 공평하게 양자를 판가름하다. 　　裁
　　こうへい　りょうしゃ

08 武力で敵を (イカク) する。 무력으로 적을 위협하다. 　　威嚇
　　ぶりょく　てき

09 (キュウライ) の悪習を廃止する。 종래의 악습을 폐지하다. 　　旧来
　　　　　　　　あくしゅう　はいし

10 肩に積もった雪を (ハラ) う。 어깨에 쌓인 눈을 치우다. 　　払
　　かた　つ　　ゆき

11 計画を遂行するのは (シナン) なことだ。 계획을 수행하는 것은 매우 어려운 일이다. 　　至難
　　けいかく　すいこう

12 半導体事業から (テッタイ) する。 반도체 사업에서 철수하다. 　　撤退
　　はんどうたい　じぎょう

13 案内状に地図を (テンプ) する。 안내장에 지도를 첨부하다. 　　添付
　　あんないじょう　ちず

14 君の処分を (テッカイ) する。 자네의 처분을 철회하다. 　　撤回
　　きみ　しょぶん

15 (フンキュウ) した事態を解決する。 분규*사태를 해결하다. 　　紛糾
　　　　　　　　じたい　かいけつ

16 (カンジン) なことを忘れていた。 매우 중요한 것을 잊고 있었다. 　　肝心
　　　　　　　　　　　わす

17 問題の (キュウメイ) を急ぐ。 문제의 규명을 서두르다. 　　究明
　　もんだい　いそ

18 人間関係で (マサツ) が生じる。 인간관계에서 마찰이 생기다. 　　摩擦
　　にんげんかんけい　しょう

19 彼はこの町を (ギュウジ) っている。 그는 이 마을을 좌지우지 하고 있다. 　　牛耳
　　かれ　まち

20 機械化により起こった (ヘイガイ)。 기계화로 인해 일어난 폐해*. 　　弊害
　　きかいか　お

◆ 경질(更迭) : 어떤 직위에 있는 사람을 다른 사람으로 바꿈
♣ 분규(紛糾) : (사태, 논의 등이)뒤얽힘
● 폐해(弊害) : 폐단으로 생기는 해

今日の漢字

カッコ内のカタカナを漢字に直しましょう。

01 神社の (ケイダイ) を散歩する。 신사의 경내를 산책하다. 　　　境内
02 祭礼で (ロテン) が出る。 제례*에서 노점을 내다. 　　　露店
03 寿司を二人前 (チュウモン) する。 초밥을 2인분 주문하다. 　　　注文
04 彼は (シンチョウ) さに欠ける。 그는 신중함이 부족하다. 　　　慎重
05 ナイフでえんぴつを (ケズ) る。 칼로 연필을 깎다. 　　　削
06 これだけできれば (ジョウトウ) だ。 이정도 할 수 있으면 훌륭하다. 　　　上等
07 旅先で (ミヤゲ) 品を買い込む。 여행지에서 기념품을 많이 사들이다. 　　　土産
08 まだ (キオク) に新しい出来事。 아직 기억에 새로운 사건. 　　　記憶
09 (リョウシン) を海外旅行へ招待する。 양친을 해외여행에 초대하다. 　　　両親
10 父が (アイヨウ) した万年筆。 부모가 애용한 만년필. 　　　愛用
11 エンジンを (テンケン) する。 엔진을 점검하다. 　　　点検
12 一刻も (ユウヨ) すべき時ではない。 한시라도 꾸물거릴 때가 아니다. 　　　猶予*
13 彼なら (トウゼン) そうするだろう。 그러면 당연히 그렇게 할 것이다. 　　　当然
14 地下鉄が郊外まで (ノ) びる。 지하철이 교외까지 연장되다. 　　　延
15 軍国主義への (ケイシャ) を深める。 군국주의에 대하여 쏠리는 마음이 깊어지다. 　　　傾斜
16 (キンパク) した情勢が続く。 긴박한 정세가 계속되다. 　　　緊迫
17 絶滅*の (キキ) に瀕する動物。 멸종 위기에 처한 동물. 　　　危機
18 トラブルを (カイヒ) する方法。 문제를 회피하는 방법. 　　　回避
19 大改革を (ダンコウ) する。 대개혁을 단행하다. 　　　断行
20 将来の日本の (シンロ) を考える。 장래의 일본의 방향을 생각하다. 　　　針路

◆ 제례(祭礼) : 제사의 의식
♣ 유예(猶予) : 1.망설여 일을 결행하지 아니함 2.일을 결행하는 데 날짜나 시간을 미룸
● 절멸(絶滅) : 아주 없어짐

ひなまつり[雛祭り]
3월 3일의 히나마츠리에서는 여자아이의 건강한 성장과 행복을 기원하며 히나 인형을 장식한다.

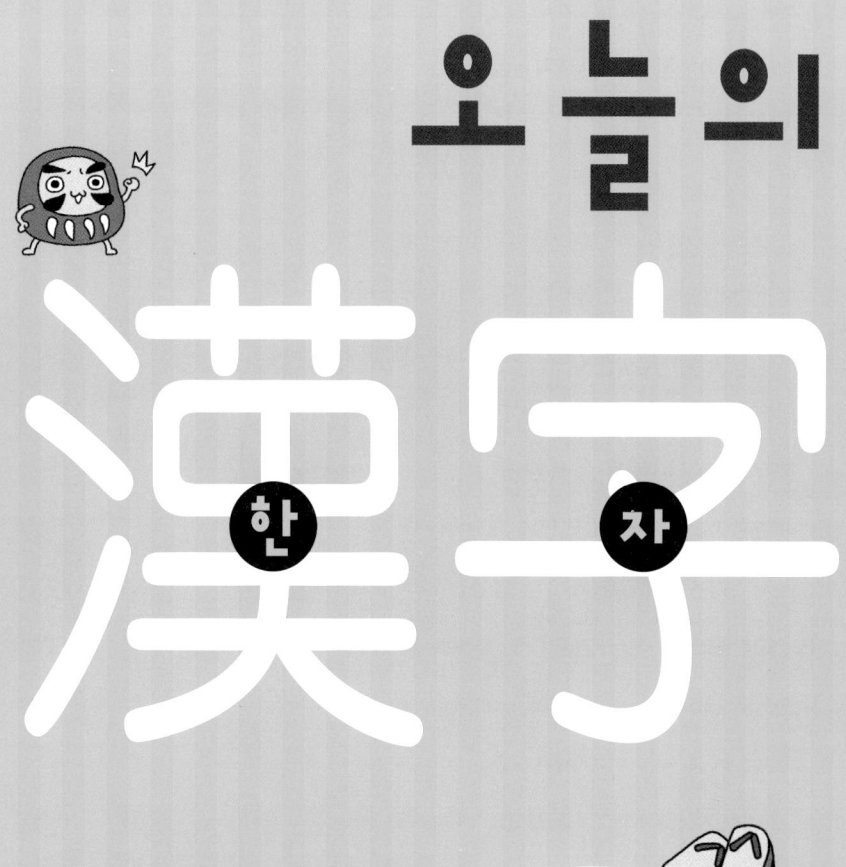

カッコ内のカタカナを漢字に直しましょう。

01 最近記憶力の (オトロ) えを感じる。 최근 기억력이 쇠퇴해지는 것을 느낀다.   <u>衰</u>

02 ピアノを (ク) り返し練習する。 피아노를 반복하여 연습하다.   <u>繰</u>

03 どうも家の外が (サワ) がしい。 아무래도 집 밖이 소란스럽다.   <u>騒</u>

04 最近食欲 (フシン) に陥っている。 최근 식욕부진에 빠져 있다.   <u>不振</u>

05 (アクジュンカン) を断ってやり直す。 악순환을 끊고 다시 시작하다.   <u>悪循環</u>

06 処方された (ゲネツザイ) を飲む。 처방된 해열제를 마시다.   <u>解熱剤</u>

07 彼女の作品は (コウヒョウ) を博した。 그녀의 작품은 호평을 받았다.   <u>好評</u>

08 消費者の (ジュヨウ) に応じる。 소비자의 수요에 응하다.   <u>需要</u>

09 政治に対する関心を (カンキ) する。 정치에 대한 관심을 환기하다.   <u>喚起</u>

10 その計画に (イロン) を唱える。 그 계획에 이론을 제기하다.   <u>異論</u>

11 塩分を (カジョウ) に摂取する。 염분을 과잉 섭취하다.   <u>過剰</u>

12 今後の政策 (シシン) が示される。 향후의 정책지침이 제시되다.   <u>指針</u>

13 (ジッセキ) を買われて栄転する。 실적을 높이 사서 영전*하다.   <u>実績</u>

14 (オウボウ) なやり方に反感を抱く。 횡포*한 방법에 반감을 품다.   <u>横暴</u>

15 (シッペイ) 予防のための指導を受ける。 질병 예방을 위한 지도를 받다.   <u>疾病</u>

16 財産を元の持ち主に (ヘンカン) する。 재산을 원래 소유자에게 반환하다.   <u>返還</u>

17 国連機関からの (カンコク) を無視する。 유엔기관으로부터의 권고를 무시하다.   <u>勧告</u>

18 災害を (キョウクン) として生かす。 재해를 교훈으로서 살리다.   <u>教訓</u>

19 条例の廃止を (セイガン) する。 조례 폐지를 청원*하다.   <u>請願</u>

20 (リンジ) ニュースが放送された。 임시 뉴스가 방송되었다.   <u>臨時</u>

◆ 영전(栄転) : 전보다 더 좋은 자리나 직위로 옮김
♣ 횡포(横暴) : 제멋대로 굴며 몹시 난폭함
● 청원(請願) : 일이 이루어지도록 청하고 원함

今日の漢字

カッコ内のカタカナを漢字に直しましょう。

01　ふるさとが (ナツ) かしく思い出される。　고향이 정겹게 생각나다.　　懐

02　(カンガイ) もひとしおだ。　감개도 각별하다.　　感慨

03　(センタク) 機はすっかり普及した。　세탁기는 완전히 보급되었다.　　洗濯

04　久しぶりに部屋を (ソウジ) する。　오랜만에 방을 청소하다.　　掃除

05　五年に一度の (セイミツ) 検査を受ける。　5년에 1번 정밀검사를 받는다.　　精密

06　金銭に対する (カンカク) が麻痺している。　금전에 대한 감각이 마비되다.　　感覚

07　彼女の無実を (カクシン) する。　그녀의 무고함을 확신하다.　　確信

08　悪条件を (コクフク) する。　악조건을 극복하다.　　克服

09　(サイフ) のひもが堅い。　돈을 헛되이 쓰지 않는다.　　財布

10　お元気そうで (ケッコウ) ですね。　건강해 보여서 다행이군요.　　結構

11　空気が (カンソウ) している。　공기가 건조하다.　　乾燥

12　(ヒサン) な光景を目の当たりにする。　비참한 광경을 눈앞에 보다.　　悲惨

13　(テンプ) 書類を窓口で交付する。　첨부서류를 창구에서 교부하다.　　添付

14　やっと (カクトク) した権利を手放す。　겨우 획득한 권리를 남에게 넘겨주다.　　獲得

15　理事会の (ショウニン) した事項を確認する。　이사회가 승인한 사항을 확인하다.　　承認

16　未知の病原体に (カンセン) する。　미지의 병원체에 감염되다.　　感染

17　現状を (イジ) することに努める。　현상을 유지하는데 힘쓰다.　　維持

18　内戦で国が (ヒヘイ) する。　내전으로 나라가 피폐되다.　　疲弊

19　一家の生計を支えるために (クトウ) する。　일가의 생계를 지탱하기 위해 고전하다.　　苦闘*

20　両国の (キンミツ) な関係を保つ。　양국의 긴밀한 관계를 유지하다.　　緊密

◆ 고투(苦闘) : 고전. 몹시 어렵고 힘들게 싸우거나 일함

カッコ内のカタカナを漢字に直しましょう。

01　会場はかなりの (コンザツ) だ。 회장은 상당히 혼잡하다.　　　　混雑

02　別の (ワダイ) に切り替える。 다른 화제로 바꾸다.　　　　話題

03　幼いころから (シュギョウ) を積み始めた。 어릴 때부터 수행을 쌓기 시작했다.　　　　修行

04　(ザツネン) を払って集中する。 잡념을 뿌리치고 집중하다.　　　　雑念

05　(ニュウワ) な表情になる。 온화한 표정이 되다.　　　　柔和

06　姉は (コウキョウ) 楽団に所属している。 누나는 교향악단에 소속되어 있다.　　　　交響

07　山が (コウヨウ) の時期を迎える。 산이 단풍 시기를 맞이하다.　　　　紅葉

08　君と (モンドウ) している暇はない。 자네와 말다툼하고 있을 여유는 없다.　　　　問答*

09　横山大観の (スイボクガ) を好む。 요코야마 다이칸의 수묵화를 즐기다.　　　　水墨画

10　軍縮の必要性を (キョウチョウ) する。 군축의 필요성을 강조하다.　　　　強調

11　雑誌を (ヘンシュウ) する。 잡지를 편집하다.　　　　編集

12　(ボキ) の検定試験を受ける。 부기검정시험을 치르다.　　　　簿記

13　人口が都市に (カタヨ) る。 인구가 도시에 편중되다.　　　　偏

14　駅前に自転車が (ホウチ) される。 역 앞에 자전거가 방치되다.　　　　放置

15　(キンロウ) 意欲がそがれる。 근로 의욕이 꺾이다.　　　　勤労

16　(コウソ) により最終決着は持ち越される。 항소에 의해 최종 결말은 미뤄지다.　　　　控訴

17　冷たい (ショグウ) を受ける。 냉담한 대우를 받다.　　　　処遇

18　本校には約千名が (ザイセキ) している。 본교에는 약 천명이 재적하고 있다.　　　　在籍

19　(ショクム) を忠実に遂行する。 직무를 충실히 수행하다.　　　　職務

20　どのような (シュシ) の集まりなのか。 어떠한 취지의 모임일까?　　　　趣旨

◆ 문답(問答) : 1.물음과 대답 2.논쟁, 말다툼

今日の漢字

カッコ内のカタカナを漢字に直しましょう。

01　立て札で（ケイコク）する。 팻말로 경고하다.　　警告

02　時計の（ハリ）が正午をさす。 시계 바늘이 정오를 가리킨다.　　針

03　処刑を待つ（シュウジン）の物語。 처형을 기다리는 죄수의 이야기.　　囚人

04　大地震発生を（ソウテイ）した防災訓練。 대지진 발생을 상정한 방재훈련.　　想定

05　貴重な（ケイケン）をする。 귀중한 경험을 하다.　　経験

06　名前も（ツ）げずに立ち去った。 이름도 알리지 않고 떠났다.　　告

07　寒暖の差が（ハゲ）しい。 추위와 따뜻함의 차이가 심하다.　　激

08　残虐な事件に（イキドオ）りを覚える。 잔학한 사건에 분노를 느끼다.　　憤

09　（ヨユウ）のある態度を示す。 여유 있는 태도를 보이다.　　余裕

10　英語と日本語では語順が（チガ）う。 영어와 일본어는 어순이 다르다.　　違

11　（トウテイ）成功しないだろう。 도저히 성공하지 못할 것이다.　　到底

12　特別（ソチ）が打ち切られる。 특별 조치가 중단되다.　　措置

13　（イゼン）として素行があらたまらない。 여전히 소행이 고쳐지지 않는다.　　依然

14　応募作品を（シンサ）する。 응모작품을 심사하다.　　審査

15　俳句の季題を（シュシャ）決定する。 하이쿠에서 게제*를 취사* 결정하다.　　取捨

16　着陸しようとして（シッソク）した。 착륙하려다 실속했다.　　失速*

17　市街地が（ボウチョウ）していく。 시가지가 팽창해 가다.　　膨張

18　危険は（カクゴ）の上だ。 위험은 각오한 바이다.　　覚悟

19　（ダキョウ）案を提示する。 타협안을 제시하다.　　妥協

20　マッターホルン登頂に（イド）む。 마터호른* 등정에 도전하다.　　挑

◆ 게제(季題) : 연가나 하이쿠 등에서 계절감을 나타내기 위해 넣도록 정해진 말
♣ 취사(取捨) : 쓸 것은 쓰고 버릴 것은 버림
● 失速(しっそく) : 비행기 주익(主翼)의 양력(揚力)이 급격히 떨어짐
▲ 마터호른(マッターホルン) : 스위스·이탈리아의 국경에 있는 고봉

カッコ内のカタカナを漢字に直しましょう。

01 申込書の氏名 (ラン)。 신청서의 성명란.   欄

02 言おうとする (シュシ) がよく分からない。 말하려고 하는 취지를 잘 모르겠다.   趣旨

03 芸能人の (ニガオエ) を描く。 예능인의 초상화를 그리다.   似顔絵

04 暴力を (ハイジョ) し平和な街を築く。 폭력을 배제하여 평화로운 거리를 구축하다.   排除

05 なだらかな山の (リンカク) を望む。 완만한 산의 윤곽을 바란다.   輪郭

06 その場での (ソクトウ) を避けた。 그 자리에서 즉답*을 피했다.   即答

07 約二千件の情報が (テイキョウ) された。 약 2천 건의 정보가 제공되었다.   提供

08 (ユウリョク) な手がかりを得た。 유력한 단서를 얻었다.   有力

09 あわてて (ガイケン) をつくろう。 서둘러 외관을 꾸미자.   外見

10 親に (クロウ) をかける。 부모님에게 수고를 끼치다.   苦労

11 犯人の足どりを追って (ソウサ) する。 범인의 행적을 쫓아 수사하다.   捜査

12 (シモン) が検出される。 지문이 검출되다.   指紋

13 ナイフで (オド) される。 칼로 위협받다.   脅

14 西欧芸術の単なる (モホウ) にすぎない。 서구 예술의 단순한 모방에 지나지 않는다.   模倣

15 容疑者を (ケンキョ) する。 용의자를 검거하다.   検挙

16 (ソッコウ) 性の高い薬。 즉효성* 이 높은 약.   即効

17 あの人はとても (ダサン) 的だ。 저 사람은 매우 타산적이다.   打算

18 (キショウ) 野生動物を選定する。 희소* 야생동물을 선정하다.   希少

19 健康に (リュウイ) して生活する。 건강에 유의하여 생활하다.   留意

20 いい人なのに気の弱いのが (オ) しい。 좋은 사람인데 마음이 약한 것이 아쉽다.   惜

♦ 즉답(即答) : 그 자리에서 곧 대답함
♣ 즉효성(即効性) : 즉시 효력을 나타내는 성질
♠ 희소(希少) : 매우 드물고 적음

今日の漢字

カッコ内のカタカナを漢字に直しましょう。

01 哲学者というとカントを (レンソウ) する。 철학자라고 하면 칸트를 연상한다.　　連想

02 死後に学説の (ヒョウカ) が高まった。 사후에 학설의 평가가 높아졌다. 　　評価

03 (チョウサ) 団を派遣する。 조사단을 파견하다.　　調査

04 仕事の進行状況を (ホウコク) する。 일의 진행상황을 보고하다.　　報告

05 (ジショウ) 音楽家だと名乗る。 자칭 음악가라고 말하다.　　自称

06 (ジモト) の意見を尊重する。 그 고장의 의견을 존중하다.　　地元

07 報告書の数字は (ゲンミツ) さに欠ける。 보고서의 숫자는 엄밀함이 결여되다.　　厳密

08 温和で (ジュウジュン) な猫を飼っている。 온화하고 순종하는 고양이를 기르고 있다.　　従順

09 (ムヨウ) な心配をかける。 쓸데없는 걱정을 끼치다.　　無用

10 思う (ゾンブン) 休暇を楽しむ。 마음껏 휴가를 즐기다.　　存分

11 産業振興のための総合的 (シサク)。 산업진흥을 위한 종합적 시책.　　施策

12 法律を公正に (シッコウ) する。 법률을 공정하게 집행하다.　　執行

13 社会の (アクヘイ) を一掃する。 사회의 악폐*를 일소*하다.　　悪弊

14 経済発展に (ハクシャ) を掛ける。 경제발전에 박차를 가하다.　　拍車

15 (ナイジュ) 拡大による景気回復。 내수*확대에 따른 경기회복.　　内需

16 平和と安全に対する (キョウイ)。 평화와 안전에 대한 위협.　　脅威

17 (ギワク) につつまれる。 의혹에 휩싸이다.　　疑惑

18 金銭の (ジュジュ) はなかった。 금전 수수는 없었다.　　授受

19 身の (ケッパク) を明らかにする。 자신의 결백을 명확히 하다.　　潔白

20 仲間と (ケッタク) して不正をはたらく。 친구와 결탁*하여 부정한 짓을 하다.　　結託

◆ 악폐(悪弊) : 나쁜 폐단
◆ 일소(一掃) : 한꺼번에 싹 제거함
◆ 내수(内需) : 국내에서의 수요
◆ 결탁(結託) : 주로 나쁜 일을 꾸미려고 서로 한통속이 됨. '짬', '서로 짬'으로 순화

カッコ内のカタカナを漢字に直しましょう。

01 問題が (フクザツ) にからみ合う。 문제가 복잡하게 서로 얽히다. 　　複雑
02 社長の (オウボウ) な振る舞い。 사장의 몹시 난폭한 행동. 　　横暴*
03 (エイセイ) 中立国スイス。 영세중립국 스위스. 　　永世
04 (ヒミツ) は厳守します。 비밀은 엄수합니다. 　　秘密
05 第一人者の地位を (ホジ) する。 제1인자의 지위를 유지하다. 　　保持*
06 (ゲンジュウ) な警戒体制をしく。 엄중한 경계체제*를 펴다. 　　厳重
07 細胞 (ブンレツ) の様子を観察する。 세포분열 상태를 관찰하다. 　　分裂
08 有珠山の活動 (ジョウキョウ)。 우스산의 활동 상황. 　　状況
09 日本語の起源を (サグ) る。 일본어의 기원을 찾다. 　　探
10 みんなが反対するなら (ゼヒ) も無い。 모두가 반대한다면 별 수 없다. 　　是非
11 好ましい (エイキョウ) を与える。 바람직한 영향을 주다. 　　影響
12 どうも成績が (テイメイ) している。 어쩐지 성적이 부진하다. 　　低迷
13 商売が (フシン) に陥る。 장사가 부진에 빠지다. 　　不振
14 (キョウコウ) な態度を示す。 강경한 태도를 나타내다. 　　強硬
15 福祉の (オンケイ) に浴する。 복지의 은혜를 입다. 　　恩恵
16 (キゼン) として対処する。 의연*히 대처하다. 　　毅然
17 国会に (チンジョウ) する。 국회에 진정하다. 　　陳情
18 外国の要人と (セッショク) する。 외국 요인과 접촉하다. 　　接触
19 厳しい (カンシ) のもとにおかれる。 엄격한 감시 하에 놓이다. 　　監視
20 終身雇用の (カンコウ) を見直す。 종신고용의 관행을 재검토하다. 　　慣行

♦ 횡포(横暴) : 제멋대로 굴며 몹시 난폭함
♣ 보지(ほじ) : 보유, 유지
♣ 체제(体制) : 조직적으로 행할 경우에 사용됨
♠ 의연(毅然) : 의지가 굳세어서 끄떡없음

今日の漢字

カッコ内のカタカナを漢字に直しましょう。

01 (ユウワク) に打ち勝つ。 유혹을 극복하다.　誘惑

02 今の (ジセイ) には合わない。 지금 시대에는 맞지 않다.　時世

03 (コダイ) 広告に気をつける。 과대광고에 주의하다.　誇大

04 不正が (ハッカク) する。 부정이 발각되다.　発覚

05 潜在する能力を (カイハツ) する。 잠재하는 능력을 개발하다.　開発

06 交通 (イハン) で罰金を払う。 교통위반으로 벌금을 지불하다.　違反

07 社会の (テイリュウ) にある動き。 사회의 저류*에 있는 움직임.　底流

08 好況と (フキョウ) は繰り返す。 호황과 불황은 되풀이한다.　不況

09 膨張と (シュウシュク) を繰り返す。 팽창과 수축을 되풀이한다.　収縮

10 核物質が (レンサ) 反応を示す。 핵물질이 연쇄 반응을 보이다.　連鎖

11 善後策を (ケントウ) する。 선후책*을 검토하다.　検討

12 (ホウシュウ) に見合った仕事をする。 보수에 걸맞는 일을 하다.　報酬

13 (リンショウ) 検査の結果がでる。 임상검사 결과가 나오다.　臨床

14 (ヒゲキ) に巻き込まれる。 비극에 휘말리다.　悲劇

15 コンクールの (ジッシ) 要綱。 콩쿠르(경연회) 실시요강.　実施

16 定年になるまで (キンム) した。 정년이 될 때까지 근무했다.　勤務

17 難解な文章を (カイシャク) する。 난해*한 문장을 해석하다.　解釈

18 生活に (コンキュウ) する。 생활이 매우 곤란하다.　困窮

19 一瞬にして城を (ホウイ) した。 순식간에 성을 포위했다.　包囲

20 ただ事態を (ボウカン) するばかりだ。 단지 사태를 방관*할 뿐이다.　傍観

◆ 저류(底流) : 겉으로는 드러나지 아니하고 깊은 곳에서 일고 있는 움직임
◆ 선후책(善後策) : 먼저 할 것과 나중 할 것을 연관하여 꾸미는 계책
◆ 난해(難解) : 1.뜻을 이해하기 어려움 2.풀거나 해결하기 어려움
◆ 방관(傍観) : 어떤 일에 직접 나서서 관여하지 않고 곁에서 보기만 함

カッコ内のカタカナを漢字に直しましょう。

01 （ショウハイ）は時の運。 승패는 그때의 운이다. (강자가 반드시 이기는 것은 아니다.)　勝敗

02 成績を（ハンテイ）する。 성적을 판정하다.　判定

03 （ホウチ）された問題が山積する。 방치된 문제가 산적하다.　放置

04 審議を一時（チュウダン）する。 심의를 잠시 중단하다.　中断

05 敵軍の背後を（コウゲキ）する。 적군의 배후*를 공격하다.　攻撃

06 チームの戦力を（ゾウキョウ）する。 팀의 전력을 증강하다.　増強

07 交渉はやっと（ケッチャク）した。 교섭은 겨우 결말이 났다.　決着

08 チャンピオンに（チョウセン）する。 챔피언에게 도전하다.　挑戦

09 爆発事故による（シショウ）者。 폭발사고로 인한 사상자.　死傷

10 地球温暖化対策に関する（ケンカイ）。 지구온난화 대책에 관한 견해.　見解

11 将来を（ヒカン）して落ち込む。 장래를 비관하여 침울해하다.　悲観

12 討論会は景気（イッペントウ）の論議だ。 토론회는 경기 일변도의 논의이다.　一辺倒

13 独特の（フンイキ）につつまれる。 독특한 분위기에 휩싸이다.　雰囲気

14 高血圧に塩辛いものは（キンモツ）だ。 고혈압에 짠 것은 금물이다.　禁物

15 必要な資料を（モウラ）する。 필요한 자료를 망라*하다.　網羅

16 見返りに（シャレイ）金を支払う。 담보로 사례금을 지불하다.　謝礼

17 首相の（ソッキン）として活躍する。 수상의 측근으로서 활약하다.　側近

18 問題の（ハイケイ）にひそむ事実。 문제의 배경에 잠재하는 사실.　背景

19 両派で（ロンセン）を展開する。 두 파로 논쟁을 전개하다.　論戦

20 不祥事の（オンショウ）に斬り込む。 불상사의 온상*을 매섭게 추궁하다.　温床

◆ 배후(背後) : 어떤 일의 드러나지 않은 이면
♣ 망라(網羅) : 널리 받아들여 모두 포함하다
✽ 온상(温床) : 어떤 현상이나 사상, 세력 따위가 자라나는 바탕

하루 20단어 한자연습
今日の漢字

カッコ内のカタカナを漢字に直しましょう。

01 二人の仲を (ムザン) に引き裂く。 두 사람 사이를 무참하게 갈라놓다.　　　無残

02 (ケッキョク) リコールは成立しなかった。 결국 리콜은 성립되지 않았다.　　　結局

03 敵の主力部隊を (ゲキハ) する。 적의 주력부대를 격파하다.　　　撃破

04 問題に取り組む (シセイ) が大事だ。 문제에 임하는 자세가 중요하다.　　　姿勢

05 バブル (ホウカイ) 後の日本経済。 거품붕괴 후의 일본경제.　　　崩壊

06 テーマをめぐって (ギロン) が過熱する。 테마를 둘러싸고 논의가 과열되다.　　　議論

07 古い小学校の (アトチ) を利用する。 낡은 초등학교의 터를 이용하다.　　　跡地

08 戦略上の要地を (ダッカイ) する。 전략상의 요지를 탈환하다.　　　奪回

09 (イセイ) のよい意見。 위세가 좋은 의견.　　　威勢

10 (キジョウ) の空論に過ぎない。 탁상공론*에 지나지 않는다.　　　机上

11 惜しくも (センコウ) に漏れる。 유감스럽게도 전형에 떨어지다.　　　選考

12 昔ながらの (カンバン) が並ぶ。 옛날 그대로의 간판이 늘어서다.　　　看板

13 (カンゲイ) の意を表する。 환영의 뜻을 표하다.　　　歓迎

14 (コウレイ) 者の社会参加を進める。 고령자의 사회참가를 진행시키다.　　　高齢

15 困難な事態に (タイショ) する。 곤란한 사태에 대처하다.　　　対処

16 汚職を (コンゼツ) する。 오직*을 근절하다.　　　根絶

17 砂漠地帯の (キビ) しい環境。 사막지대의 혹독한 환경.　　　厳

18 政治家の (シセイ) が問題だ。 문제에 임하는 자세가 중요하다.　　　姿勢

19 一年間の活動を (ソウカツ) する。 1년간의 활동을 총괄하다.　　　総括

20 事件の (ケイイ) を聞く。 사건의 경위를 듣다.　　　経緯

◆ 탁상공론(机上の空論) : 현실성이 없는 허황한 이론이나 논의
◆ 오직(汚職) : 공권력 또는 공직상의 직권을 불법·부당하게 이용해 개인적인 이익을 추구하는 공무원 부패

カッコ内のカタカナを漢字に直しましょう。

01 (コッケイ)な事を言って笑わせる。 익살스런 말을 해서 웃기다. 　　滑稽

02 未来の生活を (クウソウ)する。 미래의 생활을 공상하다. 　　空想

03 (セイゼツ)な戦闘が展開された。 처절한 전투가 전개되었다. 　　凄絶

04 ほほえましい (コウケイ)。 흐뭇한 광경. 　　光景

05 事実との (ソウイ)に気付く。 사실과 서로 다름을 눈치 채다. 　　相違

06 自分の手柄を (ジマン)する。 자신의 공적을 자랑하다. 　　自慢

07 (エンゲキ)を観て感動した。 연극을 보고 감동했다. 　　演劇

08 (スルド)い感受性の持ち主。 예민한 감수성의 소유자. 　　鋭

09 あの人は (フトコロ)が深い。 저 사람은 포용력이 있다. 　　懐

10 自分の気持ちが (スナオ)に言えない。 자신의 마음을 순수하게 말할 수 없다. 　　素直

11 (コウハイ)した大地。 황폐◆해진 대지. 　　荒廃

12 事件の (シュボウ)者を逮捕する。 사건의 주모자♣를 체포하다. 　　首謀

13 革命で国家体制が (ホウカイ)した。 혁명으로 국가체재가 붕괴됐다. 　　崩壊

14 協議会は来月 (ホッソク)する。 협의회는 다음 달 발족한다. 　　発足

15 (ユウカイ)犯は厳罰に処する。 유괴범은 엄벌에 처하다. 　　誘拐

16 弁解の (ヨチ)がない。 변명의 여지가 없다. 　　余地

17 原油価格が (コウトウ)する。 원유가격이 급등하다. 　　高騰

18 皆から会費を (チョウシュウ)した。 모두로부터 회비를 징수했다. 　　徴収

19 変化の (カテイ)にある。 변화 과정에 있다. 　　過程

20 施設の (ガイヨウ)についての説明がある。 시설의 개요에 대한 설명이 있다. 　　概要

◆ 황폐(荒廃) : 1.집・토지・삼림 따위가 거칠어져 못 쓰게 됨 2.정신이나 생활 따위가 거칠어지고 메말라 감
♣ 주모자(首謀者) : 우두머리가 되어 어떤 일이나 음모 따위를 꾸미는 사람

今日の漢字

カッコ内のカタカナを漢字に直しましょう。

01 泉鏡花の (ギキョク) を読む。 이즈미 쿄카의 희곡을 읽다. — 戯曲

02 兄の所有物を無断で (シャクヨウ) する。 형의 소유물을 무단으로 차용하다. — 借用

03 市民の (ゼンイ) によって運営される。 시민의 선의로 운영되다. — 善意

04 君までが疑っているとは (シンガイ) だ。 자네까지 의심하고 있다니 뜻밖이다. — 心外

05 (ケンキョ) な気持ちを大切にする。 겸허한 마음을 소중히 하다. — 謙虚

06 内閣の (セイサク) を評価する。 내각의 정책을 평가하다. — 政策

07 (ダイトウリョウ) の権限は強い。 대통령의 권한은 강하다. — 大統領

08 (シンソウ) を究明する。 진상을 규명하다. — 真相

09 不用意な (ゲンドウ) を慎む。 부주의한 언동을 삼가다. — 言動

10 物資の援助を (ヨウセイ) する。 물자의 원조를 요청하다. — 要請

11 勝負を焦ってミスを重ね (ジメツ) した。 승부를 조급히 서둘러 실수를 거듭해 자멸했다. — 自滅

12 いよいよ (ショウネンバ) を迎える。 마침내 중대국면을 맞이하다. — 正念場

13 業務を (スイコウ) するための知識。 업무를 수행하기 위한 지식. — 遂行

14 ドアを手で (オサ) える。 문을 손으로 누르다. — 抑

15 (ユクエ) がわからなくなる。 행방을 모르게 되다. — 行方

16 いろいろな (ヨウト) に使える製品。 여러 용도에 사용할 수 있는 제품. — 用途

17 (チメイ) 的なミスを犯す。 치명적인 실수를 범하다. — 致命

18 優勝に (コウケン) することができた。 우승에 공헌할 수 있었다. — 貢献

19 犯罪組織が (アンヤク) する。 범죄조직이 암약하다. — 暗躍

20 内閣改造で大臣が (コウテツ) される。 내각 개조로 대신이 경질되다. — 更迭

◆ 泉 鏡花(いずみ きょうか・1873년11월4일~1939년 9월7일) : 메이지후기에서 쇼와초기에 걸쳐 활약한 소설가, 희곡이나 하이쿠도 직접 다루었다. 본명, 쿄타로. 가나자와시 시모신마치 태생. 위키페디아 참조

♣ 차용(借用) : 돈이나 물건 따위를 빌려서 씀　　♣ 자멸(自滅) : 스스로 자신을 망치거나 멸망함
♣ 대신(大臣) : 군주 국가에서 '장관(長官)'을 이르는 말　　＊ 경질(更迭) : 어떤 직위에 있는 사람을 다른 사람으로 바꿈

カッコ内のカタカナを漢字に直しましょう。

01 病気の原因を (カイメイ) する。 병의 원인을 해명하다. 　　解明
02 刑に服して罪を (ツグナ) う。 복역하고 죄 값을 치르다. 　　償
03 二年以下の (チョウエキ)。 2년 이하의 징역. 　　懲役
04 (ジタイ) は日増しに悪化する。 사태는 날로 악화되다. 　　事態
05 真相を (コクハク) する。 진상을 고백하다. 　　告白
06 (キチョウ) 品は自分で管理してください。 귀중품은 스스로 관리해 주세요. 　　貴重
07 部屋の (カベ) に絵を掛ける。 방 벽에 그림을 걸다. 　　壁
08 工場を (ヘイサ) する。 공장을 폐쇄하다. 　　閉鎖
09 まちおこしの委員会を (ソシキ) する。 마을재건 위원회를 조직하다. 　　組織
10 病状が (コウテン) する。 병세가 호전 되다. 　　好転
11 家族の (アンピ) を尋ねる。 가족의 안부를 묻다. 　　安否
12 (コウショウ) が決裂する。 교섭이 결렬되다. 　　交渉
13 将来の (ホウシン) を立てる。 장래의 방침을 세우다. 　　方針
14 (イカン) の意を表する。 유감의 뜻을 표하다. 　　遺憾
15 自分なりに (セイイ) を尽くす。 자기 나름대로 성의를 다하다. 　　誠意
16 先生宅を (ホウモン) する。 선생님 댁을 방문하다. 　　訪問
17 多額の (シト) 不明金。 고액의 용도가 불명확한 돈. 　　使途
18 進退問題に (ゲンキュウ) する。 거취문제를 언급하다. 　　言及
19 代金の (ケッサイ) 方法。 대금의 결제방법. 　　決済
20 その話はどうも (クサ) い。 그 이야기는 어쩐지 수상하다. 　　臭

◆ 호전(好転) : 1.일의 형세가 좋은 쪽으로 바뀜 2.병의 증세가 나아짐

今日の漢字

カッコ内のカタカナを漢字に直しましょう。

01 中心（シガイ）地の空洞化が進む。 중심시가지의 공동화가 진행되다. 　　市街
ちゅうしん　　　ち　くうどうか　　すす

02 緊迫した場面に（ソウグウ）する。 긴박한 장면을 뜻밖에 만나다. 　　遭遇
きんぱく　　ばめん

03 昔の（ドウリョウ）に手紙を出す。 옛날 동료에게 편지를 보내다. 　　同僚
むかし　　　　　　　　てがみ　だ

04 強風で（カンバン）が落ちそうだ。 강풍으로 간판이 떨어질 것 같다. 　　看板
きょうふう　　　　　　　　お

05 県が環境影響評価（ジョウレイ）を公布した。 현이 환경영향평가를 공표했다. 　　条例
けん　かんきょうえいきょうひょうか　　　　　　　こうふ

06 中学生を（タイショウ）とした英会話教室。 중학생을 대상으로 한 영어회화 교실. 　　対象
ちゅうがくせい　　　　　　　　えいかいわきょうしつ

07 町で見かけた（メズラ）しい品物。 마을에서 본 희귀한 물건. 　　珍
まち　み　　　　　　　　　　しなもの

08 アメリカへ（コクサイ）電話をかける。 미국에 국제전화를 걸다. 　　国際
でんわ

09 最近すっかり（スガタ）を見せない。 최근 완전히 모습을 보이지 않는다. 　　姿
さいきん　　　　　　　　　　み

10 生死の（サカイ）をさまよう。 생사의 갈림길을 헤매다. 　　境
せいし

11 一歩も（ユズ）るべきでない。 한 발짝도 양보하지 않는 것이 좋다. 　　譲
いっぽ

12 夏季（キュウカ）をとる。 하계(여름철) 휴가를 얻다. 　　休暇
かき

13 （タヨウ）な生き方を知る。 다양한 생활방식을 알다. 　　多様
い　かた　し

14 学力が（スイジュン）に達しない。 학력이 수준에 도달하지 못하다. 　　水準
がくりょく　　　　　　　たっ

15 てんぷらを（ア）げる。 튀김을 튀기다. 　　揚

16 （キッキン）の課題に取り組む。 긴요* 과제에 대처하다. 　　喫緊
かだい　と　く

17 省庁（サイヘン）後の組織図。 성청 재편후의 조직도. 　　再編
しょうちょう　　　　ご　そしきず

18 子供に（カンショウ）し過ぎる。 아이에게 너무 간섭하다. 　　干渉
こども　　　　　　　　　す

19 いつのまにか借金が（フク）らむ。 어느덧 빚이 늘어나다. 　　膨
しゃっきん

20 大事な試合が明日に（ヒカ）えている。 중요한 시합이 내일 기다리고 있다. 　　控
だいじ　しあい　あした

◆ 끽긴(喫緊) : 긴요, 긴박하고 매우 중요함

カッコ内のカタカナを漢字に直しましょう。

01 (イチリツ)に千円値上げする。 일률적으로 천 엔 인상하다. 　　一律
02 茶の湯の (ココロエ) がある。 다도에 대한 소양이 있다. 　　心得
03 経済援助の (カクジュウ) を図る。 경제원조의 확충*을 도모하다. 　　拡充
04 あらゆる (ケイタイ) の人種差別を撤廃する。 모든 형태의 인종차별을 철폐하다. 　　形態
05 一人だけ (コリツ) した状態になる。 한 사람만 고립된 상태가 되다. 　　孤立
06 (ケンコウ) に気をつける。 건강에 유의하다. 　　健康
07 (レキシ) は繰り返す。 역사는 되풀이된다. 　　歴史
08 古い文化が見直され (フッケン) する。 오랜 문화를 재검토하여 복권하다. 　　復権
09 一 (セイキ) に一度の大事件。 1세기에 한 번의 대사건. 　　世紀
10 郵便物を (クバ) って歩く。 우편물을 배부하며 걷다. 　　配
11 歩行者の通行を (ボウガイ) する。 보행자의 통행을 방해하다. 　　妨害
12 街の (チアン) を守る。 거리의 치안을 지키다. 　　治安
13 反政府運動を (ダンアツ) する。 반정부운동을 탄압하다. 　　弾圧
14 国民的英雄が (バンセツ) を汚す行為だ。 국민적 영웅이 만년을 더럽히는 행위이다. 　　晩節*
15 建物を (センキョ) する。 건물을 점거하다. 　　占拠
16 多くの希望者を (ツノ) る。 많은 희망자를 모집하다. 　　募
17 (ギャクジョウ) して切りつける。 이성을 잃고 칼부림하다. 　　逆上
18 五か国語を自由に (アヤツ) る。 5개 국어를 자유롭게 구사하다. 　　操
19 優秀な人材を (トウヨウ) する。 우수한 인재를 등용하다. 　　登用
20 若くて経験に (トボ) しい。 젊어서 경험이 부족하다. 　　乏

◆ 확충(拡充) : 늘리고 넓혀 충실하게 함. '넓혀 보충함'으로 순화
♣ 만절(晩節) : 1.인생의 끝 무렵. 만년 2.오래도록 지키는 절개 3.말년

今日の漢字

カッコ内のカタカナを漢字に直しましょう。

01 (ハデ)に動きまわる。 화려하게 돌아다니다. 　　派手
02 (エガオ)で挨拶する。 웃는 얼굴로 인사하다. 　　笑顔
03 ロープの(イッタン)をにぎる。 로프의 한쪽 끝을 쥐다. 　　一端
04 通説を(コンテイ)から覆す。 통설을 근본부터 뒤엎다. 　　根底
05 強烈な(コセイ)をもった作品。 강렬한 개성을 가진 작품. 　　個性
06 明治時代に(ソウギョウ)した店。 메이지 시대에 창업한 가게. 　　創業
07 (ジチ)体の委員長になる。 자치 단체의 위원장이 되다. 　　自治
08 人類愛を身をもって(タイゲン)した人。 인류애를 몸소 구현한 사람. 　　体現
09 無人島に(ジョウリク)する。 무인도에 상륙하다. 　　上陸
10 実業界で(セイコウ)する。 실업계에서 성공하다. 　　成功
11 アジアの(シンコウ)工業国。 아시아의 신흥 공업국. 　　新興
12 東京に(ホンキョ)を置く。 도쿄에 본거지를 두다. 　　本拠
13 街角に(テンポ)を構える。 길모퉁이에 점포를 차리다. 　　店舗
14 全世界に大きな(ショウゲキ)を与える。 전 세계에 큰 충격을 주다. 　　衝撃
15 京都の(シニセ)に立ち寄る。 교토의 전통이 오래된 점포에 들르다. 　　老舗♦
16 (メンミツ)な計画を練る。 면밀한 계획을 다듬다. 　　綿密
17 彼の立場を(ヨウゴ)する。 그의 입장을 옹호♣하다. 　　擁護
18 秘密を(バクロ)する。 비밀을 폭로하다. 　　暴露
19 社会福祉に(コウセキ)があった。 사회복지에 공적이 있었다. 　　功績
20 (ロコツ)な態度を取る。 노골적인 태도를 취하다. 　　露骨

◆ 노포(老舗) : 대대로 이어 온, 전통·격식·신용이 있는 오래된 점포
♣ 옹호(擁護) : 두둔하고 편들어 지킴

カッコ内のカタカナを漢字に直しましょう。

01 (トシン) の高層ビル群。 도심의 고층 빌딩 군 　　　都心

02 日本の国花は (サクラ) だ。 일본의 국화는 벚꽃이다. 　　　桜

03 公園の花が (マンカイ) だ。 공원의 꽃이 만발하다. 　　　満開

04 血液が体内を (メグ) る。 혈액이 체내를 순환하다. 　　　巡

05 血わき肉 (オド) る活劇。 피 끓고 힘이 넘치는 활극. 　　　躍

06 惨たんたる (コウケイ) にがく然＊とした。 참담한 광경에 깜짝 놀랐다. 　　　光景

07 結果は (キタイ) 外れだった。 결과는 기대에 어긋났었다. 　　　期待

08 リアリズムの (シュホウ) を取り入れる。 리얼리즘의 수법을 받아들이다. 　　　手法

09 建物の (ガイカン) 図をかく。 건물 외관도를 그리다. 　　　外観

10 同窓会の (カンジ) になった。 동창회의 간사가 되었다. 　　　幹事

11 事態を (ラッカン) する。 사태를 낙관하다. 　　　楽観

12 生命は等価値という (ゼンテイ) に立つ。 생명은 등가＊치라고 하는 전제에 선다. 　　　前提

13 (ミリョク) 的な人物に出会った。 매력적인 인물을 만났다. 　　　魅力

14 運動の前の (ジュウナン) 体操。 운동 전의 유연한 체조. 　　　柔軟

15 (セッキョク) 的に発言する。 적극적으로 발언하다. 　　　積極

16 (シンチョウ) に審議する。 신중하게 심의하다. 　　　慎重

17 既成事実を (ツイニン) する。 기성사실을 추후에 인정하다. 　　　追認＊

18 強い (ケネン) を抱く結果となる。 강한 우려를 안은 결과가 되다. 　　　懸念

19 東西文明の (セッテン)。 동서 문명의 접점. 　　　接点

20 社会 (キバン) を整備する。 사회 기반을 정비하다. 　　　基盤

◆ 악연(愕然) : 깜짝 놀라는 모양
♣ 등가(等価) : 같은 값이나 가치
● 추인(追認) : 지나간 사실을 소급하여 추후에 인정함

今日の漢字

カッコ内のカタカナを漢字に直しましょう。

01 (スイリ) を働かせる。 추리를 하게 하다. — 推理

02 被疑者は (モクヒ) を続けた。 피의자는 침묵으로 일관했다. — 黙秘

03 (フタゴ) が生まれる。 쌍둥이가 태어나다. — 双子

04 (ミモト) を引き受ける。 신원을 보증하다. — 身元

05 あなたを (ショウカイ) した人はどなたですか。 당신을 소개한 사람은 어느 분이십니까? — 紹介

06 引き出しを (セイリ) する。 서랍을 정리하다. — 整理

07 その風習は私には (キミョウ) にうつった。 그 풍습은 내게는 기묘하게 보였다. — 奇妙

08 (キンセン) の貸し借りをする。 금전을 대차*하다. — 金銭

09 複雑な (ヨウソウ) を呈する。 복잡한 양상*을 띠다. — 様相

10 (カガミ) のような湖面。 거울같은 호수면. — 鏡

11 評価が (テキセイ) さを欠く。 평가가 적정함이 결여되다. — 適正

12 ヘリの (ソウジュウ) 技術を学ぶ。 헬리콥터 기술을 배우다. — 操縦

13 世界の安定を (ソコ) なう。 세계의 안정을 해치다. — 損

14 生活費を自分で (カセ) ぐ。 생활비를 스스로 벌다. — 稼

15 勉強を中途で (ホウ) ってしまった。 공부를 도중에 포기해 버렸다. — 放

16 遭難者を (ソウサク) する。 조난자를 수색하다. — 捜索

17 事態は (セッパク) している。 사태는 긴박해지다. — 切迫

18 金銭問題が (カラ) む。 금전문제가 얽히다. — 絡

19 あまりにも (コク) な条件だ。 너무나도 가혹한 조건이다. — 酷

20 (コンキョ) の無い噂が広まる。 근거가 없는 소문이 퍼지다. — 根拠

◆ 대차(貸し借り) : 꾸어 주거나 꾸어 옴
♣ 양상(様相) : 사물이나 현상의 모양이나 상태

カッコ内のカタカナを漢字に直しましょう。

01 (エンガワ) でひなたぼっこをする。 툇마루에서 햇볕을 쬐다. 　　縁側

02 (ムネン) の涙を流す。 원통해서 눈물을 흘리다. 　　無念

03 旅行の日程を (ソウダン) する。 여행 일정을 상담하다. 　　相談

04 自らの行為を (ハンセイ) する。 스스로의 행위를 반성하다. 　　反省

05 他人の (メイワク) になる。 남의 폐가 되다. 　　迷惑

06 ようやく (ケツロン) を出す。 간신히 결론을 내다. 　　結論

07 (ツウコン) の逆転負け。 통한◆의 역전패. 　　痛恨

08 (コキョウ) へ久しく帰っていない。 고향에 오랫동안 돌아가지 않다. 　　故郷

09 不幸な (キョウグウ) に育つ。 불행한 환경에서 자라다. 　　境遇

10 どちらか一方を (センタク) する。 어느 쪽인가 한쪽을 선택하다. 　　選択

11 言葉を (ツ) くして説得する。 열심히 말해서 설득하다. 　　尽

12 (タノ) みを聞き入れる。 부탁을 들어주다. 　　頼

13 刀の切れ味が (ニブ) る。 칼날이 무디어지다. 　　鈍

14 景気回復の (キバク) 剤と期待される。 경기회복의 기폭제♣로 기대되다. 　　起爆

15 自然の恵みを (キョウジュ) する。 자연의 혜택을 누리다. 　　享受

16 工事現場を (カントク) する。 공사 현장을 감독하다. 　　監督

17 友人として (チュウコク) する。 친구로서 충고하다. 　　忠告

18 金を (ソマツ) にする。 돈을 소홀히 하다. 　　粗末

19 桜は日本の花の (ショウチョウ) である。 벚꽃은 일본 꽃의 상징이다. 　　象徴

20 長年国王に (ツカ) える。 오랜 세월 국왕을 모시다. 　　仕

◆ 통한(痛恨): 몹시 분하거나 억울하여 한스럽게 여김
♣ 기폭제(起爆剤): 큰일이 일어나는 계기가 된 일

今日の漢字

カッコ内のカタカナを漢字に直しましょう。

01 (カッコウ) のいいことを言う。 번드레한 말을 하다. — 格好

02 春の (ヨウコウ) が降り注ぐ。 봄 햇살이 내리쬐다. — 陽光

03 話し声が (モ) れてくる。 말소리가 새어 나오다. — 漏

04 (センレツ) な印象を受ける。 선명하고 강렬한 인상을 받다. — 鮮烈

05 (ジンツウ) の痛みに耐える。 진통의 아픔을 견디다. — 陣痛

06 雑誌に広告を (ケイサイ) する。 잡지에 광고를 게재하다. — 掲載

07 希少動物の (ハンショク) に成功する。 희소 동물의 번식에 성공하다. — 繁殖

08 台風の勢力が (オトロ) えた。 태풍의 세력이 약해졌다. — 衰

09 (トウショ) の予想が外れる。 당초의 예상이 빗나가다. — 当初

10 登山に向けて (ネブクロ) を用意する。 등산을 위해 침낭을 준비하다. — 寝袋

11 大気中の (チッソ) 酸化物。 대기 중의 질소산화물. — 窒素

12 細かい砂の (リュウシ)。 세세한 모래 입자. — 粒子

13 福祉に (シュガン) を置いた予算編成。 복지에 주안을 둔 예산편성. — 主眼

14 川の水を (ジョウカ) する。 강물을 정화하다. — 浄化

15 彼の意見に (ドウチョウ) する。 그의 의견에 동조하다. — 同調

16 愛情を示すことが (カンジン) だ。 애정을 보이는 것이 중요하다. — 肝心

17 (カイテキ) な生活を送る。 쾌적한 생활을 보내다. — 快適

18 (ヤッカイ) な仕事を引き受ける。 성가신 일을 떠맡다. — 厄介

19 (セッソク) を避けよく検討する。 졸속을 피해 잘 검토하다. — 拙速

20 (カンキョウ) に左右される。 환경에 좌우되다. — 環境

◆ 희소(希少) : 매우 드물고 적음
◆ 졸속(拙速) : 어설프고 빠름

カッコ内のカタカナを漢字に直しましょう。

01 家の中が (シンカン) としている。 집 안이 쥐 죽은 듯이 고요하다. 　森閑
02 ラストシーンが (アッカン) だった。 라스트신이 압권이었다. 　圧巻
03 窓の外の (アマオト) に聞き入る。 창밖의 빗소리에 귀를 기울이다. 　雨音
04 地元 (メイブツ) の夏祭り。 그 고장 명물의 여름축제. 　名物
05 集中 (ゴウウ) に見舞われる。 집중호우를 당하다. 　豪雨
06 (ドシャ) 災害警戒区域に指定される。 토사재해 경계구역(지역)으로 지정되다. 　土砂
07 交通 (ジュウタイ) に巻き込まれる。 교통 정체에 휩싸이다. 　渋滞
08 河川整備の限界を越えた (コウズイ)。 하천정비의 한계를 넘은 홍수. 　洪水
09 我が子のように (イツク) しむ。 자기자식처럼 귀여워하다. 　慈
10 (ケンメイ) な努力が報われた。 필사적인 노력이 보답 받다. 　懸命
11 突然のことに (トマド) いを覚える。 갑작스런 일에 당황하다. 　戸惑
12 被害者の (イタイ) が発見される。 피해자의 시체가 발견되다. 　遺体
13 (ハクシン) の演技に圧倒される。 박진감 넘치는 연기에 압도되다. 　迫真
14 (ヨダン) を許さない情勢。 예측을 불허하는 정세. 　予断*
15 御期待には (ソ) えません。 기대에는 부응할 수 없습니다. 　添
16 (カコク) な労働条件を耐える。 과혹한 노동조건을 견디다. 　過酷
17 挙手によって (サイケツ) する。 거수*로 채결하다. 　採決
18 (タナ) の上に手が届かない。 선반 위에 손이 닿지 않는다. 　棚
19 (チツジョ) 立てて考える。 조리 있게 생각하다. 　秩序
20 原子力発電に (サンピ) が分かれる。 원자력 발전에 찬성여부가 갈리다. 　賛否

◆ 예단(予断) : 예측, 미리 판단함
♣ 거수(挙手) : 손을 듦

今日の漢字

カッコ内のカタカナを漢字に直しましょう。

01 (ソザイ)を厳選する。 소재를 엄선하다. — 素材

02 ぬれたシャツをストーブで(カワ)かす。 젖은 셔츠를 스토브로 말리다. — 乾

03 遠く離れた家に(トツ)ぐ。 멀리 떨어진 집에 시집가다. — 嫁

04 写真コンテストに(オウボ)する。 사진 콘테스트에 응모하다. — 応募

05 歩道が(ラクヨウ)で埋めつくされる。 인도가 낙엽으로 다 메워지다. — 落葉

06 人命救助で(ヒョウショウ)される。 인명구조로 표창 받다. — 表彰

07 日本の伝統的(コウゲイ)品。 일본의 전통적 공예품. — 工芸

08 博覧会に製品を(シュッテン)する。 박람회에 제품을 출전하다. — 出展

09 (マゴ)は子よりもかわいいという。 손자는 자식보다도 귀엽다고 한다. — 孫

10 (テンネン)の塩は健康によいという。 천연 소금은 건강에 좋다고 한다. — 天然

11 事故は(グウハツ)的なものだ。 사고는 우발적인 것이다. — 偶発

12 この地方の(サンブツ)。 이 지방의 산물. — 産物

13 動かぬ(ショウコ)を入手した。 확실한 증거를 입수했다. — 証拠

14 地元に(セイリョク)を持つ国会議員。 자기 고장에 세력을 가진 국회의원. — 勢力

15 地下に(センプク)する。 지하에 잠복하다. — 潜伏

16 話し合いの(キウン)が高まる。 대화 기운이 고조되다. — 機運

17 軍事技術を(ミンセイ)分野に活用する。 군사기술을 민생분야에 활용하다. — 民生

18 形勢が(ギャクテン)する。 형세가 역전하다. — 逆転

19 外資を(ドウニュウ)した。 외국 자본을 도입했다. — 導入

20 汚水を(ハイシュツ)する。 오수를 배출하다. — 排出

◆ 잠복(潜伏) : 드러나지 않게 숨음. '숨어 있음'으로 순화

カッコ内のカタカナを漢字に直しましょう。

01 （ショウブ）は時の運である。 승패는 그때의 운이다. (강자가 반드시 이기는 것은 아니다.) 　　勝負

02 攻撃一転（シュセイ）に回る。 공격이 일변하여 수세로 돌아가다. 　　守勢

03 政策批判に（ハンロン）する。 정책 비판에 반론하다. 　　反論

04 その事実は（カンカ）すべきでない。 그 사실은 간과할 일이 아니다. 　　看過

05 議員の（ヒショ）室に通される。 의원의 비서실로 안내 되다. 　　秘書

06 土地の（メイギ）を変更する。 토지의 명의를 변경하다. 　　名義

07 （ギワク）を晴らす。 의혹을 풀다. 　　疑惑

08 （テッテイ）した平和主義者。 철저한 평화주의자. 　　徹底

09 己の（ヒリキ）を恥じる。 자기의 역량 부족을 부끄럽게 여기다. 　　非力

10 （シテキ）を謙虚に受け止める。 지적을 겸허히 받아들이다. 　　指摘

11 スポーツ大会が（カイマク）する。 스포츠대회가 개막하다. 　　開幕

12 総選挙の（ゼンショウ）戦となる補欠選挙。 총선거의 전초전이 될 보궐선거. 　　前哨

13 異様な（ネッキ）に包まれる。 이상한 열기에 휩싸이다. 　　熱気

14 全体を（ホウカツ）して述べる。 전체를 포괄하여 말하다. 　　包括

15 （キョウキン）を開いた対話。 흉금*을 터놓은 대화. 　　胸襟

16 医師と患者との（レンケイ）を保つ。 의사와 환자와의 제휴*를 유지하다. 　　連携

17 （セッショウ）の結果合意に至った。 절충의 결과 합의에 이르렀다. 　　折衝

18 国会で政治献金を（ツイキュウ）した。 국회에서 정치헌금을 추궁했다. 　　追及

19 （サギ）容疑で書類送検される。 사기 혐의로 서류송청*되다. 　　詐欺

20 食品の安全性に（ギネン）を抱く。 식품의 안전성에 의심을 품다. 　　疑念

◆ 흉금(胸襟) : 마음속 깊이 품은 생각
✤ 제휴(連携) : 행동을 함께하기 위하여 서로 붙들어 도와줌
● 서류송청(書類送検) : 형사 사건을 맡은 사법 경찰관이 피의자 없이 조서와 증거 물품만을 검사에게 넘기는 일

今日の漢字

カッコ内のカタカナを漢字に直しましょう。

01 実務を (シュウトク) する。 실무를 습득하다. — 習得

02 (アオ) 向けに寝かせる。 반듯이 누이다. — 仰

03 亀の (コウラ) をつついてみる。 거북이의 등딱지를 찔러보다. — 甲羅

04 一日の行動を (コクメイ) に記す。 하루의 행동을 자세하게 기록하다. — 克明*

05 生きることは (ヨウイ) ではない。 살아가는 것은 손쉬운 일이 아니다. — 容易

06 早朝の会議に (チコク) する。 이른 아침의 회의에 지각하다. — 遅刻

07 水彩で風景を (エガ) く。 수채로 풍경을 그리다. — 描

08 (キセキ) 的に助かった。 기적적으로 살아났다. — 奇跡

09 つまずいて地面に (コロ) ぶ。 발이 걸려 지면에 구르다. — 転

10 合格の (アカツキ) にはお祝いしよう。 합격하는 날에는 축하하자. — 暁

11 (ジンソク) で正確な対応。 신속하고 정확한 대응. — 迅速

12 会社の人事 (イドウ)。 회사의 인사이동. — 異動

13 総力を (ケッシュウ) する。 총력을 결집하다. — 結集

14 気の合った (ドウシ) で集まる。 마음이 맞는 사이끼리 모이다. — 同士

15 (イッシュン) 思い出せなかった。 한순간 생각이 나지 않았다. — 一瞬

16 (ショウソク) が途絶える。 소식이 두절되다. — 消息

17 政界の腐敗を (シサ) する事件。 정계의 부패를 시사하는 사건. — 示唆

18 予備費を (リュウヨウ) する。 예비비를 유용*하다. — 流用

19 (イト) した半分もできない。 의도한 절반도 하지 못하다. — 意図

20 景気低迷を (ダカイ) する。 경기침체를 타개*하다. — 打開

◆ 극명(克明) : 1.자세하고 꼼꼼함 2. 성실하고 정직함
◆ 유용(流用) : (법률) 세출 예산에 정한 부(部), 관(款), 항(項), 목(目), 절(節)의 구분 가운데 목과 절의 경비에 관하여 각각 상호 간에 다른 데로 돌려쓰는 일
◆ 타개(打開) : 매우 어렵거나 막힌 일을 잘 처리하여 해결의 길을 엶

カッコ内のカタカナを漢字に直しましょう。

01 ブラジルに (イジュウ) する。 브라질에 이주하다. — 移住
02 てこの (ゲンリ) を応用する。 지레의 원리를 응용하다. — 原理
03 中国との (ボウエキ) には長い歴史がある。 중국과의 무역에는 오랜 역사가 있다. — 貿易
04 姉妹で (ヘヤ) を共有する。 자매끼리 방을 공유하다. — 部屋
05 机の上が (ランザツ) だ。 책상 위가 난잡*하다. — 乱雑
06 (キョリ) をおいて付き合う。 거리를 두고 사귀다. — 距離
07 古代史を (センモン) に研究する。 고대사를 전문으로 연구하다. — 専門
08 (コウテイ) 的な返事があった。 긍정적인 대답이 있었다. — 肯定
09 苦労の (アト) が見える。 고생의 흔적이 보인다. — 跡
10 退路を (フウ) じる作戦にでる。 퇴로를 봉쇄하는 작전으로 나가다. — 封
11 戦争は (ゾウオ) すべきものだ。 전쟁은 증오해야 한다. — 憎悪
12 あのチームとは (シュクテキ) 関係にある。 그 팀과는 숙적 관계에 있다. — 宿敵
13 (ドロヌマ) の戦争に突入した。 전쟁의 수렁*에 돌입했다. — 泥沼
14 両 (ジンエイ) によるし烈な争い。 양 진영에 의한 치열한 싸움. — 陣営
15 (コンメイ) する世界情勢。 혼미한 세계정세. — 混迷
16 新天地に (カツロ) を求める。 신천지에 활로를 찾다. — 活路
17 職人としての腕を (ミガ) く。 장인으로서의 기술을 연마하다. — 磨
18 弊害を (コンゼツ) する。 폐해를 근절하다. — 根絶
19 薬の効用と (ヘイガイ)。 약의 효용과 폐해*. — 弊害
20 ネットワークを (コウチク) する。 네트워크를 구축하다. — 構築

◆ 난잡(乱雑): 1.행동이 막되고 문란하다 2.사물의 배치나 사람의 차림새 따위가 어수선하고 너저분하다
♣ 수렁(泥沼): 헤어나기 힘든 곤욕
● 폐해(弊害): 폐단으로 생기는 해

今日の漢字

カッコ内のカタカナを漢字に直しましょう。

01 卒業生が各地に (チ) っていく。 졸업생이 각지에 흩어지다. — 散
02 (エンカイ) 場の案内図を配る。 연회장의 안내도를 배부하다. — 宴会
03 (ウキヨ) 絵*の展覧会を観に行った。 풍속화의 전람회를 관람하러 갔다. — 浮世
04 散る桜を見て (カンショウ) 的になる。 지는 벚꽃을 보고 감상적이 되다. — 感傷
05 (ムジョウ) な世の中を実感する。 무상한 세상을 실감하다. — 無常
06 シェークスピアの (エンゲキ) を鑑賞する。 셰익스피어의 연극을 감상하다. — 演劇
07 大手企業の (ケイレツ) に属する。 대기업의 계열에 속하다. — 系列
08 (カクゴ) して旅立った。 각오하고 여행을 떠났다. — 覚悟
09 義理が廃ればこの世は (ヤミ) だ。 의리를 잃으면 이 세상은 어둠이다. — 闇
10 旧友と話に花が (サ) く。 옛 친구와 이야기에 꽃이 피다. — 咲
11 企業 (シュウエキ) が改善する。 기업수익이 개선되다. — 収益
12 利益を消費者に (カンゲン) する。 이익을 소비자에 환원하다. — 還元
13 家宝の刀剣を (カンテイ) する。 가보인 도검을 감정하다. — 鑑定
14 木々の緑が湖面に (ハンエイ) する。 나무들의 녹음이 호수면에 되비치다. — 反映
15 価格よりも (リベン) 性を重視する。 가격보다도 편의성을 중시하다. — 利便
16 特定非 (エイリ) 活動法人。 특정비영리활동법인. — 営利
17 過度な商戦*を (ジシュク) する。 과도한 상업상의 경쟁을 자숙하다. — 自粛
18 (イサギヨ) く責任をとる。 떳떳하게 책임을 지다. — 潔
19 運の良さも成功の (イチイン) だ。 운이 좋은 것도 성공의 한 요인이다. — 一因
20 人を (ヤト) うことにした。 사람을 고용하기로 했다. — 雇

◆ 우키요에(浮世絵) : 에도시대에 성행한 풍속화
♣ 상전(商戦) : 상업상의 경쟁

カッコ内のカタカナを漢字に直しましょう。

01 息子に (カジョウ) な期待を持つ。 아들에게 지나친 기대를 갖다. 　　過剰

02 (サイバン) の手続きを簡素化する。 재판 수속을 간소화하다. 　　裁判

03 莫大な (バイショウ) 金を払う。 막대한 배상금을 지불하다. 　　賠償

04 (セキニン) をとって辞職する。 책임을 지고 사직하다. 　　責任

05 費用は五億円と (スイテイ) される。 비용은 5억 엔으로 추정된다. 　　推定

06 彼の (ドクトク) な口調が印象に残る。 그의 독특한 어조가 인상에 남는다. 　　独特

07 母を (タズ) ねて旅を続ける。 어머니를 찾아 여행을 계속하다. 　　尋

08 第二審で逆転 (ハイソ) となる。 제2심에서 역전 패소◆하다. 　　敗訴

09 因果関係を (リッショウ) する。 인과관계를 입증♣하다. 　　立証

10 風が (ユル) やかに吹く。 바람이 소르르 불다. 　　緩

11 会社を (ソウセツ) する。 회사를 창설하다. 　　創設

12 組織全体を (トウセイ) する。 조직전체를 통제하다. 　　統制

13 ズボンが (キュウクツ) になる。 바지가 꼭 끼다. 　　窮屈

14 環境に (ハイリョ) した自動車を選ぶ。 환경에 배려한 자동차를 고르다. 　　配慮

15 (ヒョウジュン) 体重を計算する。 표준체중을 계산하다. 　　標準

16 (シホウ) 試験に合格する。 사법시험에 합격하다. 　　司法

17 企業の (カンブ) が集まる。 기업의 간부가 모이다. 　　幹部

18 (イッカン) した態度をとる。 일관된 태도를 취하다. 　　一貫

19 新しい交通体系を (コウソウ) する。 새로운 교통체계를 구상하다. 　　構想

20 戦争の (カクダイ) を防ぐ。 전쟁의 확대를 막다. 　　拡大

◆ 패소(敗訴) : 소송에서 짐
♣ 입증(立証) : 어떤 증거 따위를 내세워 증명함

今日の漢字

カッコ内のカタカナを漢字に直しましょう。

01 (サバク) 化に対する政府の取り組み。 사막화에 대한 정부의 대처. — 砂漠
02 少数だが反対者も (ソンザイ) する。 소수이지만 반대자도 존재한다. — 存在
03 野球部に (ゾク) している。 야구부에 속해 있다. — 属
04 治療方法を (ケントウ) する。 치료방법을 검토하다. — 検討
05 住宅ローンを (ヘンサイ) する。 주택 대부금을 갚다. — 返済
06 (カクジツ) な根拠を握る。 확실한 근거를 쥐다. — 確実
07 金の (コウミャク) を掘り当てた。 금광맥을 찾아냈다. — 鉱脈
08 事の (ハズ) みでつい引き受けてしまった。 일의 기세에 눌려 그만 떠맡고 말았다. — 弾
09 一国を (ドクサイ) する。 한 나라를 독재하다. — 独裁
10 政府の (ヨウジン) と交渉する。 정부 요인*과 교섭하다 — 要人
11 彼は (ツウセツ) に孤独を感じた。 그는 뼈아프게 고독을 느꼈다. — 痛切
12 民主主義の (コンカン) にかかわる問題。 민주주의의 근간에 관련된 문제. — 根幹
13 (シュウトウ) に練られたアイディア。 주도면밀하게 다듬어진 아이디어. — 周到
14 (テンケイ) 的な詐欺の例。 전형*적인 사기의 예. — 典型
15 被告人は死刑を (センコク) された。 피고인은 사형을 선고받았다. — 宣告
16 食糧の供給が (トドコオ) る。 식량의 공급이 정체되다. — 滞
17 明日はアユ釣りの (カイキン) 日だ。 내일은 은어낚시의 해금*일이다. — 解禁
18 不正を (テキハツ) する。 부정을 적발하다. — 摘発
19 あることないこと (センデン) する。 있는 일 없는 일 다 선전하다. — 宣伝
20 (コウミョウ) な手段を用いる。 교묘한 수단을 사용하다. — 巧妙

◆ 요인(要人) : 중요한 자리에 있는 사람
◆ 전형(典型) : 1.기준이 되는 형 2.같은 부류의 특징을 가장 잘 나타내고 있는 본보기
◆ 해금(解禁) : 금지하던 것을 풂

カッコ内のカタカナを漢字に直しましょう。

01 (カイゴ) の涙が止まらない。 해오의 눈물이 멈추지 않는다.　　悔悟

02 (カイシャク) が分かれるところだ。 해석이 갈리는 부분이다.　　解釈

03 不動産を (キョウバイ) にかける。 부동산을 경매에 붙이다.　　競売

04 御 (イライ) の件は承知しました。 의뢰하신 건은 잘 알겠습니다.　　依頼

05 強硬論を (シュチョウ) する。 강경론을 주장하다.　　主張

06 多くの (ギセイ) 者をだした事故。 많은 희생자를 낸 사고.　　犠牲

07 汗が (シタタ) り落ちる。 땀이 뚝뚝 떨어지다.　　滴

08 ガラスの (チョウコク) 作品。 유리 조각 작품.　　彫刻

09 人生の意義について (ナヤ) む。 인생의 의의에 대해 고민하다.　　悩

10 このときとばかり (カイサイ) を叫ぶ。 이 때라는 듯이 쾌재를 부르다.　　快哉

11 公共心が (キハク) な人々。 공공심이 희박한 사람들.　　希薄

12 地盤が (チンカ) する。 지반이 침하하다.　　沈下

13 連載小説が (カンケツ) する。 연재소설이 완결되다.　　完結

14 政治家に (ミッチャク) して取材する。 정치가에게 밀착하여 취재하다.　　密着

15 首相の (キョシュウ) が注目される。 수상의 거취가 주목받다.　　去就

16 支払い停止の (コウベン) を巡るトラブル。 지불정지의 항변을 둘러싼 문제.　　抗弁

17 三食とも下宿で (マカナ) ってくれる。 세끼모두 하숙에서 제공해 준다.　　賄

18 マフィア化した犯罪 (ソシキ)。 마피아화된 범죄조직.　　組織

19 (シッソ) な暮らしを送る。 검소한 생활을 보내다.　　質素

20 三時間あれば (オウフク) できる。 세 시간 있으면 왕복가능하다.　　往復

◆ 해오(悔悟) : 도리를 깨달아 앎
♣ 거취(去就) : 1.사람이 어디로 가거나 다니거나 하는 움직임 2.어떤 사건이나 문제에 대하여 밝히는 태도
● 항변(抗弁) : 대항하여 변론함

今日の漢字

カッコ内のカタカナを漢字に直しましょう。

01 学長の教育（リネン）に共感する。 학장의 교육이념에 공감하다. 　理念
02 下手な（シバイ）をするな。 서투른 연극을 하지 마. 　芝居
03 ある（ネンレイ）層の犯罪とその特徴。 어느 연령층의 범죄와 그 특징. 　年齢
04 まだ技能が（ミジュク）だ。 아직 기능이 미숙하다. 　未熟
05 （ユメ）は果てしなく広がる。 꿈은 끝없이 펼쳐지다. 　夢
06 自分の立場をよく（ジカク）している。 자신의 입장을 잘 자각하고 있다. 　自覚
07 人生に（タイクツ）する。 인생에 싫증이 나다. 　退屈
08 （ツミ）を憎んで人を憎まず。 죄를 미워하되 사람을 미워하지 마라. 　罪
09 （セマ）い道路は事故が多い。 좁은 도로는 사고가 많다. 　狭
10 （トウシ）のわく相手だ。 투지가 샘솟는 상대다. 　闘志
11 状況は悪化の（イット）をたどる。 상황은 악화 일로를 걷다. 　一途
12 研究に対する（ジョセイ）金。 연구에 대한 조성금. 　助成
13 男女間の賃金（カクサ）問題。 남녀 간의 임금 격차 문제. 　格差
14 不平等を（ゼセイ）する。 불평등을 시정하다. 　是正
15 （アラシ）の前の静けさ。 폭풍전의 정적. 　嵐
16 大統領の（シツム）室。 대통령의 집무실. 　執務
17 その計画はあまりに（ムボウ）だ。 그 계획은 너무나 무모하다◆. 　無謀
18 世界一周を（クワダ）てる。 세계 일주를 시도하다. 　企
19 罰金を（チョウシュウ）された。 벌금이 징수되었다. 　徴収
20 （ホウフク）措置を決定する。 보복조치를 결정하다. 　報復

◆ 무모하다(無謀だ) : 앞뒤를 잘 헤아려 깊이 생각하는 신중성이나 꾀가 없다

だるま[達磨]

달마는 불교의 한 유파인 선종개조의 달마의 좌선 모습을 본뜬 오뚝이을 말한다. 현재는 선종뿐만 아니라 종교, 종파를 넘어 사업 번창·개운(開運) 출세를 비는 물건으로서 널리 사랑받고 있다.

오늘의 漢字(한자)

Part 04

カッコ内のカタカナを漢字に直しましょう。

01 世界一の (フゴウ) となる。 세계 제일의 부자가 되다. 　　富豪*
02 ジェット機を (ソウジュウ) する。 제트기를 조종하다. 　　操縦
03 便宜を (ハカ) ってもらう。 편의를 제공해 받다. 　　図
04 これが (エン) で結ばれる。 이것이 인연으로 맺어지다. 　　縁
05 この村に語り (ツ) がれてきた民話。 이 마을에 구전되어 온 민화. 　　継
06 友人の (サイゴ) に立ち会う。 친구의 임종을 지켜보다. 　　最期
07 貴族階級が (ボツラク) する。 귀족계급이 몰락하다. 　　没落
08 とても言葉では (ケイヨウ) しきれない。 도저히 말로서는 다 형용할 수 없다. 　　形容
09 故人を (ツイトウ) する会。 고인을 추도♦하는 모임. 　　追悼
10 御健闘をお (イノ) りします。 건투를 빕니다. 　　祈
11 たいまつを高く (カカ) げる。 횃불을 높이 내걸다. 　　掲
12 君の出る (マク) ではない。 자네가 나설 차례가 아니다. 　　幕
13 環境保護に対する (ケイハツ) 活動。 환경보호에 대한 계발활동. 　　啓発
14 各クラスの人数を (ハアク) する。 각반의 인원수를 파악하다. 　　把握
15 将来への (テンボウ) がない。 장래에 대한 전망이 없다. 　　展望
16 失意の友を (ハゲ) ます。 실의에 빠진 친구를 격려하다. 　　励
17 全体的に (チンタイ) した雰囲気だ。 전체적으로 침체된 분위기다. 　　沈滞
18 燃焼させるには酸素が (イ) る。 연소시키기 위해서는 산소가 필요하다. 　　要
19 市役所に (キンム) する。 시청에 근무하다. 　　勤務
20 (コモン) 弁護士を雇う。 고문*변호사를 고용하다. 　　顧問

◆ 부호(富豪) : 재산이 넉넉하고 세력이 있는 사람. '부자'로 순화
♣ 추도(追悼) : 죽은 사람을 생각하여 슬퍼함
♦ 고문(顧問) : 어떤 분야에 대하여 전문적인 지식과 풍부한 경험을 가지고 자문에 응하여 의견을 제시하고 조언을 하는 직책

今日の漢字

カッコ内のカタカナを漢字に直しましょう。

01　水面を（スベ）るように進む。 수면을 미끄러지듯이 나아가다.　　滑

02　（アットウ）的な差をつけて勝った。 압도적인 차이로 승리했다.　　圧倒

03　（レッセイ）を一挙にはねかえす。 열세를 단숨에 만회하다.　　劣勢

04　（キセイ）概念を打ち破る。 기성*개념을 깨다.　　既成

05　反対の意思を（ヒョウメイ）する。 반대 의사를 표명하다.　　表明

06　故郷に強い（アイチャク）を抱く。 고향에 강한 애착을 품다.　　愛着

07　収益は主催者に（キゾク）する。 수익은 주최자에게 귀속한다.　　帰属

08　部屋の壁に（キレツ）が走る。 방 벽에 균열이 일어나다.　　亀裂

09　背広の型が（クズ）れる。 양복이 구겨지다.　　崩

10　成功の（キザ）しが見える。 성공의 조짐이 보인다.　　兆

11　怪我をして（タンカ）で運ばれた。 상처를 입어 들것으로 운반되었다.　　担架

12　（カイメツ）的な打撃を受ける。 괴멸적인 타격을 입다.　　壊滅

13　患者を（カクリ）する。 환자를 격리하다.　　隔離

14　第一人者の名を（ハズカシ）める。 제1인자의 이름을 더럽히다.　　辱

15　前線から（テッタイ）する。 전선에서 철수하다.　　撤退

16　ゴール前で激しく（セ）る。 골 앞에서 격렬하게 싸우다.　　競

17　彼を議長に（スイセン）する。 그를 의장으로 추천하다.　　推薦

18　使者に手紙を（タク）す。 사자*에게 편지를 맡기다.　　託

19　政局の（カチュウ）に立つ人。 정국의 와중*에 선 사람.　　渦中

20　（ツウレツ）な一撃を受けた。 통렬한 일격을 받았다.　　痛烈

◆ 기성(既成) : 이미 이루어짐
♣ 사자(使者) : 심부름하는 사람
● 와중(渦中) : 1. 흐르는 물이 소용돌이치는 가운데 2. 일이나 사건 따위가 시끄럽고 복잡하게 벌어지는 가운데

カッコ内のカタカナを漢字に直しましょう。

01 目的のためには (シュダン) を選ばない。 목적을 위해서는 수단을 가리지 않는다. **手段**

02 俳句欄に (トウコウ) する。 하이쿠란에 투고하다. **投稿**

03 (ユウレイ) は本当に存在するのか。 유령은 정말로 존재할까? **幽霊**

04 彼はいつも (ムソウ) しているように見える。 그는 언제나 공상하고 있는 것처럼 보인다. **夢想**

05 彼らと (ドウルイ) には見られたくない。 그들과 같은 부류로는 보이고 싶지 않다. **同類**

06 (マクラ) が合わなくて眠れない。 베개가 맞지 않아서 잠을 이룰 수 없다. **枕**

07 彼らは一卵性 (ソウセイジ) だ。 그들은 일란성 쌍둥이다. **双生児**

08 私の (ジロン) が受け入れられた。 내 지론♦이 수용되었다. **持論**

09 (タガ) いの立場を尊重する。 서로의 입장을 존중하다. **互**

10 (エソラゴト) を並べる。 허황된 이야기를 늘어놓다. **絵空事**

11 (イチガイ) にそうとは言えない。 일괄적으로 그렇다고는 할 수 없다. **一概**

12 (リフジン) な仕打ちを受ける。 불합리한 처사를 당하다. **理不尽**

13 彼の (オウボウ) さは目にあまる。 그의 횡포는 묵과할 수 없다. **横暴**

14 彼女はいつも自信 (カジョウ) だ。 그녀는 언제나 자신과잉이다. **過剰**

15 今後の方針を (トウギ) する。 향후의 방침을 토의하다. **討議**

16 傷口が (ユチャク) する。 상처가 유착♦하다. **癒着**

17 一身に期待を (ニナ) う。 한 몸에 기대를 떠맡다. **担**

18 プレス機を工場に (ス) える。 프레스기를 공장에 설치하다. **据**

19 有害広告を (ハイジョ) する。 유해광고를 배제하다. **排除**

20 問題箇所を (テッテイ) 的に調べる。 문제가 있는 곳을 철저히 조사하다. **徹底**

♦ 지론(持論) : 늘 가지고 있거나 전부터 주장하여 온 생각이나 이론
♦ 유착(癒着) : (비유적으로) 바람직하지 않은 상태로 결합됨

今日の漢字

カッコ内のカタカナを漢字に直しましょう。

01 真っ赤になって (オコ) る。 새빨개져 화내다. 　　　怒
02 調査結果を (ホウコク) する。 조사결과를 보고하다. 　　　報告
03 (ゾク) 世間を離れ山にこもる。 속세를 떠나 산에 틀어박히다. 　　　俗
04 教会で結婚式を (ア) げる。 교회에서 결혼식을 올리다. 　　　挙
05 (リクツ) ではわかっている。 이치로서는 알고 있다. 　　　理屈
06 政党の (シジ) 層を調べる。 정당의 지지층을 조사하다. 　　　支持
07 自分の将来を見 (ス) える。 자신의 장래를 확인하다. 　　　据
08 第一 (インショウ) を大切にする。 첫인상을 소중히 하다. 　　　印象
09 消費税の (リツ) を変更する。 소비세율을 변경하다. 　　　率
10 証人の証言を (ウタガ) う。 증인의 증언을 의심하다. 　　　疑
11 情報の無断 (ケイサイ) を禁じる。 정보의 무단 게재를 금지하다. 　　　掲載
12 一心不乱に仏像を (ホ) る。 오로지 불상만을 조각하다. 　　　彫
13 (ドタンバ) まで追い詰められる。 막다른 곳에 몰리다. 　　　土壇場
14 何かの (オモワク) がありそうだ。 뭔가 의도가 있을 것 같다. 　　　思惑
15 (キシカイセイ) の策を講じる。 기사회생책을 강구하다. 　　　起死回生
16 愛蔵の書を (ゾウヨ) する。 애장하는 책을 증여하다. 　　　贈与
17 医療費 (コウジョ) を受ける。 의료비 공제를 받다. 　　　控除
18 刑事事件を専門に (アツカ) う。 형사사건을 전문으로 담당하다. 　　　扱
19 新事業に (トウシ) する。 신사업에 투자하다. 　　　投資
20 (ルイセキ) する赤字を食い止める。 누적된 적자를 막다. 　　　累積

♦ 일심불란(一心不乱) : 한 가지 일에만 골몰함
♣ 기사회생(起死回生) : 거의 죽을 뻔하다가 도로 살아남

カッコ内のカタカナを漢字に直しましょう。

01 (シンコク) 化する水質汚染。 심각해지는 수질오염. — 深刻
02 国際 (ジョウセイ) に興味を持つ。 국제정세에 흥미를 갖다. — 情勢
03 実験結果から (スイサツ) する。 실험결과에서 짐작하다. — 推察
04 やむなく (キョウコウ) 手段をとる。 부득이하게 강경 수단을 취하다. — 強硬
05 酸性雨の (エイキョウ) を受ける。 산성비의 영향을 받다. — 影響
06 南極 (カンソク) 隊に加わった。 남극 관측대에 합류했다. — 観測
07 (ヒレツ) きわまりない妨害を受ける。 비열하기 짝이 없는 방해를 받다. — 卑劣
08 課長 (ホサ) に任命される。 과장 보좌에 임명되다. — 補佐
09 追っ手から (ノガ) れる。 추격자로부터 도망치다. — 逃
10 (ツナ) 引きの大会に出場する。 줄다리기 대회에 출전하다. — 綱
11 (ハンカガイ) の商業活動を支援する。 번화가의 상업 활동을 지원하다. — 繁華街
12 道路 (ヒョウシキ) に注意する。 도로 표식에 주의하다. — 標識
13 駿河湾に (ノゾ) む漁村。 스루가만에 임하는 어촌. — 臨
14 解約の件は (ショウチ) できない。 해약 건은 승낙할 수 없다. — 承知
15 地震のため家屋が (ソンカイ) する。 지진으로 인해 가옥이 파괴되다. — 損壊*
16 このボールはよく (ハズ) む。 이 볼은 잘 튄다. — 弾
17 彼は大変 (ヨウリョウ) のいい人間だ。 그는 대단히 요령이 좋은 사람이다. — 要領
18 (フモウ) な議論が繰り返される。 아무 성과도 없는 논의가 반복되다. — 不毛*
19 新聞社 (シュサイ) の行事に参加する。 신문사 주최의 행사에 참가하다. — 主催
20 かばんに本を (ツ) め込む。 가방에 책을 채워 넣다. — 詰

◆ 손괴(損壊) : 어떤 물건을 망가뜨림. 파괴
◆ 不毛(ふもう) : (비유적으로) 아무런 성과도 올리지 못함

今日の漢字

カッコ内のカタカナを漢字に直しましょう。

01	矢印に (シタガ) って角を曲がる。 화살표에 따라 (길)모퉁이를 돌다.	従
02	音が四方の壁に (ハンキョウ) する。 소리가 사방의 벽에 울린다.	反響
03	事件への (ゲンキュウ) を避ける。 사건에 대한 언급을 피하다.	言及
04	東京 (キンコウ) の住宅地に住む。 도쿄 근교 주택지에 살다.	近郊
05	社長は大変 (キンベン) な人だ。 사장은 대단히 근면한 사람이다.	勤勉
06	シェークスピアの (ヒゲキ) を読む。 셰익스피어의 비극을 읽다.	悲劇
07	気分 (テンカン) にコーヒーを飲む。 기분 전환으로 커피를 마시다.	転換
08	新入生を (カンゲイ) する。 신입생을 환영하다.	歓迎
09	局面の (ダカイ) をはかる。 국면의 타개를 도모하다.	打開
10	電車のつり革を (ニギ) る。 전차의 손잡이를 쥐다.	握
11	(ソッキン) には良い人材が必要だ。 측근에는 좋은 인재가 필요하다.	側近
12	剣術を (シナン) する。 검술을 가르치다.	指南◆
13	(メイロウ) 活発な子どもだった。 명랑 쾌활한 아이였다.	明朗
14	多大の恩恵を (コウム) る。 매우 큰 은혜를 입다.	被
15	二つの話の (セイゴウ) 性をとる。 두 이야기의 정합성♣을 취하다.	整合
16	先週配置 (テンカン) された。 지난주 배치 전환되었다.	転換
17	地下室に (カンキン) する。 지하실에 감금하다.	監禁
18	(クツジョク) 的な負けを喫する。 굴욕적인 패배를 당하다.	屈辱
19	(センドウ) されて暴徒と化した大衆。 선동되어 폭도로 변한 대중.	扇動
20	私語は (ツツシ) むべきだ。 사담은 삼가 해야 한다.	慎

◆ 지남(指南): 무예 등을 가르침
♣ 정합성(整合性): 공리적인 논리 체계에서 우선 필요로 하는 요건으로, 공리계에 논리적 모순이 없는 것. 무모순성

カッコ内のカタカナを漢字に直しましょう。

01 芳名録に（キチョウ）する。 방명록에 기장* 하다. 記帳

02 不安が（ツノ）る。 불안이 점점 심해지다. 募

03 要点を（テキカク）に示す。 요점을 정확* 하게 제시하다. 的確

04 災害の（ジンソク）な報道。 재해의 신속한 보도. 迅速

05 （ホコ）り高き生き方に共感する。 긍지 높은 삶의 방식에 공감하다. 誇

06 （センタン）医療の開発チーム。 첨단 의료의 개발팀. 先端

07 （キンユウ）商品を宣伝する。 금융상품을 선전하다. 金融

08 （シロウト）考えで修理してみる。 아마추어 생각으로 수리해 보다. 素人

09 新たな条件を（テイジ）する。 새로운 조건을 제시하다. 提示

10 （ソボク）な疑問を抱く。 소박한 의문을 품다. 素朴

11 （ケッカン）住宅に住む。 결함 주택에 살다. 欠陥

12 事故の原因を（キュウメイ）する。 사고의 원인을 구명* 하다. 究明

13 犯人は市内に（ヒソ）んでいるはずだ。 범인은 시내에 숨어있을 것이다. 潜

14 政府の要職に（ツ）く。 정부의 요직에 취임하다. 就

15 サーカスの（ツナ）渡り。 서커스의 줄타기. 綱

16 支払いを（セイキュウ）する。 지불을 청구하다. 請求

17 大（シッタイ）を演じた。 큰 실수를 저질렀다. 失態

18 （ヒサン）な話はあまり聞きたくない。 비참한 이야기는 별로 듣고 싶지 않다. 悲惨

19 空軍の（セントウ）機が飛ぶ。 공군 전투기가 날다. 戦闘

20 理事会を（ショウシュウ）する。 이사회를 소집하다. 招集

◆ 기장(記帳) : 장부에 기입함
♣ 적확(的確) : 정확하게 맞아 조금도 틀리지 아니함
♣ 구명(究明) : 사물의 본질, 원인 따위를 깊이 연구하여 밝힘

今日の漢字

カッコ内のカタカナを漢字に直しましょう。

01　火事とけんかは江戸の（ハナ）。　화재와 싸움은 에도의 정수.　　華
　　かじ　　　　　　　　えど

02　（アザ）やかな腕前を披露する。　훌륭한 솜씨를 선보이다.　　鮮
　　　　　　うでまえ　ひろう

03　隅田川の（カハン）を歩く。　스미다강의 강변을 걷다.　　河畔
　　すみだがわ　　　　　　ある

04　似ているものを（レンソウ）する。　유사한 것을 연상하다.　　連想
　　に

05　誕生日に花束を（オク）る。　생일에 꽃다발을 선물하다.　　贈
　　たんじょうび　はなたば

06　（ガイロジュ）が色づく季節。　가로수가 물드는 계절.　　街路樹
　　　　　　　　　いろ　　きせつ

07　（コウヨウ）の秋を楽しむ。　가을 단풍을 즐기다.　　紅葉
　　　　　　　あき　たの

08　（セイソ）で上品な着物。　청초하고 고상한 일본 옷.　　清楚
　　　　　　　じょうひん　きもの

09　少女の（カレン）な姿を見る。　소녀의 가련한 모습을 보다.　　可憐
　　しょうじょ　　　　　すがた　み

10　秋の（オモムキ）が深くなる。　가을 풍취가 깊어지다.　　趣
　　あき　　　　　　　　ふか

11　人間の欲望には（サイゲン）がない。　인간의 욕망에는 한이 없다.　　際限
　　にんげん　よくぼう

12　（カクリ）病棟を訪れる。　격리병동을 방문하다.　　隔離
　　　　　　びょうとう　おとず

13　独断と（ヘンケン）により決定する。　독단과 편견에 따라 결정하다.　　偏見
　　どくだん　　　　　　　　　　けってい

14　発言力を（ジョチョウ）する。　발언력을 조장하다.　　助長
　　はつげんりょく

15　留置所に（コウチ）する。　유치장에 가두다.　　拘置
　　りゅうちしょ

16　賃金問題を（テイキ）する。　임금문제를 제기하다.　　提起
　　ちんぎんもんだい

17　行政文書の（カイジ）を請求する。　행정문서의 개시를 청구하다.　　開示
　　ぎょうせいぶんしょ　　　　せいきゅう

18　資源の（ムダ）をなくす。　자원의 낭비를 없애다.　　無駄
　　しげん

19　最新の（ケンサク）エンジンをチェックする。　최신 검색 엔진을 체크하다.　　検索
　　さいしん

20　虫歯を（チリョウ）する。　충치를 치료하다.　　治療
　　むしば

◆ 구치(拘置) : (법률)형(刑)을 집행하려고 피의자나 범죄자 따위를 일정한 곳에 가둠. '가둠'으로 순화

カッコ内のカタカナを漢字に直しましょう。

01　(アラシ)の中船を出す。 폭풍우 속 배가 출항한다.　　　　嵐

02　(キンパク)状態の中で作業した。 긴박한 상태 속에서 작업했다.　　　　緊迫

03　印刷の(アヤマ)りを発見した。 잘못된 인쇄를 발견했다.　　　　誤

04　相手の(リョウシキ)を問う。 상대의 양식을 묻다.　　　　良識

05　保険に加入するよう(カンユウ)する。 보험에 가입하도록 권유하다.　　　　勧誘

06　彼は(ジョウシキ)に欠けている。 그는 상식이 결여되어 있다.　　　　常識

07　(ベン)が立つ人が苦手だ。 언변이 좋은 사람은 대하기가 벅차다.　　　　弁

08　新内閣が(ホッソク)した。 신내각이 출범했다.　　　　発足

09　制服姿が(ウイウイ)しい。 제복 차림이 청순하다.　　　　初々

10　有為(テンペン)の世の中。 유위전변◆의 세상.　　　　転変

11　(セイキュウ)に結論を出す。 성급하게 결론을 내다.　　　　性急

12　市場は(カッキョウ)を呈する。 시장은 활기를 띠다.　　　　活況

13　(カタヨ)った食事は病気の元だ。 치우친 식사는 병의 원인이다.　　　　偏

14　(サンパツ)的に衝突が起こる。 산발적으로 충돌이 일어나다.　　　　散発

15　突然敵に(シュウゲキ)された。 갑자기 적에게 습격당했다.　　　　襲撃

16　最善の道を(モサク)する。 최선의 길을 모색하다.　　　　模索

17　(ゲキテキ)な結末を迎える。 극적인 결말을 맞이하다.　　　　劇的

18　明治(イシン)で活躍した人々。 메이지 유신에서 활약한 사람들.　　　　維新

19　政治家が(シュウワイ)容疑で逮捕される。 정치가가 뇌물수수 혐의로 체포되다.　　　　収賄

20　外国の演奏家を(ショウチ)する。 외국의 연주가를 초청하다.　　　　招致♣

◆ 유위전변(有為転変): 만물이 변하기 쉽고 덧없음
♣ 초치(招致): 청해서 오게 함

今日の漢字

カッコ内のカタカナを漢字に直しましょう。

01 (ジショク) に追い込まれる。 사직에 내몰리다. — 辞職

02 会への参加を (ウナガ) した。 모임에 대한 참가를 재촉했다. — 促

03 早とちり*するのが玉に (キズ) だ。 지레 짐작하는 것이 옥에 티다. — 傷

04 興奮して (ケツアツ) が上がる。 흥분하여 혈압이 올라가다. — 血圧

05 捕まえたら (ハナ) さない。 붙잡으면 놓지 않는다. — 放

06 家の (ウラ) 口から出る。 집의 뒷문으로 나가다. — 裏

07 大きな (イタデ) を受ける。 큰 타격을 입다. — 痛手

08 趣味で短歌を (ヨ) んでいる。 취미로 단가를 읊고 있다. — 詠

09 永遠の愛を神に (チカ) う。 영원한 사랑을 신에게 맹세하다. — 誓

10 座ぶとんを (スス) める。 방석을 권하다. — 勧

11 (ゾウキ) 移植手術が行われる。 장기이식수술을 실시하다. — 臓器

12 乗り物 (ヨ) いして気分が悪い。 멀미해서 기분이 나쁘다. — 酔

13 道端の花を (ツ) む少女。 길가의 꽃을 따는 소녀. — 摘

14 似たような (ジレイ) があった。 유사한 사례가 있었다. — 事例

15 論旨の (ムジュン) をつく。 논지*의 모순을 찌르다. — 矛盾

16 前後の (ミャクラク) がない話。 전후의 맥락이 없는 이야기. — 脈絡

17 やっと (カツロ) を見出せた。 겨우 활로를 찾아낼 수 있었다. — 活路

18 外国建築を (モホウ) した設計。 외국 건축을 모방한 설계. — 模倣

19 商品の販売を (イタク) する。 상품의 판매를 위탁*하다. — 委託

20 説明は (ビサイ) な点にまでわたる。 설명은 미세한 점까지 이르다. — 微細

◆ 早(はや)とちり : 지레짐작하여 실수함
◆ 논지(論旨) : 논하는 말이나 글의 취지
● 위탁(委託) : 1.남에게 사물이나 사람의 책임을 맡김 2.(법률)법률 행위나 사무의 처리를 다른 사람에게 맡겨 부탁하는 일

カッコ内のカタカナを漢字に直しましょう。

01　(ヒテイ) と肯定。 부정과 긍정.　　　　　　　　　否定

02　神が天地を (ソウゾウ) する。 신이 천지를 창조하다.　　創造

03　(サル) に芸を覚えさせる。 원숭이에게 재주를 익히게 하다.　猿

04　他人の (レイショウ) を買う。 타인의 냉소를 사다.　　　冷笑

05　絵画コンクールの (シンサ) 員をする。 회화 콩쿨 심사원을 하다.　審査

06　三角 (ジョウギ) とコンパス。 삼각자와 컴퍼스.　　　　定規

07　製品の (キカク) を統一する。 제품의 규격을 통일하다.　規格

08　概要を (オオザッパ) に理解する。 개요를 대충 이해하다.　大雑把

09　(ケイケン) を積み一人前になる。 경험을 쌓고 제 몫을 하게 되다.　経験

10　大学で (コウギ) を受ける。 대학에서 강의를 받다.　　講義

11　水道料金を (チョウシュウ) する。 수도요금을 징수하다.　徴収

12　法律の (ジョウコウ) を見直す。 법률의 조항을 재검토하다.　条項

13　議員に政治 (ケンキン) する。 의원에게 정치 헌금하다.　献金

14　ひいきのチームを (オウエン) する。 특히 좋아하는 팀을 응원하다.　応援

15　(ゼヒ) 来てください。 꼭 와 주세요.　　　　　　　是非

16　条約の (テイヤク) 国をリストにする。 조약의 체약국을 리스트로 삼다.　締約

17　核兵器の (ハイゼツ) を目指す。 핵무기의 폐기를 지향하다.　廃絶*

18　議会が条約の (ヒジュン) を承認する。 의회가 조약의 비준을 승인하다.　批准

19　法的な (コウソク) 力はない。 법적인 구속력은 없다.　　拘束

20　植物の生育を (ウナガ) す。 식물의 생육을 촉진시키다.　促

◆ 폐절(廃絶) : 폐하여 없앰

今日の漢字

カッコ内のカタカナを漢字に直しましょう。

01 日が (ク) れる。 날이 저물다. 　　暮
02 ここからの (ナガ) めは素晴らしい。 여기서부터의 조망은 멋지다. 　　眺
03 エッフェル (トウ) を見学する。 에펠탑을 견학하다. 　　塔
04 自然が作った (ケイカン) を守る。 자연이 만든 경관을 지키다. 　　景観
05 携帯電話は (キュウゲキ) に普及した。 휴대폰은 급격히 보급되었다. 　　急激
06 (テンボウ) 台から周囲を見渡す。 전망대에서 주위를 둘러보다. 　　展望
07 明治 (ジングウ) へ初詣に行く。 메이지신궁◆에 첫 참배하러 가다. 　　神宮
08 山脈では山が (ツラ) なる。 산맥에서는 산이 이어져 있다. 　　連
09 (イガイ) に知られていない事実。 의외로 알려져 있지 않은 사실. 　　意外
10 数々のタイトルを (カクトク) する。 수많은 타이틀을 획득하다. 　　獲得
11 (カンバン) に偽りがない店。 간판에 거짓이 없는 가게. 　　看板
12 新しい法案が (カクギ) 決定される。 새로운 법안이 각의♣에서 결정되다. 　　閣議
13 独自の説を (トナ) える。 독자적인 설을 주창하다. 　　唱
14 (メズラ) しい料理を食べる。 희귀한 요리를 먹다. 　　珍
15 簡易裁判所の少額 (ソショウ) 制度。 간이재판소의 소액 소송 제도. 　　訴訟
16 売買の (チュウカイ) を行う。 매매의 중개를 실시하다. 　　仲介
17 多くの (ギセイ) を払っての勝利。 많은 희생을 치른 승리. 　　犠牲
18 裁判所に (チョウテイ) を申し立てる。 재판소에 조정을 제의하다. 　　調停
19 通信を (サマタ) げるノイズ。 통신을 방해하는 소음. 　　妨
20 疑念を (イダ) かざるを得ない。 의심을 품지 않을 수 없다. 　　抱

◆ 신궁(神宮) : 일제 강점기에, 일본의 죽은 왕이나 왕족의 시조를 모시던 제단
♣ 각의(閣議) : 내각 회의(내각이 그 직무를 수행하기 위하여 개최하는 회의)

カッコ内のカタカナを漢字に直しましょう。

01　かつての特権（カイキュウ）の暮らし。 이전의 특권계급 생활. 　　階級

02　朝起きて（カミガタ）を整える。 아침에 일어나 머리모양을 가다듬다. 　　髪形

03　舞台（イショウ）に着替える。 무대 의상으로 갈아입다. 　　衣装

04　トランジスタの（ゾウフク）作用。 트랜지스터의 증폭작용. 　　増幅

05　不良少年に（インネン）をつけられる。 불량소년에게 트집을 잡히다. 　　因縁

06　（アイマイ）な表現でごまかす。 애매한 표현으로 속이다. 　　曖昧

07　両（キョクタン）な意見が出る。 양극단적인 의견이 나오다. 　　極端

08　首相が（ダンワ）を発表する。 수상이 담화를 발표하다. 　　談話

09　各（チイキ）の代表が集まる。 각 지역의 대표가 모이다. 　　地域

10　（チュウダン）されていた工事を再開する。 중단되었던 공사를 재개하다. 　　中断

11　児童（ギャクタイ）が問題となる。 아동학대가 문제가 되다. 　　虐待

12　火災を急いで（チンアツ）する。 화재를 서둘러 진압하다. 　　鎮圧

13　戦争時に行われた（バンコウ）。 전쟁시에 행해진 만행. 　　蛮行

14　地域で（カンカツ）を分けている。 지역에서 관할을 나누고 있다. 　　管轄

15　裁判官弾劾の（ソツイ）をする。 재판관 탄핵 소추를 하다. 　　訴追

16　的の中心を（ネラ）う。 과녁의 중심을 겨누다. 　　狙

17　放置自転車を（イッソウ）する。 방치된 자전거를 일소 하다. 　　一掃

18　祖母が危篤に（オチイ）る。 조모가 중태에 빠지다. 　　陥

19　管理人が（ジョウチュウ）する。 관리인이 상주하다. 　　常駐

20　川の（フチ）に何かがある。 강가에 무언가가 있다. 　　淵

♦ 탄핵(弾劾) : 보통의 파면 절차에 의한 파면이 곤란하거나 검찰 기관에 의한 소추가 사실상 곤란한 대통령·국무 위원·법관 등을 국회에서 소추하여 해임하거나 처벌하는 일
♣ 소추(訴追) : 고급 공무원이 직무를 집행할 때 헌법이나 법률을 위배하였을 경우 국가가 탄핵을 결의하는 일
● 일소(一掃) : 죄다 없애버림

今日の漢字

カッコ内のカタカナを漢字に直しましょう。

01 研究の (コウソウ) を練り直す。 연구 구상을 다시 짜다. 　　構想
02 記録が (ニンテイ) される。 기록이 인정되다. 　　認定
03 中が (クウドウ) になっている。 안이 동굴로 되어 있다. 　　空洞
04 (コウケイシャ) がいない産業。 후계자가 없는 산업. 　　後継者
05 大学 (キョウジュ) から指導を受ける。 대학 교수로부터 지도를 받다. 　　教授
06 模型を (セイサク) するのが好き。 모형을 제작하는 것을 좋아함. 　　製作
07 緑に囲まれ (カンキョウ) が良い。 신록에 둘러싸여 환경이 좋다. 　　環境
08 プールの (カンシ) 員をする。 수영장의 감시원을 하다. 　　監視
09 金属 (タンチ) 機を使用する。 금속 탐지기를 사용하다. 　　探知
10 明日までに (クメン) する。 내일까지 변통하다. 　　工面
11 議案の (サイタク) でもめる。 의안의 채택으로 옥신각신하다. 　　採択
12 テーブルを (ヘダ) て向かい合う。 테이블을 사이에 두고 마주 하다. 　　隔
13 外国人を (ユウグウ) する。 외국인을 우대하다. 　　優遇
14 刻々と変わる (カワセ) レート。 시시각각 변하는 환율. 　　為替
15 犯罪の (オンショウ) に切り込む。 범죄의 온상으로 치고 들어가다. 　　温床
16 現金 (スイトウ) 帳を作成する。 현금 출납장을 작성하다. 　　出納
17 (シンシ) 的な振る舞いを見せる。 신사적인 행동을 보이다. 　　紳士
18 圧力低下で (フク) れる。 압력저하로 부풀다. 　　膨
19 暗 (ヤミ) の中を歩く。 어둠 속을 걷다. 　　闇
20 親と教師の (コンダン) 会を開く。 부모와 교사의 간담회◆를 열다. 　　懇談

◆ 간담회(懇談会) : 정답게 서로 이야기를 나누는 모임, '대화 모임', '정담회'로 순화

カッコ内のカタカナを漢字に直しましょう。

01　悔しいが相手の要求を (ジュダク) する。 분하지만 상대의 요구를 수락하다.　　受諾

02　外国の元首に (ショカン) を送った。 외국 원수에게 편지를 보냈다.　　書簡

03　引き続き (ツイセキ) 調査を行う。 계속 추적 조사를 실시하다.　　追跡

04　反対意見を言って (ロコツ) に嫌な顔をされた。 반대의견을 말해 노골적으로 싫어들 했다.　　露骨

05　土地の取引を (チュウカイ) する。 토지 거래를 중개하다.　　仲介

06　彼はいつも (アンサツ) の恐怖に怯えている。 그는 언제나 암살 공포에 떨고 있다.　　暗殺

07　上空を (バクゲキ) 機が飛んでいる。 상공을 폭격기가 날고 있다.　　爆撃

08　(ショウテン) を絞って話をしてください。 초점을 좁혀 이야기를 해 주세요.　　焦点

09　彼は海賊の (トウリョウ) だ。 그는 해적의 우두머리이다.　　頭領

10　博覧会の候補地に (ナノ) りをあげた地区。 박람회 후보지에 입후보한 지구.　　名乗

11　相手の動きを (テイサツ) する。 상대의 움직임을 정찰하다.　　偵察

12　犯人 (イントク) 容疑で逮捕する。 범인 은닉* 혐의로 체포하다.　　隠匿

13　問題点を (リュウホ) して答弁する。 문제점을 유보하여 답변하다.　　留保

14　彼らにとっては (シンセイ) な場所だ。 그들에게 있어서는 신성한 장소다.　　神聖

15　武道の修行で (ダンジキ) をした。 무도 수행 때문에 단식을 했다.　　断食

16　言論 (ダンアツ) を受けていた。 언론 탄압을 받았다.　　弾圧

17　(インシツ) ないじめを受ける。 음습한 왕따(집단따돌림)를 당하다.　　陰湿

18　社会の (コウハイ) は目に余る。 사회의 황폐는 묵과할 수 없다.　　荒廃

19　画期的なシステムを (コウチク) した。 획기적인 시스템을 구축했다.　　構築

20　古い書籍の (カイテイ) 版を買う。 오래된 서적의 개정판을 사다.　　改訂

◆ 은닉(隠匿) : 남의 물건이나 범죄인을 감춤

今日の漢字

カッコ内のカタカナを漢字に直しましょう。

01 父親の (セナカ) をみて育つ。 아버지의 등을 보고 자라다. — 背中
02 資本主義と (キョウサン) 主義。 자본주의와 공산주의. — 共産
03 生活 (シュウカン) 病になる。 생활 습관병에 걸리다. — 習慣
04 通夜に (コウデン) を持参する。 쓰야(通夜)에 부의를 지참하다. — 香典
05 左右を (カクニン) してから進む。 좌우를 확인한 뒤 나아가다. — 確認
06 雑誌の (キサイ) が事実と異なる。 잡지의 기재(한 내용)가 사실과 다르다. — 記載
07 木の葉を森に (カク) す。 나무 잎을 숲에 숨기다. — 隠
08 料金の (ウチワケ) をみる。 요금의 내역을 보다. — 内訳
09 (キンセン) トラブルが発生する。 금전 트러블이 발생하다. — 金銭
10 他との (チガ) いを明確にする。 다른 곳과의 차이를 명확히 하다. — 違
11 毎日 (ケイシャ) から卵をとる。 매일 닭장에서 계란을 수확하다. — 鶏舎
12 その言葉が (トウソウ) 心に火をつけた。 그 말이 투쟁심에 불을 붙였다. — 闘争
13 論理が (ヒヤク) している。 논리가 비약하고 있다. — 飛躍
14 (シリョ) に欠ける発言。 사려가 결여된 발언. — 思慮
15 同じ事の (ク) り返し。 같은 일의 반복. — 繰
16 課長 (ホサ) に昇格する。 과장 보좌로 승격하다. — 補佐
17 卒業生 (メイボ) を作成する。 졸업생 명부를 작성하다. — 名簿
18 許しがたい (ボウキョ) だ。 용서할 수 없는 폭거[*]이다. — 暴挙
19 会社の信用が (シッツイ) した。 회사의 신용이 실추[♣]되었다. — 失墜
20 (リョウシキ) ある大人の発言。 양식 있는 어른의 발언. — 良識

◆ 폭거(暴挙) : 난폭한 행동
♣ 실추(失墜) : 명예나 위신 따위가 떨어지거나 잃게 되다

カッコ内のカタカナを漢字に直しましょう。

01	開会を (センゲン) する。 개회를 선언하다.	宣言
02	立てこもる犯人を銃で (ウ) つ。 농성하는 범인을 총으로 쏘다.	撃
03	立体図形の (テンカイ) 図を書く。 입체도형의 전개도를 그리다.	展開
04	最後まで (イシ) を貫く。 마지막까지 의지를 관철하다.	意志
05	事の善悪を (ハンダン) する。 일의 선악을 판단하다.	判断
06	親友を (シンライ) している。 친구를 신뢰하고 있다.	信頼
07	クレームに (タイショ) する。 클레임에 대처하다.	対処
08	日本経済に (ウレ) いを抱く。 일본 경제를 우려하다.	憂
09	(マネ) かれざる 客。 초대받지 않은 손님.	招
10	部屋で音楽を (キ) く。 방에서 음악을 듣다.	聴
11	ムツゴロウは (ヒガタ) に生息する。 짱뚱어는 갯벌에 서식한다.	干潟
12	来客を (カンゲイ) する。 방문객을 환영하다.	歓迎
13	初心を (ツラヌ) き通す。 초심을 관철시키다.	貫
14	寒さで路面が (トウケツ) する。 추위로 노면이 얼어붙다.	凍結
15	戦後 (ホショウ) をきちんと行う。 전후 보상을 제대로 실시하다.	補償
16	レンズの (ショウテン) が合わない。 렌즈의 초점이 맞지 않는다.	焦点
17	既成 (ガイネン) を打ち破る。 기성 개념을 깨다.	概念
18	違反者には重い (バッソク) がある。 위반자에게는 무거운 벌칙이 있다.	罰則
19	国民の三大 (ギム) を果たす。 국민의 3대 의무를 다하다.	義務
20	懇切 (テイネイ) な指導を受ける。 극진하고 정중한 지도를 받다.	丁寧

◆ ざる : [연체사] ~하지 않다

今日の漢字

하루 20단어 한자연습

カッコ内のカタカナを漢字に直しましょう。

01 （カンガイ）深い言葉をもらう。 감개무량한 말을 듣다.　　感慨

02 計算が（フクザツ）なため間違えた。 계산이 복잡하기 때문에 틀렸다.　　複雑

03 歌舞伎を（ゲキジョウ）で観る。 가부키를 극장에서 보다.　　劇場

04 プロジェクトを（シキ）する。 프로젝트를 지휘하다.　　指揮

05 吹奏楽団の（エンソウ）会。 취주악단의 연주회.　　演奏

06 空襲で（ハイキョ）となった。 공습으로 폐허*가 되었다.　　廃墟

07 気持ちが（ユ）らぐ。 마음이 흔들리다.　　揺

08 合宿は（カコク）さを極めた。 합숙은 과혹하기 이를 데 없었다.　　過酷

09 （キョウコウ）スケジュールを組む。 강행 스케줄을 짜다.　　強行

10 （カンビ）な夢を抱く。 단꿈을 품다.　　甘美

11 諸民族の（ユウワ）を図る。 여러 민족의 융화*를 도모하다.　　融和

12 財産の一部を（イジョウ）する。 재산의 일부를 이양하다.　　移譲

13 壊れた屋根を（ホシュウ）する。 부서진 지붕을 보수하다.　　補修

14 住民の（ヨウセイ）に行政が応える。 주민의 요청에 행정이 응답하다.　　要請

15 観客の（セイエン）に励まされる。 관객의 성원에 격려 받다.　　声援

16 交渉が（アンショウ）に乗り上げる。 교섭이 암초에 걸리다.　　暗礁

17 日本人の（キョウシュウ）を誘う。 일본인의 향수를 자아내다.　　郷愁

18 文明から（カクゼツ）した秘境。 문명으로부터 격절*된 비경.　　隔絶

19 教わったことを（ジッセン）する。 배운 것을 실천하다.　　実践

20 異文化に対して（カンヨウ）な精神。 이문화에 대해 너그러운 정신.　　寛容

◆ 폐허(廃墟) : 건물이나 성 따위가 파괴되어 황폐하게 된 터
♣ 융화(融和) : 서로 어울려 갈등이 없이 화목하게 됨
● 격절(隔絶) : 동떨어짐

カッコ内のカタカナを漢字に直しましょう。

01 (コンナン) を極める作業。 매우 곤란한 작업. 　　困難

02 突如隣国へ (シンコウ) する。 갑자기 이웃 나라에 침공하다. 　　侵攻

03 仕事に (セイリョク) 的に取り組む。 일에 정력적으로 몰두하다. 　　精力

04 (ゾウオ) の念を抱く。 증오하는 마음을 품다. 　　憎悪

05 議論の (オウシュウ) が続く。 논의의 응수*가 계속되다. 　　応酬

06 長年の (シュクテキ) を倒す。 오랫동안의 숙적*을 쓰러뜨리다. 　　宿敵

07 疲れて動きが (ニブ) ってくる。 피곤하여 움직임이 둔해지다. 　　鈍

08 構造改革を目標に (カカ) げる。 구조개혁을 목표로 내걸다. 　　掲

09 何事も (ラッカン) 的に考える。 만사를 낙관적으로 생각하다. 　　楽観

10 常に (チョウセン) 者であり続ける。 항상 도전자이고 싶다. 　　挑戦

11 交通 (ユウドウ) 員の指示に従う。 교통 유도원의 지시를 따르다. 　　誘導

12 新しい理論を (テイショウ) する。 새로운 이론을 제창하다. 　　提唱

13 年金が (キュウフ) される。 연금이 급부*되다. 　　給付

14 人事を (ツ) くして天命を待つ。 진인사대천명. 사람이 할 수 있는 일을 다 하고서 천명을 기다리다. 　　尽

15 経済の悪化を (ソシ) する。 경제 악화를 저지하다. 　　阻止

16 一切の (ダキョウ) を許さない。 일절 타협을 허락하지 않는다. 　　妥協

17 生死の (セトギワ) に立つ。 생사의 갈림길에 서다. 　　瀬戸際

18 あまりの (サンジョウ) に絶句*する。 지나친 참상에 말이 막히다. 　　惨状

19 問題を (カンカ) した責任は重い。 문제를 간과한 책임은 무겁다. 　　看過

20 適切な (ソチ) をとる。 적절한 조치를 취하다. 　　措置

◆ 응수(応酬) : 상대편이 한 말이나 행동을 받아서 마주 응함
◆ 숙적(宿敵) : 오래전부터의 원수
◆ 급부(給付) : (단체나 공공기관 등이) 금품을 지급함
◆ 절구(絶句) : 도중에서 말이 막힘

今日の漢字

カッコ内のカタカナを漢字に直しましょう。

01 子供のころを (ナツ) かしむ。 어린 시절을 그리워하다. 　　懐
02 (コウキシン) が旺盛な年頃。 호기심이 왕성한 연령. 　　好奇心
03 (ソウゾウ) の域を出ない話。 상상의 범위를 벗어나지 않는 이야기. 　　想像
04 (コウフン) して寝付けない。 흥분하여 잠을 이루지 못하다. 　　興奮
05 国交正常化の (タンショ) となる。 국교정상화의 단서가 되다. 　　端緒
06 きのこを (ズカン) で探す。 버섯을 도감◆에서 찾다. 　　図鑑
07 この程度のことは (ナ) れっこだ。 이 정도의 일은 이골이 나 있다. 　　慣
08 書類を (ブンルイ) する。 서류를 분류하다. 　　分類
09 まだ (コ) りずに悪事を重ねる。 아직 질리지 않고 나쁜 일을 되풀이하다. 　　懲
10 (ドウシン) に返り遊び回る。 동심으로 돌아가 놀러 다니다. 　　童心
11 最新のデータに (コウシン) する。 최신 데이터로 갱신하다. 　　更新
12 内戦や (ヒンコン) で苦しむ子供たち。 내전과 빈곤으로 고통 받는 아이들. 　　貧困
13 怪我を (コクフク) し復帰する。 상처를 극복하고 복귀하다. 　　克服
14 失敗は (レンタイ) 責任となる。 실패는 연대책임이 된다. 　　連帯
15 発展途上国を (シエン) する。 발전도상국을 지원하다. 　　支援
16 最低限の生活を (ホショウ) する。 최저한의 생활을 보장하다. 　　保障
17 長い (クトウ) の日々を送る。 긴 고전의 나날을 보내다. 　　苦闘◆
18 現行犯で (タイホ) する。 현행범으로 체포하다. 　　逮捕
19 音楽を聴いて (オド) り出した。 음악을 듣고 춤추기 시작했다. 　　躍
20 先行き不 (トウメイ) な状況。 장래가 불투명한 상황. 　　透明

◆ 도감(図鑑) : 그림이나 사진을 모아 실물 대신 볼 수 있도록 엮은 책
♣ 고투(苦闘) : 몹시 어렵고 힘들게 싸우거나 일함. 고전

カッコ内のカタカナを漢字に直しましょう。

01 めきめきと (トウカク) を現す。 현저히 두각을 드러내다. 　　頭角

02 病気が (ハッショウ) する。 병이 발병하다. 　　発症

03 自分の (ニンム) を果たす。 자신의 임무를 다하다. 　　任務

04 (ジョウキ) を超えた気迫に驚く。 상궤*를 초월한 기백에 놀라다. 　　常軌

05 絶好の機会を (イッ) する。 절호의 기회를 놓치다. 　　逸

06 外国で日本人が (フントウ) する。 외국에서 일본인이 분투하다. 　　奮闘

07 幸福な (ショウガイ) を終える。 행복한 생애를 마치다. 　　生涯

08 被害 (モウソウ) を膨らませる。 피해망상을 부풀리다. 　　妄想

09 (タンジュン) な仕掛けにはまる。 단순한 장치에 빠지다. 　　単純

10 新たな (キョウチ) に達する。 새로운 경지에 달하다. 　　境地

11 (ムショウ) の援助を求める。 무상 원조를 요구하다. 　　無償

12 遅刻した生徒を (イマシ) める。 지각한 학생을 경계하다. 　　戒

13 少しの間に血液が (ギョウコ) する。 조금 사이에 혈액이 응고하다. 　　凝固

14 メーターを (カンシ) する。 미터(자동식 계량기)를 감시하다. 　　監視

15 (カソ) に悩む農村。 과소에 고민하는 농촌. 　　過疎

16 決定に (イギ) を申し立てる。 결정에 이의를 제기하다. 　　異議

17 プロへの (カベ) はとても厚い。 프로에의 벽은 매우 두텁다. 　　壁

18 (コキャク) 満足度を高める。 고객 만족도를 높이다. 　　顧客

19 会社の (ソウム) 部に籍をおく。 회사 총무부에 적(籍)♣을 두다. 　　総務

20 ルール違反を (モクニン) する。 룰 위반을 묵인하다. 　　黙認

◆ 상궤(常軌) : 항상 따라야 할 바른 길. 상도(常道)
♣ 적(籍) : 신분, 자격

今日の漢字

カッコ内のカタカナを漢字に直しましょう。

01 海外で金品を (ヌス) まれる。 해외에서 금품을 도둑맞다. 　　　盗
02 (ケイサツ) 官が職務質問する。 경찰관이 직무* 질문하다. 　　　警察
03 埋蔵金を求めて (ホ) る。 매장금을 찾아 파다. 　　　掘
04 買い物 (ブクロ) を持参する。 장바구니를 지참하다. 　　　袋
05 お茶の葉を (ツ) む時期だ。 찻잎을 딸 시기이다. 　　　摘
06 そのときが人気の (ゼッチョウ) だった。 그 때가 인기의 절정이었다. 　　　絶頂
07 大雨で崖が (ホウカイ) する。 호우로 벼랑이 붕괴하다. 　　　崩壊
08 乾いた (イルイ) を取り込む。 마른 옷을 거두어들이다. 　　　衣類
09 (ズイヒツ) 集を出版する。 수필집을 출판하다. 　　　随筆
10 長い (フキョウ) が続いている。 긴 불황이 계속되고 있다. 　　　不況
11 心の (ヘイオン) を取り戻す。 마음의 평온을 되찾다. 　　　平穏
12 その言葉を肝に (メイ) じる。 그 말을 명심하다. 　　　銘
13 (ユル) いカーブで事故が起きた。 완만한 커브에서 사고가 일어났다. 　　　緩
14 ロケットの (キドウ) を修正する。 로켓의 궤도를 수정하다. 　　　軌道
15 (センザイ) 能力を引き出す。 잠재 능력을 끌어내다. 　　　潜在
16 最後に (キュウヨ) の策を使う。 마지막에 궁여지책*을 사용하다. 　　　窮余
17 やっと (ケンアン) の事項が解決する。 겨우 현안* 사항을 해결하다. 　　　懸案
18 研究に一生を (ササ) げる。 연구에 일생을 바치다. 　　　捧
19 失恋した友人を (ナグサ) める。 실연한 친구를 위로하다. 　　　慰
20 物事の本質を (ドウサツ) する。 사물의 본질을 통찰하다. 　　　洞察

◆ 직무(職務) : 직책이나 직업상에서 책임을 지고 담당하여 맡은 사무. '맡은 일'로 순화
♣ 궁여지책(窮余の策) : 궁한 나머지 생각다 못하여 짜낸 계책
● 현안(懸案) : 이전부터 의논하여 오면서도 아직 해결되지 않은 채 남아 있는 문제나 의안. '걸린 문제'로 순화

カッコ内のカタカナを漢字に直しましょう。

01 話の (ショウテン) を一つに絞る。 이야기의 초점을 하나로 좁히다. **焦点**
02 輸入品の (ハイセキ) 運動が起こる。 수입품의 배척운동이 일어나다. **排斥**
03 若者の (ハンザイ) が凶悪になる。 젊은이의 범죄가 흉악해지다. **犯罪**
04 障害者の (コヨウ) を促進する。 장애인의 고용을 촉진하다. **雇用**
05 死の (キョウフ) が頭をよぎった。 죽음의 공포가 머리를 스쳐 지나갔다. **恐怖**
06 単純 (メイカイ) なルール。 단순 명쾌한 룰. **明快**
07 (キケン) な作業に従事する。 위험한 작업에 종사하다. **危険**
08 (ショミン) には手の届かない品。 서민에게는 살 수 없는 물건. **庶民**
09 その点を (キョウチョウ) しておきたい。 그 점을 강조해 두고 싶다. **強調**
10 音声 (ニンシキ) 技術が発展する。 음성 인식 기술이 발전하다. **認識**
11 磁力で時計が (クル) う。 자기력 때문에 시계가 고장 나다. **狂**
12 (キセイ) 事実としてしまう。 기성사실로서 해 버리다. **既成**
13 市場で (シンセン) な魚介類を買う。 시장에서 신선한 어패류♦를 사다. **新鮮**
14 彼女の (タンラク) 的思考にあきれる。 그녀의 단락♣적인 사고에 질리다. **短絡**
15 技は教わるのではなく (ヌス) む。 기술은 배우는 것이 아니라 훔친다. **盗**
16 抵抗を (ハイ) して強行する。 저항을 물리치고 강행하다. **排**
17 発展が (イチジル) しい地域。 발전이 현저한 지역. **著**
18 (キョウボウ) して詐欺をはたらく。 공모하여 사기를 치다. **共謀**
19 表面上は平静を (ヨソオ) う。 표면상은 평정을 가장하다. **装**
20 その品を (キョウバイ) にかける。 그 물건을 경매에 부치다. **競売**

♦ 어패류(魚介類) : 어류와 조개류
♣ 단락(短絡) : 욕구 불만이나 갈등에 빠졌을 때, 상황을 합리적으로 해결하려 하지 않고 충동적, 직관적으로 행동하는 것

今日の漢字

カッコ内のカタカナを漢字に直しましょう。

01 救急（イリョウ）の質が問われる。 구급의료의 질이 문제시되다. 　　医療
　　きゅうきゅう　　　　　　しつ　　　と

02 近況を友人に（ホウコク）する。 근황을 친구에게 보고하다. 　　報告
　　きんきょう　ゆうじん

03 病院に（カンジャ）が運ばれてくる。 병원에 환자가 실려 오다. 　　患者
　　びょういん　　　　　　　　　　はこ

04 彼の訴えは（セツジツ）だった。 그의 호소는 절실했다. 　　切実
　　かれ　うった

05 （ショウゲキ）の真実が発覚する。 충격의 진실이 발각되다. 　　衝撃
　　　　　　　　　　　しんじつ　はっかく

06 犯罪の（テキハツ）に乗り出した。 범죄 적발에 착수했다. 　　摘発
　　はんざい　　　　　　　　の　　だ

07 家庭内（ボウリョク）が露呈する。 가정 내 폭력이 드러나다. 　　暴力
　　かていない　　　　　　　　ろてい

08 魚を（アミ）で焼く。 생선을 석쇠로 굽다. 　　網
　　さかな　　　　や

09 迷惑なサルを（ホカク）する。 폐를 끼치는 원숭이를 포획하다. 　　捕獲
　　めいわく

10 事故を未然に（サッチ）する。 사고를 미연에 알아차리다. 　　察知*
　　じこ　みぜん

11 患者に（チンセイ）剤を投与する。 환자에게 진정제를 투여하다. 　　鎮静
　　かんじゃ　　　　　　　　ざい　とうよ

12 命の（ソンゲン）について考える。 생명의 존엄에 대해 생각하다. 　　尊厳
　　いのち　　　　　　　　　　　かんが

13 確認作業を（オコタ）ってしまう。 확인 작업을 게을리 해 버리다. 　　怠
　　かくにん さぎょう

14 苦情に（セイジツ）に対応する。 불평에 성실하게 대응하다. 　　誠実
　　くじょう　　　　　　　たいおう

15 勉学に（シンケン）に取り組む。 면학에 진지하게 몰두하다. 　　真剣
　　べんがく　　　　　　　　と　く

16 （ハチ）植えの植物を買う。 화분에 심은 식물을 사다. 　　鉢
　　　　　う　　しょくぶつ　か

17 外部（ユウシキ）者を委員に任命する。 외부 유식자를 위원으로 임명하다. 　　有識
　　がいぶ　　　　　　しゃ　いいん　にんめい

18 幅跳びで最高飛（キョリ）を出す。 넓이 뛰기에서 최고 비거리*를 내다. 　　距離
　　はばと　　さいこうひ　　　　　だ

19 主要（カクリョウ）を留任する。 주요 각료를 유임하다. 　　閣僚
　　しゅよう　　　　　　　りゅうにん

20 （ハバツ）争いに巻き込まれる。 파벌 싸움에 휘말리다. 　　派閥
　　　　　　　あらそ　ま　こ

◆ 察知(さっち) : 살펴서 앎, 헤아려서 앎
♣ 비거리(飛距離) : 공중을 난 거리, 공이 날아간 거리

カッコ内のカタカナを漢字に直しましょう。

01 子供が野原を（カ）け回る。 아이들이 들판을 뛰어다니다. 　　駆
02 真相を知る（カチュウ）の人物。 진상을 아는 와중♦의 인물. 　　渦中
03 彼は（ビンワン）カメラマンだ。 그는 수완이 좋은 카메라맨이다. 　　敏腕
04 問題の（カクシン）にせまる。 문제의 핵심에 다가서다. 　　核心
05 （メイワク）行為を取り締まる。 민폐 행위를 단속하다. 　　迷惑
06 （ハクリョク）のある映像。 박력있는 영상. 　　迫力
07 （テキセツ）な表現に直す。 적절한 표현으로 고치다. 　　適切
08 結果ではなく（カテイ）をみる。 결과가 아니라 과정을 보다. 　　過程
09 （ジカイ）の念を込めて言う。 자계♣하는 심정으로 말하다. 　　自戒
10 （タイショウ）を限定する。 대상을 한정하다. 　　対象
11 値段の（コウショウ）でもめる。 가격 교섭으로 옥신각신하다. 　　交渉
12 幼虫が（ダッピ）を繰り返す。 유충이 탈피를 반복하다. 　　脱皮
13 優勝（コウホ）が初戦で敗れる。 우승 후보가 첫 시합에서 지다. 　　候補
14 著作権が（シンガイ）される。 저작권이 침해되다. 　　侵害
15 不正に得た金を（ボッシュウ）される。 부정하게 얻은 돈을 몰수당하다. 　　没収
16 マナーの悪さに（フンゲキ）する。 매너의 나쁨에 격노하다. 　　憤激●
17 地道に（タクワ）えを増やす。 착실하게 저축을 늘리다. 　　蓄
18 （インシツ）ないじめをやめさせる。 음습한 왕따(집단따돌림)를 그만두게 하다. 　　陰湿
19 前年優勝者は予選を（メンジョ）する。 작년 우승자는 예선을 면제한다. 　　免除
20 犯罪被害者を（キュウサイ）する。 범죄 피해자를 구제하다. 　　救済

♦ 와중(渦中) : 1.흐르는 물이 소용돌이치는 가운데 2.일이나 사건 따위가 시끄럽고 복잡하게 벌어지는 가운데
♣ 자계(自戒) : 잘못을 저지르지 않도록 스스로 경계함
● 분격(憤激) : 심하게 분노함, 격노

今日の漢字

カッコ内のカタカナを漢字に直しましょう。

01 アンケートの氏名 (ラン)。 앙케이트의 성명란. — 欄
02 優勝候補が負ける (ハラン) があった。 우승후보가 지는 파란이 있었다. — 波乱
03 友達を旅行に (サソ) う。 친구들을 여행에 권하다. — 誘
04 (ウス) く淡い色で描かれている。 엷고 연한 색으로 그려져 있다. — 薄
05 強敵を相手に (フンセン) する。 강적을 상대로 분전하다. — 奮戦
06 酒を飲み (ヨ) っぱらう。 술을 마시고 취하다. — 酔
07 合併に (トモナ) い従業員を削減する。 합병에 따라 종업원을 삭감하다. — 伴
08 (セイケン) 交代がうわさされる。 정권교체가 입에 오르내리다. — 政権
09 国会で法案が (シンギ) される。 국회에서 법안이 심의되다. — 審議
10 神社に (サンパイ) する。 신사에 참배하다. — 参拝
11 (クヤ) しさをバネに頑張る。 분함을 계기로 노력하다. — 悔
12 業界の (カンコウ) にとらわれる。 업계의 관행에 사로잡히다. — 慣行
13 言論の自由を (ダンアツ) する。 언론의 자유를 탄압하다. — 弾圧
14 (リンリ) 的に許されない行為。 윤리적으로 용서받지 못할 행위. — 倫理
15 お風呂に入る時が (シフク) の時だ。 목욕할 때가 가장 행복하다. — 至福
16 双方が (ダキョウ) 点を探る。 쌍방이 타협점을 모색하다. — 妥協
17 銀行の次に (ユウビン) 局に行く。 은행 다음에 우체국에 가다. — 郵便
18 十年ぶりの (カイキョ) を成し遂げる。 10년만의 쾌거를 이루다. — 快挙
19 人口の (コウレイ) 化が進む。 인구의 고령화가 진행되다. — 高齢
20 控えの選手の (フントウ) が目立つ。 대기 선수의 분투*가 눈에 띄다. — 奮闘

◆ 분투(奮闘): 있는 힘을 다하여 싸우거나 노력함

カッコ内のカタカナを漢字に直しましょう。

01 今が人生の (テンキ) かもしれない。 지금이 인생의 전기◆일 지도 모른다. 　　転機
02 重罪を犯し (ショケイ) された。 중죄를 저질러 처형되었다. 　　処刑
03 戦争中に集団 (ソカイ) が行われた。 전쟁중에 집단 소개♣가 이루어졌다. 　　疎開
04 子供の (カンビョウ) を寝ずに続ける。 아이의 간병을 자지 않고 계속하다. 　　看病
05 (モク) して語らず。 입을 다물고 말하지 않다. 　　黙
06 人相をはっきりと (キオク) している。 인상을 똑똑히 기억하고 있다. 　　記憶
07 (センレツ) なデビューを飾る。 선명하고 강렬한 데뷔를 장식하다. 　　鮮烈
08 新製品の (ミリョク) を紹介する。 신제품의 매력을 소개하다. 　　魅力
09 勉学に励む (カタワ) ら体も鍛える。 면학에 힘쓰는 한편 몸도 단련하다. 　　傍
10 タイムカプセルを (ウ) める。 타임캡슐을 메우다. 　　埋
11 全員の (ヨウボウ) を聞く。 전원의 요망을 듣다. 　　要望
12 商品の定価を (ス) え置く。 상품의 정가를 그대로 두다. 　　据
13 長時間並ぶのを (カクゴ) する。 장시간 줄서는 것을 각오하다. 　　覚悟
14 年に一度の (モヨオ) しが開かれる。 한해에 한번 행사가 개최되다. 　　催
15 相手の弱みを (ニギ) る。 상대의 약점을 쥐다. 　　握
16 自然に (トウタ) され強者が残る。 자연 도태되어 강자가 남다. 　　淘汰
17 数社で市場を (カセン) する。 여러 회사에서 시장을 과점♠하다. 　　寡占
18 農作物の成育を (ソガイ) する物質。 농작물의 육성을 저해하는 물질. 　　阻害
19 警官が犯人を (ゴソウ) する。 경관이 범인을 호송하다. 　　護送
20 部屋がとても (セマ) い。 방이 매우 좁다. 　　狭

◆ 전기(転機): 전환점이 되는 기회나 시기
♣ 소개(疎開): 공습이나 화재 따위에 대비하여 한곳에 집중되어 있는 주민이나 시설물을 분산함
♠ 과점(寡占): 몇몇 기업이 어떤 상품 시장의 대부분을 지배하는 상태

今日の漢字

カッコ内のカタカナを漢字に直しましょう。

01 会計 (カンサ) を実施する。 회계 감사를 실시하다.   監査
02 ローカル線を (ハイシ) する。 로컬선을 폐지하다.   廃止
03 代表 (トリシマリ) 役に就任する。 대표 이사에 취임하다.   取締
04 職業 (センタク) の自由がある。 직업 선택의 자유가 있다.   選択
05 背に (ハラ) はかえられぬ。 배를 등과 바꿀 수는 없다. (당면한 중대사를 위해서는 다른 일이 희생되어도 할 수 없음의 비유.)   腹
06 組織の (ソンゾク) が決定される。 조직의 존속이 결정되다.   存続
07 システムが (キノウ) しない。 시스템이 기능하지 않는다.   機能
08 最初の一歩が (カンジン) だ。 첫걸음이 중요하다.   肝心
09 酒を飲んで大 (シッタイ) を演じる。 술을 마시고 큰 실수를 저지르다.   失態 *
10 山で (ナダレ) に飲み込まれる。 산에서 눈사태에 휩쓸리다.   雪崩
11 地震で家屋が (ホウカイ) した。 지진으로 가옥이 붕괴했다.   崩壊
12 負傷して戦線 (リダツ) する。 부상을 입고 전선 이탈하다.   離脱
13 (キョウコウ) な姿勢を崩さない。 강경한 자세를 고수하다.   強硬
14 行動力と (キガイ) のある人物。 행동력과 기개가 있는 인물.   気概
15 (ホリョ) を敵軍から救出する。 포로를 적군으로부터 구출하다.   捕虜
16 色鮮やかな (チョウ) が舞う。 산뜻한 색 나비가 춤을 춘다.   蝶
17 料金所で (ジュウタイ) が発生する。 요금소에서 정체가 발생하다.   渋滞
18 (シンジュ) のネックレスを買う。 진주 목걸이를 사다.   真珠
19 前例に (ナラ) って進める。 전례에 따라 진행시키다.   倣
20 注意力が (サンマン) となる。 주의력이 산만해지다.   散漫

◆ 실태(失態) : (면목을 잃을 정도의) 볼썽사나운 모양, 실수

カッコ内のカタカナを漢字に直しましょう。

01 環境に (テキオウ) していく生物。 환경에 적응해 가는 생물. 　　適応
02 ついに (ホンショウ) を現した怪物。 마침내 본성을 드러낸 괴물. 　　本性
03 夢や (キボウ) を持つ事は大事だ。 꿈과 희망을 가지는 것은 중요하다. 　　希望
04 ゲーム (カンカク) で事件を起こす。 게임 감각으로 사건을 일으키다. 　　感覚
05 (クッキョウ) の兵士たちを集める。 매우 힘센 병사들을 모으다. 　　屈強
06 けんかの (チュウサイ) に入る。 싸움의 중재에 들어가다. 　　仲裁
07 紛争地帯に埋められた (ジライ)。 분쟁지대에 매설된 지뢰. 　　地雷
08 拳銃と (タマ) が見つかる。 권총과 총알이 발견되다. 　　弾
09 テレビで人気の (セイギ) の味方。 텔레비전에서 인기가 있는 정의의 아군. 　　正義
10 表面を磨くと (カガヤ) き出す。 표면을 닦으면 빛나기 시작한다. 　　輝
11 映画の (コウギョウ) 収入が増加する。 영화 흥행수입이 증가하다. 　　興行
12 都市の (ヘンセン) を調べる。 도시의 변천을 조사하다. 　　変遷
13 景気 (シゲキ) 策を打ち出す。 경기 자극책을 내놓다. 　　刺激
14 (ケイシャ) がきつい坂道。 경사가 급한 언덕길. 　　傾斜
15 常識を (クツガエ) す結果に驚く。 상식을 뒤엎는 결과에 놀라다. 　　覆
16 結婚 (ヒロウ) 宴に出席する。 결혼피로연에 참석하다. 　　披露
17 選挙前に党首が (ユウゼイ) する。 선거전에 당수가 유세하다. 　　遊説
18 隊長の命令に (ソム) く。 대장의 명령을 위반하다. 　　背
19 死者を (トムラ) う儀式。 죽은 사람의 명복을 비는 의식. 　　弔
20 組織が (ブンレツ) する。 조직이 분열되다. 　　分裂

◆ 굴강(屈強) : 매우 힘이 세고 다부짐
♣ 변천(変遷) : 세월이 흐름에 따라 바뀌고 변함

今日の漢字

カッコ内のカタカナを漢字に直しましょう。

01 長年（シンボウ）した甲斐がある。 오랫동안 참은 보람이 있다.　　辛抱
02 貨幣の（カチ）が下がる。 화폐의 가치가 내려가다.　　価値
03 あなたの（ツゴウ）に合わせます。 당신의 사정에 맞추겠습니다.　　都合
04 家に（オオゼイ）で駆けつける。 집에 많은 사람이 부랴부랴 오다.　　大勢
05 （コジ）にたとえて言う。 고사에 비유해서 말하다.　　故事
06 物事の（ソン）得を考える。 매사의 손실과 이득을 생각하다.　　損
07 （ナイユウ）外患こもごも至る。 내우외환이 번갈아 닥치다.　　内憂
08 （カンテイ）で閣議が開かれる。 관저에서 각의◆가 열리다.　　官邸
09 金融（キキ）が心配される。 금융위기가 걱정되다.　　危機
10 いざというときに（ソナ）える。 만일의 경우에 대비하다.　　備
11 静かな（コハン）の宿に泊まる。 조용한 호반◆의 숙소에 숙박하다.　　湖畔
12 辺り一面を雪が（オオ）う。 부근 일면을 눈이 뒤덮다.　　覆
13 貴重な自然が残る（シツゲン）。 귀중한 자연이 남는 습원.　　湿原
14 秋には（コウヨウ）が見られる。 가을에는 낙엽을 볼 수 있다.　　紅葉
15 歴史と伝統を（ホコ）る。 역사와 전통을 자랑하다.　　誇
16 軍隊が依然として（チュウリュウ）する。 군대가 여전히 주류하다.　　駐留
17 すっかり意気（ショウチン）する。 완전히 의기소침하다.　　消沈
18 誠に（イカン）である。 정말로 유감이다.　　遺憾
19 入社時に（セイヤク）書に署名する。 입사시에 서약서에 서명하다.　　誓約
20 雨（モ）りに悩まされる。 비가 새서 고민되다.　　漏

◆ 각의(閣議) : 내각회의의 약칭
◆ 호반(湖畔) : 호숫가

こいのぼり[鯉幟]
단오의 명절에 사내아이의 출세나 건강을 빌며 세우는 밖에 장식하는 잉어 깃발

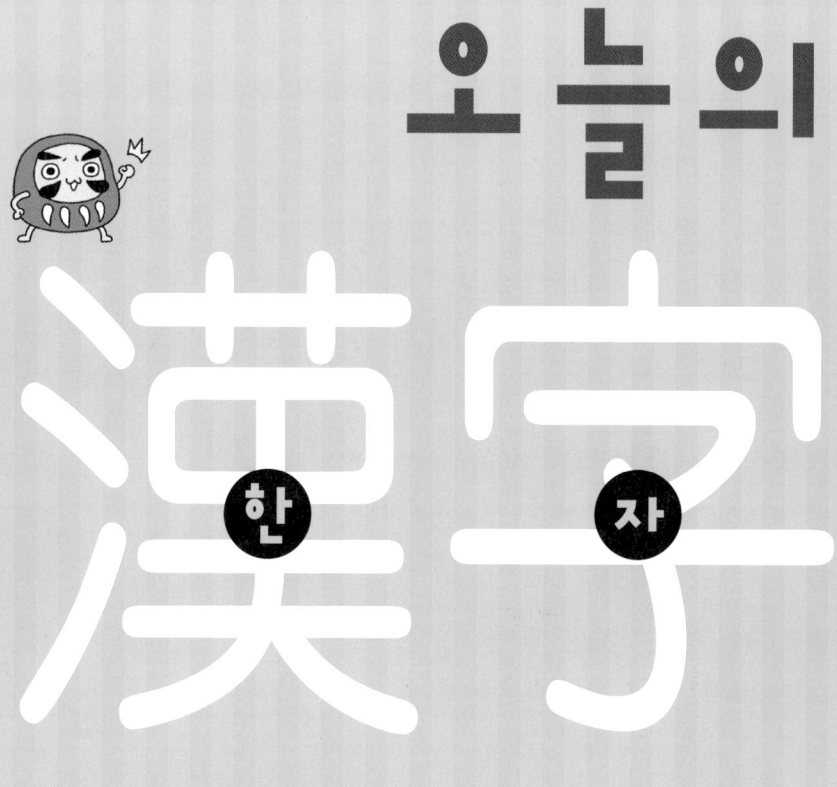

오늘의 漢字
한 자

Part 05

カッコ内のカタカナを漢字に直しましょう。

01 空と海とが (セッ) する。 하늘과 바다가 접하다. 　　接
02 荷台の上で箱が (オド) っている。 짐칸 위에서 상자가 몹시 흔들리고 있다. 　　躍
03 (ナイカク) 総理大臣に任命される。 내각총리대신으로 임명되다. 　　内閣
04 政治家の (オショク) 事件が多発した。 정치가의 오직◆ 사건이 다발했다. 　　汚職
05 あの人は (ベッカク) の扱いを受けている。 저 사람은 특별한 취급을 받고 있다. 　　別格◆
06 (キンセイ) のとれた体つき。 균형 잡힌 몸매. 　　均整
07 それは (トウゼン) の結果だった。 그것은 당연한 결과였다. 　　当然
08 舞台の上で (カレイ) に舞う。 무대 위에서 화려하게 춤추다. 　　華麗
09 (ジュンスイ) な気持ちで忠告する。 순수한 마음으로 충고하다. 　　純粋
10 (イダイ) な業績を残した科学者。 위대한 업적을 남긴 과학자. 　　偉大
11 連合国と (スウジク) 国。 연합국과 추축국◆. 　　枢軸
12 (イクエ) にも山々が連なっていた。 겹겹이 산들이 이어져 있었다. 　　幾重
13 その点に (リュウイ) して研究しなさい。 그 점에 유의하여 연구하세요. 　　留意
14 文化社会学の (シザ) から考える。 문화사회학의 관점에서 생각하다. 　　視座
15 舟は波間を (タダヨ) った。 배는 파도 사이를 떠다녔다. 　　漂
16 他の (ツイズイ) を許さない。 타의 추종을 불허하다. 　　追随
17 国会の証人 (カンモン) に応じる。 국회 증인 환문◆에 응하다. 　　喚問
18 彼の (カクゴ) は本物だろうか。 그의 각오는 진짜일까? 　　覚悟
19 現実感のない (クウソ) な理論。 현실감이 없는 공소◆ 이론. 　　空疎
20 容疑者を (キソ) する。 용의자를 기소하다. 　　起訴

◆ 오직(汚職) : 관리 등이 직권이나 지위를 이용하여 부정을 행하는 것
◆ 별격(別格) : 보통 것과 다른 특별한 형체나 격식
◆ 추축국(枢軸国) : 제2차 세계 대전 중 일본・독일・이탈리아의 3국 동맹측에 속했던 나라들
◆ 환문(喚問) : (법원이나 공공 기관 등에서) 사람을 불러들여 필요한 사항을 물음　　＊ 공소(空疎) : 내용이 없음

今日の漢字

カッコ内のカタカナを漢字に直しましょう。

01 青少年の (ホゴ) を目的とする。 청소년의 보호를 목적으로 하다. 　　保護

02 (イチラン) 表を作成する。 일람표를 작성하다. 　　一覧

03 (コウゲキ) は最大の防御だ。 공격은 최대의 방어이다. 　　攻撃

04 身代金目当てに (ユウカイ) する。 몸값을 노리고 유괴하다. 　　誘拐

05 彼は医者の (タマゴ) だ。 그는 올챙이(병아리) 의사다. 　　卵

06 賊の (シンニュウ) を防ぐ。 도둑의 침입을 방지하다. 　　侵入

07 武器の (サッショウ) 能力。 무기의 살상능력. 　　殺傷

08 もうあの約束は (ジコウ) だ。 이미 그 약속은 시효*다. 　　時効

09 駅まで (ムカ) えに行く。 역까지 마중하러 가다. 　　迎

10 圧力に (クッ) して辞任した。 압력에 굴복해 사임했다. 　　屈

11 私鉄 (エンセン) で土地を探す。 민영철도 연선에서 토지를 찾다. 　　沿線

12 風邪で食欲 (フシン) だ。 감기로 식욕부진이다. 　　不振

13 (ヨカ) を有効に活用する。 여가를 유효하게 활용하다. 　　余暇

14 (サル) も木から落ちる。 원숭이도 나무에서 떨어지다. 　　猿

15 子どもたちの (カンセイ) が響く。 아이들의 환성이 울려 퍼지다. 　　歓声

16 北 (カイキ) 線を越えた。 북회귀*선을 넘었다. 　　回帰

17 (ケンキョ) さを失わない。 겸허함을 잃지 않는다. 　　謙虚

18 (アヤマ) ちを素直に認める。 실수를 순수하게 인정하다. 　　過

19 代々呉服屋を (イトナ) む。 대대로 포목전을 경영하다. 　　営

20 ベレー (ボウ) をかぶった画家。 베레모를 쓴 화가. 　　帽

◆ 시효(時効) : (법률) 어떤 사실 상태가 일정한 기간 동안 계속되는 일
♣ 회귀(回帰) : 일주하여 제자리로 돌아옴

カッコ内のカタカナを漢字に直しましょう。

01 適当なところで (ダキョウ) する。 적당한 곳에서 타협하다. 　　妥協
02 高原を (ツラヌ) く道路。 고원을 관통하는 도로. 　　貫
03 (ムカシバナシ) に花が咲く。 옛날이야기에 꽃을 피우다. 　　昔話
04 日本国憲法を (ハップ) する。 일본국 헌법을 발포하다. 　　発布
05 個人の (ドクダン) で行った。 개인의 독단으로 행했다. 　　独断
06 彼女の言葉を善意に (カイシャク) する。 그녀의 말을 선의로 해석하다. 　　解釈
07 人目を (サ) ける。 남의 눈을 피하다. 　　避
08 転んで (シリモチ) をついた。 넘어져 엉덩방아를 찧었다 　　尻餅
09 (ケツゼン) たる態度をとる。 결연한 태도를 취하다. 　　決然
10 株価が大きく (クズ) れた。 주가가 크게 무너졌다. 　　崩
11 立論の (コンキョ) を明示する。 입론*의 근거를 명시하다. 　　根拠
12 戦争が大きな (サンカ) をもたらす。 전쟁이 커다란 참화*를 초래하다. 　　惨禍
13 津軽 (カイキョウ) を横断する。 쓰가루 해협을 횡단하다. 　　海峡
14 事態の (チンセイ) 化を図る。 사태의 진정* 화를 도모하다. 　　沈静
15 責任感が (ケツジョ) している。 책임감이 결여되어 있다. 　　欠如
16 床にカーペットを (シ) く。 마루에 카펫을 깔다. 　　敷
17 心中大いに (キト) するところがある。 마음속에 크게 기도하는 바가 있다. 　　企図
18 人の出入りが (ヒンパン) な家。 사람의 출입이 빈번한 집. 　　頻繁
19 この問題について (サンピ) を問う。 이 문제에 대해 찬성여부를 묻다. 　　賛否
20 初志を (カンテツ) する。 초지를 관철하다. 　　貫徹

◆ 입론(立論) : 의론의 줄거리를 세움
♣ 참화(惨禍) : 비참하고 끔찍한 재난이나 변고
● 침정(沈静) : 침착하고 조용함. 잠잠함

今日の漢字

カッコ内のカタカナを漢字に直しましょう。

01 (アワ)い恋心を抱く。 아련한 연정을 품다. — 淡
02 (イクエ)にも重なった模様。 겹겹이 겹친 모양. — 幾重
03 (カキネ)を取り払う。 울타리를 걷어치우다. — 垣根
04 川の流れに(ソ)った道。 강의 흐름에 따른 길. — 沿
05 小説の(ボウトウ)を暗記する。 소설의 첫머리를 암기하다. — 冒頭
06 (ボウキョウ)の念を抱く。 고향을 그리는 마음을 품다. — 望郷
07 (シジツ)に基づいたドラマ。 역사적 사실에 입각한 드라마. — 史実
08 公益を私益に(ユウセン)させる。 공익*을 사익*에 우선시키다. — 優先
09 ビルの屋上から市街を(イチボウ)する。 빌딩의 옥상에서 시가지를 일망*하다. — 一望
10 賛否を(メグ)って議論が白熱する。 찬성여부를 둘러싸고 논의가 몹시 뜨거워지다. — 巡
11 被告人の(ケッパク)を主張する。 피고인의 결백을 주장하다. — 潔白
12 代金を(ジュリョウ)する。 대금을 수령하다. — 受領
13 現在の心境を(ジュッカイ)する。 현재의 심경을 술회*하다. — 述懐
14 公務員の(フハイ)行為を取り締まる。 공무원의 부패행위를 단속하다. — 腐敗
15 川に進路を(ハバ)まれる。 강이 진로를 방해하다. — 阻
16 展覧会場から作品を(ハンシュツ)する。 전시회장에서 작품을 반출하다. — 搬出
17 目を覆うような(ザンギャク)行為。 눈을 뜨고 차마 볼 수 없을 것 같은 잔혹한 행위. — 残虐
18 地震の被害から(マヌガ)れる。 지진 피해로부터 벗어나다. — 免
19 彼はその道の(ケンイ)だ。 그는 그 방면의 권위자이다. — 権威
20 (ゾウオ)の念が募る。 증오심이 점점 심해지다. — 憎悪

◆ 공익(公益) : 사회 전체의 이익
♣ 사익(私益) : 개인의 이익
● 일망(一望) : 한눈에 바라봄
▲ 술회(述懐) : 속에 품은 생각이나 감개・추억 따위를 말함. 또는 그 말

カッコ内のカタカナを漢字に直しましょう。

01 貸した本がやっと (モド) ってきた。 빌려준 책이 겨우 돌아왔다.　　戻
02 (ドウ) の長い犬を飼っている。 몸통이 긴 개를 기르고 있다.　　胴
03 他店と売り上げを (キョウソウ) する。 다른 가게와 매상을 경쟁하다.　　競争
04 本の貸し出しを (テイシ) する。 책 대출을 정지하다.　　停止
05 米の収穫高を (ヨソク) する。 쌀의 수확고를 예측하다.　　予測
06 言葉では表せない (ジョウケイ) だ。 말로는 형용할 수 없는 정경이다.　　情景
07 確かな (カンショク) が得られた。 분명한 감촉을 얻을 수 있었다.　　感触
08 新聞に (ケイサイ) された記事。 신문에 게재된 기사.　　掲載
09 (ヨウジ) 教育に関する本を読む。 유아교육에 관한 책을 읽다.　　幼児
10 商店街の一角を (シ) める銀行。 상점가의 일각을 차지하는 은행.　　占
11 脚に釣糸が (カラ) んで飛べない鳥。 다리에 낚시 줄이 휘감기어 날지 못하는 새.　　絡
12 街灯の (アワ) い光を見つめる。 가로등의 희미한 빛을 바라보다.　　淡
13 あの人は (ジフ) 心が強い。 저 사람은 자부심이 강하다.　　自負
14 古い体制を (ダハ) する。 낡은 체재를 타파하다.　　打破
15 意思の (ソツウ) をはかる。 의사소통을 도모하다.　　疎通
16 二色のインクで版画を (ス) る。 이색 잉크로 판화를 인쇄하다.　　刷
17 体力で (アットウ) する。 체력에서 압도하다.　　圧倒
18 判断の基準が (ユ) れる。 판단의 기준이 흔들리다.　　揺
19 国の経済を (ニナ) う。 나라의 경제를 떠맡다.　　担
20 冬期の単独登頂を (ココロ) みる。 동기＊ 단독 등정을 시도하다.　　試

◆ 동기(冬期) : 겨울의 시기

今日の漢字

カッコ内のカタカナを漢字に直しましょう。

01 (ヘンシュウ) 部に配属された。 편집부에 배속되었다. 　　編集
02 生きる希望を (ウバ) う。 살아갈 희망을 빼앗다. 　　奪
03 あまりの (リフジン) な要求に憤慨した。 너무나 무리한 요구에 분개했다. 　　理不尽*
04 世論の (シンパン) を受ける。 여론의 심판을 받다. 　　審判
05 (セイジツ) な人柄に好感を持つ。 성실한 인품에 호감을 가지다. 　　誠実
06 地震により大きな (ソンガイ) を被った。 지진으로 큰 손실을 입었다. 　　損害
07 言い (ノガ) ればかりしている。 발뺌만하고 있다. 　　逃
08 指名手配犯が (タイホ) された。 지명수배범이 체포되었다. 　　逮捕
09 (コウセイ) して社会復帰する。 갱생*하여 사회복귀하다. 　　更生
10 全力を尽くしたので (ク) いはない。 전력을 다했기에 후회는 없다. 　　悔
11 かたまりを細かく (クダ) く。 덩어리를 잘게 부수다. 　　砕
12 雑巾を固く (シボ) る。 걸레를 꽉 짜다. 　　絞
13 活字を (チュウゾウ) する。 활자를 주조하다. 　　鋳造
14 業界では (チュウケン) の会社。 업계에서는 중견회사. 　　中堅
15 (イッチョウイッセキ) には完成しない。 일조일석*에는 완성되지 않는다. 　　一朝一夕
16 新しい気運が (タイドウ) する。 새로운 기운이 태동하다. 　　胎動
17 道を (タズ) ねる。 길을 묻다. 　　尋
18 英語で点数を (カセ) いだ。 영어로 점수를 땄다. 　　稼
19 伝統産業の糸 (ツム) ぎ。 전통 산업의 실잣기. 　　紡
20 社会全体の相互 (フジョ) 。 사회 전체의 상호부조*. 　　扶助

◆ 理不尽(りふじん) : 도리에 맞지 않음. 불합리함. 억지를 부림
♣ 갱생(更生) : 마음이나 생활 태도를 바로잡아 본디의 옳은 생활로 되돌아가거나 발전된 생활로 나아감
● 일조일석(一朝一夕) : 하루아침과 하루 저녁이란 뜻으로, 짧은 시일을 이르는 말
♠ 부조(扶助) : 남을 거들어서 도와주는 일

カッコ内のカタカナを漢字に直しましょう。

01　多くの (キョクセツ) と困難を乗り越える。　많은 곡절과 곤란을 극복하다.　　曲折
02　皆が驚きの (マナザ) しを向ける。　모두가 놀란 시선을 보내다.　　眼差
03　むごたらしい (バンコウ) を非難する。　잔혹한 만행을 비난하다.　　蛮行
04　それはほんの (イッシュン) の出来事だった。　그것은 아주 한순간의 사건이었다.　　一瞬
05　(コウカイ) 先に立たずという諺がある。　후회막급이라는 속담이 있다.　　後悔
06　長文から (バッスイ) して紹介する。　장문에서 발췌해서 소개하다.　　抜粋
07　幼少時に (コジイン) に預けられた。　유년기에 고아원에 맡겨졌다.　　孤児院
08　数々の経験を (ヘ) て成長した。　수많은 경험을 거쳐 성장했다.　　経
09　親戚を駅まで (ムカ) えに行った。　친척을 역까지 마중하러 갔다.　　迎
10　戦争の (ムザン) な傷痕が生々しい。　전쟁의 무참한 상처 자국이 생생하다.　　無残
11　幕府の (ジュウチン) として仕えた。　막부의 중진으로 모셨다.　　重鎮
12　候補が (セ) り合う激しい選挙戦。　후보가 경합하는 격렬한 선거전.　　競
13　改善の (シセイ) が感じられない。　개선*의 자세를 느낄 수 없다.　　姿勢
14　うかつな約束で (ジバク) 状態だ。　멍청한 약속으로 스스로 자신을 옭아맨 상태이다.　　自縛*
15　期待に胸を (フク) らませる。　기대에 가슴이 부풀어 오르다.　　膨
16　身内を優先する (エンコ) 主義。　집안을 우선시하는 연고주의.　　縁故
17　工業団地に企業を (ユウチ) する。　공업단지에 기업을 유치하다.　　誘致
18　(ムボウ) な考えを改めさせる。　무모한 생각을 고치게 하다.　　無謀
19　傷口を (シケツ) する包帯がない。　상처를 지혈할 붕대가 없다.　　止血
20　(ゲンシュウ) でも増益なら良い。　수입이 줄어들어도 이익이 늘어나면 좋다.　　減収

◆ 개선(改善) : 잘못된 것이나 부족한 것, 나쁜 것 따위를 고쳐 더 좋게 만듦
♣ 자박(自縛) : 스스로 자신을 옭아 묶음

今日の漢字

カッコ内のカタカナを漢字に直しましょう。

01 (タイショウ) 的な性格の兄弟。 대조적인 성격의 형제. 　　対照

02 (シンチョウ) さを欠いた軽々しい発言。 신중함이 결여된 경솔한 발언. 　　慎重

03 政治活動を (ヨクアツ) する。 정치 활동을 억압하다. 　　抑圧

04 動かぬ証拠を (ニギ) っている。 확실한 증거를 쥐고 있다. 　　握

05 それが (キュウキョク) の目的だ。 그것이 궁극적인 목적이다. 　　究極

06 家業を (キラ) って家を出る。 가업*을 싫어하여 집을 나가다. 　　嫌

07 今回の提案は (ヨウニン) しがたい。 이번의 제안은 용인하기 어렵다. 　　容認

08 友人の勉強を (ジャマ) する。 친구의 공부를 방해하다. 　　邪魔

09 (シ) いて言えばこちらがよい。 굳이 말하면 이쪽이 좋다. 　　強

10 自宅に (ナンキン) する。 자택에 연금하다. 　　軟禁

11 外国人 (ハイセキ) 運動が起きる。 외국인 배척운동이 일어나다. 　　排斥

12 経験者は (ユウグウ) される。 경험자는 우대받는다. 　　優遇

13 鳥が (イッセイ) に飛び立った。 새가 일제히 날아갔다. 　　一斉

14 疑問が (ヒョウカイ) する。 의문이 풀리다. 　　氷解*

15 水質や (ドジョウ) の汚染を調べる。 수질이나 토양의 오염을 조사하다. 　　土壌

16 情報化は国際的な (チョウリュウ) だ。 정보화는 국제적인 조류이다. 　　潮流

17 社会不安を (ジョウセイ) する。 사회불안을 조성하다. 　　醸成

18 押し売りが玄関に (イスワ) る。 강매 상인이 현관에 눌러 앉다. 　　居座

19 景気を (フヨウ) させる。 경기를 부양시키다. 　　浮揚

20 カルシウムが (ケツボウ) する。 칼슘이 결핍*되다. 　　欠乏

◆ 가업(家業) : 대대로 물려받는 집안의 생업
◆ 빙해(氷解) : (의심・오해 등이) 풀림
● 결핍(欠乏) : 있어야 할 것이 없어지거나 모자람

カッコ内のカタカナを漢字に直しましょう。

01 横綱を相手に (ゼンセン) する。 요코즈나를 상대로 선전◆ 하다. 善戦
02 農業に適した (ドジョウ) に改良する。 농업에 적합한 토양으로 개량하다. 土壌
03 (ハイガイ) 主義に反対する。 배외주의◆에 반대하다. 排外
04 国王 (ヘイカ) のおでまし。 국왕폐하의 납심. 陛下
05 長い鼻が象の (トクチョウ) だ。 긴 코가 코끼리의 특징이다. 特徴
06 感情が (コウヨウ) する。 감정이 고양◆ 되다. 高揚
07 総選挙の (ガイトウ) 演説。 총선거의 가두연설. 街頭
08 (トウソツ) 力のある将軍。 통솔력이 있는 장군. 統率
09 言葉 (タク) みに人をだます。 교묘한 말로 사람을 속이다. 巧
10 (グンシュウ) 心理が働く。 군집 심리가 작용하다. 群集
11 彼は野球部に (ゾク) している。 그는 야구부에 속해 있다. 属
12 地区大会で (セキハイ) した。 지구 대회에서 아깝게 졌다. 惜敗◆
13 要望には (ソクジ) 対応する。 요망에는 즉시 대응하다. 即時
14 戦後 (ザイバツ) は解体された。 전후 재벌은 해체되었다. 財閥
15 選手を勝利に (ミチビ) いた監督。 선수를 승리로 이끈 감독. 導
16 彼は文学界の (ケンイ) だ。 그는 문학계의 권위이다. 権威
17 河川の (ジョウカ) を目指す。 하천의 정화를 목표로 하다. 浄化
18 各自に判断を (ユダ) ねる。 각자에게 판단을 맡기다. 委
19 相続権を (ホウキ) する。 상속권을 포기하다. 放棄
20 (イサギヨ) い態度が好印象だ。 떳떳한 태도가 호감이 간다. 潔

◆ 선전(善戦) : 있는 힘을 다하여 잘 싸움
◆ 배외주의(排外主義) : 외국 사람이나 외국의 문화, 물건, 사상 따위를 배척하는 주의
● 고양(高揚) : (정신·기분 등을) 드높임
◆ 석패(惜敗) : 경기나 경쟁에서 약간의 점수 차이로 아깝게 짐

今日の漢字

カッコ内のカタカナを漢字に直しましょう。

01 親善 (シセツ) を派遣する。 친선 사절을 파견하다.   使節
    しんぜん　　　　　　は けん

02 時間に (ヨユウ) がある。 시간에 여유가 있다.   余裕
    じ かん

03 海外に日本 (リョウジ) 館を置く。 해외에 일본 영사관을 두다.   領事
    かいがい　にほん　　　　　　　かん　お

04 正規の手続きを (フ) む。 정규 절차를 밟다.   踏
    せい き　て つづ

05 世間*に (ツウコウ) している説。 사회에 통용되고 있는 설.   通行*
    せ けん　　　　　　　　　　　せつ

06 法案は再検討の (ヨチ) がある。 법안은 재검토의 여지가 있다.   余地
    ほうあん　さいけんとう

07 世界記録として (ニンテイ) する。 세계기록으로서 인정하다.   認定
    せ かい き ろく

08 権力を傘に着て (イバ) っている。 권력을 믿고 뻐기고 있다.   威張
    けんりょく　かさ　き

09 二度と (シキイ) をまたがせない。 두 번 다시 문지방을 넘게 하지 않는다.   敷居
    に ど

10 (メイヨ) を傷つけられる。 명예가 손상되다.   名誉
    　　　　きず

11 (ショウサイ) に渡って調査する。 상세하게 조사하다.   詳細
    　　　　　　わた　ちょう さ

12 全体の状況を (ハアク) する。 전체 상황을 파악하다.   把握
    ぜんたい　じょうきょう

13 水戸を (ケイユ) して仙台へ行く。 미토를 경유하여 센다이에 가다.   経由
    み と　　　　　　　　　せんだい　い

14 病原菌の (センプク) 期間。 병원균의 잠복기간.   潜伏
    びょうげんきん　　　　　　き かん

15 異教徒を (ハクガイ) する。 이교도를 박해하다.   迫害
    い きょう と

16 本国に強制 (ソウカン) する。 본국에 강제 송환하다.   送還
    ほんごく　きょうせい

17 食料と水を (ホキュウ) する。 식료와 물을 보급하다.   補給
    しょくりょう　みず

18 (セッパク) した状況にある。 절박한 상황에 있다.   切迫
    　　　　　　じょうきょう

19 そんな話は (グ) の骨頂だ。 그런 이야기는 어리석기 그지없다.   愚
    はなし　　　　　こっちょう

20 さまざまな利害が (カラ) みあう。 여러 가지 이해*가 서로 얽히다.   絡
    　　　　　　り がい

◆ 세간(世間) : 1.세간　2.세상, 사회　3.교제나 활동의 범위
♣ 통행(通行) : 1.통행　2.내왕　3.통용
● 이해(利害) : 이익과 손해를 아울러 이르는 말

カッコ内のカタカナを漢字に直しましょう。

01 象牙に（チョウコク）する。 상아에 조각하다. 　　彫刻
02 （ソザイ）の持ち味を生かす。 소재의 장점을 살리다. 　　素材
03 仏像の自由な（シタイ）。 불상의 자유로운 자태. 　　姿態
04 生命の（フシギ）さに驚く。 생명의 불가사의함에 놀라다. 　　不思議
05 この道は京都を経て大阪に（イタ）る。 이 길은 교토를 거쳐 오사카에 이른다. 　　至
06 強迫観念に（オソ）われる。 강박관념에 사로잡히다. 　　襲
07 イタリア中部の（キュウリョウ）地帯。 이탈리아 중부의 구릉 지대. 　　丘陵
08 高熱で（ゲンカク）が起きる。 고열로 환각이 일어나다. 　　幻覚
09 その光景が（ノウリ）に焼きついている。 그 광경이 뇌리에 각인되어 있다. 　　脳裏
10 祖父の七回（キ）を迎える。 조부의 7주기를 맞이하다. 　　忌
11 当方に（カシツ）はない。 우리 쪽에 과실은 없다. 　　過失
12 霧が山あいに（タイリュウ）する。 안개가 산골짜기에 정체되다. 　　滞留
13 新築工事を（ウ）け負う。 신축공사를 도급 맡다. 　　請
14 職務（タイマン）だと注意される。 직무태만이라고 주의 받다. 　　怠慢
15 旅行の（メンミツ）な計画をたてる。 여행의 면밀◆한 계획을 세우다. 　　綿密
16 安全性を（コウリョ）に入れて計画する。 안전성을 고려하여 계획하다. 　　考慮
17 （キンチョウ）の糸が張りつめる。 긴장의 끈이 팽팽하다. 　　緊張
18 相手の（キョ）に付け入る。 상대의 허를 이용하다. 　　虚
19 （グウハツ）的な事故が起こる。 우발적인 사고가 일어나다. 　　偶発
20 他の要因を（ハイジョ）する。 다른 요인을 배제하다. 　　排除

◆ 면밀(綿密) : 자세하고 빈틈이 없음

カッコ内のカタカナを漢字に直しましょう。

01 まず食料の (カクホ) が第一だ。 우선 식료 확보가 가장 중요하다.　　　確保

02 伝染病の予防 (セッシュ) を受ける。 전염병의 예방접종을 받다. 　　　接種

03 将来に備え石油を (ビチク) する。 장래에 대비해 석유를 비축하다. 　　　備蓄

04 毒蛇にかまれて (ケッセイ) を必要とする。 독사에게 물려 혈청을 필요로 하다. 　　　血清

05 犯罪の (ボクメツ) を目指す。 범죄의 박멸*을 목표로 하다. 　　　撲滅

06 (ショウガイ) 物競争に出場する。 장해물 경쟁에 출전하다. 　　　障害

07 薬の (フクサヨウ) が出る。 약의 부작용이 나다. 　　　副作用

08 (トッキョ) を出願する。 특허를 출원하다. 　　　特許

09 医学の発展に (キヨ) する。 의학 발전에 기여하다. 　　　寄与

10 需要と (キョウキュウ) とのバランス。 수요와 공급과의 균형. 　　　供給

11 所得 (コウジョ) を受ける。 소득공제를 받다. 　　　控除

12 外国人の (シュウロウ) ビザ。 외국인의 취업비자. 　　　就労

13 (サンセイ) か反対をはっきり言いなさい。 찬성인지 반대를 확실히 말하세요. 　　　賛成

14 (タイグウ) を改善する。 대우를 개선하다. 　　　待遇

15 祖父母を (カイゴ) する。 조부모를 간호하다. 　　　介護

16 (ザセツ) 感を味わう。 좌절감을 맛보다. 　　　挫折

17 (ナットク) が行くまで続ける。 납득이 갈 때까지 계속하다. 　　　納得

18 思いの (イッタン) を述べる。 생각의 일부분을 말하다. 　　　一端

19 麻薬 (コンゼツ) 運動を推進する。 마약 근절 운동을 추진하다. 　　　根絶

20 クイズの賞金を (カクトク) する。 퀴즈 상금을 획득하다. 　　　獲得

◆ 박멸(撲滅) : 모조리 잡아 없앰

カッコ内のカタカナを漢字に直しましょう。

01 溶けた鉄を（イガタ）に流し込む。 용해된 철을 주형에 붓다. 　　鋳型
02 心に残る詩の（イッセツ）がある。 마음에 남는 시의 한 구절이 있다. 　　一節
03 学校の（センパイ）に憧れる。 학교 선배를 동경하다. 　　先輩
04 共通の（シュミ）を持つ友人。 공통된 취미를 가진 친구. 　　趣味
05 明るい未来を思い（エガ）く。 밝은 미래를 상상하다. 　　描
06 前任者から仕事を引き（ツ）ぐ。 전임자로부터 일을 넘겨받다. 　　継
07 （ビミョウ）な色彩のバランス。 미묘한 색채의 균형. 　　微妙
08 他人の（リョウイキ）を侵す。 타인의 영역을 침범하다. 　　領域
09 戸を（ハゲ）しくたたく。 문을 격렬하게 두드리다. 　　激
10 外国史の本を（アラワ）す。 외국사의 책을 저술하다. 　　著
11 （キンシュク）経済政策をとる。 긴축 경제 정책을 취하다. 　　緊縮
12 外国の会社と（テイケイ）する。 외국 회사와 제휴하다. 　　提携
13 会社の会計を（カンサ）する。 회사의 회계를 감사하다. 　　監査
14 （タキ）にわたる研究をまとめる。 다방면에 걸친 연구를 정리하다. 　　多岐
15 生活が（ハタン）する。 생활이 파탄하다. 　　破綻
16 農薬が（ザンリュウ）している。 농약이 잔류하고 있다. 　　残留
17 やかんの湯を（ワ）かす。 주전자 물을 끓이다. 　　沸
18 つまらない事で一生を（ボウ）に振る。 사소한 일로 일생을 헛되게 보내다. 　　棒
19 自らの（ホシン）ばかり考える。 자신의 보신*만을 생각하다. 　　保身
20 政府の（タイセイ）が固まる。 정부의 태세가 확고해지다. 　　態勢

◆ 보신(保身) : 자신의 지위·명예·안전 등을 지킴

今日の漢字

カッコ内のカタカナを漢字に直しましょう。

01 (ダンゾク)的に揺れが続く。 단속적으로 흔들림이 계속된다. 　　　断続
02 大都会の(カタスミ)に生きる。 대도시의 한구석에 산다. 　　　片隅
03 (キバツ)で柔軟なアイデア。 기발하고 유연한 아이디어. 　　　奇抜
04 水質浄化(ソウチ)を開発した。 수질정화 장치를 개발했다. 　　　装置
05 多数の(カンキャク)を集める。 다수의 관객을 모으다. 　　　観客
06 (リッパ)なビルが建設された。 멋진 빌딩이 건설되었다. 　　　立派
07 武者(シュギョウ)の旅に出る。 무사 수행의 여행에 나서다. 　　　修行
08 (ヨセイ)を楽しく送る。 여생을 즐겁게 보내다. 　　　余生
09 定年で(タイショク)する。 정년으로 퇴직하다. 　　　退職
10 (ハイユウ)を目指して練習に励む。 배우를 목표로 열심히 연습하다. 　　　俳優
11 福祉の充実を(セツボウ)してやまない。 복지의 충실을 간절히 바라 마지않다. 　　　切望
12 科学技術の発展と(ヘイガイ)。 과학기술의 발전과 폐해. 　　　弊害
13 眺望を(サマタ)げるものは何もない。 조망을 방해하는 것은 아무것도 없다. 　　　妨
14 (キショウ)価値の人形。 희소가치의 인형. 　　　希少
15 不法建築物を(テッキョ)する。 불법 건축물을 철거하다. 　　　撤去
16 公共(シセツ)を利用する。 공공시설을 이용하다. 　　　施設
17 経営内容を(タンテキ)に表す数字。 경영 내용을 단적으로 나타내는 숫자. 　　　端的
18 工場を(ユウチ)する。 공장을 유치하다. 　　　誘致
19 新しい制度を(ソウセツ)する。 새로운 제도를 창설하다. 　　　創設
20 今後の方針を(モサク)中です。 앞으로의 방침을 모색중입니다. 　　　模索

◆ 단속(断続) : 끊겼다 이어졌다 함
♣ 희소가치(希少価値) : 드물기 때문에 인정되는 가치

カッコ内のカタカナを漢字に直しましょう。

01 お (カシ) を欲しがる子ども。 과자를 갖고 싶어 하는 아이. 　　菓子
02 新しい (シヘイ) が発行される。 새로운 지폐가 발행되다. 　　紙幣
03 地図にも (ノ) っていない道。 지도에도 실려 있지 않는 길. 　　載
04 成績が (カンキョウ) に左右される。 성적이 환경에 좌우되다. 　　環境
05 新体制へ (イコウ) する。 신체제로 이행하다. 　　移行
06 (ジバ) 産業の発展を支援する。 그 고장 산업의 발전을 지원하다. 　　地場
07 外国製品を (ユニュウ) する。 외국제품을 수입하다. 　　輸入
08 他国の (ショクリョウ) 事情を知る。 타국의 식량 사정을 알다. 　　食糧
09 (シヒョウ) とする数字。 지표로 삼는 숫자. 　　指標
10 薬物 (イゾン) 症を乗り越える。 약물 의존증을 극복하다. 　　依存
11 丁寧にお (ジギ) をする。 정중하게 인사를 하다. 　　辞儀
12 数学の公式を頭に (ツ) め込む。 수학 공식을 머리에 주입하다. 　　詰
13 遠く空を (アオ) ぐ。 멀리 하늘을 우러러보다. 　　仰
14 家に立ち寄った (ケイセキ) がある。 집에 들른 흔적이 있다. 　　形跡
15 (ガデンインスイ) の行為と非難される。 아전인수*의 행위라고 비난받다. 　　我田引水
16 そんなつもりは (モウトウ) ない。 그럴 생각은 조금도 없다. 　　毛頭
17 外来者に対して (モンピ) を閉ざす。 외래자에 대해 대문을 닫다. 　　門扉
18 (イゼン) として状況は変わらない。 여전히 상황은 변함이 없다. 　　依然
19 関連諸法案を含む (ホウカツ) 案。 관련 여러 법안을 포함한 포괄안. 　　包括
20 本筋から (イツダツ) した発言。 본 줄거리에서 벗어난 발언. 　　逸脱

◆ 아전인수(我田引水) : (제 논에 물대기라는 뜻으로) 자기에게 이롭게 말하거나 행동하거나 하는 일

今日の漢字

カッコ内のカタカナを漢字に直しましょう。

01 二十世紀は（エイゾウ）の世紀だった。 21세기는 영상의 세기였다. — 映像

02 容疑者を（レンコウ）する。 용의자를 연행하다. — 連行

03 （ソウテン）のはっきりしない議論。 쟁점이 분명치 않은 논의. — 争点

04 （ゼンプク）の信頼を寄せる医者。 전폭적인 신뢰를 보내는 의사. — 全幅

05 することが（ゴテ）になる。 하는 일이 선수를 빼앗기다. — 後手

06 お（ジギ）の角度が決まっている。 인사하는 각도가 정해져 있다. — 辞儀

07 （カンシャ）の念に満たされる。 감사하는 마음으로 채워지다. — 感謝

08 （キョドウ）不審の男を捕らえる。 거동♦이 수상한 남자를 체포하다. — 挙動

09 何やら（アヤ）しげな話だ。 어쩐지 수상한 이야기이다. — 怪

10 身辺（ケイゴ）をつける。 신변 경호를 붙이다. — 警護

11 は虫類を（キョクタン）に嫌う。 파충류를 극단적으로 싫어하다. — 極端

12 日本文化の（ミリョク）にとりつかれる。 일본문화의 매력에 사로잡히다. — 魅力

13 （ショウガク）金をもらって大学へ通う。 장학금을 받고 대학에 다니다. — 奨学

14 これからの政治に対する（テイゲン）。 앞으로의 정치에 대한 제언. — 提言

15 エネルギーは現代社会の（コンカン）だ。 에너지는 현대사회의 근간♣이다. — 根幹

16 国際（スイジュン）の技術を学ぶ。 국제수준의 기술을 배우다. — 水準

17 地区代表を（センバツ）する。 지구 대표를 선발하다. — 選抜

18 辞職（カンコク）に従う。 사직 권고에 따르다. — 勧告

19 （シホウ）当局の判断を求める。 사법 당국의 판단을 요구하다. — 司法

20 誤りを（シテキ）される。 잘못을 지적받다. — 指摘

◆ 거동(挙動) : 몸을 움직임
♣ 근간(根幹) : 1.뿌리와 줄기를 아울러 이르는 말 2.사물의 바탕이나 중심이 되는 중요한 것

カッコ内のカタカナを漢字に直しましょう。

01 真相究明に市民が (ケッキ) する。 진상규명에 시민이 궐기하다. 　　決起

02 後ろを (フ) り返る。 뒤를 돌아보다. 　　振

03 敵に (アセ) りの色が見えてきた。 적에게 초조한 기색이 보였다. 　　焦

04 自著を記念に (テイ) する。 자기 저서를 기념하여 드리다. 　　呈

05 (ヨセ) で落語を楽しむ。 요세에서 만담을 즐기다. 　　寄席

06 人々は (キソ) ってその本を買った。 사람들은 앞다퉈 그 책을 샀다. 　　競

07 彼女は映画 (ヒョウロン) 家だ。 그녀는 영화 평론가이다. 　　評論

08 (リソウ) と現実は全く異なる。 이상과 현실은 전혀 다르다. 　　理想

09 郵便物の (トウタツ) 日数。 우편물의 도달 일수. 　　到達

10 授業料が下宿代に (バ) けた。 수업료가 하숙료로 둔갑했다. 　　化

11 計画は (チチ) として進まない。 계획은 지지부진하여 진척되지 않는다. 　　遅々

12 人権差別を (テッパイ) する。 인권차별을 철폐하다. 　　撤廃

13 一生独身を (ツラヌ) く。 한평생 독신을 관철하다. 　　貫

14 戦略上の重要 (キョテン)。 전략상의 중요 거점. 　　拠点

15 足腰の (オトロ) えを実感する。 다리와 허리의 쇠약함을 실감하다. 　　衰

16 祭りでみこしを (カツ) ぐ。 축제에서 미코시를 짊어지다. 　　担

17 店の二階を住居に (ア) てる。 가게의 2층을 주거로 쓰다. 　　充

18 (キソ) 的な知識が欠けている。 기초적인 지식이 결여되어 있다. 　　基礎

19 最善の (ホウサク) を考える。 최선의 방책을 생각하다. 　　方策

20 三千円の会費で (マカナ) う。 3천 엔의 회비로 꾸려가다. 　　賄

◆ 요세(寄席) : 만담·야담·요술·노래 등의 대중 연예를 흥행하는 연예장
♣ 미코시(神輿) : (제례 때) 신체(神體)나 신위(神位)를 실은 가마, 신여(神輿)

今日の漢字

カッコ内のカタカナを漢字に直しましょう。

01 かごの中で鳥が (ナ) く。 새장 안에서 새가 울다. 　　鳴
02 達者な日本語に (オドロ) く。 능숙한 일본어에 놀라다. 　　驚
03 いまさら (サワ) いでも始まらない。 이제 와서 소란을 피어도 소용없다. 　　騒
04 動乱の (バクマツ) を生きる。 동란의 막부말기를 살다. 　　幕末
05 不景気を (ショウチョウ) する出来事。 불경기를 상징하는 사건. 　　象徴
06 新入社員を (サイヨウ) する。 신입사원을 채용하다. 　　採用
07 遠くギリシャに (ユライ) する建築様式。 멀리 그리스에 유래하는 건축양식. 　　由来
08 (コキョウ) に錦を飾る。 금의환향하다. 　　故郷
09 戦死者の (レイ) を慰める。 전사자의 영을 위로하다. 　　霊
10 (キョウゴウ) どうしの対戦。 강호끼리의 대전. 　　強豪
11 そういう事情なら (ゼヒ) も無い。 그러한 사정이라면 어쩔 수 없다. 　　是非
12 返答を (リュウホ) する。 답을 유보하다. 　　留保
13 (ロウキュウ) 化したビル。 노후화된 빌딩. 　　老朽
14 壊れた車を (ハイキ) 処分する。 부서진 차를 폐기 처분하다. 　　廃棄
15 貿易 (マサツ) が緩和される。 무역 마찰이 완화되다. 　　摩擦
16 機関車が客車を (ケンイン) する。 기관차가 객차를 견인하다. 　　牽引
17 馬の (タヅナ) をしっかり握る。 말의 고삐를 단단히 쥐다. 　　手綱
18 遺跡の (ハックツ) 調査をする。 유적의 발굴조사를 하다. 　　発掘
19 現象を (チュウショウ) 的にとらえる。 현상을 추상적으로 파악하다. 　　抽象
20 近代化の (オンケイ) をこうむる。 근대화의 은혜를 입다. 　　恩恵

カッコ内のカタカナを漢字に直しましょう。

01 (フンソウ)を解決する。 분쟁을 해결하다. 　　紛争
02 彼は(キョウチョウ)性のある人だ。 그는 협조성이 있는 사람이다. 　　協調
03 最初の目標を(タッセイ)した。 최초의 목표를 달성했다. 　　達成
04 新製品開発で(ギョウセキ)をあげる。 신제품 개발로 업적을 올리다. 　　業績
05 魔法の(ジュモン)を唱える。 마법의 주문을 외우다. 　　呪文
06 宇宙旅行への(トビラ)を開く。 우주여행에 대한 문을 열다. 　　扉
07 相手の心理状態を(ブンセキ)する。 상대의 심리상태를 분석하다. 　　分析
08 発展途上国に物資を(テイキョウ)する。 개발도상국에 물자를 제공하다. 　　提供
09 男児が(タンジョウ)した。 남자아이가 태어났다. 　　誕生
10 生徒会長として(カツヤク)した。 학생회장으로서 활약하다. 　　活躍
11 (カジョウ)生産を中止する。 과잉 생산을 중지하다. 　　過剰
12 世界有数の(ギョカク)量をほこる日本。 세계 유수의 어획량을 자랑하는 일본. 　　漁獲
13 自分とは全く(ムエン)な話だ。 자신과는 전혀 관계가 없는 이야기이다. 　　無縁
14 この商売は(サイサン)が取れない。 이 장사는 채산이 맞지 않는다. 　　採算
15 事態が(フンキュウ)する。 사태가 분규♣하다. 　　紛糾
16 (タンタン)としたつき合い。 담담한 교제. 　　淡々
17 人の意見は(センサバンベツ)だ。 사람의 의견은 천차만별♣이다. 　　千差万別
18 人によって(カイシャク)の仕方が違う。 사람에 따라 해석 방법이 다르다. 　　解釈
19 八両(ヘンセイ)の電車に乗る。 8량 편성의 전차를 타다. 　　編成
20 それは(イナ)めない事実だ。 그것은 부인할 수 없는 사실이다. 　　否

◆ 분규(紛糾) : 이해나 주장이 뒤얽혀서 말썽이 많고 시끄러움
♣ 천차만별(千差万別) : 여러 가지 사물이 모두 차이가 있고 구별이 있음

今日の漢字

カッコ内のカタカナを漢字に直しましょう。

01 法律が (シコウ) される。 법률이 시행되다.　施行
ほうりつ

02 手術後の (ケイカ) は良好だ。 수술 후의 경과는 양호하다. 　経過
しゅじゅつご　　　　　　　りょうこう

03 国に大きな (コウセキ) を残した。 나라에 큰 공적을 남겼다. 　功績
くに おお　　　　　　　　のこ

04 任務を (ホウキ) する。 임무를 포기하다. 　放棄
にんむ

05 悪戦 (クトウ) の連続だ。 악전고투의 연속이다. 　苦闘
あくせん　　　　れんぞく

06 組織の (チュウカク) に据える。 조직의 중심에 앉히다. 　中核
そしき　　　　　　　　す

07 (トクシュ) な製法で作られた薬。 특수 제조 방법으로 만들어진 약. 　特殊
　　　　　せいほう つく　　　くすり

08 試合はパンチの (オウシュウ) となった。 시합은 펀치의 응수＊가 되었다. 　応酬
しあい

09 疲労が (チクセキ) される。 피로가 축척되다. 　蓄積
ひろう

10 彼は (イサン) を放棄した。 그는 유산을 포기했다. 　遺産
かれ　　　　　　ほうき

11 無線機を (トウサイ) した車。 무선기를 탑재＊한 자동차. 　搭載
むせんき　　　　　　　　くるま

12 食糧を (ウンパン) する。 식량을 운반하다. 　運搬
しょくりょう

13 (ジャマ) な木の枝を切る。 방해되는 나무 가지를 자르다. 　邪魔
　　　　　き えだ き

14 二国間の (キンコウ) を保つ。 양국 간의 균형을 유지하다. 　均衡
にこくかん　　　　　　たも

15 (キソン) の概念を捨てる。 기존의 개념을 버리다. 　既存
　　　　がいねん す

16 核兵器の (キョウイ) を感じる。 핵무기의 위협을 느끼다. 　脅威
かくへいき　　　　　　　かん

17 お茶でのどを (ウルオ) す。 차로 목을 적시다. 　潤
ちゃ

18 (ガンキョウ) な抵抗にあう。 완강한 저항을 만나다. 　頑強
　　　　　　ていこう

19 これまでの (ケイイ) を説明する。 지금까지의 경위를 설명하다. 　経緯
せつめい

20 社長のポストに (ツ) く。 사장의 포스트에 취임하다. 　就
しゃちょう

◆ 응수(応酬) : 상대편이 한 말이나 행동을 받아서 마주 응함
♣ 탑재(搭載) : 배, 비행기, 차 따위에 물건을 실음

カッコ内のカタカナを漢字に直しましょう。

01 波乱含みの (ヨウソウ) を帯びる。 파란만장한 양상을 띠다. 様相

02 回路が (タンラク) する。 회로가 단락되다. 短絡

03 商業 (ホゲイ) が禁止された。 상업포경*이 금지되었다. 捕鯨

04 壮大な (キボ) の計画を立てる。 장대한 규모의 계획을 세우다. 規模

05 表情を (コチョウ) して描く。 표정을 과장하여 그리다. 誇張

06 (ヤバン) な振る舞いを嫌う。 야만스런 행동을 싫어하다. 野蛮

07 (ソジ) の美しさを生かす。 밑바탕의 아름다움을 살리다. 素地

08 (ソシキ) を挙げて取り組む。 조직적으로 들러붙다. 組織

09 世界の (ハケン) 争いが起こる。 세계의 패권다툼이 일어나다. 覇権

10 悪習を (ゼツメツ) する。 악습을 근절하다. 絶滅

11 ローマ字を仮名に (ヘンカン) する。 로마자를 가나로 변환하다. 変換

12 ラジオの (シュウハスウ) を合わせる。 라디오의 주파수를 맞추다. 周波数

13 ベンチャー企業に (トウシ) する。 벤처기업에 투자하다. 投資

14 胸が (アッパク) されて苦しい。 가슴이 압박되어 괴롭다. 圧迫

15 (チンシャ) の意を表する。 사죄의 뜻을 표하다. 陳謝

16 自説を主張して (ユズ) らない。 자기의 의견을 주장하며 양보하지 않는다. 譲

17 日本はエネルギー資源が (トボ) しい。 일본은 에너지 자원이 부족하다. 乏

18 有名人と (アクシュ) をする。 유명인과 악수를 하다. 握手

19 あえて批判を (カンジュ) する。 굳이 비판을 감수하다. 甘受

20 紛争の (ウズ) に巻き込まれる。 분쟁의 소용돌이에 휘말리다. 渦

◆ 포경(捕鯨) : 고래잡이

今日の漢字

カッコ内のカタカナを漢字に直しましょう。

01　(カミ) の毛をくしでとかす。　빗으로 머리를 빗다.　　髪
　　かみ　　け

02　(ガロウ) で絵画を見る。　화랑에서 그림을 보다.　　画廊
　　がろう　　かい が

03　(ヨウサン) 業を営む農家。　양잠업을 경영하는 농가.　　養蚕
　　ようさん ぎょう いとな のう か

04　(アイ) 色のセーターを着る。　남색 스웨터를 입다.　　藍
　　あい　いろ　　　　　　き

05　(シマ) 模様の猫を飼う。　줄무늬 모양의 고양이를 기르다.　　縞
　　しま　も よう ねこ か

06　友達を (ハゲ) ます。　친구를 격려하다.　　励
　　ともだち はげ

07　(ジュンカン) 器内科で診察を受けた。　순환기내과에서 진찰을 받았다.　　循環
　　じゅんかん き ない か しんさつ う

08　将来に希望を (タク) す。　장래에 희망을 걸다.　　託
　　しょうらい き ぼう たく

09　(タサイ) な顔触れがそろう。　다채로운 멤버가 다 모이다.　　多彩
　　た さい　かお ぶ

10　他とは一線を (カク) する。　다른 것과는 일선을 긋다.　　画
　　ほか　　いっせん　かく

11　新しく (エイセイ) 的な台所。　새롭고 위생적인 부엌.　　衛生
　　あたら えいせい てき だいどころ

12　戦地からの (キカン) を祝う。　전쟁터에서의 귀환을 축하하다.　　帰還
　　せん ち　　き かん いわ

13　社会に (コウケン) する人間になりたい。　사회에 공헌하는 인간이 되고 싶다.　　貢献
　　しゃかい こうけん にんげん

14　大方の (サンドウ) を得た。　많은 분들의 찬동＊을 얻었다.　　賛同
　　おおかた さんどう え

15　暗中 (モサク) の日々が続く。　암중모색의 나날이 계속되다.　　模索
　　あんちゅう も さく ひ び つづ

16　それは (トウテイ) 不可能だ。　그것은 도저히 불가능하다.　　到底
　　　　　とうてい ふ か のう

17　今後の (シシン) を打ち出す。　향후의 지침을 명확히 내세우다.　　指針
　　こん ご　し しん う だ

18　(セッソク) な判断を避ける。　졸속한 판단을 피하다.　　拙速
　　せっそく はんだん さ

19　製品の (ケッカン) を修理する。　제품의 결함을 수리하다.　　欠陥
　　せいひん けっかん しゅうり

20　将来に (カコン) を残す。　장래에 화근을 남기다.　　禍根
　　しょうらい か こん のこ

◆ 찬동(賛同) : 어떤 행동이나 견해 따위가 옳거나 좋다고 판단하여 그에 뜻을 같이함

カッコ内のカタカナを漢字に直しましょう。

01 彼の行動を（フシン）に思う。 그의 행동을 수상하게 생각하다. 不審
02 相手の追加点を（ソシ）する。 상대의 추가점을 저지하다. 阻止
03 映画の（サツエイ）所。 영화 촬영소. 撮影
04 祖国を（ボウエイ）する。 조국을 방위하다. 防衛
05 （レイセイ）に状況を判断する。 냉정하게 상황을 판단하다. 冷静
06 （キゼン）とした態度で接する。 의연한 태도로 응대하다. 毅然
07 小事に（カマ）わず突き進む。 작은 일에 개의치 않고 힘차게 나아가다. 構
08 国家の（イシン）をかけて戦う。 국가의 위신을 걸고 싸우다. 威信
09 サービス料を（フク）んだ料金。 서비스료를 포함한 요금. 含
10 現象を（チュウショウ）的にとらえる。 현상을 추상적으로 파악하다. 抽象
11 容疑者の（ショグウ）を決める。 용의자의 처우를 결정하다. 処遇
12 彼は（ジギャク）的な性格だ。 그는 자학적인 성격이다. 自虐
13 当事者と（ボウカン）者とでは感じ方が違う。 당사자와 방관자는 느끼는 방법이 다르다. 傍観
14 直立不動の（シセイ）をとる。 직립부동의 자세를 취하다. 姿勢
15 参考人（ショウチ）を求める。 참고인 초치♦를 요구하다. 招致
16 （キョギ）の証言は許されない。 허위의 증언은 용납되지 않는다. 虚偽
17 無担保で（ユウシ）を受けた。 무담보로 융자를 받았다. 融資
18 国民の（フタク）にこたえる。 국민이 임무를 맡겨 준 뜻에 부응하다. 負託♣
19 候補者を（センテイ）する。 후보자를 선정하다. 選定
20 大会社が（ハタン）する。 큰 회사가 파탄나다. 破綻

◆ 초치(招致) : 불러서 안으로 들임
♣ 負託(ふたく) : 책임 지워 맡김

今日の漢字

カッコ内のカタカナを漢字に直しましょう。

01 まだ起きては (ダメ) だ。 아직 일어나서는 안 된다. 　　駄目

02 交通事故に (ア) う。 교통사고를 당하다. 　　遭

03 家庭教師を (ショウカイ) する。 가정교사를 소개하다. 　　紹介

04 一面に (スミ) を流したような空。 온통 먹물을 쏟은 듯한 하늘. 　　墨

05 コンピュータが (フキュウ) する。 컴퓨터가 보급되다. 　　普及

06 赤ん坊の (メンドウ) をたのむ。 아기를 돌보아 주게. 　　面倒

07 (ジュヨウ) と供給。 수요와 공급. 　　需要

08 (コウショウ) に譲歩はつきものだ。 교섭에 양보는 으레 따르게 마련이다. 　　交渉

09 何事にも (ロウリョク) を惜しまない。 매사에 수고를 아끼지 않다. 　　労力

10 今日は (メズラ) しく帰りが遅い。 오늘은 드물게 귀가 늦다. 　　珍

11 一回戦で (キョウゴウ) チームと当たる。 일회전에서 강호팀과 대결하다. 　　強豪

12 よい (チエ) が浮かばない。 좋은 지혜가 떠오르지 않다. 　　知恵

13 関係機関が (レンケイ) して対処する。 관계기관이 제휴하여 대처하다. 　　連携

14 失敗の (キョウクン) を生かす。 실패의 교훈을 살리다. 　　教訓

15 彼は武道の (ココロエ) がある。 그는 무도의 소양이 있다. 　　心得

16 人口増加に (トモナ) う住宅問題。 인구증가에 따른 주택문제. 　　伴

17 (アンモク) のうちに認める。 말이 없는 가운데 인정하다. 　　暗黙*

18 広く社会に (シントウ) する。 널리 사회에 침투하다. 　　浸透

19 アメリカに長期 (タイザイ) する。 미국에 장기체류하다. 　　滞在

20 失敗といっても (カゴン) ではない。 실패라고 해도 과언은 아니다. 　　過言

◆ 암묵(暗黙) : 자기 의사를 밖으로 나타내지 아니함

カッコ内のカタカナを漢字に直しましょう。

01 海に (ノゾ) む小高い丘。 바다에 면한 작은 언덕.　　臨
うみ　　　　　こだか　おか

02 人の目を (イシキ) する。 남의 눈을 의식하다.　　意識
ひと　　め

03 別れを惜しんで (フ) り返る。 이별을 애석해하며 뒤돌아보다.　　振
わか　　お　　　　　　かえ

04 (オク) り物を選ぶ。 선물을 고르다.　　贈
　　　　　もの　えら

05 寒くなると腰が (イタ) む。 추워지면 허리가 아프다.　　痛
さむ　　　　こし

06 赤と青を混ぜると (ムラサキ) になる。 빨강과 파랑을 섞으면 보라색이 된다.　　紫
あか　あお　ま

07 いつまでも泣き (クラ) している。 언제까지나 울며 지내고 있다.　　暮
な

08 子供たちはもう (ネム) った。 아이들은 벌써 잠들었다.　　眠
こども

09 テーブルにひじを (ツ) く。 테이블에 턱을 괴다.　　突

10 望ましい農業の (スガタ) 。 바람직한 농업의 모습.　　姿
のぞ　　　のうぎょう

11 年末に (ショウヨ) が与えられる。 연말에 보너스가 주어지다.　　賞与
ねんまつ　　　　　　　あた

12 今回は (ジッシ) を見送ることとした。 이번에는 실시를 보류하기로 했다.　　実施
こんかい　　　　　みおく

13 費用を (セッパン) する。 비용을 절반씩 내다.　　折半
ひよう

14 (ゴウベン) 会社を設立する。 합병회사를 설립하다.　　合弁
　　　　　　がいしゃ　せつりつ

15 単純 (メイカイ) な操作方法。 단순 명쾌한 조작방법.　　明快
たんじゅん　　　　　そうさほうほう

16 技の (コウセツ) は問題ではない。 기술의 능란함과 서투름은 문제가 아니다.　　巧拙◆
わざ　　　　　　　　もんだい

17 社会の (チツジョ) を乱す。 사회 질서를 어지럽히다.　　秩序
しゃかい　　　　　　みだ

18 来月を (ジク) に日程を調整する。 다음 달을 축으로 일정을 조정하다.　　軸
らいげつ　　　　にってい　ちょうせい

19 (ボウエイ) 本能が働く。 방위 본능이 작용하다.　　防衛
　　　　　ほんのう　はたら

20 (アンイ) な生活を送る。 안이♣한 생활을 보내다.　　安易
　　　　せいかつ　おく

◆ 교졸(巧拙) : 능란함과 서투름
♣ 안이(安易) : 진지하지 않고 적당히 대처하려는 태도가 있음

今日の漢字

カッコ内のカタカナを漢字に直しましょう。

01 毎週発売される (ザッシ)。 매주 발매되는 잡지. — 雑誌

02 (ユウカイ) 犯によるいたずら。 유괴범에 의한 장난. — 誘拐

03 友人に (ナヤ) みを打ち明ける。 친구에게 고민을 털어놓다. — 悩

04 アルバイトを (ヤト) う。 아르바이트를 고용하다. — 雇

05 (ダイタン) かつ慎重に行動する。 대담하고도 신중하게 행동하다. — 大胆

06 植物に (キョウミ) を持っている。 식물에 흥미를 가지고 있다. — 興味

07 (ハリ) のむしろに座らされた気分だ。 바늘방석에 앉은 기분이다. — 針

08 自分の (シュミ) の時間を大切にする。 자신의 취미 시간을 소중히 하다. — 趣味

09 あの俳優は名 (ワキヤク) と呼ばれている。 저 배우는 명조연이라 불리고 있다. — 脇役

10 世間に (シントウ) した考え方。 세상에 침투한 사고방식. — 浸透

11 楽屋に (ヒカ) えて出番を待つ。 분장실에서 대기하며 순서를 기다리다. — 控

12 人を (マド) わせる言葉。 사람을 당혹시키는 말. — 惑

13 (ユル) やかなカーブの道。 완만한 커브의 길. — 緩

14 両国の関係は (ビミョウ) な段階にある。 양국의 관계는 미묘*한 단계에 있다. — 微妙

15 (ケイコク) を無視して出発した。 경고를 무시하고 출발했다. — 警告

16 金具の (フショク) が進む。 쇠장식의 부식이 진행되다. — 腐食

17 兄弟子に力量が (セマ) る。 동문 선배의 역량이 좁혀지다. — 迫

18 一定の (カンカク) をあけて並べる。 일정한 간격을 두고 배열하다. — 間隔

19 機械を (カドウ) させる。 기계를 가동시키다. — 稼働

20 結婚を (ゼンテイ) として交際する。 결혼을 전제로 교제하다. — 前提

◆ 미묘(微妙) : 뚜렷하지 않고 야릇하고 묘함

カッコ内のカタカナを漢字に直しましょう。

01 これは（シカツ）に関わる問題だ。 이것은 사활을 건 문제이다. 　　死活

02 日本人の寿命は大幅に（ノ）びた。 일본인의 수명은 대폭적으로 늘어났다. 　　延

03 政治（フハイ）を嘆く。 정치 부패를 한탄하다. 　　腐敗

04 成功への（キセキ）をたどる。 성공에 대한 발자취를 더듬다. 　　軌跡*

05 私腹*を（コ）やしてきた政治家。 사리사욕을 채워온 정치가. 　　肥

06 （キョウハク）して金をまきあげる。 협박하여 돈을 갈치하다. 　　脅迫

07 計画は（ソッコク）中止すべきだ。 계획은 즉각 중지해야 한다. 　　即刻

08 学校で（ヒナン）訓練をする。 학교에서 피난 훈련을 하다. 　　避難

09 （コグンフントウ）むなしく敗れる。 고군분투*도 보람없이 패하다. 　　孤軍奮闘

10 （イチズ）に思い詰める。 외곬으로 깊이 생각하다. 　　一途*

11 今日の手術の（シットウ）医。 오늘의 수술 집도의. 　　執刀

12 新しいシステムを（ドウニュウ）する。 새로운 시스템을 도입하다. 　　導入

13 それは（ダトウ）な判断だ。 그것은 타당한 판단이다. 　　妥当

14 今日も（ジュウジツ）した一日だった。 오늘도 충실한 하루였다. 　　充実

15 情報の（カイジ）を請求する。 정보 개시를 청구하다. 　　開示

16 今月の（ナカ）ばは旅に出ている。 이번 달의 절반은 여행에 나가 있다. 　　半

17 どっと汗が（フ）き出す。 왈칵 땀이 솟아나다. 　　噴

18 （チョウテイ）役を買って出る。 조정역할을 자청하다. 　　調停

19 責務を（スイコウ）する。 책무를 수행하다. 　　遂行

20 物価が（チンセイ）する。 물가가 잠잠해지다. 　　沈静

◆ 궤적(軌跡) : 선인의 행적. 발자취
♣ 사복(私腹) : 개인의 사사로운 이익이나 욕심
● 고군분투(孤軍奮闘) : 남의 도움을 받지 아니하고 힘에 벅찬 일을 잘해 나가는 것을 비유
♠ 一途(いちず) : 한 가지 일에만 정신을 쏟음

今日の漢字

カッコ内のカタカナを漢字に直しましょう。

01 鳥が (コ) を描いて飛ぶ。 새가 활 모양을 그리며 날다. — 弧
02 事件の (ゼンヨウ) が見えてくる。 사건의 전모가 보인다. — 全容
03 あまりに (トツゼン) の出来事。 너무나 갑작스런 사건. — 突然
04 糸 (ツム) ぎを体験する。 실잣기를 체험하다. — 紡
05 仏教に厚い (シンコウ) を寄せる。 불교에 두터운 신앙을 가지다. — 信仰
06 台風で大 (コウズイ) の恐れがある。 태풍으로 대홍수의 우려가 있다. — 洪水
07 インカ帝国は (メツボウ) した。 잉카제국은 멸망했다. — 滅亡
08 (ソウレイ) な会堂に集まる。 장려*한 회당에 모이다. — 壮麗
09 大型新人が (シュツゲン) する。 대형 신인이 출현하다. — 出現
10 ただ様子を (ナガ) めるばかりだ。 단지 형편을 바라볼 뿐이다. — 眺
11 隣国領土を (シンコウ) する。 이웃 나라 영토를 침공하다. — 侵攻
12 自国の戦力を (コジ) する。 자국의 전력을 과시하다. — 誇示
13 米軍から (キョウヨ) された武器。 미군으로부터 제공된 무기. — 供与*
14 事実に最も (チュウジツ) な小説。 사실에 가장 충실한 소설. — 忠実
15 (レイコク) な仕打ちを受ける。 냉혹한 처사를 당하다. — 冷酷
16 実力を (タクワ) える。 실력을 쌓다. — 蓄
17 教訓を肝に (メイ) じる。 교훈을 명심하다. — 銘
18 人の (フトコロ) を当てにする。 남의 돈을 믿다. — 懐
19 試験 (カントク) を引き受ける。 시험 감독을 떠맡다. — 監督
20 (アワ) てて帰って行った。 당황하여 돌아갔다. — 慌

♦ 장려(壮麗) : 웅장하고 아름다움
♣ 공여(供与) : 어떤 물건이나 이익 따위를 상대편에게 돌아가도록 함

Part 05 | 165

カッコ内のカタカナを漢字に直しましょう。

01 彼は (カゲキ) なスポーツを好む。 그는 과격한 스포츠를 즐기다. 　　過激

02 ねじをきつく (シ) めすぎた。 나사를 너무 꽉 죄었다. 　　締

03 犯罪の (コウズ) を明らかにする。 범죄의 구도를 명확히 하다. 　　構図

04 今度だけは (ガマン) してやる。 이번만은 참아 줄께. 　　我慢

05 離婚を (チョウテイ) する。 이혼을 조정하다. 　　調停

06 (ヨウイ) ならざる事態だ。 심상치 않은 사태다. 　　容易

07 前もって (ケイコク) を発する。 사전에 경고를 하다. 　　警告

08 放射性物質が大気中に (カクサン) する。 방사성 물질이 대기 중에 확산되다. 　　拡散

09 (ヒサン) な状態に追い込まれる。 비참한 상태에 몰리다. 　　悲惨

10 (コウショウ) な趣味を持つ。 고상한 취미를 가지다. 　　高尚

11 美辞麗句を (ラレツ) する。 미사여구*를 나열하다. 　　羅列

12 (ソッセン) して励行*する。 솔선하여 장려하다. 　　率先

13 せっかくの努力が (ムダ) になる。 모처럼의 노력이 헛되다. 　　無駄

14 文化 (クンショウ) が与えられる。 문화훈장이 수여되다. 　　勲章

15 在庫を (イッソウ) する。 재고를 일소* 하다. 　　一掃

16 話の (シュシ) は理解した。 이야기의 취지는 이해했다. 　　趣旨

17 試行 (サクゴ) の末に完成した。 시행착오 끝에 완성했다. 　　錯誤

18 交渉が (エンカツ) に運ぶ。 교섭이 원활하게 진행되다. 　　円滑

19 高度が増すと空気が (キハク) になる。 고도가 높아지면 공기가 희박해진다. 　　希薄

20 計画を最初から (ネ) り直す。 계획을 처음부터 다시 짜다. 　　練

◆ 미사여구(美辞麗句) : 아름다운 말로 듣기 좋게 꾸민 글귀
◆ 여행(励行) : 1.힘써 행함 2.규칙・약속 등을 엄격하게 지킴
● 일소(一掃) : 모조리 쓸어버림. 죄다 없애버림

今日の漢字

カッコ内のカタカナを漢字に直しましょう。

01 (ジッシツ) 的には減税にならない。 실질적으로는 감세가 되지 않는다. — 実質

02 エネルギー資源が (コカツ) する。 에너지 자원이 고갈되다. — 枯渇

03 彼の話には (ミャクラク) がない。 그의 이야기에는 맥락이 없다. — 脈絡

04 (ヒョウロウ) 攻めにする。 식량 보급로를 끊어 적을 항복시키는 공격법을 취하다. — 兵糧

05 お祭りで町が (ニギ) わう。 축제로 마을이 흥청거리다. — 賑

06 前後 (ムジュン) した意見。 전후 모순된 의견. — 矛盾

07 (ナ) れない仕事で疲れた。 익숙하지 않은 일로 지쳤다. — 慣

08 彼は少年の (アコガ) れのまとだ。 그는 소년의 동경의 대상이다. — 憧

09 国会の会期を (エンチョウ) する。 국회의 회기를 연장하다. — 延長

10 暴走族に (カラ) まれた。 폭주족에게 트집을 잡혔다. — 絡

11 決して (ジョウホ) はしない。 결코 양보는 하지 않는다. — 譲歩

12 一枚岩に (キレツ) が生じる。 견고함에 균열이 생기다. — 亀裂

13 要求を (ジュダク) する。 요구를 수락하다. — 受諾

14 弟はとても (ガマン) 強い。 동생은 매우 참을성이 많다. — 我慢

15 終身 (コヨウ) 制度を見直す。 종신 고용제도를 재점검하다. — 雇用

16 (ゲンカク) な家庭に育った。 엄격한 가정에서 자랐다. — 厳格

17 (シンセイ) は却下された。 신청은 각하°되었다. — 申請

18 圧政°で (シイタ) げられている人々。 압제 정치에 시달림을 당하고 있는 사람들. — 虐

19 (セキム) を全うする。 책무를 완수하다. — 責務

20 品質を入念に (ギンミ) する。 품질을 꼼꼼하게 조사하다. — 吟味

◆ 각하(却下) : 1.행정법에서, 국가 기관에 대한 행정상 신청을 배척하는 처분. '물리침'으로 순화 2.민사 소송법에서, 소(訴)나 상소가 형식적인 요건을 갖추지 못한 경우, 부적법한 것으로 하여 내용에 대한 판단 없이 소송을 종료하는 일
♣ 압정(圧政) : 압제 정치. 권력이나 폭력 따위로 억눌러 국민의 자유를 속박하는 정치

とりい[鳥居]
신사(神社) 입구에 세운 두 기둥의 문

カッコ内のカタカナを漢字に直しましょう。

01 犬を (キビ) しくしつける。 개를 엄격하게 가르치다. 　　　厳
02 (フクショク) デザイナーを目指す。 복식디자인을 목표로 하다. 　　　服飾
03 時代の (チョウリュウ) に乗る。 시대의 조류에 편승하다. 　　　潮流
04 物価は上昇の (ケイコウ) にある。 물가는 상승 경향에 있다. 　　　傾向
05 (カソク) して前の車を追い越す。 과속하여 앞차를 추월하다. 　　　加速
06 三 (セダイ) が一軒の家に同居する。 3세대가 한 집에 동거하다. 　　　世代
07 まず仮 (テンポ) を開設する。 우선 임시 점포를 개설하다. 　　　店舗
08 (トマド) いの表情が見られる。 망설임의 표정이 보이다. 　　　戸惑
09 今にも降り出しそうな (ケハイ) 。 지금이라도 올 듯한 낌새. 　　　気配
10 (リレキ) 書を差し出す。 이력서를 내밀다. 　　　履歴
11 (スモウ) は日本の国技だ。 스모는 일본의 국기다. 　　　相撲
12 要塞が (カンラク) した。 요새가 함락되었다. 　　　陥落
13 (ジュンタク) にある物資。 풍부하게 있는 물자. 　　　潤沢
14 (ケンゼン) な娯楽を楽しむ。 건전한 오락을 즐기다. 　　　健全
15 債務を (ショウカン) する。 채무를 상환* 하다. 　　　償還
16 世界のコインや (シヘイ) を集める。 세계의 동전과 지폐를 수집하다. 　　　紙幣
17 (サイゲン) もなく話し続ける。 제한도 없이 계속 말을 하다. 　　　際限
18 (チョウカイ) 免職となる。 징계면직이 되다. 　　　懲戒
19 予算案を (サクテイ) する。 예산안을 책정하다. 　　　策定
20 今日の天気予報は (クモ) りのち晴れだ。 오늘의 일기예보는 흐린 뒤 맑음이다. 　　　曇

◆ 상환(償還) : 갚거나 돌려줌

今日の漢字

カッコ内のカタカナを漢字に直しましょう。

01　(ホウコク) を義務づける。 보고를 의무화하다.　　報告
　　　ぎ　む

02　(カンジャ) を診察する。 환자를 진찰하다.　　患者
　　　　　　しんさつ

03　インフレが (シュウソク) する。 인플레가 종식되다.　　終息

04　国際会議で (センゲン) が採択された。 국제회의에서 선언이 채택되었다.　　宣言
　　こくさいかいぎ　　　　　　さいたく

05　予防 (セッシュ) 後の注意。 예방접종 후의 주의.　　接種
　　　よぼう　　　　　　ご　ちゅうい

06　(コウセイ) 労働省のたばこ対策。 후생노동성의 담배 대책.　　厚生
　　　　　　ろうどうしょう　　　たいさく

07　(トウケイ) 資料を提供する。 통계 자료를 제공하다.　　統計
　　　　　　しりょう　ていきょう

08　(ノウ) の発達を促進する。 뇌의 발달을 촉진하다.　　脳
　　　　　　はったつ　そくしん

09　風邪をひいて肺炎を (ヘイハツ) する。 감기에 걸려 폐렴을 병발♥하다.　　併発
　　かぜ　　　はいえん

10　長期 (タイザイ) 者向けのリゾート。 장기 체류자용의 리조트.　　滞在
　　ちょうき　　　　　しゃ む

11　大がかりな犯罪の (コウズ) を明らかにする。 대규모 범죄의 구도를 명확히 하다.　　構図
　　おお　　　　はんざい　　　　　あき

12　何度も (テイネイ) に読む。 몇 번이나 세심하게 읽다.　　丁寧
　　なんど　　　　　　　よ

13　大波が船を (クツガエ) す。 큰 파도가 배를 전복시키다.　　覆
　　おおなみ　ふね

14　原稿の (シッピツ) を断る。 원고의 집필을 거절하다.　　執筆
　　げんこう　　　　　ことわ

15　内部事情を (バクロ) する。 내부사정을 폭로하다.　　暴露
　　ないぶじじょう

16　厳しい (セイサイ) を受ける。 엄한 제재를 받다.　　制裁
　　きび　　　　　　　う

17　招待されなかったのを (ウラ) んだ。 초대받지 못했던 것을 원망했다.　　恨
　　しょうたい

18　喉にものがつまって (チッソク) する。 목에 뭔가 걸려 질식하다.　　窒息
　　のど

19　(ウ) さ晴らしにドライブする。 기분 전환하러 드라이브하다.　　憂
　　　　　ば

20　自然界の (ジジョウ) 作用を促す。 자연계의 자정작용을 촉진시키다.　　自浄
　　しぜんかい　　　　　さよう　うなが

◆ 병발(併発) : 둘 이상의 사건이나 병이 (서로 관련하여) 동시에 일어남

Part 06 | **171**

カッコ内のカタカナを漢字に直しましょう。

01 初めての講演で (キンチョウ) する。 첫 강연에서 긴장하다.   緊張

02 乗客の命を (アズ) かる。 승객의 생명을 책임지다.   預

03 水害地を (シサツ) する。 수해지를 시찰하다.   視察

04 (チョウサ) 結果を発表する。 조사결과를 발표하다.   調査

05 ごみを (シュウセキ) 場まで運ぶ。 쓰레기를 집적소까지 운반하다.   集積

06 友人の (レンラク) がとだえる。 친구의 연락이 두절되다.   連絡

07 無実を信じて (ベンゴ) する。 무죄를 믿고 변호하다.   弁護

08 電話番号をメモに (ヒカ) える。 전화번호를 메모하다.   控

09 添加物の種類と (キケン) 性。 첨가물의 종류와 위험성.   危険

10 三分ごとに電車が (ハッチャク) する。 3분마다 전철이 발착*한다.   発着

11 古い建物を (シュウフク) する。 낡은 건물을 수복하다.   修復

12 仲間内に (フキョウワオン) が生じる。 동료 사이에 불협화음*이 생기다.   不協和音

13 文化の発展に (キヨ) した。 문화 발전에 기여했다.   寄与

14 振動を (ビンカン) にとらえる計器。 진동을 민감하게 파악하는 계기.   敏感

15 国会での (シツギ) 応答。 국회에서의 질의응답.   質疑

16 事件の (カクシン) に触れる。 사건의 핵심에 언급하다.   核心

17 (ニンム) を全うする。 임무를 완수하다.   任務

18 (ソジ) があるから上達も早い。 바탕이 있기 때문에 숙달도 빠르다.   素地

19 洪水から (ヒナン) する。 홍수로부터 피난하다.   避難

20 (カンガイ) 深い面持ち。 감개무량하는 표정.   感慨

◆ 발착(発着) : 출발과 도착을 아울러 이르는 말
♣ 불협화음(不協和音) : 어떤 집단 내의 사람들 사이가 원만하지 않음을 비유적으로 이르는 말

今日の漢字

カッコ内のカタカナを漢字に直しましょう。

01 (カク) 兵器の廃絶を訴える。 핵무기의 폐기를 호소하다. — 核
02 刺激物に (カビン) な反応を示す。 자극물에 과민한 반응을 나타내다. — 過敏
03 (ゲンソク) として五時に下校すること。 원칙적으로 5시에 하교할 것. — 原則
04 武器を (トウサイ) した航空機。 무기를 탑재한 항공기. — 搭載
05 船が横浜に (キコウ) する。 배가 요코하마에 기항*하다. — 寄港
06 天気予報が (ハズ) れる。 일기예보가 빗나가다. — 外
07 絶対反対を (トナ) える。 절대 반대를 주장하다. — 唱
08 (レキダイ) 首相の写真が飾ってある。 역대 총리의 사진이 장식되어 있다. — 歴代
09 話題を (テンカン) する。 화제를 전환하다. — 転換
10 世界の平和に対する (キョウイ)。 세계 평화에 대한 위협. — 脅威
11 業務 (イタク) 契約を結ぶ。 업무 위탁 계약을 맺다. — 委託
12 人々が非常口に (サットウ) する。 사람들이 비상구에 쇄도하다. — 殺到
13 彼の (シュウヘン) には優秀な人材が多い。 그의 주변에는 우수한 인재가 많다. — 周辺
14 システムを (コウチク) する。 시스템을 구축하다. — 構築
15 事件の (ハイケイ) を探る。 사건의 배경을 찾다. — 背景
16 (ケンカイ) を異にする。 견해를 달리하다. — 見解
17 一人だけ (コリツ) した状態になる。 한사람만 고립된 상태가 되다. — 孤立
18 事業の発展に日夜 (フシン) する。 사업의 발전에 주야로 부심하다. — 腐心
19 今までのやり方を (ケンジ) する。 지금까지의 방식을 견지*하다. — 堅持
20 大統領が (ヒメン) される。 대통령이 파면*되다. — 罷免

◆ 기항(寄港): 배가 항해 중에 목적지가 아닌 항구에 잠시 들름
♣ 견지(堅持): 어떤 견해나 입장 따위를 굳게 지니거나 지키다
● 파면(罷免): 1.잘못을 저지른 사람에게 직무나 직업을 그만두게 함 2.(법률) 징계 절차를 거쳐 임면권자의 일방적 의사에 의하여 공무원 관계를 소멸시키거나 관직을 박탈하는 행정 처분

カッコ内のカタカナを漢字に直しましょう。

01 火災報知機を（ソナ）えた部屋。 화재경보기를 비치한 방. 　　備
02 外国へ（ボウメイ）する。 외국에 망명하다. 　　亡命
03 博物館を一時（ヘイサ）する。 박물관을 잠시 폐쇄하다. 　　閉鎖
04 万が一を（ソウテイ）する。 만약을 상정♦하다. 　　想定
05 自分のとった態度について（ベンメイ）する。 자신이 취한 태도에 대해 변명하다. 　　弁明
06 仕事で大きな（シュウカク）を得る。 일로 큰 수확을 얻다. 　　収穫
07 （ケイレキ）を偽って職を得る。 경력을 속이고 직업을 얻다. 　　経歴
08 機がまだ（ジュク）さない。 기회가 아직 무르익지 않다. 　　熟
09 学校の資料を（セイキュウ）する。 학교의 자료를 청구하다. 　　請求
10 制度の弱点を（ロテイ）する。 제도의 약점을 드러내다. 　　露呈
11 組織から（リダツ）する。 조직에서 이탈하다. 　　離脱
12 （アヤ）うきこと累卵のごとし。 누란지세♣ 　　危
13 新たな文化を（ソウシュツ）する。 새로운 문화를 창출하다. 　　創出
14 （キハツ）性が高く引火しやすい。 휘발성이 높아 인화하기 쉽다. 　　揮発
15 ビタミンCを（ガンユウ）する。 비타민 C를 함유하다. 　　含有
16 （エツラン）可能な図書。 열람가능한 도서. 　　閲覧
17 （シュヒ）義務が課せられる。 비밀을 지킬 의무가 부과되다. 　　守秘●
18 人気を（ドクセン）する。 인기를 독점하다. 　　独占
19 他人の（リョウブン）を侵す。 타인의 영지를 침범하다. 　　領分
20 （キゼン）たる態度に拍手を送る。 의연한 태도에 박수를 보내다. 　　毅然

◆ 상정(想定) : 어떤 상황을 가정함
♣ 누란지세 : 층층이 쌓아 놓은 알의 형세라는 뜻으로, 몹시 위태로운 형세
● 守秘(しゅひ) : 공무원 등이 업무상 알게 된 비밀을 지키는 것

今日の漢字

カッコ内のカタカナを漢字に直しましょう。

01 (コウメイ)な画家の作品が出展されている。 고명한 화가의 작품이 출품되어 있다.   高名

02 丁寧に(ミガ)かれた床。 정성스레 닦여진 마루.   磨

03 うっすらと(ケショウ)する。 옅게 화장하다.   化粧

04 車の中に(ホウコウ)剤を置く。 차 안에 방향제를 두다.   芳香

05 国から営業(ニンカ)を受ける。 나라로부터 영업인가를 받다.   認可

06 浅間山が煙を(ハ)いている。 아사마산이 연기를 내뿜고 있다.   吐

07 定期的に展覧会を(モヨオ)す。 정기적으로 전람회를 개최하다.   催

08 (ナツ)かしい写真。 그리운 사진.   懐

09 自家(ハッコウ)種でパンを焼く。 직접 만든 발효 종으로 빵을 굽다.   発酵

10 財政の(ケンゼン)化に取り組む。 재정의 건전화에 착수하다.   健全

11 (エイセイ)に気をつける。 위생에 주의하다.   衛生

12 汚職を厳しく(キュウダン)する。 부정부패를 엄하게 규탄하다.   糾弾

13 食品(テンカ)物表示の義務。 식품첨가물 표시의 의무.   添加

14 人材を(トウヨウ)する。 인재를 등용하다.   登用

15 いまや(キュウム)の高齢化対策。 이제야말로 시급한 고령화 대책.   急務

16 動議を(サイタク)する。 동의를 채택하다.   採択

17 知っている(ハンイ)で答える。 알고 있는 범위에서 대답하다.   範囲

18 民族(ジケツ)の概念。 민족자결의 개념.   自決

19 景色に心が(ウバ)われる。 풍경에 마음을 빼앗기다.   奪

20 自然保護活動のための(キフ)を募る。 자연보호활동을 위해 기부를 모집하다.   寄付

◆ 동의(動議) : 회의 중에 토의할 안건을 제기함

カッコ内のカタカナを漢字に直しましょう。

01 (テギワ) よくまとめる。 솜씨좋게 정리하다. 　　手際

02 古本を (ハンバイ) する。 헌책을 판매하다. 　　販売

03 (ヤクドウ) 感あふれるダンス。 약동감 넘치는 댄스. 　　躍動

04 サッカーを (カンセン) する。 축구를 관전하다. 　　観戦

05 ワールドカップの (カイサイ) 地。 월드컵 개최지. 　　開催

06 (ソッチョク) な人柄に共感する。 솔직한 인품에 공감하다. 　　率直

07 大事な技術を (クサ) らせる。 중요한 기술을 썩게하다. 　　腐

08 背任事件を (キュウダン) する。 배임* 사건을 규탄하다. 　　糾弾

09 隣の (シバフ) は青く見えるものだ。 이웃 잔디는 푸르게 보이는 법이다. 　　芝生

10 地方 (ジチ) 体の権限を拡大する。 지방자치단체의 권한을 확대하다. 　　自治

11 (シンギ) 会を設置する。 심의회를 설치하다. 　　審議

12 (シキイ) に注意して歩きなさい。 문턱에 주의하여 걸어라. 　　敷居

13 自己 (ケンオ) に陥る。 자기혐오에 빠지다. 　　嫌悪

14 会社の経営を (トウゴウ) する。 회사 경영을 통합하다. 　　統合

15 怪我人を (カンゴ) する。 다친 사람을 간호하다. 　　看護

16 机の (ハイチ) を変える。 책상의 배치를 바꾸다. 　　配置

17 正当な (ホウシュウ) を得る。 정당한 보수를 얻다. 　　報酬

18 自分らしさとわがままの (サカイ)。 자기다움과 방자함의 경계. 　　境

19 大学入試の (シガン) 者数。 대학입시의 지원자수. 　　志願

20 事業 (リョウイキ) を拡大する。 사업 영역을 확대하다. 　　領域

◆ 배임(背任) : 주어진 임무를 저버림. 주로 공무원 또는 회사원이 자기의 이익을 위하여 임무를 수행하지 않고 국가나 회사에 재산상의 손해를 주는 경우를 이른다

今日の漢字

カッコ内のカタカナを漢字に直しましょう。

01	姉が (オイ) を連れて遊びにきた。 누나가 조카를 데리고 놀러 왔다.	甥
02	家康に始まる徳川 (ショウグン) 家。 이에야스로 시작되는 도쿠가와 장군가.	将軍
03	要職を (レキニン) する。 요직을 역임*하다.	歴任
04	つい演説 (クチョウ) になってしまう。 무심결에 연설 투가 되고 만다.	口調
05	(ダキョウ) は一切許されない。 타협은 일절 용납되지 않는다.	妥協
06	困惑の色を (カク) せない。 곤혹스러운 기색을 숨기지 못하다.	隠
07	主君に (フクジュウ) する。 주군에게 복종하다.	服従
08	会長の (ジニン) を迫る。 회장의 사임을 강요하다.	辞任
09	どんな (シュシ) の集まりですか。 어떤 취지의 모임입니까?	趣旨
10	(コンナン) に打ち勝つ。 곤란을 이겨내다.	困難
11	社会に (ショウゲキ) を与えた事件。 사회에 충격을 준 사건.	衝撃
12	(ボウカン) におそわれる。 폭한*에게 습격당하다.	暴漢
13	挙動の (フシン) な男を見かける。 거동이 수상스러운 남자를 발견하다.	不審
14	新たな (ショウヘキ) にぶつかる。 새로운 장벽에 부딪치다.	障壁
15	二〇世紀を (ソウカツ) する。 20세기를 총괄하다.	総括
16	(キャッカン) 的な立場から評価する。 객관적인 입장에서 평가하다.	客観
17	業績が (ケンチョウ) な会社。 업적이 견실한 회사.	堅調*
18	(キドウ) 修正にとりかかる。 궤도 수정에 착수하다.	軌道
19	(ビサイ) にわたる精密な描写。 미세함에 이르는 정밀한 묘사.	微細
20	景気が (テイタイ) 気味になる。 경기가 침체될 기미가 보인다.	停滞

◆ 역임(歴任) : 여러 직위를 두루 거쳐 지냄. '거침', '지냄'으로 순화
♣ 폭한(暴漢) : 난폭한 행동을 하는 사나이
♣ 견조(堅調) : 1.견실한 상태 2.(거래에서) 시세가 서서히 오르는 경향에 있음

カッコ内のカタカナを漢字に直しましょう。

01 毎日都心まで (ツウキン) している。 매일 도심까지 통근하고 있다. 　　通勤

02 (センリョウ) 地から撤退する。 점령지에서 철수하다. 　　占領

03 (チツジョ) を維持する。 질서를 유지하다. 　　秩序

04 弱みを (ニギ) られている。 약점이 잡혀 있다. 　　握

05 (ボウ) ほど願って針ほど叶う。 몽둥이만큼 바라서 바늘만큼 얻다. (소원은 쉽사리 이루어지지 않음의 비유) 　　棒

06 都市交通の (コンザツ) 緩和。 도시 교통의 혼잡 완화. 　　混雑

07 生まれもった (キシツ)。 타고난 기질. 　　気質

08 (ジシュ) 的に参加する。 자발적으로 참가하다. 　　自主

09 空気に (フ) れると酸化する。 공기에 접촉하면 산화한다. 　　触

10 (ケッコウ) な出来栄え。 훌륭한 솜씨. 　　結構

11 横綱が (ドヒョウ) 入りする。 요코즈나가 씨름판에 들어가다. 　　土俵

12 対戦を前に (キエン) を揚げる。 대전을 앞두고 호기를 부리다. 　　気炎

13 コンピューターを (クシ) する。 컴퓨터를 구사하다. 　　駆使

14 プロジェクトの (シレイトウ)。 프로젝트의 사령탑. 　　司令塔

15 試合が (シュウバン) にさしかかる。 시합이 종반에 접어들다. 　　終盤

16 計画を途中で (ダンネン) する。 계획을 도중에 단념하다. 　　断念

17 事の (ケイジュウ) をわきまえない発言。 일의 경중을 분별하지 못하는 발언. 　　軽重

18 見るも (ミジ) めな姿になる。 차마 볼 수 없는 참혹한 모습이 되다. 　　惨

19 医療保険の (バッポン) 改革案。 의료보험의 발본적인 개혁안. 　　抜本

20 被告の無実を (リッショウ) する。 피고의 무고를 입증하다. 　　立証

◆ 철퇴(撤退) : 거두어 가지고 물러남. 철수

今日の漢字

カッコ内のカタカナを漢字に直しましょう。

01 毎日を (ムイ) に過ごす。 매일 하는 일 없이 보내다. 　　　　無為

02 三年を (ツイ) やして完成する。 3년을 소비하여 완성하다. 　　　　費

03 (シズ) む瀬あれば浮かぶ瀬あり。 긴 인생에서는 어려움에 빠질 때가 있는가 하면 번영할 때도 있다. 　沈

04 この時が (エイエン) に続けばよい。 이때가 영원히 계속되면 좋겠다. 　　　永遠

05 船の (ホ) を下ろす。 배의 돛을 내리다. 　　　　帆

06 (トホウ) にくれる。 어찌할 바를 모르다. 　　　　途方

07 五分間 (キュウケイ) する。 5분간 휴식하다. 　　　　休憩

08 桶の水が (コオ) る。 통의 물이 얼다. 　　　　凍

09 一つの言葉に (ギョウシュク) させる。 한마디에 응축시키다. 　　凝縮

10 期待と不安が (コウサク) する。 기대와 불안이 뒤얽히다. 　　交錯*

11 (イッショクソクハツ) の状態。 일촉즉발*의 상태. 　　一触即発

12 (エッキョウ) して隣国に侵入する。 국경을 넘어 이웃나라에 침입하다. 　越境

13 (カクヤク) はできない。 확약은 할 수 없다. 　　　　確約

14 大使を本国に (ショウカン) する。 대사를 본국에 소환하다. 　　召還

15 軽井沢へ (ヒショ) に行く。 가루이자와에 피서를 가다. 　　避暑

16 (イ) まわしい過去をぬぐいさる。 꺼림칙한 과거를 씻어내다. 　　忌

17 土地に対する (タンポ) 権。 토지에 대한 담보권. 　　担保

18 (カコク) なトレーニングを積む。 과혹한 트레이닝을 쌓다. 　　過酷

19 勤務成績を (サテイ) する。 근무성적을 사정*하다. 　　査定

20 (スイソク) の域を出ない話だ。 추측의 영역을 벗어나지 않는 이야기다. 　推測

◆ 교착(交錯) : 뒤얽힘
♣ 일촉즉발(一触即発) : 한 번 건드리기만 해도 폭발할 것같이 몹시 위급한 상태
● 사정(査定) : 조사하여 그릇된 것을 바로잡음

カッコ内のカタカナを漢字に直しましょう。

01 静かな (ハモン) が広がる。 잔잔한 파문이 퍼지다. 波紋
02 地震が (ヒンパツ) する地域。 지진이 빈발하는 지역. 頻発
03 大統領 (ホサ) 官の記者会見。 대통령 보좌관의 기자회견. 補佐
04 (センモン) 学校に進学する。 전문학교에 진학하다. 専門
05 結婚を祝して (カンパイ) する。 결혼을 축하하며 건배하다. 乾杯
06 襟に変な (クセ) がつく。 옷깃에 이상한 자국이 생기다. 癖
07 (ゴウホウ) 的な手続きを踏む。 합법적인 수속을 밟다. 合法
08 契約書に (ショメイ) する。 계약서에 서명하다. 署名
09 (ブッソウ) な世の中になったものだ。 뒤숭숭한 세상이 되었다. 物騒
10 (ブツギ) を醸す放言として問題となる。 물의를 빚은 방언으로서 문제가 되다. 物議
11 そのやり方には (テイコウ) がある。 그 방법에는 저항이 있다. 抵抗
12 学術の (シンコウ) を図る。 학술 진흥을 도모하다. 振興
13 家宝の (フウイン) を解く。 가보의 봉인◆을 풀다. 封印
14 ここを (キョテン) に全国展開する。 여기를 거점으로 전국 전개하다. 拠点
15 区役所の (ショカン) する事項。 구청이 소관◆하는 사항. 所管
16 競技場が (カンシュウ) で埋めつくされる。 경기장이 관중으로 가득 채워지다. 観衆
17 勝利で (カンキ) の涙を流す。 승리로 환희의 눈물을 흘리다. 歓喜
18 (ユダン) すると負けそうだ。 방심하면 질 것 같다. 油断
19 ささいな事に (コウデイ) する。 사소한 일에 구애받다. 拘泥
20 状況は (コンメイ) の度合いを増す。 상황은 혼미의 정도를 더하다. 混迷

◆ 봉인(封印) : 밀봉한 자리에 도장을 찍음
♣ 소관(所管) : 맡아 관리하는 바

今日の漢字

カッコ内のカタカナを漢字に直しましょう。

01 (ハクシュ) して迎える。 박수로 맞이하다.　　拍手
　　　　　　 むか

02 空気の (テイコウ) を少なくする。 공기의 저항을 적게 하다.　　抵抗
　　 くうき　　　　　　　　すく

03 全国で (セイリョク) を振るう。 전국에서 세력을 떨치다.　　勢力
　　ぜんこく　　　　　　　　ふ

04 新しい医薬品が (ショウニン) される。 새로운 의약품이 승인되다.　　承認
　 あたら いやくひん

05 他社におくれて (サンニュウ) した分野。 타사보다 늦게 참가한 분야.　　参入
　　たしゃ　　　　　　　　　　ぶんや

06 (ウンユ) 業を営む。 운수업을 경영하다.　　運輸
　　　　　 ぎょう いとな

07 (シンパン) が退場を命じた。 심판이 퇴장을 명령했다.　　審判
　　　　　　　 たいじょう めい

08 強大な (ケンゲン) をもつ。 강대한 권한을 가지다.　　権限
　　きょうだい

09 ウイルスの進入を (ハバ) む。 바이러스의 진입을 막다.　　阻
　　　　　　 しんにゅう

10 今日は (ミョウ) に人通りが多い。 오늘은 묘하게 지나가는 사람이 많다.　　妙
　　きょう　　　　　ひとどお おお

11 発言を (テッカイ) する。 발언을 철회하다.　　撤回
　 はつげん

12 (セイタイ) 系への影響を懸念する。 생태계의 영향을 우려하다.　　生態
　　　　　　 けい えいきょう けねん

13 大雨 (コウズイ) 警報が出される。 호우 홍수 경보가 발효되다.　　洪水
　 おおあめ　　　　 けいほう だ

14 (テイボウ) が決壊する。 제방이 무너지다.　　堤防
　　　　　　　 けっかい

15 その道では (セイトウ) 派のやり方。 그 방면에서는 정통파의 방법.　　正統
　　 みち　　　　　　　は かた

16 情報 (ショリ) の資格を取る。 정보처리 자격을 따다.　　処理
　 じょうほう　　 しかく と

17 第一党の代表を (シュハン) とした内閣。 제1당 대표를 수반*으로 한 내각.　　首班
　 だいいっとう だいひょう ないかく

18 戦国大名の (カッキョ) 図。 전국 다이묘*의 할거도.　　割拠
　 せんごくだいみょう ず

19 天皇杯の (ソウダツ) 戦。 천황배 쟁탈전.　　争奪
　 てんのうはい せん

20 (ドリョウ) のある人だ。 도량이 있는 사람이다.　　度量
　　　　　　　 ひと

◆ 결괴(決壞) : (제방 등이) 터져 무너짐. 또는 무너뜨림
◆ 수반(首班) : 내각총리대신
◆ 다이묘(大名) : 1. (헤이안 시대 말에) 넓은 사유지를 가진 지방 호족 2. (가마쿠라 시대에) 넓은 영지와 많은 부하를 거느린 유력한 무사 3. (무로마치 시대에) 몇 개 고을을 영유했던 격식 높은 영주 4. (에도 시대에) 만 석(石) 이상을 영유한 막부 직속의 무사

カッコ内のカタカナを漢字に直しましょう。

01 またの (キカイ) にお会いしましょう。 다른 기회에 만납시다. 　　機会

02 (ハイリョ) が足りない。 배려가 부족하다. 　　配慮

03 命令を (デンタツ) する。 명령을 전달하다. 　　伝達

04 全体の流れを (ハアク) する。 전체의 흐름을 파악하다. 　　把握

05 (セツレツ) な文章が目立った。 졸렬한 문장이 눈에 띄다. 　　拙劣

06 基本的 (ジンケン) の尊重。 기본적 인권 존중. 　　人権

07 そのシステムは実験 (ダンカイ) にある。 그 시스템은 실험단계에 있다. 　　段階

08 地元候補を (オウエン) する。 자기 고장 후보를 응원하다. 　　応援

09 北側に山が (ヒカ) えている小村。 북쪽에 산이 있는 작은 마을. 　　控

10 戦時における (ブンミン) の保護。 전시에 있어서의 문민♦보호. 　　文民

11 新たな問題が (フジョウ) した。 새로운 문제가 부상했다. 　　浮上

12 一般 (ショミン) の生活。 일반 서민의 생활. 　　庶民

13 町の (ズイショ) に掲示板を設ける。 마을 곳곳에 게시판을 마련하다. 　　随所

14 外国へ行ったような (サッカク) を起こす。 외국에 간 듯한 착각을 일으키다. 　　錯覚

15 はずかしそうに顔を (フ) せる。 부끄러운 듯 얼굴을 숙이다. 　　伏

16 (ショウテン) の定まらない議論。 초점이 정해지지 않은 논의. 　　焦点

17 結果は (キワ) めて良好だ。 결과는 매우 양호하다. 　　極

18 地震で全員 (ウオウサオウ) した。 지진으로 전원 우왕좌왕했다. 　　右往左往

19 権力に (クッ) せず抵抗した。 권력에 굴하지 않고 저항했다. 　　屈

20 被災者に対する (ベンギ) 的措置。 이재민에 대한 편의적 조치. 　　便宜

◆ 문민(文民) : 직업 군인이 아닌 일반 국민

今日の漢字

カッコ内のカタカナを漢字に直しましょう。

01 地球上に (セイソク) する動物。 지구상에 서식하는 동물。　　生息
02 ツボを押して (シゲキ) する。 급소를 눌러 자극하다。　　刺激
03 蒔いた種が (ハツガ) する。 뿌린 씨앗이 발아*하다。　　発芽
04 公正で自由な (キョウソウ) の実現。 공정하고 자유로운 경쟁의 실현。　　競争
05 事故が (レンサ) 的に起こる。 사고가 연쇄적으로 일어나다。　　連鎖
06 (ゼッコウ) の行楽日和だ。 행락*에 알맞은 절호의 날씨다。　　絶好
07 十年前とは (ヒカク) にならない。 10년 전 하고는 비교도 안 된다。　　比較
08 都市計画の (イッカン) として公園をつくる。 도시계획의 일환으로서 공원을 만들다。　　一環
09 (サンドウ) する人はわずかだった。 찬동하는 사람은 얼마 되지 않았다。　　賛同
10 住宅が (ミッシュウ) する地区。 주택이 밀집한 지구。　　密集
11 (リンカク) を描き直す。 윤곽을 다시 그리다。　　輪郭
12 争点が浮き (ボ) りになった。 쟁점이 부각되었다。　　彫
13 (トウトツ) の感は否めない。 뜻밖이라는 감(이 드는 것)은 부인할 수 없다。　　唐突
14 (テイサイ) を気にしない人。 체면에 신경을 쓰지 않는 사람。　　体裁
15 (ヒガン) 達成に燃える。 비원*달성에 불타다。　　悲願
16 複雑な手続きを (カンソ) 化する。 복잡한 절차를 간소화하다。　　簡素
17 システムが本格的に (カドウ) する。 시스템이 본격적으로 가동하다。　　稼動
18 悪天候により出発を (エンキ) する。 악천후로 출발을 연기하다。　　延期
19 (ジム) 用品を取り揃える。 사무용품을 빠짐없이 갖추다。　　事務
20 十分に説明して (ナットク) させる。 충분히 설명해서 납득시키다。　　納得

♦ 발아(発芽) : 싹틈
♣ 행락(行楽) : 재미있게 놀고 즐겁게 지냄
● 비원(悲願) : 꼭 달성하려는 비장한 소원

カッコ内のカタカナを漢字に直しましょう。

01 (アクム)のような事件が起きる。 악몽과 같은 사건이 일어나다. 悪夢
02 不吉な(ヨカン)がよぎる。 불길한 예감이 스치다. 予感
03 波が防波堤に(セマ)った。 파도가 방파제에 다가왔다. 迫
04 こちらからけんかを(シカ)ける。 이쪽에서 싸움을 걸다. 仕掛
05 (ジンジョウ)の手段ではうまくいくまい。 보통 수단으로는 잘 되지 않을 것이다. 尋常
06 一回戦で(ハイタイ)する。 1회전에서 지고 물러나다. 敗退
07 一球が試合の(メイアン)を分けた。 공 하나가 시합의 명암을 갈랐다. 明暗
08 (イッシュン)息が止まりそうになった。 한 순간 숨이 멎는 것 같았다. 一瞬
09 手が(フル)えて字が書けない。 손이 떨려서 글씨를 쓸 수 없다. 震
10 台風が九州南端を(ツウカ)する。 태풍이 규슈 남단을 통과하다. 通過
11 (カイキョ)を成し遂げる。 쾌거를 이룩하다. 快挙
12 未熟さを(ツウカン)する。 미숙함을 통감하다. 痛感
13 これまで(クナン)の連続だった。 지금까지 고난의 연속이었다. 苦難
14 試合で大(カツヤク)をする。 시합에서 대활약을 하다. 活躍
15 優勝の栄誉に(カガヤ)く。 우승의 영예에 빛나다. 輝
16 彼の(ケンメイ)な姿が印象的だ。 그의 열심히 하는 모습이 인상적이다. 懸命
17 要人の暗殺を(ソシ)する。 요인의 암살을 저지하다. 阻止
18 げんこつで頭を(ナグ)る。 주먹으로 머리를 때리다. 殴
19 総理が(イカン)の意を表明した。 총리가 유감의 뜻을 표명했다. 遺憾
20 (キュウチ)に追い込まれる。 궁지에 몰리다. 窮地

◆ 패퇴(敗退) : 싸움에 지고 물러감

今日の漢字

カッコ内のカタカナを漢字に直しましょう。

01 （ノキサキ）にツバメが巣を作る。 처마 끝에 제비가 집을 짓다. — 軒先

02 （キンリン）に迷惑をかける。 이웃에게 민폐를 끼치다. — 近隣

03 一人前の社会人として（アツカ）う。 어엿한 사회인으로서 대하다. — 扱

04 （ドマ）といろり＊が印象的な和風の店。 봉당＊과 노(爐)가 인상적인 일본식 가게. — 土間

05 （テンジョウ）の節穴を数える。 천장의 옹이구멍을 세다. — 天井

06 ロマネスク（ケンチク）と彫刻。 로마풍의 건축과 조각. — 建築

07 書き初めの（テンラン）会。 신춘휘호＊의 전람회. — 展覧

08 カラスの（ギョウズイ）で済ます。 까마귀 미역 감듯 금방 목욕을 끝내다. — 行水

09 品質に（ホコ）りを持つ。 품질에 긍지를 가지다. — 誇

10 文教政策に（タズサ）わる。 문교정책＊에 관여하다. — 携

11 電話の声が（ハズ）んでいた。 전화 목소리가 들떠 있었다. — 弾

12 （カクリョウ）会議での決定事項。 각료회의에서의 결정사항. — 閣僚

13 役員の残り（ニンキ）は一年だ。 임원의 남은 임기는 1년이다. — 任期

14 議員は選挙で（シンニン）される。 의원은 선거로 신인＊된다. — 信認

15 貿易（コウショウ）は山場を迎えた。 무역 교섭은 고비를 맞이했다. — 交渉

16 （コウリョウ）とした大地。 황량한 대지. — 荒涼

17 丘の上の（テンボウ）台。 언덕 위의 전망대. — 展望

18 議論が（クウテン）する。 논의가 겉돌다. — 空転

19 議長への（シュウニン）を要請する。 의장으로의 취임을 요청하다. — 就任

20 平和を（カツボウ）する。 평화를 갈망하다. — 渇望

◆ 봉당(土間) : 안방과 건넌방 사이의 마루를 놓을 자리에 마루를 놓지 않고 흙바닥 그대로 있는 곳
♣ いろり : (농가 등에서) 방바닥의 일부를 네모나게 잘라 내고, 그곳에 재를 깔아 취사용·난방용으로 불을 피우는 장치, 노(爐)
● 신춘휘호 : 예로부터 정월 초이튿날, 길한 말이나 시가 등을 썼음　● 문교정책(文教政策) : 문화와 교육에 관한 정책
＊ 신인(信認) : 신용하여 승인함

カッコ内のカタカナを漢字に直しましょう。

01 日本人のお (ジギ) の習慣。 일본인의 인사 습관. 　　辞儀

02 力強く (アクシュ) を交わす。 힘차게 악수를 나누다. 　　握手

03 (キンキュウ) に対策を要する。 긴급히 대책을 필요로 하다. 　　緊急

04 面接で志望 (ドウキ) を聞かれる。 면접에서 지망동기에 대해 질문 받는다. 　　動機

05 (コウイショウ) に悩まされる。 후유증에 시달리다. 　　後遺症

06 生徒を (イチドウ) に集める。 학생을 한 자리에 모으다. 　　一堂

07 すべてが (コントン) の中にあった。 모든 것이 혼돈 속에 있었다. 　　混沌

08 話がすぐに (ダッセン) する。 이야기가 금방 다른 데로 새다. 　　脱線

09 国家の (チュウスウ) 機関。 국가 중추기관. 　　中枢

10 民族の (デントウ) を守る。 민족의 전통을 지키다. 　　伝統

11 健康を (イジ) する。 건강을 유지하다. 　　維持

12 (ジュウジツ) した日々を過ごす。 충실한 날들을 보내다. 　　充実

13 (ショウガイ) 忘れられないできごと。 생애 잊을 수 없는 사건. 　　生涯

14 災害地に自衛隊を (ハケン) する。 재해지역에 자위대를 파견하다. 　　派遣

15 (コウリツ) のよい作業方法。 효율이 좋은 작업 방법. 　　効率

16 資格保有者を (ユウグウ) する。 자격 보유자를 우대하다. 　　優遇

17 (ジュウナン) な態度を示す。 유연한 태도를 보이다. 　　柔軟

18 パートタイマーの給与は社員に (ジュン) じる。 시간제 근무자의 급여는 사원에 준한다. 　　準

19 この現実を (ホウチ) するわけにはいかない。 이 현실을 방치할 수는 없다. 　　放置

20 (ガクジュツ) や文化の発展に貢献する。 학술이나 문화의 발전에 공헌하다. 　　学術

今日の漢字

カッコ内のカタカナを漢字に直しましょう。

01	ハリウッドの人気 (ハイユウ)。 할리우드의 인기배우.	俳優
02	乳酸菌は (ゼンダマ) 菌である。 유산균은 좋은 균이다.	善玉
03	名簿から名前を (マッショウ) する。 명부에서 이름을 말소*하다.	抹消
04	敵の攻撃の格好の (ヒョウテキ) となる。 적의 공격의 알맞은 목표가 되다.	標的
05	神の (ソンザイ) を信ずる。 신의 존재를 믿다.	存在
06	(タイゲンソウゴ) する癖がある。 호언장담*하는 버릇이 있다.	大言壮語
07	外国から音楽家を (マネ) く。 외국에서 음악가를 초대하다.	招
08	子どもは大人を (ウツ) す鏡だ。 어린이는 어른을 비추는 거울이다.	映
09	(キワ) めて残念に思う。 매우 유감스럽게 생각하다.	極
10	調査結果には (ウタガ) う余地はない。 조사결과에는 의심할 여지가 없다.	疑
11	あの雲を見て何を (レンソウ) しますか。 저 구름을 보고 무엇을 연상하나요?	連想
12	(イクエ) もの国境を超える。 몇 번이고 국경을 넘다.	幾重
13	警報 (ソウチ) が作動する。 경보 장치가 작동하다.	装置
14	互いに (ソンチョウ) し合うべきだ。 서로 존중해야 한다.	尊重
15	犯人の (ユクエ) を追う。 범인의 행방을 뒤쫓다.	行方
16	樹木を (バッサイ) する。 수목을 벌채하다.	伐採
17	モラルの低下を (ナゲ) く。 모럴*의 저하를 한탄하다.	嘆
18	母校のチームを (オウエン) する。 모교의 팀을 응원하다.	応援
19	事件を (シチョク) の手にゆだねる。 사건을 사직*당국에 위임하다.	司直
20	新春 (コウレイ) の書初め大会。 신춘 항례*의 신춘휘호대회.	恒例

◆ 말소(抹消) : 기록되어 있는 사실 따위를 지워서 아주 없애 버림
♣ 호언장담(大言壮語) : 호기롭고 자신 있게 말함, 또는 그 말   • 모럴(モラル) : 도덕, 윤리
♠ 사직(司直) : 법에 의하여 시비곡직을 가리는 법관 또는 재판관
✳ 항례(恒例) : 하기로 정해져 있는 의식이나 행사

カッコ内のカタカナを漢字に直しましょう。

01	再会の喜びに言葉もなく (ホウヨウ) する。 재회의 기쁨에 말도 없이 포옹하다.	抱擁
02	(クチビル) をとがらせて文句を言う。 뾰로통해서 불만을 말하다.	唇
03	礼儀 (サホウ) を身につける。 예의범절을 익히다.	作法
04	専門家の意見を (オモ) んじる。 전문가의 의견을 소중히 하다.	重
05	(ジョウネツ) を傾ける。 정열을 기울이다.	情熱
06	スポーツと学業を (リョウリツ) させる。 스포츠와 학업을 양립시키다.	両立
07	なんとも (ゲキテキ) な幕切れだ。 정말로 극적인 라스트 신이다.	劇的
08	(キワダ) って成績がよい。 두드러지게 성적이 좋다.	際立
09	女性の地位の (カクリツ) に努力する。 여성의 지위 확립에 노력하다.	確立
10	ゴール前の混戦で (セ) り勝つ。 결승점을 앞둔 혼전◆에서 싸워 이기다.	競
11	(キョウゴウ) チームと対戦する。 강호 팀과 대전하다.	強豪
12	食事代の (カンジョウ) をする。 식사요금을 계산하다.	勘定
13	拍手と (カンセイ) が湧き起こる。 박수와 환성이 일어나다.	歓声
14	少数 (セイエイ) のメンバー。 소수 정예의 멤버.	精鋭
15	君の (キユウ) に終わればよいが。 자네의 기우◆로 끝나면 좋으련만.	杞憂
16	大切な会議に (チコク) する。 중요한 회의에 지각하다.	遅刻
17	ビオラの音色はとても (ミリョク) 的だ。 비올라의 음색은 매우 매력적이다.	魅力
18	ようやく (ソウドウ) が収まる。 간신히 소동이 진정되다.	騒動
19	(メイヨ) 毀損で訴える。 명예훼손으로 고소하다.	名誉
20	無理な (イライ) を引き受ける。 무리한 의뢰를 떠맡다.	依頼

◆ 혼전(混戦) : 두 편이 어지럽게 뒤섞여서 승패를 가름할 수 없을 만큼 치열하게 다툼
♣ 기우(杞憂) : 앞일에 대해 쓸데없는 걱정을 함

今日の漢字

カッコ内のカタカナを漢字に直しましょう。

01 その事業に手を出すのは (ボウケン) だ。 그 사업에 손을 대는 것은 모험이다. 　　冒険
02 自らの不勉強を (ウラ) む。 스스로 공부하지 않은 것을 원망하다. 　　恨
03 経済の仕組みを正しく (ニンシキ) する。 경제 구조를 올바르게 인식하다. 　　認識
04 (フンコツサイシン) して社会に尽くす。 분골쇄신* 하여 사회에 헌신하다. 　　粉骨砕身
05 アメリカの (ガイコウ) 官。 미국의 외교관. 　　外交
06 新市場を (カイタク) する。 새로운 시장을 개척하다. 　　開拓
07 (ショクン) の健闘を祈る。 제군의 건투를 빈다. 　　諸君
08 (カクゴ) を決める。 각오를 정하다. 　　覚悟
09 業界 (クッシ) のやり手。 업계 굴지의 수완가. 　　屈指
10 その批評は少し (コク) ではないか。 그 비평은 좀 지나치지 않은가? 　　酷
11 貴重なる一生を (クウヒ) する。 귀중한 일생을 낭비하다. 　　空費
12 (イロウ) 会に招待する。 위로회에 초대하다. 　　慰労
13 待たされるのには (ナ) れている。 기다리는 것에는 익숙해져 있다. 　　馴
14 英語での意思 (ソツウ) に苦労する。 영어로의 의사소통에 고생하다. 　　疎通
15 (ジンソク) に行動する。 신속하게 행동하다. 　　迅速
16 市街地を (ジュウオウ) につらぬく大通り。 시가지를 종횡으로 가로지르는 큰 길. 　　縦横
17 数においては (レッセイ) だった。 수에 있어서는 열세였다. 　　劣勢
18 (モウゼン) と突っ込む。 맹렬한 기세로 돌진하다. 　　猛然
19 夜の町を (タダヨ) い歩く。 밤거리를 떠돌아다니다. 　　漂
20 人生の浮沈の (セトギワ)。 인생의 흥망의 갈림길. 　　瀬戸際

◆ 분골쇄신(粉骨砕身) : 뼈를 가루로 만들고 몸을 부순다는 뜻으로, 정성으로 노력함을 이르는 말

カッコ内のカタカナを漢字に直しましょう。

01 会社での (ショゾク) 部署。 회사에서의 소속부서.   所属

02 (ハメツ) 的状況を回避する。 파멸적인 상황을 회피하다.   破滅

03 勝利に (ネッキョウ) した観衆。 승리에 열광한 관중.   熱狂

04 その事件とは (ムエン) だ。 그 사건과는 관계가 없다.   無縁

05 都市に (キョジュウ) する人々。 도시에 거주하는 사람들.   居住

06 (ナンミン) を救済する。 난민을 구제하다.   難民

07 仲間から (ハイセキ) する。 동료로부터 배척하다.   排斥

08 (ソヤ) な振る舞いを改める。 거칠고 천하게 구는 행동을 고치다.   粗野

09 コップに (シモン) が残る。 컵에 지문이 남다.   指紋

10 生活に (チョッケツ) する問題だ。 생활에 직결된 문제다.   直結

11 始めは (トマド) ってばかりいた。 처음에는 당황하기만 했었다.   戸惑

12 のどが渇く前に水分を (ホキュウ) する。 목이 마르기 전에 수분을 보급하다.   補給

13 (チョチク) を取り崩す。 저축을 해약하다.   貯蓄

14 予算を大幅に (シュクゲン) する。 예산을 대폭적으로 감축하다.   縮減

15 時代を (ショウチョウ) するファッション。 시대를 상징하는 패션.   象徴

16 (ジュエキ) 者負担金を納める。 수익자 부담금을 납부하다.   受益

17 貸出日及び (ヘンノウ) 日。 대출일 및 반납일.   返納

18 (ケンゲン) を制限する。 권한을 제한하다.   権限

19 (ソマツ) な着物しか残っていない。 변변치 못한 옷밖에 남아 있지 않다.   粗末

20 (センメイ) に現像された写真。 선명하게 현상된 사진.   鮮明

今日の漢字

カッコ内のカタカナを漢字に直しましょう。

01 借金の返済を (トクソク) する。 빚의 반제♦를 독촉하다. 督促
02 (ヒタイ) に筋を立てる。 이마에 핏대를 세우다. 額
03 交通が (トドコオ) る。 교통이 정체되다. 滞
04 友達の (ソウダン) にのる。 친구의 상담을 하다. 相談
05 図書を (エツラン) する。 도서를 열람하다. 閲覧
06 交渉の (マドグチ) をきめる。 교섭 창구를 정하다. 窓口
07 この辺は何かと (ベンリ) がよい。 이 부근은 여러모로 편리하다. 便利
08 (ギョウシャ) 間の協定。 업자간의 협정. 業者
09 権利を (アクヨウ) する。 권리를 악용하다. 悪用
10 献金の事実を (ヒテイ) する。 헌금 사실을 부정하다. 否定
11 両者は (ミッセツ) な関係にある。 양자는 밀접한 관계에 있다. 密接
12 品物を (ランボウ) に扱う。 물건을 난폭하게 다루다. 乱暴
13 農村部に (ジバン) を築く。 농촌부에 지반을 구축하다. 地盤
14 (チョウジリ) を合わせる。 수지계산을 맞추다. 帳尻
15 (カギ) の穴から天をのぞく。 열쇠 구멍에서 하늘을 들여다본다. (좁은 식견으로 사물을 판단하는 것을 비유.) 鍵
16 品質が (レッカ) する。 품질이 나빠지다.♣ 劣化
17 (ショウライ) が楽しみだ。 장래가 기대된다. 将来
18 いかに身を (ショ) するべきか。 어떻게 처신해야 할까? 処
19 これも何かの (インネン) だ。 이것도 뭔가의 인연이다. 因縁
20 (バクダイ) な損失を抱える。 막대한 손실을 안다. 莫大

♦ 반제(返済) : 빌렸던 돈을 모두 다 갚음
♣ 열화(劣化) : 품질이나 성능 등이 나빠짐

カッコ内のカタカナを漢字に直しましょう。

01 (ユウユウ) 自適の生活。 유유자적한 생활 　　悠々

02 天体 (ボウエンキョウ) を自作*する。 천체 망원경을 스스로 만들다. 　　望遠鏡

03 めったにない (トクシュ) な事例。 좀처럼 없는 특수한 사례. 　　特殊

04 伝説を芝居に (キャクショク) する。 전설을 연극으로 각색하다. 　　脚色

05 敵を多数 (ホソク) する。 적을 다수 붙잡다. 　　捕捉*

06 原因を (スイソク) する。 원인을 추측하다. 　　推測

07 試験の (ケッカ) を発表する。 시험 결과를 발표하다. 　　結果

08 月面を (タンサ) する。 달 표면을 탐사하다. 　　探査

09 (ユウエン) なる太古の世。 아득히 먼 태고의 세상. 　　悠遠

10 特殊な (ニンム) をおびて出発する。 특수한 임무를 띠고 출발하다. 　　任務

11 (ネッキョウ) したファンに囲まれた。 열광한 팬에게 둘러싸였다. 　　熱狂

12 (キミョウ) な風習が残る。 기묘한 풍습이 남다. 　　奇妙

13 日本人独特の (キシツ)。 일본인 독특의 기질. 　　気質

14 師が (ゼッサン) した作品。 스승이 극찬한 작품. 　　絶賛*

15 授業料を (メンジョ) する。 수업료를 면제하다. 　　免除

16 建設の (トジョウ) にある。 건설 도중에 있다. 　　途上

17 (メイヨ) 挽回とばかりに張り切る。 명예를 만회라도 할 듯이 힘이 넘치다. 　　名誉

18 事情を (リョウカイ) する。 사정을 양해*하다. 　　了解

19 国の権限を地方に (イジョウ) する。 국가의 권한을 지방에 이양하다. 　　移譲

20 罪状を (レッキョ) する。 죄상을 열거하다. 　　列挙

◆ 자작(自作) : 자기가 만듦
♣ 포착(捕捉) : 잡음. 붙잡음
● 절찬(絶賛) : 지극히 칭찬함. 극찬
♠ 양해(了解) : 사물의 의미·이유 등을 잘 이해함

今日の漢字

カッコ内のカタカナを漢字に直しましょう。

01 (バクゼン) とした話で筋がとらえにくい。 막연한 이야기로 줄거리를 파악하기 어렵다. — 漠然

02 全員が (ダンケツ) して立ち上がる。 전원이 단결하여 일어서다. — 団結

03 神の (ヨゲン) 者たちの言葉。 신의 예언자들의 말씀. — 預言

04 それは (ジメイ) の定理*だ。 그것은 자명한 이치다. — 自明

05 帰郷した (オリ) に旧友に会う。 귀향했을 때 옛 친구를 만나다. — 折

06 人の生き方は多種 (タヨウ) だ。 사람의 생활 방식은 각양각색이다. — 多様

07 (キリ) を吹いてアイロンをかける。 물을 뿜어 다림질을 하다. — 霧

08 戦意を (ソウシツ) する。 전의*를 상실하다. — 喪失

09 往来の足音が (トギ) れる。 왕래의 발소리가 끊기다. — 途切

10 (コウフン) さめやらぬ様子で話す。 흥분이 가라앉지 않은 상태에서 이야기하다. — 興奮

11 彼は常に (レイセイ) だった。 그는 항상 냉정했다. — 冷静

12 微妙な (キンコウ) を保つ。 미묘한 균형을 유지하다. — 均衡

13 (キセイ) 概念にとらわれない。 기성 개념에 사로잡히지 않다. — 既成

14 山が (クズ) れて道路が不通だ。 산이 무너져 도로가 불통이다. — 崩

15 (スイタイ) していく産業分野。 쇠퇴해 가는 산업분야. — 衰退

16 殺人 (ミスイ) 事件が起きる。 살인미수 사건이 일어나다. — 未遂

17 十分な (スイミン) を取る。 충분한 수면을 취하다. — 睡眠

18 販路の拡大を (ハカ) る。 판로의 확대를 도모하다. — 図

19 軽々しく (ソクダン) できない。 경솔하게 즉석에서 판단하거나 결단을 내릴 수 없다. — 即断*

20 人心を (ショウアク) する。 인심을 장악하다. — 掌握

◆ 정리(定理) : 1.이미 진리라고 증명된 일반 명제 2.정하여져 있는 이치
♣ 전의(戦意) : 싸우고자 하는 의욕
● 즉단(即断) : 즉석에서 판단하거나 결단을 내림

カッコ内のカタカナを漢字に直しましょう。

01 毎日のように (フロ) をわかす。 매일처럼 목욕물을 데우다. 風呂

02 よい (エイキョウ) を及ぼす。 좋은 영향을 미치다. 影響

03 結婚して五年目に (ニンシン) する。 결혼하여 5년째에 임신하다. 妊娠

04 君の意見に (サンセイ) する。 자네의 의견에 찬성한다. 賛成

05 明治時代の人らしく (キコツ) がある。 메이지시대의 사람답게 기골이 있다. 気骨

06 (クサリ) につながれた猛獣。 쇠사슬에 묶여진 맹수. 鎖

07 (ラッカン) 的見解を示す。 낙관적 견해를 제시하다. 楽観

08 (シンコク) な事態が続く。 심각한 사태가 계속되다. 深刻

09 (コドク) な印象のある人。 고독한 인상이 있는 사람. 孤独

10 師に (ジョゲン) を求める。 스승에게 조언을 구하다. 助言

11 (ハンドク) しにくい文字。 판독하기 어려운 문자. 判読

12 幹部 (コウホ) に名前が上がる。 간부 후보에 이름이 오르다. 候補

13 (カイジョ) 犬を育てる。 개조견*을 키우다. 介助

14 (カッキ) 的な技術を生み出す。 획기적인 기술을 만들어 내다. 画期

15 台風の (エイキョウ) により天候が不安定だ。 태풍의 영향으로 날씨가 불안정하다. 影響

16 外部からの (シンニュウ) を防ぐ。 외부로부터의 침입을 방지하다. 侵入

17 他人のことなど (ネントウ) にない。 남의 일 따위 염두에 없다. 念頭

18 発言を善意に (カイシャク) する。 발언을 좋은 뜻으로 해석하다. 解釈

19 中世に (ハンエイ) した都市。 중세에 번영한 도시. 繁栄

20 集中 (カクサン) を繰り返した。 집중 확산을 되풀이 했다. 拡散

◆ 개조견(介助犬) : 거동이 불편한 사람들을 도움

今日の漢字

カッコ内のカタカナを漢字に直しましょう。

01 機器を自由自在に (アヤツ) る。 기계를 자유자재로 다루다. 操
02 試合出場を (キケン) する。 시합 출장을 기권하다. 棄権
03 (トウショ) はそのつもりではなかった。 처음에는 그럴 생각이 아니었다. 当初
04 (アラタ) めてうかがいます。 다시 찾아뵙겠습니다. 改
05 訪問の (ニッテイ) を組む。 방문 일정을 짜다. 日程
06 大軍を率いて (エンセイ) する。 대군을 이끌고 원정하다. 遠征
07 財布の (ソコ) をはたく。 지갑을 털어 돈을 몽땅 내다. 底
08 有名人をゲストに (ムカ) える。 유명인을 손님으로 맞이하다. 迎
09 世界最大のスポーツの (サイテン)。 세계 최대의 스포츠 제전 祭典
10 予選で (ザンパイ) を喫する。 예선에서 참패를 당하다. 惨敗
11 (カイコク) 処分を取り消す。 경고처분을 취소하다. 戒告
12 非礼を (チンシャ) する。 무례를 사죄하다. 陳謝
13 ルールを (シイ) 的にねじ曲げる。 룰을 자의적으로 수정하다. 恣意
14 内規に (コウソク) される。 내부의 규정에 구속되다. 拘束
15 問題の (ホッタン) を調査する。 문제의 발단을 조사하다. 発端
16 事件が (ヒンパツ) する。 사건이 빈발하다. 頻発
17 賞味 (キゲン) が過ぎる。 상미*기한이 지나다. 期限
18 現状の (ダカイ) を図る。 현상*의 타개를 도모하다. 打開
19 民衆の (リハン) を招く。 민중의 이반*을 초래하다. 離反
20 (チョクゾク) の部下に命令する。 직속 부하에게 명령하다. 直属

◆ 상미(賞味) : 맛을 잘 음미하면서 먹음
♣ 현상(現状) : 현재의 상태
● 이반(離反) : 인심이 떠나서 배반함

カッコ内のカタカナを漢字に直しましょう。

01 原子（バクダン）が投下された。 원자 폭탄이 투하되었다. 　　爆弾

02 隣のビルに視界を（サエギ）られる。 옆 빌딩에 시야가 차단당하다. 　　遮

03 （シガン）して軍隊に入る。 지원하여 군대에 입대하다. 　　志願

04 警察犬の（クンレン）所。 경찰견의 훈련소. 　　訓練

05 （キチョウ）な資源を守ろう。 귀중한 자원을 지키자. 　　貴重

06 新記録を（ジュリツ）する。 신기록을 수립하다. 　　樹立

07 公約を（カカ）げる。 공약을 내걸다. 　　掲

08 いつの間にか（エンゼツ）口調になる。 어느덧 연설 투가 되다. 　　演説

09 議事の打ち切りを（テイアン）する。 의사(議事)＊의 중단을 제안하다. 　　提案

10 町内で（ハバ）を利かせる。 동네에서 위세를 부리다. 　　幅

11 あの人はとても（ケンキョ）だ。 저 사람은 매우 겸허하다. 　　謙虚

12 天候悪化の（キザ）しが見られる。 날씨가 악화될 조짐이 보인다. 　　兆

13 大学間で親睦会を（モヨオ）す。 대학간 친목회를 개최하다. 　　催

14 今年中に渡米＊する（モヨウ）。 올해 중에 미국으로 건너갈 모양. 　　模様

15 歴史的（イブツ）を発掘する。 역사적인 유물을 발굴하다. 　　遺物

16 （ビョウソウ）を取り除く。 병소＊를 제거하다. 　　病巣

17 裁判所から（ツウタツ）がある。 재판소에서 통달＊이 있다. 　　通達

18 金額の（タカ）を問わない。 금액의 많고 적음을 따지지 않는다. 　　多寡

19 （ハクジツ）のもとにさらす。 백일하에 드러나다. 　　白日

20 相手の漁場を（シンショク）する。 상대의 어장을 침해하다. 　　侵食

◆ 의사(議事) : 회의에서 어떤 일을 의논함　　◆ 도미(渡米) : 미국으로 건너감
● 병소(病巣) : 병원균이 있는 곳
♣ 통달(通達) : 1.막힘없이 환히 통함　2.말이나 문서로써 기별하여 알림. '알림', '통첩'으로 순화　3.사물의 이치나 지식, 기술 따위를 훤히 알거나 아주 능란하게 함

今日の漢字

カッコ内のカタカナを漢字に直しましょう。

01 雨具を (ケイタイ) する。 비옷을 휴대하다. 　　　　携帯

02 (デイスイ) して路上に寝てしまう。 만취하여 길바닥에 자 버리다. 　　　　泥酔

03 蒸気機関車が黒い煙を (ハ) く。 증기기관차가 검은 연기를 뿜다. 　　　　吐

04 協力の (ヨウセイ) を受ける。 협력 요청을 받다. 　　　　要請

05 (キソン) の設備を見直す。 기존의 설비를 재점검하다. 　　　　既存

06 部下を (サシズ) して準備する。 부하를 지휘하여 준비하다. 　　　　指図

07 冷静かつ (キゼン) とした態度。 냉정하고도 의연*한 태도. 　　　　毅然

08 そんなことは日常 (サハンジ) だ。 그런 것은 일상다반사이다. 　　　　茶飯事

09 統一 (ケンカイ) は得られていない。 통일된 견해는 얻지 못하고 있다. 　　　　見解

10 禁煙車と (キツエン) 車。 금연차와 흡연차. 　　　　喫煙

11 技術 (テイケイ) を行う。 기술 제휴를 실시하다. 　　　　提携

12 (シロウト) 離れした腕を持つ。 아마추어답지 않은 솜씨를 지니다. 　　　　素人

13 飛行機の (トウジョウ) 券を受け取る。 비행기의 탑승권을 받다. 　　　　搭乗

14 大企業の (サンカ) に入る。 대기업의 산하에 들어가다. 　　　　傘下

15 レールに伝わる列車の (ヒビ) き。 레일에 전해지는 열차의 울림. 　　　　響

16 (ソクメン) から援助する。 측면에서 원조하다. 　　　　側面

17 心理が (ビミョウ) に揺れる。 심리가 미묘하게 흔들리다. 　　　　微妙

18 犯罪の (ケイセキ) が見られる。 범죄의 흔적이 보이다. 　　　　形跡

19 誤りを (テイセイ) する。 잘못을 정정하다. 　　　　訂正

20 味覚が (ドンカン) になる。 미각이 둔감해지다. 　　　　鈍感

◆ 의연(毅然) : 전과 다름이 없음

カッコ内のカタカナを漢字に直しましょう。

01 優勝 (コウホ) とうわさされる。 우승 후보로 소문이 나다. 　候補
02 最新の情報を (シュウヤク) したレポート。 최신 정보를 집약한 리포트. 　集約
03 バス路線の (ケイトウ) を調べる。 버스 노선의 계통을 점검하다. 　系統
04 (ソウゴ) の利益をはかる。 상호 이익을 도모하다. 　相互
05 (ジョウイカタツ) を徹底させる。 상의하달*을 철저히 시키다. 　上意下達
06 実に (ナゲ) かわしい状況だ。 실로 한심스러운 상황이다. 　嘆
07 (チュウモン) した品物が届いた。 주문한 물건이 도착했다. 　注文
08 (スルド) い目つきでにらむ。 날카로운 눈초리로 노려보다. 　鋭
09 人命を (ソンチョウ) する精神。 인명을 존중하는 정신. 　尊重
10 亡き音楽家の (ツイトウ) コンサート。 돌아가신 음악가의 추도 콘서트. 　追悼
11 教育 (ダンギ) に花を咲かせる。 교육 담의*에 꽃을 피우다. 　談議
12 (ヒンコン) な発想しかできない。 빈곤한 발상밖에 하지 못하다. 　貧困
13 相手の (イコウ) をくみとる。 상대의 의향을 헤아리다. 　意向
14 植民地を (トウチ) する。 식민지를 통치하다. 　統治
15 保険料を (シサン) する。 보험료를 시산*하다. 　試算
16 時間を (ユウイギ) に過ごす。 시간을 뜻있게 보내다. 　有意義
17 (カンジャ) の命を預かる。 환자의 생명을 책임지다. 　患者
18 証拠を (インメツ) する。 증거를 인멸하다. 　隠滅
19 医療 (カゴ) を告訴する。 의료 과실을 고소하다. 　過誤
20 万事に (ショウキョクテキ) な態度。 만사에 소극적인 태도. 　消極的

◆ 상의하달(上意下達): 윗사람의 뜻이나 명령을 아랫사람에게 전함
♣ 담의(談議): 서로 이야기 하거나 상의함
● 시산(試算): (어림잡기 위해) 시험삼아 계산함

カッコ内のカタカナを漢字に直しましょう。

01 (ゴラク) 施設を建設する。 오락시설을 건설하다. 娯楽

02 (キガル) に引き受ける。 선선히 떠맡다. 気軽

03 豊かな (シキサイ) の絵画。 풍부한 색채의 회화. 色彩

04 春になって雪が (ト) ける。 봄이 되어 눈이 녹다. 溶

05 火勢に追われて (ムチュウ) で逃げる。 불기운에 쫓겨서 정신없이 도망가다. 夢中

06 道で (グウゼン) 出会った。 길에서 우연히 만났다. 偶然

07 毎年 (コウレイ) の催し。 매년 항례◆의 행사. 恒例

08 (ダラク) した生活を送る。 타락한 생활을 보내다. 堕落

09 親に付き (ソ) ってもらう。 부모가 따라가 주다. 添

10 ブランコを大きく (ユ) らす。 그네를 크게 흔들다. 揺

11 その知らせに彼の心は (ドウヨウ) した。 그 소식에 그의 마음은 동요했다. 動揺

12 (レンサ) 反応を引き起こす。 연쇄반응을 일으키다. 連鎖

13 貯蓄を (ショウレイ) する。 저축을 장려♣하다. 奨励

14 生存の可能性が (ウス) れる。 생존의 가능성이 줄어들다. 薄

15 列車のダイヤが (コンラン) している。 열차 운행이 혼란해지다. 混乱

16 無理に誘われて (コマ) る。 무리한 권유로 곤란해 하다. 困

17 国道に (ノゾ) んで建っている家。 국도에 면해 지어진 집. 臨

18 (グウハツ) 的に起こった事故。 우발적으로 일어난 사고. 偶発

19 (カンコウ) バスで市内を回る。 관광버스로 시내를 돌다. 観光

20 花壇の花を (ツ) む。 화단의 꽃을 따다. 摘

◆ 항례(恒例) : 하기로 정해져 있는 의식이나 행사
♣ 장려(奨励) : 좋은 일에 힘쓰도록 북돋아 줌

カッコ内のカタカナを漢字に直しましょう。

01 (フクザツ)な心境だ。 복잡한 심경이다. 　　　複雑
02 (カイマク)戦第一試合。 개막전 첫 시합. 　　　開幕
03 エベレストに(イド)む。 에베레스트에 도전하다. 　　　挑
04 生徒を(ヒキ)いて遠足に行く。 학생을 인솔하여 소풍가다. 　　　率
05 エジプト文明(ハッショウ)の地。 이집트 문명 발상지. 　　　発祥
06 現在(ワダイ)にのぼっている商品。 현재 화제가 되고 있는 상품. 　　　話題
07 敗北は(カントク)の責任だ。 패배는 감독의 책임이다. 　　　監督
08 (タイコウ)意識を燃やす。 대항의식을 불태우다. 　　　対抗
09 (カクベツ)に目をかける。 각별히 보살피다. 　　　格別
10 日本(コクセキ)を取得する。 일본국적을 취득하다. 　　　国籍
11 (ジャッカン)その傾向がある。 약간 그런 경향이 있다. 　　　若干
12 暗殺の(インボウ)をめぐらす。 암살 음모를 꾸미다. 　　　陰謀
13 本会議(カイサイ)にこぎつける。 본 회의 개최에 이르렀다. 　　　開催
14 募金目標額を(トッパ)する。 모금 목표액을 돌파하다. 　　　突破
15 東京に(ヒッテキ)する大都市。 동경에 필적*하는 대도시. 　　　匹敵
16 両国の(シンゼン)を深める。 양국의 친선을 돈독히 하다. 　　　親善
17 栄養の不足を(オギナ)う。 영양부족을 보충하다. 　　　補
18 (キンミツ)な協力体制。 긴밀*한 협력체제. 　　　緊密
19 伝染病を(バイカイ)する蚊。 전염병을 매개하는 모기 　　　媒介
20 彼のやり方は(ドクゼン)的だ。 그의 방법은 독선적이다. 　　　独善

◆ 필적(匹敵) : 능력이나 세력이 엇비슷하여 서로 맞섬
♣ 긴밀(緊密) : 서로의 관계가 매우 가까워 빈틈이 없음

今日の漢字

カッコ内のカタカナを漢字に直しましょう。

01 部長の打ち合わせ先に (ドウコウ) する。 부장의 협의처에 동행하다. — 同行

02 会場まで (トエイ) バスを利用する。 회장까지 도영 버스를 이용하다. — 都営

03 (カセツ) テントでバザーを開催した。 가설 텐트에서 바자를 개최했다. — 仮設

04 昔の知り合いが家に (タズ) ねてきた。 옛날 지인이 집에 찾아왔다. — 訪

05 カルデラ湖は (フンカ) で出来た湖だ。 칼데라호는 분화로 생긴 호수다. — 噴火

06 震災で生活環境が (イッペン) してしまった。 지진으로 인한 재해로 생활환경이 일변해 버렸다. — 一変

07 念願の (カイゴ) 福祉士試験に合格した。 염원하던 개호 복지사 시험에 합격했다. — 介護

08 出来るだけ子供たちの (メンドウ) をみる。 가능한 한 아이들을 돌보다. — 面倒

09 これは熱すると (ユウドク) ガスを発する。 이것은 뜨거워지면 유독가스를 배출한다. — 有毒

10 お (トシヨ) りを敬う心がある。 노인을 공경하는 마음이 있다. — 年寄

11 プライバシーの侵害で (ウッタ) えた。 프라이버시 침해로 고소했다. — 訴

12 苦情や問い合わせが (サットウ) した。 불평이나 문의가 쇄도했다. — 殺到

13 インターネットに (セツゾク) する。 인터넷에 접속하다. — 接続

14 閉店後に毎日 (ダイチョウ) をつける。 폐점 후에 매일 대장을 기록하다. — 台帳

15 正しい道を (センタク) する。 올바른 길을 선택하다. — 選択

16 様々な (ココロ) みがなされた。 다양한 시도가 행해졌다. — 試

17 (トイキ) 交じりに頷いた。 한숨섞인 투로 수긍했다. — 吐息

18 (メイワク) 電話の被害にあった。 성가신 전화 피해를 당했다. — 迷惑

19 (ヤッカン) の見直しを検討している。 약관의 재검토를 검토하고 있다. — 約款

20 裏技を (ア) み出した。 비법을 고안해냈다. — 編

◆ 도영(都営) : 도쿄도가 직접 경영함　　◆ 진재(震災) : 지진으로 인한 재해
◆ 개호(介護) : 간호, 재택 간호
◆ 대장(台帳) : 1.어떤 근거가 되도록 일정한 양식으로 기록한 장부나 원부(原簿) 2.상업상의 모든 계산을 기록한 원부
* 裏技(うらわざ) : 흔히 알려져 있지 않은 비법, 기술

たなばた[七夕]

7월 7일의 행사. 이 날 밤 은하수 양쪽에 있는 견우성과 직녀성이 한 해에 한 번 만난다고 한다. 이별에 여성이 기예가 능숙해짐을 빌면 이룰 수 있다고 하여, 나라시대부터 귀족사회에서는 호시마츠리(星祭り: 음력 7월 7일의 명절)를 했다.

오늘의 漢字 한자

Part 07

カッコ内のカタカナを漢字に直しましょう。

01 父が（カイコ）録を編集した。 아버지가 회고록을 편집했다. 　　回顧

02 顔料で顔を日の丸に（シタ）てた応援団。 안료로 얼굴을 일장기로 만든 응원단. 　　仕立

03 お（セジ）にも美しいとはいえない。 빈말로라도 아름답다고는 할 수 없다. 　　世辞

04 川をはさんで（アイタイ）した町は県外だ。 강을 끼고 맞은편 마을은 현 밖이다. 　　相対

05 とても（インショウテキ）な目の青年に出会った。 매우 인상적인 눈을 가진 청년을 우연히 만났다. 　　印象的

06 優勝を目標に（カカ）げて大会に臨んだ。 우승을 목표로 내걸고 대회에 임했다. 　　掲

07 日本代表が予想外の（カイシンゲキ）を続けた。 일본대표가 예상 밖의 유쾌한 진격을 계속했다. 　　快進撃

08 この体験は皆の心に深く（キザ）まれた。 이 체험은 모두의 마음에 깊이 새겨졌다. 　　刻

09 初出場校が（キョウゴウ）チームを撃破した。 첫 출전 학교가 강호 팀을 격파했다. 　　強豪

10 台風が（セイリョク）を強めて北上してきた。 태풍이 세력을 강화해 북상해왔다. 　　勢力

11 自然な感情が（ハツロ）する。 자연스런 감정이 발로*하다. 　　発露

12 彼は（ヘンキョウ）な性格をしている。 그는 편협한 성격을 갖고 있다. 　　偏狭

13 くれぐれも（ジャシン）を起こすな。 앞으로도 사심*을 일으키지 마라. 　　邪心

14 一部に（ハイガイ）的な空気がある。 일부에 배외*적인 공기가 있다. 　　排外

15 一連の疑惑を（シサ）している。 일련의 의혹을 시사하고 있다. 　　示唆

16 母校の勝利に（コウフン）した。 모교의 승리에 흥분했다. 　　興奮

17 スキーで斜面を（スベ）り降りた。 스키로 경사면을 활강했다. 　　滑

18 結果を（ショウチ）の上での行動。 결과를 알고서 한 행동. 　　承知

19 合理的な（コンキョ）を明らかにする。 합리적인 근거를 명확히 하다. 　　根拠

20 そのやり方は（リクツ）に合っていない。 그 방식은 도리에 맞지 않다. 　　理屈

◆ 발로(発露) : 숨은 것이 겉으로 드러나거나 숨은 것을 겉으로 드러냄
◆ 사심(邪心) : 바르지 아니한 간사스러운 마음
◆ 배외(排外) : 외국인이나 외국의 사상·문물을 배척함

今日の漢字

カッコ内のカタカナを漢字に直しましょう。

01　昔と比べて (カクダン) の差がある。 옛날과 비교하여 현격한 차가 있다.　　　格段

02　(キドウセイ) を重視した組織。 기동성을 중시한 조직.　　　機動性

03　それは (テキカク) な指摘です。 그것은 적확한 지적입니다.　　　的確

04　残念ながら (ケッショウ) で敗れた。 유감스럽지만 결승에서 졌다.　　　決勝

05　昔は (ジンジョウ) 小学校と言っていた。 옛날에는 심상 소학교* 라고 말했다.　　　尋常

06　村のお (マツ) りを見物した。 마을 축제를 구경했다.　　　祭

07　ホノルルマラソンに (サンカ) した。 호놀룰루 마라톤에 참가했다.　　　参加

08　会場はスター登場に (ネッキョウ) した。 회장은 스타 등장에 열광했다.　　　熱狂

09　大きな (セイエン) を受けて登場した。 큰 성원을 받으며 등장했다.　　　声援

10　(オンプ) を暗記する。 음표를 암기하다.　　　音符

11　コンサートの (ヨイン) を楽しむ。 콘서트의 여운을 즐기다.　　　余韻

12　(カイサイ) 地の抽選。 개최지의 추첨.　　　開催

13　(カンメイ) 深いお話でした。 감명 깊은 이야기였습니다.　　　感銘

14　(キュウチ) から逃れた。 궁지로부터 도망쳤다.　　　窮地

15　自信喪失に (オチイ) った。 자신감 상실에 빠졌다.　　　陥

16　(マサツ) で静電気が生じた。 마찰로 정전기가 생겼다.　　　摩擦

17　顔を (オオ) って出てきた。 얼굴을 가리고 나왔다.　　　覆

18　(ジュンカン) 型社会を目指そう。 순환형 사회를 지향하자.　　　循環

19　(ノキ) を借りて雨宿りする。 처마를 빌려 비를 피하다.　　　軒

20　柿の実はまだ (シブ) かった。 감은 아직 떫었다.　　　渋

◆ 심상 소학교(尋常小学校) : 구제도의 소학교. 1947년에 폐지

カッコ内のカタカナを漢字に直しましょう。

01 専門 (ザッシ) の編集に携わっている。 전문 잡지의 편집에 관계하고 있다. 　　雑誌

02 彼はいつもナイフで鉛筆を (ケズ) る。 그는 언제나 칼로 연필을 깎는다. 　　削

03 私は (ビサイ) な点まできちんと説明した。 나는 미세한 점까지 정확히 설명했다. 　　微細

04 いまだに (ヤブ) られない大記録。 아직도 깨지지 않는 대기록. 　　破

05 この絵は赤が (キチョウ) となっている。 이 그림은 빨강이 기조* 로 되어 있다. 　　基調

06 記事を無断で (トウヨウ) された。 기사가 무단으로 도용되었다. 　　盗用

07 私には調査を続行させる (ケンゲン) がない。 나에게는 조사를 속행시킬 권한이 없다. 　　権限

08 (ホクオウ) の国々ではスキー競技が盛んだ。 북유럽 국가들에서는 스키 경기가 한창 유행하고 있다. 　　北欧

09 (チョメイ) な作家の作品を読む。 저명한 작가의 작품을 읽는다. 　　著名

10 仕事に対する (シセイ) がなっていない。 일에 대한 자세가 되어 있지 않다. 　　姿勢

11 データを詳しく (カイセキ) した。 데이터를 상세하게 해석했다. 　　解析

12 ぎりぎりで衝突を (カイヒ) した。 아슬아슬하게 충돌을 회피했다. 　　回避

13 飛行機の (ソウジュウ) には慣れている。 비행기의 조종에는 익숙해져 있다. 　　操縦

14 (スミ) やかに行動をする。 신속하게 행동을 하다. 　　速

15 会議で内容を (ツ) めていく。 회의에서 내용을 끝까지 매듭지어 가다. 　　詰

16 あまりにも (ザンギャク) な行為だ。 너무나도 잔혹한 행위다. 　　残虐

17 事件を (ミゼン) に防いだ。 사건을 미연에 방지했다. 　　未然

18 これは我々の (カンカツ) ではない。 이것은 우리들의 관할이 아니다. 　　管轄

19 刑事 (ソツイ) の対象となった。 형사소추* 의 대상이 되었다. 　　訴追

20 (ヘンコウ) した教育方法を心配する。 편향된 교육방법을 걱정하다. 　　偏向

◆ 기조(基調) : 사상, 작품, 학설 따위에 일관해서 흐르는 기본적인 경향이나 방향
♣ 소추(訴追) : 1.형사 사건에 대하여 법원에 심판을 신청하여 이를 수행하는 일 2.고급 공무원이 직무를 집행할 때 헌법이나 법률을 위배하였을 경우 국가가 탄핵을 결의하는 일

今日の漢字

カッコ内のカタカナを漢字に直しましょう。

01 突然の左遷命令にはさすがに (トマド) う。 갑작스런 좌천 명령에는 역시 당황하다.　　戸惑
02 (ヨ) る年波にはやはり勝てない。 드는 나이는 역시 어쩔 수가 없다. 　　寄
03 人工衛星の軌道を (シュウセイ) する。 인공위성의 궤도를 수정하다. 　　修正
04 (ソウホウ) の言い分が一部食い違った。 쌍방의 주장이 일부 엇갈렸다. 　　双方
05 列車事故で多数の (シショウ) 者が出た。 열차사고로 많은 사상자가 났다. 　　死傷
06 彼は (ヒ) の打ちどころのない人だ。 그는 나무랄 데가 없는 사람이다. 　　非
07 市民が (セントウ) に巻き込まれた。 시민이 전투에 휘말렸다. 　　戦闘
08 海外から (ユウシュウ) な人材を確保する。 해외에서 우수한 인재를 확보하다. 　　優秀
09 自分の未熟さを (ツウカン) して落ちこんだ。 자신의 미숙함을 통감하여 침울해졌다. 　　痛感
10 悪 (エイキョウ) を最小限にとどめる。 악영향을 최소한으로 억제하다. 　　影響
11 彼は (キセイ) 概念にとらわれ過ぎだ。 그는 기성개념에 너무 사로잡혔다. 　　既成
12 双方の (ダキョウ) 案を考えた。 쌍방의 타협안을 생각했다. 　　妥協
13 首相が (シュサイ) する閣議*。 수상이 주최하는 내각 회의. 　　主宰
14 取材 (リンリ) に厳しさが欠けている。 취재 윤리에 엄격함이 결여되어 있다. 　　倫理
15 皆に注意を (ウナガ) した。 모두에게 주의를 촉구했다. 　　促
16 規則の順守を (テッテイ) させた。 규칙의 준수를 철저히 시켰다. 　　徹底
17 みなの信頼を (ソコ) ねた。 모두의 신뢰를 저버렸다. 　　損
18 それは常識を (イツダツ) した行為だ。 그것은 상식을 벗어난 행위이다. 　　逸脱
19 その画面は (リンジョウカン) に溢れている。 그 화면은 현장감에 넘쳐 있다. 　　臨場感
20 これまでの行動を (モウセイ) するべきだ。 지금까지의 행동을 깊이 반성해야 한다. 　　猛省*

◆ 각의(閣議) : 내각 회의, 내각이 그 직무를 수행하기 위하여 개최하는 회의
♣ 맹성(猛省) : 강하게 반성함

カッコ内のカタカナを漢字に直しましょう。

01 大きな案件を複数 (ジュチュウ) した。 커다란 안건을 복수 수주했다. 　　受注
02 企業に東京 (チケン) の捜査が入った。 기업에 도쿄 지검의 수사가 들어갔다. 　　地検
03 全ての商品を希望価格で (ラクサツ) した。 모든 상품을 희망가격으로 낙찰했다. 　　落札
04 プロ野球選手に (ミッチャク) 取材する。 프로야구선수에게 밀착 취재하다. 　　密着
05 彼の (ハイゴ) の黒幕を突き止める。 그의 배후의 막후인물을 규명하다. 　　背後
06 金額では (ハカ) れない利益だ。 금액으로는 잴 수 없는 이익이다. 　　計
07 (リトク) の計算をする。 이득 계산을 하다. 　　利得
08 政治家の間に (ギゴク) が発生した。 정치가 사이에 의옥*이 발생했다. 　　疑獄
09 億単位の大 (キボ) な工事を請け負った。 억 단위의 대규모 공사를 도급 맡았다. 　　規模
10 (コクサク) に寄り添ったビジネスの展開。 국책에 따른 비즈니스 전개. 　　国策
11 トラブルの (タ) えない人だ。 트러블이 끊이지 않는 사람이다. 　　絶
12 考え方の (ヘダ) たりが大きい。 사고방식의 차이가 크다. 　　隔
13 梅雨前線が (テイタイ) している。 장마전선이 정체하고 있다. 　　停滞
14 不祥事を起こした議員を (モンセキ) した。 불상사를 일으킨 의원을 문책♣했다. 　　問責
15 (ドクサイ) 的なやり方に反発した。 독재적인 방법에 반발했다. 　　独裁
16 数々の非礼を (チンシャ) した。 수많은 무례를 사죄했다. 　　陳謝
17 彼等は事前に (サッチ) していた。 그들은 사전에 알아차렸다. 　　察知
18 様々な (リケン) が絡んでいる。 다양한 이권이 얽혀 있다. 　　利権
19 事件の (ケイイ) を説明する。 사건의 경위를 설명하다. 　　経緯
20 彼は (カンリョウ) を目指している。 그는 관료를 목표로 하고 있다. 　　官僚

◆ 의옥(疑獄) : 정치 문제화한 대규모 증수회 사건
♣ 문책(問責) : 잘못을 캐묻고 꾸짖음

今日の漢字

カッコ内のカタカナを漢字に直しましょう。

01 著名な作家の (ショジョサク) を発見する。 저명한 작가의 처녀작을 발견하다. 　　処女作

02 (キュウライ) の方法に捕われない斬新な案。 종래의 방법에 사로잡히지 않는 참신한 안. 　　旧来

03 彼の行動は (ダイタン) 不敵だ。 그의 행동은 대담무쌍하다. 　　大胆

04 全て彼の (ドクダン) で事が運んだ。 모두 그의 독단으로 일이 진행되었다. 　　独断

05 彼は嫌らしい (ネマワ) しが上手い。 그는 음흉한 사전교섭을 잘한다. 　　根回

06 面白い (ウラワザ) を偶然発見した。 재밌는 비법을 우연히 발견했다. 　　裏技

07 家族でいろりを (カコ) んで談笑*した。 가족이 노(爐)에 둘러싸여 이야기를 나누었다. 　　囲

08 (テレンテクダ) の限りを尽くした理事長。 갖은 농간질을 다한 이사장. 　　手練手管*

09 (シンパン) の判定に納得がいかない。 심판의 판정에 납득이 가지 않는다. 　　審判

10 先輩の指示を (アオ) ぐことにした。 선배의 지시를 청하기로 했다. 　　仰

11 皆の意見を (ソウカツ) する。 모두의 의견을 통괄하다. 　　総括

12 その教師は (チョウカイ) 処分を受けた。 그 교사는 징계 처분을 받았다. 　　懲戒

13 事件に対する意識が (キハク) だ。 사건에 대한 의식이 희박하다. 　　希薄

14 学習したことを (ジッセン) する。 학습한 것을 실천하다. 　　実践

15 国会での議論を (カンキ) する。 국회에서의 논의를 환기하다. 　　喚起

16 不穏分子を (ハイジョ) した。 불온*분자를 배제했다. 　　排除

17 試合の (キンコウ) が破られた。 시합의 균형이 깨졌다. 　　均衡

18 失業問題は (シンコク) だ。 실업문제는 심각하다. 　　深刻

19 好調を (イジ) するのは大変だ。 호조를 유지하는 것은 힘들다. 　　維持

20 この金額で一切を (マカナ) うのは厳しい。 이 금액으로 일체를 처리하는 것은 어렵다. 　　賄

◆ 담소(談笑) : 웃으면서 이야기함
♣ 手練手管(てれんてくだ) : 속임수, 농간질
● 불온(不穏) : 치안을 문란하게 할 우려가 있음

カッコ内のカタカナを漢字に直しましょう。

01 同級生の (ソウシキ) が行われた。 동급생의 장례식이 치루어졌다. 　　葬式
02 (サイダン) に亡き祖父の遺影を飾った。 제단에 돌아가신 할아버지의 초상화를 장식했다. 　　祭壇
03 (コウデン) 返しの手配をした。 부의반환 준비를 했다. 　　香典*
04 震災で (イッサイガッサイ) をなくしてしまった。 지진으로 인한 재해로 모든 것을 잃어 버렸다. 　　一切合財
05 葬儀屋にすべて (マカ) せた。 장의사에게 모두 맡겼다. 　　任
06 (コジン) を偲ぶ会を主催した。 고인을 그리는 모임을 주최했다. 　　故人
07 電話料金の (メイサイ) を発行する。 전화요금의 명세서를 발행하다. 　　明細
08 復興の (キザ) しが見え始めた。 부흥의 조짐이 보이기 시작했다. 　　兆
09 彼と私はどうも (シュコウ) が違う。 그와 나는 아무래도 취향이 다르다. 　　趣向
10 受験前は (エンギ) を担ぎたくなる。 수험 전에는 길흉을 따지고 싶어진다. 　　縁起
11 公務 (シッコウ) 妨害で検挙された。 공무 집행 방해로 검거되었다. 　　執行
12 彼は (トクシュ) な技能を持っている。 그는 특수한 기능을 가지고 있다. 　　特殊
13 耐えがたい (ブジョク) を受けた。 견디기 힘든 모욕을 당했다. 　　侮辱
14 団体設立の (シュシ) を説明した。 단체 설립의 취지를 설명했다. 　　趣旨
15 地下水を (ジョウカ) する。 지하수를 정화하다. 　　浄化
16 代替案を集中的に (シンギ) する。 대체 안을 집중적으로 심의하다. 　　審議
17 この仕事は (サイサン) が合わない。 이 일은 채산이 맞지 않다. 　　採算
18 (ジュヨウ) の多い製品。 수요가 많은 제품. 　　需要
19 能力を (カダイ) 評価された。 능력을 과대 평가받았다. 　　過大
20 子供に教育を受けさせる (ギム) がある。 아이에게 교육을 받게 할 의무가 있다. 　　義務

◆ 향전(香典) : 부의. 상가(喪家)에 부조로 보내는 돈이나 물품

今日の漢字

カッコ内のカタカナを漢字に直しましょう。

01 寒さで水面に氷が (ハ) った。 추위로 수면에 얼음이 얼었다. 　　張
02 今月の (チュウジュン) に開店します。 이번 달 중순에 개점합니다. 　　中旬
03 訪れた (サイ) に記帳をした。 방문했을 때에 장부에 기입을 했다. 　　際
04 条約締結が (ゼンテイ) の交渉だ。 조약체결이 전제가 된 교섭이다. 　　前提
05 サービス向上のために (フントウ) した。 서비스 향상을 위해 분투했다. 　　奮闘
06 大事件が新聞の一面に (ノ) った。 대사건이 신문의 일면에 실렸다. 　　載
07 首相は (カッキテキ) な政策を遂行した。 수상은 획기적인 정책을 수행했다. 　　画期的
08 反対派が全体の八割を (シ) めた。 반대파가 전체의 80%를 차지했다. 　　占
09 都合よくお (テモ) りで決められたルール。 형편좋게 자기에게 유리한 쪽으로 정해진 룰. 　　手盛
10 性急に業務の (カイゼン) を迫られた。 성급하게 업무의 개선을 재촉 받았다. 　　改善
11 上層部の (フハイ) を嘆く。 상층부의 부패를 한탄하다. 　　腐敗
12 (ケンゼン) な教育を受けてきた。 건전한 교육을 받아왔다. 　　健全
13 緊急時に適切に (タイショ) する。 긴급 시에 적절하게 대처하다. 　　対処
14 新チームの (カントク) を務める。 새로운 팀의 감독을 맡다. 　　監督
15 多少の失敗は (カンヨウ) する。 다소의 실패는 너그럽게 봐주다. 　　寛容
16 異民族を (ハクガイ) した。 이민족을 박해*했다. 　　迫害
17 食糧問題が (ヒンパツ) する地域。 식량문제가 빈발한 지역. 　　頻発
18 雇用を (ソクシン) する。 고용을 촉진하다. 　　促進
19 (ミッコウ) 者を厳しく取り締まる。 밀항자를 엄격하게 단속하다. 　　密航
20 ヤミ組織の (テキハツ) に全力を注ぐ。 암조직의 적발에 전력을 기울이다. 　　摘発

◆ 박해(迫害) : 못살게 굴어서 해롭게 함

カッコ内のカタカナを漢字に直しましょう。

01　(カガミ) を見ながら口紅を塗った。 거울을 보면서 립스틱을 발랐다.　　鏡

02　待ち合わせはいつもの (キッサ) 店だ。 만남의 장소는 늘 같은 찻집이다.　　喫茶

03　筆記試験で出来るだけ空 (ラン) を埋める。 필기시험에서 가능한 한 공란을 메우다.　　欄

04　最近は物価が上昇 (ケイコウ) にある。 최근에는 물가가 상승하는 경향에 있다.　　傾向

05　この論文の (シュシ) を読み取る。 이 논문의 취지를 간파하다.　　趣旨

06　若者を中心に (カツジ) 離れが進んでいる。 젊은이를 중심으로 활자를 멀리하는 경향이 심해지고 있다.　　活字

07　思い出の (ダンペン) をつなぎ合わせる。 추억의 단편을 이어 맞추다.　　断片

08　シュートに (スバヤ) く反応した。 슛에 재빨리 반응했다.　　素早

09　この議題の要点を (カンケツ) に説明する。 이 의제의 요점을 간결하게 설명하다.　　簡潔

10　原稿を書くのは (コドク) な作業だ。 원고를 쓰는 것은 고독한 작업이다.　　孤独

11　ペットが (ボクサツ) されてしまった。 애완동물이 얻어맞아 죽고 말았다.　　撲殺*

12　円滑な遂行に (シショウ) をきたす事件。 원활한 수행에 지장을 초래하는 사건.　　支障

13　(グンバツ) 政治が行われている。 군벌정치가 행해지고 있다.　　軍閥

14　良からぬ思惑が (ウズ) 巻いている。 좋지 않은 의혹이 소용돌이치고 있다.　　渦

15　住民が巻き (ゾ) えになった。 주민이 말려들어 손해를 입었다.　　添

16　封建体制を (ダハ) した。 봉건체제를 타파했다.　　打破

17　宇宙はたえず (ボウチョウ) している。 우주는 끊임없이 팽창하고 있다.　　膨張

18　政治腐敗の (オンショウ) になっている。 정치 부패의 온상이 되고 있다.　　温床

19　国が (チョッカツ) している事業。 나라가 직할하고 있는 사업.　　直轄

20　権限を (ウバ) われた。 권한을 빼앗겼다.　　奪

◆ 박살(撲殺) : 때려죽임

今日の漢字

カッコ内のカタカナを漢字に直しましょう。

01 機長の（シュンジ）の判断が乗客を救った。 기장의 순식간의 판단이 승객을 구했다. — 瞬時

02 飛行機が急激に（カコウ）した。 비행기가 급격히 하강했다. — 下降

03 彼は（リョカク）機のパイロットになった。 그는 여객기의 파이럿이 되었다. — 旅客

04 大量の（カモツ）を飛行機で運搬する。 대량의 화물을 비행기로 운반하다. — 貨物

05 パイロットは（カンセイカン）の指示に従う。 파일럿은 관제관의 지시에 따른다. — 管制官

06 事故を事前に（カイヒ）できた。 사고를 사전에 피할 수 있었다. — 回避

07 台風が日本に（セッキン）している。 태풍이 일본에 접근하고 있다. — 接近

08 双子の行動はとても（ニ）ている。 쌍둥이의 행동은 매우 비슷하다. — 似

09 上司の指示に素直に（シタガ）う。 상사의 지시에 순수하게 따르다. — 従

10 寒気がしてぞくぞくと背筋が（フル）えた。 한기가 들어 오슬오슬 등골이 떨렸다. — 震

11 差別や（ギャクタイ）に苦しむ。 차별이나 학대에 시달리다. — 虐待

12 対策を（ネ）り直した。 대책을 다시 수립하다. — 練

13 報道に（タズサ）わる仕事をしている。 보도에 관여한 일을 하고 있다. — 携

14 軍事（カイニュウ）の口実を与えた。 군사개입의 구실을 부여했다. — 介入

15 （セマ）い道路をトラックが通る。 좁은 도로를 트럭이 지나가다. — 狭

16 川に（ソ）って歩く。 강을 따라 걷다. — 沿

17 新しい決議案が（サイタク）された。 새로운 결의안이 채택되었다. — 採択

18 アイディアが（ヒンコン）だ。 아이디어가 빈곤하다. — 貧困

19 森林（バッサイ）は環境を破壊する。 삼림 벌채♣는 환경을 파괴한다. — 伐採

20 （コウハイ）した土地を復旧した。 황폐♣한 토지를 복구했다. — 荒廃

◆ 벌채(伐採) : 나무를 베어 내거나 섶을 깎아 냄
♣ 황폐(荒廃) : 집, 토지, 삼림 따위가 거칠어져 못 쓰게 됨

カッコ内のカタカナを漢字に直しましょう。

01 彼はクラシック音楽の（アイコウカ）だ。　그는 클래식 음악의 애호가다.　　愛好家

02 川底から恐竜の骨が（ハックツ）された。　강바닥에서 공룡의 뼈가 발굴되었다.　　発掘

03 （キャクソウ）に沿った商品を開発した。　고객층에 따른 상품을 개발했다.　　客層

04 随分（シロウト）くさい出来栄えだ。　무척 아마추어 티가 나는 솜씨다.　　素人

05 彼は（スイリ）小説を好んで読む。　그는 추리소설을 즐겨 읽는다.　　推理

06 社員を総（ドウイン）して事態に当たった。　사원을 총동원하여 사태에 맞섰다.　　動員

07 複雑な計画の全体像が姿を（アラワ）した。　복잡한 계획의 전체상이 모습을 드러냈다.　　現

08 小さく念仏を（トナ）えた。　작게 염불을 외웠다.　　唱

09 歴史上の新発見に（シゲキ）された。　역사상의 새로운 발견에 자극받았다.　　刺激

10 日本人は（ノウコウ）民族だといわれている。　일본인은 농경민족이라고 알려져 있다.　　農耕

11 スローガンを（カカ）げて行動する。　슬로건을 내세우며 행동하다.　　掲

12 （カンゲイ）式典に参加した。　환영식전에 참가했다.　　歓迎

13 迅速な決断を（セマ）った。　신속한 결단을 강요했다.　　迫

14 強い（ニンタイ）力が必要だ。　강한 인내력이 필요하다.　　忍耐

15 深く肝に（メイ）じた。　깊이 명심했다.　　銘

16 議題の（ゼヒ）を問う。　의제의 시비◆를 묻다.　　是非

17 知識の（トボ）しい人だ。　지식이 부족한 사람이다.　　乏

18 国会で証人を（ジンモン）した。　국회에서 증인을 심문했다.　　尋問

19 彼の将来に（ケネン）を抱いた。　그의 장래를 걱정했다.　　懸念

20 （ジンソク）な対応をする。　신속한 대응을 하다.　　迅速

◆ 시비(是非)：옳고 그름

今日の漢字

カッコ内のカタカナを漢字に直しましょう。

01 日本の (シュト) 移転計画が浮上した。 일본의 수도 이전 계획이 부상했다.　　首都
02 さすがにビタミンの摂取量が (トボ) しい。 역시 비타민의 섭취량이 부족하다. 　　乏
03 彼らは珍しい (フウシュウ) を持つ民族だ。 그들은 진귀한 풍습을 가진 민족이다. 　　風習
04 彼女は (トクチョウ) のある服装をしている。 그녀는 특징이 있는 복장을 하고 있다. 　　特徴
05 梅雨前線が日本海沖で (テイタイ) している。 장마전선이 일본해 앞바다에서 정체하고 있다. 　　停滞
06 就職を (ケイキ) に一人暮らしを始めた。 취직을 계기로 독신 생활을 시작했다. 　　契機
07 台本の (ヨハク) さえも想像させるような演技。 대본의 여백조차도 상상하게 하는 연기. 　　余白
08 紙はこの地域では大変な (キチョウ) 品だ。 종이는 이 지역에서는 대단한 귀중품이다. 　　貴重
09 世界情勢の (イッタン) を垣間見た事件。 세계정세의 일부를 슬쩍 들여다 본 사건. 　　一端
10 アフリカの歴史は (クナン) の連続だ。 아프리카의 역사는 고난의 연속이다. 　　苦難
11 その原案は (キャッカ) された。 그 원안은 각하 되었다. 　　却下
12 試験の (ケイコウ) と対策。 시험의 경향과 대책. 　　傾向
13 前線に (キュウエン) 物資を送った。 전선에 구원 물자를 보냈다. 　　救援
14 (キワ) めて異例な決定だ。 매우 이례적인 결정이다. 　　極
15 差別や (ヘンケン) を恐れた。 차별이나 편견을 우려했다. 　　偏見
16 首相の座に (ツ) いた。 수상의 자리에 취임했다. 　　就
17 偶像を (スウハイ) している。 우상을 숭배하고 있다. 　　崇拝
18 企業間の格差が (ケンチョ) になった。 기업 간의 격차가 현저해졌다. 　　顕著
19 (タイダ) な生活を戒めた。 나태한 생활을 경계했다. 　　怠惰
20 味方の声援に (フンキ) した。 아군의 성원에 분발했다. 　　奮起

◆ 각하(却下) : 1.행정법에서, 국가 기관에 대한 행정상 신청을 배척하는 처분을 받다 2.민사 소송법에서, 소(訴)나 상소가 형식적인 요건을 갖추지 못한 경우, 부적법한 것으로 하여 내용에 대한 판단 없이 소송을 종료하다

カッコ内のカタカナを漢字に直しましょう。

01 梅雨時期は物が (クサ) りやすい。 장마 시기는 음식이 썩기 쉽다. — 腐

02 じめじめとうっとおしい (キセツ) だ。 눅눅하고 울적한 계절이다. — 季節

03 彼女の口数の多さには (ヘイコウ) する。 그녀의 말수가 많음에는 질린다. — 閉口

04 日本は (コウオンタシツ) な気候だ。 일본은 고온다습한 기후이다. — 高温多湿

05 食品 (テンカブツ) には不安なものが多い。 식품 첨가물에는 불안한 것이 많다. — 添加物

06 問診表の (コウモク) にすべて答える。 문진표의 항목에 모두 대답하다. — 項目

07 (キョクタン) なダイエットは体に良くない。 극단적인 다이어트는 몸에 좋지 않다. — 極端

08 この映画には (ネンレイ) 制限がある。 이 영화에는 연령 제한이 있다. — 年齢

09 カロリーの取り過ぎで (ヒマン) になる。 칼로리의 과다한 섭취로 비만이 되다. — 肥満

10 事態は (シンコク) な状況に陥っている。 사태는 심각한 상황에 빠져 있다. — 深刻

11 月刊誌に (ケイサイ) された。 월간지에 게재되었다. — 掲載

12 (ジョウシキ) にとらわれない手法。 상식에 사로잡히지 않는 수법. — 常識

13 最 (ユウセン) に議論されるべき案件。 최우선으로 논의되어야 할 안건. — 優先

14 公的機関に (チンジョウ) をした。 공적 기관에 진정을 했다. — 陳情

15 政治家の (フショウジ) を処断した。 정치가의 불상사를 처단*했다. — 不祥事

16 史上まれに見る (サンジ) となった。 역사상 드물게 보는 참사*가 되었다. — 惨事

17 交代で (キュウケイ) を取る。 교대로 휴식을 취하다. — 休憩

18 攻撃の (タイセイ) を整えた。 공격 태세를 갖추었다. — 態勢

19 双方の判断が (アイハン) した。 쌍방의 판단이 상반되었다. — 相反

20 彼の対応は (ダトウ) だった。 그의 대응은 타당했다. — 妥当

◆ 처단(処断) : 결단을 내려 처치하거나 처분함
♣ 참사(惨事) : 비참하고 끔찍한 일

今日の漢字

カッコ内のカタカナを漢字に直しましょう。

01	宗教やセールスの (カンユウ) はお断りです。 종교나 세일즈의 권유는 사양합니다.	勧誘
02	彼女はこの店の (カンバン) 娘として有名だ。 그녀는 이 가게의 간판 아가씨로서 유명하다.	看板
03	彼は本名よりも (ツウショウ) の方が有名だ。 그는 본명보다도 통칭 쪽이 유명하다.	通称
04	この建物はとても (カイホウ) 的な造りだ。 이 건물은 매우 개방적인 구조이다.	開放
05	喫茶店で (ジュウギョウイン) を募集している。 찻집에서 종업원을 모집하고 있다.	従業員
06	彼女は誰とでもすぐに (ナカ) 良くなれる。 그녀는 누구와라도 금방 사이가 좋아질 수 있다.	仲
07	番組の (ボウトウ) で宣伝された効果は大きい。 프로그램의 첫머리에서 선전된 효과는 크다.	冒頭
08	外国の映画を専門に (ジョウエイ) する映画館。 외국 영화를 전문으로 상영하는 영화관.	上映
09	今度のど (ジマン) 大会に出場する。 이번에 노래자랑 대회에 출전한다.	自慢
10	隣のクラスと応援合戦を (ク) り広げる。 옆 반과 응원 대결을 펼치다.	繰
11	認可の (キジュン) がまちまちだ。 인가 기준이 제각기 다르다.	基準
12	身を (ギセイ) にして働いた。 몸을 희생하여 일했다.	犠牲
13	クロレラは (ソウ) 類だ。 클로렐라는 조류♦다.	藻
14	缶詰 (セイゾウ) 工場で働く。 통조림 제조 공장에서 일하다.	製造
15	事実を (フンショク) して話した。 사실을 분식♣하여 말했다.	粉飾
16	(サギ) の容疑で逮捕された。 사기 용의로 체포되었다.	詐欺
17	討論の (ショウテン) を絞った。 토론의 초점을 좁혔다.	焦点
18	音が隅々まで (ヒビ) くホールだ。 소리가 구석구석까지 울려퍼지는 홀이다.	響
19	新しい計画を (サクテイ) する。 새로운 계획을 책정하다.	策定
20	不正の芽を (ツ) む。 부정의 싹을 따다.	摘

♦ 조류(藻類) : (식물) 하등 은화식물의 한 무리
♣ 분식(粉飾) : 1.내용이 없이 겉치레만 좋게 꾸밈 2.실제보다 좋게 보이려고 사실을 숨기고 거짓으로 꾸밈

カッコ内のカタカナを漢字に直しましょう。

01 全員で (タイサク) を協議した。 전원이 대책을 협의했다. 　　対策

02 緊急の対策を (コウ) じる。 긴급 대책을 강구하다. 　　講

03 (イダイ) な大統領を偲ぶ。 위대한 대통령을 그리워하다. 　　偉大

04 調査結果を分析 (コウサツ) した。 조사결과를 분석 고찰했다. 　　考察

05 (ソヤ) な言葉使いは失礼だ。 거칠고 천한 말투는 실례이다. 　　粗野

06 (イク) つもの危機を乗り越えた。 여러 번의 위기를 극복했다. 　　幾

07 大臣に辞任を (スス) めた。 대신에게 사임을 권했다. 　　勧

08 その発言は (フユカイ) だ。 그 발언은 불쾌하다. 　　不愉快

09 学問を志す (ヤカラ) が集う。 학문에 뜻을 둔 사람들이 모이다. 　　輩

10 頭を (タ) れて反省していた。 머리를 숙이고 반성하고 있었다. 　　垂

11 キーワードを (コウシン) する。 키워드를 갱신하다. 　　更新

12 出発時刻は (スデ) に過ぎていた。 출발시각은 이미 지났다. 　　既

13 暴力団を (イッソウ) する。 폭력단을 모조리 쓸어버리다. 　　一掃*

14 海外旅行に (サソ) われた。 해외여행에 권유를 받았다. 　　誘

15 その問題集は (セイセン) された良問が多い。 그 문제집은 정선된 좋은 문제가 많다. 　　精選

16 病状が (ヘンヨウ) した。 병상태가 변모했다. 　　変容*

17 新規事業部門から (テッタイ) した。 신규사업부문에서 철수했다. 　　撤退

18 (カクサ) 社会の到来だ。 격차 사회의 도래*이다. 　　格差

19 (シュウトウ) な注意が必要だ。 (용의) 주도*한 주의가 필요하다. 　　周到

20 伊勢神宮* に (サンパイ) する。 이세 신궁에 참배하다. 　　参拝

◆ 일소(一掃) : 모조리 쓸어버림. 죄다 없애버림　　◆ 변용(変容) : 용모가 바뀜. 변모
◆ 도래(到来) : 어떤 시기나 기회가 닥쳐옴
◆ 주도(周到) : (준비 등이) 고루 미쳐서 빈틈이 없음
* 伊勢神宮(いせじんぐう) : 미에현 이세(伊勢)시에 있는 일본 황실의 선조를 모신 신궁(神宮)

今日の漢字

カッコ内のカタカナを漢字に直しましょう。

01 (セイジョウキ) を掲げた応援団が来日した。 성조기를 내건 응원단이 방일했다. 　　星条旗

02 権利を主張して裁判所に (テイソ) した。 권리를 주장하며 재판소에 제소했다. 　　提訴

03 伝統文化を脈々と (ケイショウ) する一族。 전통문화를 맥맥이 계승하는 일족. 　　継承

04 干ばつに苦しみ雨乞いの (ギシキ) を行う。 가뭄에 시달려 기우제를 올리다. 　　儀式

05 職員の (コウヒ) 乱用が明るみに出た。 직원의 공비*남용이 드러났다. 　　公費

06 隅々まで (タンネン) に調査をする。 구석구석까지 정성들여 조사를 하다. 　　丹念

07 行為の合法性を (リッショウ) するための資料。 행위의 합법성을 입증하기 위한 자료. 　　立証

08 知事の逮捕で議会が大 (サワ) ぎをした。 지사의 체포로 의회가 큰 소란을 피웠다. 　　騒

09 国内から反対者を (ハイセキ) した。 국내에서 반대자를 배척했다. 　　排斥

10 伝統文化の (コウヨウ) に一役買う。 전통 문화의 고양에 한몫 거들다. 　　高揚

11 出馬の (イコウ) を固めた。 출마의 의향을 굳혔다. 　　意向

12 対立陣営が (ヨウリツ) してきた人物。 대립진영이 옹립해 온 인물. 　　擁立

13 大学に (スイセン) で合格する。 대학에 추천으로 합격하다. 　　推薦

14 出馬要請を (コジ) した。 출마 요청을 굳이 사양했다. 　　固辞*

15 それはあまりにも (チセツ) な発想だ。 그것은 너무나도 치졸한 발상이다. 　　稚拙

16 (シュウシン) 時間はとっくに過ぎている。 취침시간은 벌써 지났다. 　　就寝

17 特別な (ソチ) をとった。 특별한 조치를 취했다. 　　措置

18 転職を (ヨギ) なくされた。 부득이하게 전직하게 되었다. 　　余儀

19 自治体としての (セキム) を負っている。 자치 단체로서의 책무를 지고 있다. 　　責務

20 適正な利用が (サマタ) げられた。 적정*한 이용이 방해되었다. 　　妨

◆ 공비(公費) : 국가·공공 단체 등의 비용
♣ 고사(固辞) : 굳이 사양함
● 적정(適正) : 알맞고 바른 정도

カッコ内のカタカナを漢字に直しましょう。

01 猫もときには (キョウボウ) になる。 고양이도 때로는 난폭해진다. 凶暴

02 彼は柔道の (タツジン) と言われている。 그는 유도의 달인이라고 불리고 있다. 達人

03 土ぼこりが激しく (マ) っている。 흙먼지가 심하게 일고 있다. 舞

04 映画の (ヤクドウカン) を引き立てる効果。 영화의 약동감*을 돋보이게 하는 효과. 躍動感

05 今回の仕事で重要な (ヤク) を担った。 이번 일로 중요한 임무를 맡았다. 役

06 この辺りでは熊が (シュツボツ) する。 이 부근에서는 곰이 출몰*한다. 出没

07 彼は (シップウ) 怒涛の人生を送っている。 그는 질풍노도의 인생을 보내고 있다. 疾風

08 うまい具合に (イキオ) いに乗った。 능숙한 상태로 기세를 탔다. 勢

09 流れに乗れずに途中で (シッソク) した。 흐름을 타지 못하고 도중에 실속했다. 失速

10 祖父は (ジュンプウ) 満帆な一生を送った。 할아버지는 순조로운 일생을 보냈다. 順風

11 彼女は (メイロウ) で活発な女性だ。 그녀는 명랑하고 활발한 여성이다. 明朗

12 役所の対応に (ゴウ) を煮やした。 관공서의 대응에 애를 태웠다. 業

13 運営を (キフ) 金に頼った。 운영을 기부금에 의지했다. 寄付

14 風邪の流行で学級を一時 (ヘイサ) した。 감기의 유행으로 학급을 한때 폐쇄했다. 閉鎖

15 自らを厳しく (リッ) する。 스스로를 엄하게 다루다. 律

16 怪我により戦線を (リダツ) した。 상처로 전선을 이탈*했다. 離脱

17 グライダーで (カックウ) する。 글라이더로 활공*한다. 滑空

18 技術の向上を (シュガン) に置いている。 기술의 향상을 주안에 두고 있다. 主眼

19 君のお陰で手間が (ハブ) けた。 자네 덕분에 수고를 덜었다. 省

20 (コウリツ) のいい生産方法を編み出した。 효율이 좋은 생산방법을 생각해 냈다. 効率

♦ 악동감(躍動感) : 생기 있고 활발하게 움직이는 느낌
♣ 출몰(出没) : 어떤 현상이나 대상이 나타났다 사라졌다 함
♥ 이탈(離脱) : 어떤 범위나 대열 따위에서 떨어져 나오거나 떨어져 나감
♠ 활공(滑空) : 항공기가 발동기를 끄고 타력(惰力)으로 비행하는 일

今日の漢字

カッコ内のカタカナを漢字に直しましょう。

01 結局はどの案も (ダイドウショウイ) だ。 결국은 어느 안도 대동소이*다.　　大同小異

02 どの大臣の発想も似 (カヨ) っている。 어느 대신의 발상도 서로 비슷하다.　　通

03 天然の (シバフ) を植えた。 천연 잔디를 심었다.　　芝生

04 彼に協会設立を (テイショウ) した。 그에게 협회 설립을 제창했다.　　提唱

05 この国では多民族が (キョウセイ) している。 이 나라에서는 다민족이 공생하고 있다.　　共生

06 先人の (チエ) を拝借する。 선인의 지혜를 빌리다.　　知恵

07 人情よりもビジネスを (ユウセン) させる。 인정보다도 비즈니스를 우선시키다.　　優先

08 風水学的に家具の (ハイチ) を変える。 풍수학적으로 가구 배치를 바꾸다.　　配置

09 それでは仏つくって (タマシイ) 入れずだ。 그래서는 '애써 한 일에 가장 중요한 것이 빠져 있다' 다.　　魂

10 首相の発言には政治的 (オモワク) を感じる。 총리의 발언에는 정치적 의도를 느낀다.　　思惑

11 新しい知事が (タンジョウ) した。 새로운 지사가 탄생했다.　　誕生

12 国家の (キミツ) 文書が紛失した。 국가의 기밀문서를 분실했다.　　機密

13 彼は弱みを (ニギ) られている。 그는 약점이 잡혀 있다.　　握

14 制裁措置に (タン) を発した摩擦問題。 제재 조치에 발단이 된 마찰 문제.　　端

15 彼の名を力の限り (サケ) んだ。 그의 이름을 힘껏 외쳤다.　　叫

16 彼は (ソウセツ) 当時からのメンバーだ。 그는 창설 당시부터의 멤버이다.　　創設

17 コンピューターウィルスを (ケンチ) した。 컴퓨터 바이러스를 검사하여 알아냈다.　　検知*

18 国境や (コウワン) の警備をする。 국경이나 항만 경비를 하다.　　港湾

19 先進国は (コクエキ) を優先しすぎだ。 선진국은 국익을 너무 우선시 한다.　　国益

20 不用意な発言は (ヒカ) える。 조심성 없는 발언은 삼가하다.　　控

◆ 대동소이(大同小異) : 큰 차이 없이 거의 같음
◆ 검지(検知) : 검사하여 알아냄

カッコ内のカタカナを漢字に直しましょう。

01 まだ水（ジジョウ）のよくない国がある。 아직 물 사정이 좋지 않은 나라가 있다. 　事情
02 子供が小さいうちは（テモト）に置いておく。 아이들이 어린 동안은 곁에 놓아두다. 　手元
03 甘いものに（ムイシキ）に手を伸ばす。 단 것에 무의식적으로 손을 뻗치다. 　無意識
04 このうどんは（ホンカク）的な製法で作られた。 이 우동은 본격적인 제법으로 만들어졌다. 　本格
05 運転の（ギジ）体験で効率よく学んだ。 운전의 유사체험으로 효율 있게 배웠다. 　疑似
06 自らの（ヨッキュウ）を全て満たすのは大変だ。 자신의 욕구를 모두 채우는 것은 힘들다. 　欲求
07 試験のために年表を（オボ）えた。 시험을 위해 연표를 외웠다. 　覚
08 これはとても（サッショウ）能力の高い刃物だ。 이것은 매우 살상 능력이 높은 칼이다. 　殺傷
09 川の中ほどで（フカ）みにはまった。 강의 중간정도에서 구렁에 빠졌다. 　深
10 スキー競技で（テントウ）してしまった。 스키 경기에서 넘어져 버렸다. 　転倒
11 今日は（フトコロ）が暖かい。 오늘은 호주머니 사정이 좋다. 　懐
12 （ナワバ）り争いが激しい。 세력권 다툼이 치열하다. 　縄張
13 計画を速やかに（ジッシ）した。 계획을 신속하게 실시했다. 　実施
14 最初に基本的な（ワク）組みを作った。 처음에 기본적인 틀을 만들었다. 　枠
15 外部の人間と（セッショク）した。 외부의 인간과 접촉했다. 　接触
16 （キョウコウ）な意見を述べた。 강경한 의견을 말했다. 　強硬
17 感情を（オサ）えた話し方をした。 감정을 억제한 말투를 했다. 　抑
18 石油を（サイクツ）する。 석유를 채굴하다. 　採掘
19 企業と（コヨウ）契約を結んだ。 기업과 고용계약을 맺었다. 　雇用
20 中東諸国は石油の（マイゾウ）量を誇る。 중동제국은 석유의 매장량을 자랑하다. 　埋蔵

◆ 살상(殺傷) : 사람을 죽이거나 상처를 입힘

今日の漢字

カッコ内のカタカナを漢字に直しましょう。

01 あなたからの手紙を (ハイケン) する。 당신으로부터의 편지를 삼가보다.　　拝見

02 対抗勢力にも (コウゼン) と胸を張った。 대항 세력에도 의기양양하게 가슴을 폈다.　　昂然 *

03 新商品を棚に (チンレツ) した。 신상품을 선반에 진열했다.　　陳列

04 海外の (リッパ) な角を持つ動物の写真。 해외의 훌륭한 뿔을 가진 동물의 사진.　　立派

05 がんを (ヨクセイ) する遺伝子の研究。 암을 억제하는 유전자의 연구.　　抑制

06 雨天続きに天を仰いで (タンソク) した。 계속되는 우천에 하늘을 우러러보고 탄식했다.　　嘆息

07 地図を正確に (ビョウシャ) する。 지도를 정확하게 묘사하다.　　描写

08 アフリカ (タイリク) の形を描く。 아프리카 대륙의 형태를 그리다.　　大陸

09 彼の提案は非常に (オモシロ) い。 그의 제안은 매우 재미있다.　　面白

10 自信なさそうに (フシメ) がちに話し出した。 자신없는 듯 시선을 곧잘 내리깔면서 이야기했다.　　伏目 *

11 この商品が事業拡大の (シキンセキ) になる。 이 상품이 사업 확대의 시금석이 되다.　　試金石

12 国の一般 (サイシュツ) が増えた。 국가의 일반 세출이 늘었다.　　歳出

13 ことの良し悪しを (ミキワ) める。 일의 좋고 나쁨을 확인하다.　　見極

14 ガソリンは (キハツ) 性が高い。 가솔린은 휘발성이 높다.　　揮発

15 教育の (ガンモク) は人間の形成にある。 교육의 안목은 인간의 형성에 있다.　　眼目

16 私は病院に (キンム) している。 나는 병원에 근무하고 있다.　　勤務

17 様々な就業 (ケイタイ) がある。 다양한 취업 형태가 있다.　　形態

18 世にも (フシギ) な体験をした。 참으로 불가사의한 체험을 했다.　　不思議

19 (レツアク) な環境で働かされる。 열악한 환경에서 일을 하게 되다.　　劣悪

20 (ユウチョウ) に構えている時間はない。 마음을 느긋하게 가질 시간이 없다.　　悠長

◆ 昂然(こうぜん) : 의기양양함
♣ 伏目(ふしめ) : 눈을 내리뜸. 시선을 내리깔

カッコ内のカタカナを漢字に直しましょう。

01	この病院の (マチアイシツ) はとてもお洒落だ。 이 병원의 대합실은 매우 세련되다.	待合室
02	教官が (トナリ) に立っている。 교관이 옆에 서 있다.	隣
03	サービス競争が熱を (オ) びる。 서비스 경쟁이 열기를 띄다.	帯
04	息子の部屋は (ザツゼン) としている。 아들의 방은 어수선하다.	雑然
05	十八歳で自動車の (メンキョ) を取得した。 18세에 자동차의 면허를 취득했다.	免許
06	経営難で教習所を (ヘイサ) する。 경영난으로 교습소를 폐쇄하다.	閉鎖
07	ラッシュ時を避けた (カイテキ) な通勤。 러시아워 때를 피한 쾌적한 통근.	快適
08	馬の (タヅナ) を少し緩めた。 말의 고삐를 조금 늦췄다.	手綱
09	交通違反を厳しく取り (シ) まる。 교통위반을 엄하게 단속하다.	締
10	(シンマイ) 社員のフォローをする。 신입사원을 지원하다.	新米
11	飛行機が (カッソウロ) に降りてきた。 비행기가 활주로에 내려왔다.	滑走路
12	切り札を (オンゾン) している。 비장의 카드를 온존◆하고 있다.	温存
13	増税に (ビンジョウ) して値上げする。 증세에 편승하여 가격을 올리다.	便乗
14	両国の関係に (カコン) を残しかねない。 양국 관계에 화근을 남길 지도 모른다.	禍根
15	(バッポン) 的な改革案を発表する。 발본적인 개혁안을 발표하다.	抜本
16	助言を無視して (セッソク) に走った。 조언을 무시하고 졸속으로 치닫다.	拙速
17	その法律には (フソク) がある。 그 법률에는 부칙이 있다.	付則
18	万全を (キ) して試験に臨む。 만전을 기하고 시험에 임하다.	期
19	この地域は (リベン) 性が悪い。 이 지역은 편의성이 나쁘다.	利便
20	それだけは決して (ユズ) れない。 그것만은 결코 양보할 수 없다.	譲

◆ 온존(温存) : 1.소중하게 보존함 2.좋지 못한 일을 고치지 아니하고 그대로 둠

今日の漢字

カッコ内のカタカナを漢字に直しましょう。

01 我が家の (ソセン) は商人だった。 우리 집의 조상은 상인이었다. 　　祖先
02 目の (サッカク) を起こす模様だ。 눈의 착각을 일으키는 모양이다. 　　錯覚
03 (セイ) なる神器を手に入れた。 성스러운 신기를 손에 넣었다. 　　聖
04 (ケモノ) のような目をした少年。 짐승과 같은 눈을 한 소년. 　　獣
05 彼はヨットで太平洋を (ワタ) った。 그는 요트로 태평양을 건넜다. 　　渡
06 事務員として大学に (キンム) している。 사무원으로서 대학에 근무하고 있다. 　　勤務
07 世界中の (イセキ) を見て回る。 전 세계의 유적을 순회하다. 　　遺跡
08 時代の (チョウリュウ) に上手く乗った。 시대의 조류를 잘 탔다. 　　潮流
09 二つの文明の (ルイジ) 点を探した。 두 문명의 비슷한 점을 찾았다. 　　類似
10 自転車で世界中を (カ) け巡った。 자전거로 전 세계를 뛰어다녔다. 　　駆
11 (オリ) を見て伺います。 기회를 보고 방문하겠습니다. 　　折
12 不審船に (イカク) 射撃をした。 수상한 배에 위협사격을 했다. 　　威嚇
13 事業を (キドウ) に乗せるまでが大変だ。 사업을 궤도에 올리기까지가 힘들다. 　　軌道
14 テレビは (デンジハ) を発している。 텔레비전은 전자파를 방출하고 있다. 　　電磁波
15 その提案は全会 (イッチ) で承認された。 그 제안은 만장일치로 승인되었다. 　　一致
16 彼の企業はこの業界の (ヨコヅナ) だ。 그의 기업은 이 업계의 제일인자다. 　　横綱
17 国技館に (スモウ) を見に行った。 국기관에 스모를 보러 갔다. 　　相撲
18 最前線で (ジントウ) 指揮を取る。 최전선에서 진두♦지휘를 하다. 　　陣頭
19 (ハクリ) 多売の商法。 박리다매의 상법. 　　薄利
20 愛馬の (ユウシ) を心に留める。 사랑스런 말의 용감하고 씩씩한 모습을 마음에 두다. 　　雄姿♣

◆ 진두(陣頭) : 군진(軍陣)의 맨 앞
♣ 웅자(雄姿) : 용감하고 씩씩한 모습

カッコ内のカタカナを漢字に直しましょう。

01 彼の不可解*な行動は (リカイ) に苦しむ。 그의 이해할 수 없는 행동은 이해하기 힘들다. 　理解

02 冬型の天気がようやく (カンワ) し始めた。 겨울형의 날씨가 겨우 완화되기 시작했다. 　緩和

03 薬がじわじわと (キ) いてきた。 약이 조금씩 듣기 시작했다. 　効

04 過剰な出費を (オサ) える計画を立てる。 과잉된 출비를 억제할 계획을 세우다. 　抑

05 (ジゴク) のような苦しみを体験した。 지옥과 같은 고통을 체험했다. 　地獄

06 美酒をじっくりと (アジ) わう。 맛있는 술을 차분하게 맛보다. 　味

07 インフレからの (ダッキャク) を目指す。 인플레로부터 벗어나는 걸 목표로 하다. 　脱却

08 不況により (キンリ) の引き下げを実施した。 불황으로 인해 금리의 인하를 실시했다. 　金利

09 研究者が抜群の (トッコウヤク) を開発した。 연구자가 발군의 특효약을 개발했다. 　特効薬

10 メディアによる (センデン) の効果は莫大だ。 미디어에 의한 선전의 효과는 막대하다. 　宣伝

11 会社 (コウセイ) 手続きの申請をした。 회사 갱생 수속 신청을 했다. 　更生

12 その事件で業界に (ドウヨウ) が走った。 그 사건으로 업계에 동요가 일어났다. 　動揺

13 その一言が災いを (マネ) いた。 그 한마디가 화를 초래했다. 　招

14 市場の不安を (ヤワ) らげた。 시장의 불안을 완화했다. 　和

15 主家 (サイコウ) の日まで耐え忍いだ。 주인 부흥의 날까지 견디어냈다. 　再興

16 (イヨク) 的に就職活動をした。 의욕적으로 취업활동을 했다. 　意欲

17 彼はこの分野に関しては (シロウト) だ。 그는 이 분야에 관해서는 아마추어다. 　素人

18 それは (ジゲン) の違う話だ。 그것은 차원이 다른 이야기이다. 　次元

19 ネット (ハンザイ) が急増している。 네트 범죄가 급증하고 있다 　犯罪

20 応急処置を (ホドコ) した。 응급처치를 실시했다. 　施

◆ 불가해(不可解): 이해할 수 없음

今日の漢字

カッコ内のカタカナを漢字に直しましょう。

01　疲労のため (テンテキ) を打ってもらう。　피로로 인해 점적주사를 맞다.　　**点滴**

02　ベッドに (シバ) りつけられるのはごめんだ。　침대에 동여매어지는 것은 싫다.　　**縛**

03　変わり果てた (スガタ) になった。　몰라보게 변한 모습이 되었다.　　**姿**

04　年度末で会社を (ヤ) めた。　년도 말에 회사를 그만두었다.　　**辞**

05　新たな研究機関を (ホッソク) させる。　새로운 연구기관을 발족시키다.　　**発足**

06　本日は (ツゴウ) により休診します。　오늘은 사정에 의해 휴진합니다.　　**都合**

07　給食室の (エイセイ) 状態がとても良い。　급식실의 위생상태가 매우 좋다.　　**衛生**

08　生産量が (オク) 単位になる。　생산량이 억 단위가 되다.　　**億**

09　泥がはねてズボンが (ヨゴ) れてしまった。　진흙이 튀어 바지가 더럽혀지고 말았다.　　**汚**

10　(シツ) の高いサービスを心がける。　질 높은 서비스를 유의하다.　　**質**

11　捜査網を張り (メグ) らした。　수사망을 쳤다.　　**巡**

12　彼は (ビョウリ) 学の道を選んだ。　그는 병리학의 길을 선택했다.　　**病理**

13　(カンセン) 道路の工事が進んでいる。　간선 도로의 공사가 진척되고 있다.　　**幹線**

14　結果を (ヨウイ) に想像できる。　결과를 쉽게 상상할 수 있다.　　**容易**

15　借入金を全額 (ショウカン) する。　차입*금을 전액 상환하다.　　**償還**

16　問題と解答を (テ) らしあわせた。　문제와 해답을 맞춰봤다.　　**照**

17　農民から年貢*を (ス) いあげた。　농민으로부터 공물을 착취했다.　　**吸**

18　最 (センタン) の技術を駆使した。　최첨단 기술을 구사했다.　　**先端**

19　この病院は休日 (シンリョウ) をしている。　이 병원은 휴일 진료를 하고 있다.　　**診療**

20　その内容には (サンピ)* 両論*がある。　그 내용에는 찬부*양론*이 있다.　　**賛否**

◆ 차입(借入) : 돈이나 물건을 꾸어 들임
◆ 연공(年貢) : 예전에, 해마다 바치던 공물
● 찬부(賛否) : 찬성과 불찬성
▲ 양론(両論) : 두 가지의 서로 대립되는 논설이나 의론

カッコ内のカタカナを漢字に直しましょう。

01 彼は社長の（ブンシン）のようだと言われる。 그는 사장의 분신과 같다는 말을 듣는다. 　分身
02 首相の（ミギウデ）として活躍する。 수상의 오른팔로서 활약하다. 　右腕
03 （フクシン）に裏切られたカエサル。 심복에게 배신당한 카이사르.* 　腹心
04 彼は銀行の（キンコ）の鍵を預かった。 그는 은행의 금고 열쇠를 맡았다. 　金庫
05 この店では高級品を（アツカ）っている。 이 가게에서는 고급품을 취급하고 있다. 　扱
06 （フチン）の激しい業界で仕事をする。 흥망이 심한 업계에서 일을 하다. 　浮沈*
07 ライバルに弱みを（ニギ）られた。 라이벌에게 약점이 잡혔다. 　握
08 彼女は三カ国語を自在に（アヤツ）る。 그녀는 3개 국어를 자재로 구사하다. 　操
09 政治家として（サイキ）不能になる。 정치가로서 재기 불능이 되다. 　再起
10 必勝を（キ）して練習に打ち込んだ。 필승을 기하고 연습에 전념하다. 　期
11 出張にかかった交通費を（セイサン）した。 출장에 든 교통비를 정산했다. 　精算
12 参考人を（ショウチ）して真偽を正した。 참고인을 불러 진위를 규명했다. 　招致
13 ハイテク犯罪の（ソウサ）官になった。 하이테크 범죄의 수사관이 되었다. 　捜査
14 彼の言動は（シッショウ）を誘った。 그의 언동은 실소*를 자아냈다. 　失笑
15 年末は（キキョウ）する予定だ。 연말은 귀향할 예정이다. 　帰郷
16 残業を（シ）いられて疲れきった。 잔업을 강요받아 너무 지쳤다. 　強
17 狩猟に（サンダンジュウ）を用いた。 수렵에 산탄총*을 사용했다. 　散弾銃
18 自動車の（セットウ）罪で逮捕された。 자동차 절도죄로 체포되었다. 　窃盗
19 家賃を（タイノウ）している。 집세를 체납하고 있다. 　滞納
20 治安の良さは世界に（ホコ）れる。 치안의 좋음은 세계에 자랑할 수 있다. 　誇

◆ 카이사르(カエサル) : 로마의 정치가(100-44 B.C.) 종신 독재관이 되었으나 B.C.44년 브루투스 등 공화파에게 암살됨
♣ 부침(浮沈) : 1.뜨고 가라앉음 2.흥망, 성쇠
● 실소(失笑) : 어처구니가 없어 저도 모르게 웃음이 툭 터져 나옴
♠ 산탄총(散弾銃) : 탄환을 한 발씩 쏘게 되어 있는 총. 주로 새나 작은 동물의 사냥에 쓴다

今日の漢字

カッコ内のカタカナを漢字に直しましょう。

01 今思えば危険の (チョウコウ) はあった。 지금 생각하면 위험의 징후는 있었다. 　　兆候

02 被害の (カクダイ) を食い止めた。 피해의 확대를 막았다. 　　拡大

03 お酒の飲みすぎは (カンゾウ) に悪い。 과음은 간장에 나쁘다. 　　肝臓

04 突然の電波 (ショウガイ) が起こった。 갑자기 전파 장애가 일어났다. 　　障害

05 三種類の薬を (フクヨウ) している。 3종류의 약을 복용하고 있다. 　　服用

06 店内に (カンシ) カメラを五台設置した。 가게 내에 감시카메라를 5대 설치했다. 　　監視

07 被災国への援助を (ヨウセイ) する。 피해국에 대한 원조를 요청하다. 　　要請

08 法律の (アミ) の目をくぐる事も出来る。 법률 망을 빠져나갈 수도 있다. 　　網

09 議員に資産の (カイジ) を求める。 의원에게 자산의 명시를 요구하다. 　　開示 *

10 ようやく交通 (キセイ) が解除された。 겨우 교통 규제가 해제되었다. 　　規制

11 交渉の権利を (カクトク) した。 교섭의 권리를 획득했다. 　　獲得

12 情報収集のために (ホンソウ) した。 정보수집을 위해 분주했다. 　　奔走

13 大企業の (キカン) 業務を請負う。 대기업의 기간업무를 도급맡다. 　　基幹

14 (ガクシキ) 経験者が大臣に任命された。 학식 경험자가 대신에 임명되었다. 　　学識

15 今までの投資が (ムダ) になった。 지금까지의 투자가 허사가 되었다. 　　無駄

16 とても (ショウゲキ) 的な映像を見た。 매우 충격적인 영상을 봤다. 　　衝撃

17 (セントウ) を停止させる努力をする。 전투를 정지시키는 노력을 하다. 　　戦闘

18 彼のキックは (イリョク) がある。 그의 킥은 위력이 있다. 　　威力

19 (カンヨウ) 句を勉強した。 관용구를 공부했다. 　　慣用

20 暗殺 (ミスイ) 事件が起きた。 암살미수 사건이 일어났다. 　　未遂

◆ 개시(開示) : 1.열어서 보임 2.가르쳐 타이름 3.분명히 나타냄

カッコ内のカタカナを漢字に直しましょう。

01 手紙文化が（スイタイ）し始めた。 편지문화가 쇠퇴하기 시작했다.　　衰退
02 この企業は上昇の（イット）をたどった。 이 기업은 상승일로를 걸었다.　　一途
03 文学者の（ショカン）集を読む。 문학가의 서간집을 읽다.　　書簡
04 硯と（フデ）を用意する。 벼루와 붓을 준비하다.　　筆
05 要件*は電話で手早く（ス）ませた。 중요한 용건은 전화로 빨리 마쳤다.　　済
06 （セッカク）の誘いを断ったとは勿体無い。 모처럼의 권유를 거절했다니 아깝다.　　折角
07 給料が安くても（カマ）わない。 급료가 싸더라도 상관없다.　　構
08 手紙の最後に（ツイシン）をつける。 편지의 마지막에 추신을 덧붙이다.　　追伸
09 （アイカ）わらず同じところで間違える。 여전히 같은 곳에서 틀리다.　　相変
10 番組の（シュウロク）に五時間をかけた。 프로그램의 수록에 5시간이 걸렸다.　　収録
11 絶対に合格すると（イキマ）いた。 절대로 합격할 것이라고 기염을 토했다.　　息巻
12 それはとんだ（チャバン）だ。 그것은 어처구니없는 연극이다.　　茶番
13 診療（ホウシュウ）を引き下げられた。 진료 보수가 인하되었다.　　報酬
14 仕事に対して（イヤケ）がさしてきた。 일에 대해 싫증이 났다.　　嫌気
15 アンケートに答えて（シャレイ）をもらった。 앙케이트에 대답해 사례를 받았다.　　謝礼
16 工事の入札をめぐって（キソ）された。 공사의 입찰을 둘러싸고 기소되었다.　　起訴
17 （ダンゴウ）疑惑を否定した。 담합 의혹을 부정했다.　　談合
18 （ダンコ）として受け入れられない。 단호히 받아들일 수 없다.　　断固
19 万全を期して試験に（ノゾ）んだ。 만전을 기해 시험에 임했다.　　臨
20 自らが（ソッセン）して励行*した。 스스로가 솔선하여 힘써 행했다.　　率先

◆ 요건(要件)：1.중요한 용건　2.필요한 조건
♣ 여행(励行)：1.힘써 행함　2.규칙・약속 등을 엄격하게 지킴

今日の漢字

カッコ内のカタカナを漢字に直しましょう。

01 (マチガ)いを厳しく指摘された。 実수를 엄하게 지적받았다. 　　間違

02 彼は(ハンゲキ)の手を緩めなかった。 그는 반격의 손을 늦추지 않았다. 　　反撃

03 大会に向けて(モウ)特訓*をする。 대회를 향해 맹훈련을 하다. 　　猛

04 物事をやり(ト)げる勇気。 매사를 끝까지 해내는 용기. 　　遂

05 (カジュエン)でぶどうを生産している。 과수원에서 포도를 생산하고 있다. 　　果樹園

06 祖父は(ノウジョウ)を経営している。 할아버지는 농장을 경영하고 있다. 　　農場

07 海岸沿いで(コウワン)労働者として過ごす。 해안가에서 항만 노동자로서 지내다. 　　港湾

08 (ヨカ)を有意義に過ごす。 여가를 의미 있게 보내다. 　　余暇

09 夏休みに朝顔の(カンサツ)日記をつけた。 여름방학에 나팔꽃의 관찰 일기를 적었다. 　　観察

10 (ハトバ)から船を見送った。 부두에서 배를 전송했다. 　　波止場

11 意気込みを示す(カッコウ)の舞台。 패기를 보일 절호의 무대. 　　格好

12 臆する(ケシキ)もなく発言した。 겁먹은 기색도 없이 발언했다. 　　気色

13 昔はいたずら(コゾウ)だった。 옛날에는 개구쟁이였다. 　　小僧

14 厳しい環境で揉まれて(キタ)えられた。 혹독한 환경에서 고생하며 단련되었다. 　　鍛

15 どうも彼は(ハクリョク)がない。 아무래도 그는 박력이 없다. 　　迫力

16 チームの弱点を(ジュクチ)している。 팀의 약점을 숙지*하고 있다. 　　熟知

17 優勝に導いた(コウセキ)は大きい。 우승으로 이끈 공적은 크다. 　　功績

18 住民票を(トウロク)する。 주민표를 등록하다. 　　登録

19 世界(イサン)を後世に伝える。 세계유산을 후세에 전하다. 　　遺産

20 伝統的な技術を(ケイショウ)する。 전통적인 기술을 계승하다. 　　継承

◆ 특훈(特訓): 특별 훈련
♣ 숙지(熟知): 잘 앎

カッコ内のカタカナを漢字に直しましょう。

01 日本の夏は特に (ム) し暑い。 일본의 여름은 특히 무덥다. 　　蒸
02 (イッシュン) の隙を突いて盗塁した。 한순간의 틈을 타서 도루했다. 　　一瞬
03 足の (カンセツ) に痛みがある。 다리의 관절에 통증이 있다. 　　関節
04 外に出て冷気を (ア) びて目を覚ます。 밖에 나가 찬 공기를 쐬고 잠을 깨다. 　　浴
05 父はアルコール (イゾン) 症だ。 아버지는 알콜 의존증이다. 　　依存
06 強打者に対して (ケイエン) 策をとった。 강타자에 대해 경원◆책을 취했다. 　　敬遠
07 上手く相手と (オ) り合いをつける。 능숙하게 상대와 타협을 짓다. 　　折
08 今日は春の陽気でとても (アタタ) かい。 오늘은 봄 날씨로 매우 따뜻하다. 　　暖
09 夏の昼下がりに (リョクイン) で憩う。 여름의 정오가 좀 지난 무렵에 나무그늘에서 쉬다. 　　緑陰
10 私に任せれば心配は (ムヨウ) だ。 나에게 맡기면 걱정할 필요는 없다. 　　無用
11 システムの (ケッカン) が発見された。 시스템의 결함이 발견되었다. 　　欠陥
12 軍隊が国境を越えて (シンコウ) した。 군대가 국경을 넘어 침공했다. 　　侵攻
13 備えあれば (ウレ) いなし。 유비무환. 　　憂
14 門弟同士に (カクシツ) が生じた。 문하생끼리 갈등이 생겼다. 　　確執♣
15 医療 (カゴ) 事件がおきた。 의료 과실 사건이 일어났다. 　　過誤
16 一つのチームに (ショゾク) する。 한 팀에 소속되다. 　　所属
17 大学の (フゾク) 病院に行く。 대학 부속병원에 가다. 　　付属
18 友人と (ハダカ) の付き合いをする。 친구와 솔직한 교제를 하다. 　　裸
19 主君に (チュウギ) を尽くしている。 주군에게 충성을 다하고 있다. 　　忠義
20 他の (リュウギ) も尊重する。 다른 법식도 존중하다. 　　流儀

◆ 경원(敬遠) : 존경하는 체하면서도 속으로는 멀리함
♣ 확집(確執) : 자기주장을 굳이 고집함. 또는 그로 말미암은 불화

今日の漢字

カッコ内のカタカナを漢字に直しましょう。

01　クリスマスに（サンビ）歌を歌う。　크리스마스에 찬송가를 부르다.　　賛美

02　頼まれても（ゼッタイ）に作らない。　부탁받아도 절대로 만들지 않는다.　　絶対

03　彼の祖父は陸軍を（タイエキ）した。　그의 할아버지는 육군을 퇴역했다.　　退役

04　父の（ゾウキ）の一部を息子に移植した。　아버지의 장기의 일부를 아들에게 이식했다.　　臓器

05　壮絶な（サイゴ）を遂げた小説家。　장렬한 최후를 마친 소설가.　　最期

06　党の（シッコウ）部が全員辞任した。　당의 집행부가 전원 사임했다.　　執行

07　聴衆に（ドウイ）を求めた。　청중에게 동의를 구했다.　　同意

08　強い意志が（ゲンドウ）力となる。　강한 의지가 원동력이 되다.　　原動

09　すがすがしい気持ちで新年を（ムカ）える。　상쾌한 마음으로 신년을 맞이하다.　　迎

10　安全な金融機関にお金を（アズ）ける。　안전한 금융기관에 돈을 맡기다.　　預

11　給料前で懐が（サビ）しい。　월급전이라 가진 돈이 없다.　　寂

12　テレビの（ゴラク）番組を見た。　텔레비전의 오락 프로그램을 보았다.　　娯楽

13　（チンプ）な発想しかできない。　진부한 발상밖에 하지 못한다.　　陳腐

14　大事件の（リンカク）が見えてきた。　큰 사건의 윤곽이 보였다.　　輪郭

15　決心は（ユ）るがない。　결심은 흔들리지 않는다.　　揺

16　住民の（ヨウボウ）を聞き入れた政策。　주민의 요망을 받아들인 정책.　　要望

17　外国の軍隊が（チュウリュウ）している。　외국의 군대가 주류하고 있다.　　駐留

18　華やかな（ウタゲ）が催された。　화려한 연회가 개최되었다.　　宴

19　街で（グウゼン）旧友に出会った。　길에서 우연히 옛날 친구를 만났다.　　偶然

20　議論の末その案に（キケツ）した。　논의 끝에 그 안으로 귀결＊되었다.　　帰結

◆ 귀결(帰結) : 어떤 결말이나 결과에 이름

Part 07　**233**

おんせん[温泉]

온천은 온천수의 온도가 25도 이상을 말한다. 특히 일본은 화산성 온천이 많고, 온천지에 얽힌 신화도 많다. 일본온천종합연구소에 의한 온천지수는 3170군데나 된다고 한다. 단순온천의 효능은 신경통, 근육통, 관절염, 타박상, 만성소화기병, 냉증, 피로회복 등에 좋으며, 온천 성분에 따라 그 효능도 달라진다. 하야시라잔에 의한 일본의 3대 유명온천에는 효고현의 아리마 온천, 군마현의 구사쓰 온천, 기후현의 게로 온천이 있다.

오늘의
漢字
한 자

Part 08

カッコ内のカタカナを漢字に直しましょう。

01 美しい風景は目の (ホヨウ) になる。 아름다운 풍경은 눈요기가 된다. 　保養
02 マンションの安全 (カンリ) を徹底する。 맨션의 안전관리를 철저히 하다. 　管理
03 多くの (キギョウ) がリストラを敢行した。 많은 기업이 정리해고를 감행했다. 　企業
04 外国へ (リュウガク) する為の資金を貯める。 외국에 유학하기 위한 자금을 저축하다. 　留学
05 全校 (ジドウ) 十名の小学校。 전교 아동 열 명인 초등학교. 　児童
06 あまりの空腹に何 (ハイ) もおかわりする。 너무나 배가 고파 몇 그릇이나 더 먹다. 　杯
07 アジサイの (カブ) を分けてもらった。 수국의 포기를 나눠 받았다. 　株
08 今年は漢字 (ケンテイ) を受けることにした。 올해는 한자 검정을 치르기로 했다. 　検定
09 (ツユ) 時期はじめじめする。 장마 시기는 눅눅하다. 　梅雨
10 濃い (キリ) の中で行軍演習を続ける。 짙은 안개 속에서 행군연습을 계속하다. 　霧
11 商品の代金を (ケッサイ) する。 상품의 대금을 결제하다. 　決済
12 テロの危機感が (ウス) れている。 테러의 위기감이 줄어들고 있다. 　薄
13 不良 (サイケン) の処理をする。 불량 채권 처리를 하다. 　債権
14 社員の (ソッチョク) な意見を聞きたい。 사원의 솔직한 의견을 듣고 싶다. 　率直
15 (ヤッカイ) な揉め事を起こしてしまった。 성가신 분쟁을 일으키고 말았다. 　厄介
16 (イト) 的に妨害した。 의도적으로 방해했다. 　意図
17 国産肉と (イツワ) った表示をした。 국산 고기라고 위장한 표시를 했다. 　偽
18 事実を (コイ) に捻じ曲げた。 사실을 고의로 왜곡했다. 　故意
19 判断は第三者に (ユダ) ねる。 판단은 제3자에게 맡기다. 　委
20 刑事告発も (ジ) さない構え。 형사고발도 불사할 태세. 　辞

今日の漢字

カッコ内のカタカナを漢字に直しましょう。

01 悪徳商法が平然と (オウコウ) している。 악덕상법이 태연히 활개치고 있다. — 横行

02 その事件は家庭を (ホウカイ) させた。 그 사건은 가정을 붕괴시켰다. — 崩壊

03 その男は悪事に (カタン) した疑いがある。 그 남자는 나쁜 일에 가담한 혐의가 있다. — 加担

04 国内に危機感が (タダヨ) う。 국내에 위기감이 감돌다. — 漂

05 大企業の (フンショク) 決算が明らかになる。 대기업의 분식 결산이 밝혀지다. — 粉飾

06 ホテルの (サイジョウ) 階に泊まった。 호텔의 최상층에 숙박했다. — 最上

07 新たな点に (チャクモク) した研究。 새로운 점에 착안한 연구. — 着目

08 日本人は (キンベン) だと言われている。 일본인은 근면하다고 한다. — 勤勉

09 (サッコン) のブームにのった商業戦略。 요즘의 붐에 편성한 상업전략. — 昨今

10 農村 (フッコウ) 計画が持ち上がった。 농촌 부흥 계획이 일어났다. — 復興

11 二国間に残る最大の (ケンアン)。 양국 간에 남은 최대의 현안. — 懸案

12 彼らは悪の (スウジク) だ。 그들은 악의 추축이다. — 枢軸

13 お互いに主張を (ジョウホ) しあった。 서로 주장을 양보했다. — 譲歩

14 急に態度を (ナンカ) させた。 갑자기 태도를 누그러뜨렸다. — 軟化

15 (ナイユウガイカン) に立ち向かった。 내우외환[*]에 감연히 대처했다. — 内憂外患

16 スランプから抜け出すための (ダカイ) 策。 슬럼프에서 벗어나기 위한 타개책. — 打開

17 (セイイ) のある対応を望む。 성의가 있는 대응을 바라다. — 誠意

18 彼はいつも (ヨウリョウ) が悪い。 그는 언제나 요령이 나쁘다. — 要領

19 規則で生徒を (シバ) る。 규칙으로 학생을 속박하다. — 縛

20 (タイコウ) 的な基準を定めるべきだ。 근본적인 기준을 정해야 한다. — 大綱[*]

◆ 내우외환(内憂外患) : 나라 안팎의 여러 가지 어려움
♣ 대강(大綱) : 근본적인 사항

カッコ内のカタカナを漢字に直しましょう。

01 (セキヒン) の子供時代を過ごした。 극빈한 어린 시절을 보냈다. 赤貧

02 裕福な (ヨウショウ) 時代を送った。 유복한 어린 시절을 보냈다. 幼少

03 彼は (ボツラク) した士族の子孫だ。 그는 몰락한 무사 집안의 자손이다. 没落

04 毎月の家賃を (ハラ) う。 매달 방세를 지불하다. 払

05 彼とは一度も (メンシキ) がない。 그와는 한 번도 면식이 없다. 面識

06 友人に金を (ムシン) する。 친구에게 염치없이 돈을 요구하다. 無心

07 彼は世俗を (チョウエツ) している。 그는 세속을 초월하고 있다. 超越

08 被災地に物資の (エンジョ) をする。 재해 지역에 물자를 원조하다. 援助

09 首相と財務相の (レンケイ) プレーは見事だ。 수상과 재무상의 연계 플레이는 훌륭하다. 連係

10 外務大臣の (リュウニン) が決定した。 외무대신의 유임이 결정되었다. 留任

11 データの (セイゴウセイ) をチェックした。 데이터의 정합*성을 체크했다. 整合性

12 突然体の (ヘンチョウ) を訴えた。 갑자기 신체의 변조*를 호소했다. 変調

13 そんな考えは (グ) の骨頂だ。 그런 생각은 어리석기 그지없다. 愚

14 いらなくなったので (ハイキ) した。 필요없어졌기에 폐기했다. 廃棄

15 制作費用の (ガイサン) を提出する。 제작비용의 어림셈을 제출하다. 概算*

16 強打者を四球で (ケイエン) した。 강타자를 포볼로 출루시켰다. 敬遠*

17 お祭りで神輿を (カツ) いだ。 축제에서 신여*를 짊어졌다. 担

18 地域住民が一致 (ダンケツ) して取り組んだ。 지역주민이 일치단결하여 대처했다. 団結

19 彼の考えは (ドクゼン) 的だ。 그의 생각은 독선적이다. 独善

20 固い (ガンバン) をドリルで崩した。 단단한 암반을 드릴로 허물어뜨렸다. 岩盤

◆ 정합(整合) : 꼭 들어맞음(맞춤). 이론에 모순이 없음. 정연   ◆ 변조 : 1.상태를 바꿈. 상태가 바뀜 2.특히 몸의 상태가 정상이 아님. 3.음성이나 영상 등의 전기 신호를 보낼 때, 전송하기 쉬운 신호파로 바꿈   ◆ 개산(概算) : 어림셈
◆ 경원 : 1.존경하는 체하면서도 속으로는 멀리함 2.일부러 피함 3.(야구에서) 투수가 의식적으로 타자를 포볼로 출루시킴
* 신여(神輿) : 신체나 신위를 실은 가마

今日の漢字

カッコ内のカタカナを漢字に直しましょう。

01 同じ漫画の (レンサイ) が長期に続いている。 같은 만화의 연재가 장기간 이어지고 있다. 　　連載

02 孫が今年八 (サイ) になった。 손자가 올해 8살이 되었다. 　　歳

03 昨日付けで本社に (テンキン) になった。 어제부로 본사로 전근이 되었다. 　　転勤

04 父は癌を (コクチ) された。 아버지는 암 선고를 받았다. 　　告知

05 その事件の衝撃は全身を (ツラヌ) いた。 그 사건의 충격은 전신을 관통했다. 　　貫

06 激しい (キョムカン) に襲われる。 심한 허무감에 사로잡히다. 　　虚無感

07 (イクタ) の苦難を乗り越える。 숱한 곤란을 극복하다. 　　幾多

08 昔の古傷が (サイハツ) する。 옛날 상처가 재발하다. 　　再発

09 生命 (イジ) 装置を外してもらった。 생명 유지 장치를 떼어냈다. 　　維持

10 友人の手紙に (ハゲ) まされる気がする。 친구의 편지에 격려 받은 느낌이 든다. 　　励

11 物事はそう (ツゴウ) よく進まないものだ。 매사는 그렇게 사정 좋게 진행되지 않는 법이다. 　　都合

12 説明に多くの時間を (サ) いた。 설명에 많은 시간을 할애했다. 　　割

13 彼に発言を (ウナガ) した。 그에게 발언을 재촉했다. 　　促

14 他人のことにはお (カマ) いなしだ。 남의 일에는 개의치 않는다. 　　構

15 言葉の意味を (カイシャク) する。 말의 의미를 해석하다. 　　解釈

16 国際 (ジョウセイ) が不安定になっている。 국제 정세가 불안정해지고 있다. 　　情勢

17 彼らのパワーに (アットウ) された。 그들의 힘에 압도되었다. 　　圧倒

18 (シレン) を乗り越えて成長する。 시련을 극복하고 성장하다. 　　試練

19 時間がなく (ショウソウカン) に襲われた。 시간이 없어 초조감에 사로잡혔다. 　　焦燥感

20 いつもの (セイサイ) さがない。 평상시의 정채*가 없다. 　　精彩

◆ 정채(精彩) : 1.아름다운 광채 2.생채

カッコ内のカタカナを漢字に直しましょう。

01 ハープの演奏を (キ) きに行った。 하프 연주를 들으러 갔다. — 聴

02 事業がようやく (キドウ) に乗りはじめた。 사업이 간신히 궤도에 오르기 시작했다. — 軌道

03 陶芸で (ソウゾウ) するのが楽しい。 도자기 공예로 창조하는 것이 즐겁다. — 創造

04 真相*を (ツイキュウ) するために立ち上がった。 참된 모습을 추구하기 위해 일어섰다. — 追求

05 広場で (ダイドウゲイ) を披露*する一団にあった。 광장에서 거리 공연을 하는 무리를 만났다. — 大道芸*

06 新会社の (キギョウ) に携わる。 새 회사의 창업에 관계하다. — 起業*

07 他にはない (タッセイカン) がある。 다른 데에는 없는 달성감이 있다. — 達成感

08 夢に向かって (ツ) き進む。 꿈을 향해 돌진하다. — 突

09 (ネンショウ) 百億円を稼ぐ社長。 연간 매출액 백 억 엔을 버는 사장. — 年商

10 無駄に時間を (ロウヒ) した。 쓸데없이 시간을 낭비했다. — 浪費

11 広場の一郭を (センリョウ) した。 광장의 일곽을 점령했다. — 占領

12 二つの事件の (レンサ) 関係を調べる。 두 사건의 연쇄 관계를 조사하다. — 連鎖

13 国際社会で厳しい (シダン) を受けた。 국제사회에서 심한 지탄*을 받았다. — 指弾

14 荷物の間に (カンショウザイ) を詰める。 짐 사이에 완충제를 채워 넣다. — 緩衝材

15 今年の夏は (モウショ) だ。 올 여름은 무덥다. — 猛暑

16 屋上から横断幕を (タ) らした。 옥상에서 현수막을 늘어뜨렸다. — 垂

17 (スイソウ) で金魚を飼う。 수조에서 금붕어를 기르다. — 水槽

18 スプリンクラーで芝に (サンスイ) した。 스프링클러로 잔디에 물을 뿌렸다. — 散水

19 例を (イク) つも提示した。 예를 몇 개나 제시했다. — 幾

20 (チクシャ) で豚を飼育する。 축사에서 돼지를 사육하다. — 畜舎

◆ 진상(真相) : 사물이나 현상의 거짓 없는 모습이나 내용. '참된 모습'으로 순화
♣ 大道芸(だいどうげい) : 거리에서 하는 연예
◉ 피로(披露) : 1.문서 따위를 펴 보임 2.일반에게 널리 알림
▲ 기업(起業) : 새로 사업을 일으킴   * 지탄(指弾) : 손가락질

今日の漢字

カッコ内のカタカナを漢字に直しましょう。

01 暗い夜道を (アシバヤ) に通り過ぎる。 어두운 밤길을 빠른 걸음으로 지나가다. 　　足早

02 故郷に思いを (メグ) らせた。 고향 생각을 이리저리 했다. 　　巡

03 飾り気のない (カンソ) なデザイン。 꾸밈없는 간소한 디자인. 　　簡素

04 ポスターを何枚も (カベ) に張る。 포스터를 몇 장이나 벽에 붙이다. 　　壁

05 いつも見 (ナ) れた風景が懐かしい。 언제나 낯익은 풍경이 그립다. 　　慣

06 祭壇に亡き祖父の (イエイ) を飾った。 제단에 돌아가신 할아버지의 초상화를 장식했다. 　　遺影*

07 彼女は可愛らしい (ハナヨメ) さんだ。 그녀는 귀여운 신부이다. 　　花嫁

08 学芸会用の (イショウ) を作った。 학예회용 의상을 만들었다. 　　衣装

09 (ケッチャク) がつかず両者引き分けとなった。 결말이 나지 않아 양자 무승부가 되었다. 　　決着

10 幼少時を (ツイオク) した。 어린 시절을 회상했다. 　　追憶*

11 戦争の (サンカ) を二度と繰り返さない。 전쟁의 참화를 두 번 다시 되풀이 하지 않는다. 　　惨禍

12 核を (ヨクシ) させる力がない。 핵을 억제시킬 힘이 없다. 　　抑止

13 事故の (コウイショウ) に苦しむ。 사고의 후유증에 시달리다. 　　後遺症

14 核兵器 (ハイゼツ) 運動を起こした。 핵무기 폐기운동을 일으켰다. 　　廃絶

15 意識の根底に (ヒソ) む不信感。 의식의 밑바탕에 내재되어 있는 불신감. 　　潜

16 互いに欠点を (オギナ) いあった。 서로 결점을 보완했다. 　　補

17 就職先に (リレキ) 書を提出した。 취직처에 이력서를 제출했다. 　　履歴

18 個人情報が (リュウシュツ) した。 개인정보가 유출되었다. 　　流出

19 行事への参加を (キョウヨウ) された。 행사에 대한 참가를 강요받았다. 　　強要

20 不祥事を (カク) し続けた。 불상사*를 계속 숨겼다. 　　隠

◆ 유영(遺影) : 고인의 사진이나 초상화
♣ 추억(追憶) : 지나간 일을 돌이켜 생각함
● 불상사(不祥事) : 상서롭지 못한 일

カッコ内のカタカナを漢字に直しましょう。

01 (インエイ) に富んだ描写だ。 함축성 있는 묘사다.   陰影*
02 スター選手の登場に (カンセイ) があがった。 스타 선수의 등장에 환성이 일었다.   歓声
03 盛大に (エンゲイ) 会を開催した。 성대하게 연예회를 개최했다.   演芸
04 (ヒバク) 者の救援活動を活発化させる。 피폭자의 구원활동을 활성화시키다.   被爆
05 専門家の教えを (コ) う。 전문가의 가르침을 청하다.   請
06 自然の前で人はなす (スベ) がない。 자연 앞에서 사람은 어찌할 방법이 없다.   術
07 家族で (ショクタク) を囲める幸せ。 가족끼리 식탁을 에워쌀 수 있는 행복.   食卓
08 猛暑の影響で山頂の雪が (ト) けた。 무더위의 영향으로 산정상의 눈이 녹았다.   溶
09 高い (トウ) を建てた。 높은 탑을 세웠다.   塔
10 平和の (カネ) の音が辺りに響いた。 평화의 종소리가 주위에 울려퍼졌다.   鐘
11 この件は彼の (サイリョウ) に任せた。 이 건은 그의 재량에 맡겼다.   裁量
12 厳しい (サテイ) をクリアした。 엄격한 사정을 통과했다.   査定*
13 諮問会議の (リョウショウ) を得た。 자문회의의 승낙을 얻었다.   了承*
14 セミナーの後に (コンダン) 会を催した。 세미나 후에 간담회를 개최했다.   懇談
15 業務を中途で (ホウキ) してしまった。 업무를 중도에 포기해 버렸다.   放棄
16 試験の (ヘンサチ) があがった。 시험의 편차치가 올라갔다.   偏差値
17 上層部の決定に (サンセイ) した。 상층부의 결정에 찬성했다.   賛成
18 大臣の諮問に対し (トウシン) した。 대신의 자문에 대해 답신했다.   答申
19 パスワードを (ニンショウ) した。 패스워드를 인정했다.   認証
20 彼の父は外科の (ケンイ) だ。 그의 아버지는 외과의 권위자다.   権威

◆ 음영(陰影) : 1.음영, 그늘, 그림자 2.함축성, 뉘앙스
♣ 사정(査定) : 조사하거나 심사하여 결정함
● 了承(りょうしょう) : 승낙, 납득, 양해

今日の漢字

カッコ内のカタカナを漢字に直しましょう。

01 彼女は旦那に (ツ) くすタイプだ。 그녀의 남편에게 진력하는 타입이다. — 尽

02 裏山でセミの (ヨウチュウ) を見つけた。 뒷산에서 매미의 애벌레를 발견했다. — 幼虫

03 この電池の (ジュミョウ) はとても短い。 이 전지의 수명은 매우 짧다. — 寿命

04 厳しい (シレン) に耐えた結果が現れた。 힘든 시련에 견딘 결과가 나타났다. — 試練

05 (エダ) におみくじを結びつけた。 가지에 (길흉을 점쳐 보는) 제비를 묶었다. — 枝

06 素 (モグ) りでかなりの深さまでいける。 맨몸으로 잠수해서 상당한 깊이까지 갈 수 있다. — 潜

07 スピード違反で警官に (ツカ) まった。 스피드 위반으로 경관에게 붙잡혔다. — 捕

08 首都圏で失業 (リツ) が年々高まっている。 수도권에서 실업률이 해마다 높아지고 있다. — 率

09 緊急時に平静を (ヨソオ) うのは難しい。 긴급 시에 평온을 가장하는 것은 어렵다. — 装

10 洋服を床に (ヌ) ぎ捨てる。 양복을 마루에 벗어 던지다. — 脱

11 上司に (チョクゲン) をしづらい雰囲気だ。 상사에게 직언을 하기 어려운 분위기이다. — 直言

12 地域によって文化の (ラクサ) が激しい。 지역에 따라 문화의 낙차가 심하다. — 落差

13 破壊の跡が (イクエ) にも続いていた。 파괴의 흔적이 겹겹이 이어져 있다. — 幾重

14 彼は会社の (ヒットウ) 株主だ。 그는 회사의 최대 주주이다. — 筆頭

15 あまりにも (タンラク) 的な発想だ。 너무나도 단락적인 발상이다. — 短絡

16 彼の名声は永遠に (フメツ) だ。 그의 명성은 영원히 불멸*이다. — 不滅

17 経済に対する (ジロン) を展開した。 경제에 대한 지론을 전개했다. — 持論

18 (コウシキ) 野球の大会に出場した。 경식*야구 대회에 출장(출전)했다. — 硬式

19 野球の大会で二 (レンパ) を達成した。 야구 대회에서 2연패를 달성했다. — 連覇

20 開会式で選手 (センセイ) した。 개회식에서 선수 선서했다. — 宣誓

◆ 불멸(不滅) : 없어지거나 사라지지 아니함
♣ 경식(硬式) : (야구・테니스에서) 딱딱한 공으로 경기하는 방식

カッコ内のカタカナを漢字に直しましょう。

01 ようやく (タイイン) の日が決まった。 간신히 퇴원의 날이 정해졌다. 　　退院

02 いつもきれいに (ユカ) を磨いている。 언제나 깨끗하게 마루를 닦고 있다. 　　床

03 ガラスの (ハヘン) で怪我をする。 유리 파편으로 인해 상처를 입다. 　　破片

04 長い (ロウカ) を歩いた先にある会議室。 긴 복도를 걸어간 끝에 있는 회의실. 　　廊下

05 蚊に刺されて (ヒフ) がかゆい。 모기에 물려 피부가 가렵다. 　　皮膚

06 壺を大事そうに (カカ) えている老人。 항아리를 소중한 듯이 안고 있는 노인. 　　抱

07 幼少時の記憶が (ウス) れる。 어린 시절의 기억이 희미해지다. 　　薄

08 惨事の記憶を (フウカ) させない。 참사의 기억을 약화시키지 않는다. 　　風化*

09 (マゴ) の顔を見せに帰った。 손자의 얼굴을 보이러 돌아갔다. 　　孫

10 (エンテンカ) を歩くのは辛い。 몹시 더운 날씨 아래를 걷는 것은 괴롭다. 　　炎天*下

11 突然会社を (カイコ) された。 갑자기 회사를 해고당했다. 　　解雇

12 規定に (ジュンキョ) した対応をとった。 규정에 준거* 한 대응을 했다. 　　準拠

13 細部まで (セイミツ) に検査した。 세부까지 정밀하게 검사했다. 　　精密

14 部長を (ホサ) する役目を担った。 부장을 보좌하는 역할을 맡았다. 　　補佐

15 事件の (スイイ) を皆で見守った。 사건의 추이를 모두 지켜보았다. 　　推移

16 猛烈な追い上げで首位に (ニクハク) した。 맹렬한 추격으로 수위에 육박했다. 　　肉薄

17 (レイサイ) 企業が立ち並ぶ工場街。 영세기업이 늘어선 공장가. 　　零細

18 コメから野菜の栽培に (テンサク) した。 쌀에서 야채 재배로 전작* 했다. 　　転作

19 犯罪の (コンゼツ) を誓う。 범죄의 근절을 맹세하다. 　　根絶

20 (サイム) を帳消しにした。 채무를 없는 것으로 했다. 　　債務

◆ 풍화(風化) : 1.풍화 2.윗사람의 덕망에 아랫사람이 감화됨 3.주의・사상・기억 등이 차차 감퇴・약화됨
♣ 염천(炎天) : 몹시 더운 날씨
● 준거(準拠) : 어떤 일을 기준이나 근거로 하여 거기에 따름
▲ 전작(転作) : 재배하던 농작물을 그만두고 다른 농작물을 재배함

今日の漢字

カッコ内のカタカナを漢字に直しましょう。

01 新しい計画の中で重要な (ヤクワリ) を担う。 새로운 계획안에서 중요한 역할을 맡다. 　　役割

02 最後まで責任を (ハ) たす。 최후까지 책임을 다하다. 　　果

03 そのお話は (ゾン) じ上げておりません。 그 이야기는 모르겠습니다. 　　存

04 彼は球界で (カガヤ) かしい業績を残した。 그는 야구계에서 빛나는 업적을 남겼다. 　　輝

05 彼は (アヤマ) った解釈を後輩に伝えた。 그는 잘못된 해석을 후배에게 전달했다. 　　誤

06 ビール瓶の栓を勢いよく (ヌ) いた。 맥주병의 마개를 기세 좋게 땄다. 　　抜

07 不用意な発言で宣伝効果が (ハンゲン) した。 조심성이 없는 발언으로 선전효과가 반감했다. 　　半減

08 ひいきの (キュウダン) の試合を見に行く。 특히 좋아하는 구단의 시합을 보러 갔다. 　　球団

09 彼女の登場はあまりにも (トウトツ) だった。 그녀의 등장은 너무나도 당돌했다. 　　唐突

10 (ショウヒ) 者の心をつかむ商品。 소비자의 마음을 잡는 상품. 　　消費

11 あれは (キュウヨ) の一策だった。 그것은 궁여지책♦이었다. 　　窮余

12 良い (サク) を練った。 좋은 계책을 짰다. 　　策

13 (ジュエキ) と負担の関係がはっきりする。 수익과 부담의 관계가 분명하다. 　　受益

14 乗っ取ろうという (コンタン) だったのか。 납치하려는 꿍꿍이속이었니? 　　魂胆

15 (バクハツ) 的なブームを呼んだ商品。 폭발적인 붐을 일으킨 상품. 　　爆発

16 罪悪感から一生 (ノガ) れられない。 죄악감에서 평생 벗어날 수 없다. 　　逃

17 国中を (ワ) かせたニュース。 온 나라를 흥분케 한 뉴스. 　　沸

18 彼女なりの (リュウギ) で応戦した。 그녀 나름의 방식으로 응전♣했다. 　　流儀

19 (ドクソウ) 性があるデザインだ。 독창성이 있는 디자인이다. 　　独創

20 選手として (チメイテキ) な怪我を負った。 선수로서 치명적인 상처를 입었다. 　　致命的

♦ 궁여지책(窮余の一策) : 궁한 나머지 생각다 못하여 짜낸 계책
♣ 응전(応戦) : 상대편의 공격에 맞서서 싸움

カッコ内のカタカナを漢字に直しましょう。

01 この辺りの土は (ネンド) が高い。 이 부근의 흙은 점도가 높다.　　粘度

02 (ジッシツ) 半分しか使用していない。 실질적으로 절반밖에 사용하지 않았다.　　実質

03 夏に向けて冷房を (ソナ) えた。 여름을 위하여 냉방을 준비했다.　　備

04 (カンカク) をあけて発売する。 간격을 두고 발매하다.　　間隔

05 (イデン) 子組み換えではない野菜。 유전자 조작이 아닌 야채.　　遺伝

06 美しい工芸品を (サクセイ) した。 아름다운 공예품을 제작했다.　　作製

07 彼女は大道具を (タントウ) している。 그녀는 대도구를 담당하고 있다.　　担当

08 貴重な生物の産卵を (モクゲキ) した。 귀중한 생물의 산란을 목격했다.　　目撃

09 決定的な (シュンカン) とらえた映像。 결정적인 순간 포착한 영상.　　瞬間

10 達人の手ほどきを (ジッサイ) に受けた。 달인으로부터 초보를 실제로 배웠다.　　実際

11 企業の (シッタイ) ぶりにあきれた。 기업의 실태에 질렸다.　　失態

12 (センム) 取締役の任に就く。 전무이사에 취임하다.　　専務

13 自らの (タイメン) のために会社を利用した。 스스로의 체면을 위해 회사를 이용했다.　　体面

14 随所に (サイク) をした飾り物。 곳곳에 세공을 한 장식물.　　細工

15 責任の (ショザイ) を明らかにする。 책임의 소재를 명백히 하다.　　所在

16 (キンリン) 諸国に迷惑をかけた。 이웃 여러 나라에 폐를 끼쳤다.　　近隣

17 記念 (ヒ) を建てた。 기념비를 세웠다.　　碑

18 明治 (イシン) により幕藩体制が崩壊した。 메이지유신에 의해 막번체제◆가 붕괴했다.　　維新

19 彼の発言は (ヨウニン) しがたい。 그의 발언은 용인하기 어렵다.　　容認

20 家族の無事を (イノ) った。 가족의 무사를 기원했다.　　祈

◆ 막번체제(幕藩体制) : 에도시대의 막부를 중심으로 한 중앙 집권적인 정치 지배 체제

今日の漢字

カッコ内のカタカナを漢字に直しましょう。

01　(オサナ) 顔の少年だ。　어릴 때 모습의 소년이다.　　幼

02　4番バッターはまた (ケイエン) された。　4번 타자는 또 포볼로 출루되었다.　　敬遠

03　その事に関しては (シロウト) だ。　그 일에 관해서는 아마추어이다.　　素人

04　その事に関しては (ロンピョウ) を避けた。　그 일에 관해서는 논평을 피했다.　　論評

05　(ソクセキ) でやったスピーチ。　즉석에서 한 스피치.　　即席

06　町内会で道路の (ミゾ) を掃除した。　반상회에서 도로의 도랑을 청소했다.　　溝

07　将来の夢を (エガ) く。　장래의 꿈을 그리다.　　描

08　音楽の (ミリョク) について話し合った。　음악의 매력에 대해 서로 이야기했다.　　魅力

09　講演も (カキョウ) だった。　강연도 가경♣이었다.　　佳境

10　何に対しても (カンシン) を示す性格。　무슨 일이든 관심을 보이는 성격.　　関心

11　彼は (アンモク) のうちに認めた。　그는 말이 없는 가운데 인정했다.　　暗黙

12　声を (シボ) り出して歌った。　소리를 짜내어 노래를 불렀다.　　絞

13　現代は様々な (チリョウ) 方法がある。　현대는 다양한 치료 방법이 있다.　　治療

14　景気が回復する (チョウコウ) だ。　경기가 회복될 조짐이다.　　兆候

15　彼女は (ツツシ) み深い人だ。　그녀는 조심성이 많은 사람이다.　　慎

16　すでに (キトク) 状態だった。　이미 위독상태였다.　　危篤

17　亡くなられた人の (イエイ) に香を手向けた。　돌아가신 분의 초상화에 향을 올렸다.　　遺影♣

18　人生を (サト) ったような顔つき。　인생을 깨달은 듯한 표정.　　悟

19　亡き夫を (ツイボ) する日々。　죽은 남편을 추모하는 나날.　　追慕

20　(ヒョウショウ) 状を授与した。　표창장을 수여했다.　　表彰

◆ 가경(佳境) : 1.흥미진진한 경지　2.경치가 좋은 곳
♣ 유영(遺影) : 고인의 초상이나 사진

カッコ内のカタカナを漢字に直しましょう。

01 (ミズウミ) のほとりを散歩する。 호수 부근을 산책하다. 　　湖
02 情勢はすっかり (ヘンヨウ) した。 정세는 완전히 변모했다. 　　変容
03 彼はこの橋に (カンシン) があるようだ。 그는 이 다리에 관심이 있는 것 같다. 　　関心
04 外国の友人は日本を (マンキツ) した。 외국 친구는 일본을 만끽했다. 　　満喫
05 会社内で (ヒカゲ) の存在になる。 회사 내에서 음지의 존재가 되다. 　　日陰
06 これは (ウキヨエ) にも登場する橋だ。 이것은 풍속화에도 등장하는 다리이다. 　　浮世絵*
07 (セキジツ) の記憶をたどる。 옛날 기억을 더듬다. 　　昔日
08 どことなく幼少時の (オモカゲ) がある。 어딘지 모르게 어릴 때의 모습이 있다. 　　面影
09 (ウオガシ) を抱えてにぎわった地域。 어시장을 끼고 번성한 지역. 　　魚河岸
10 川の上に (カキョウ) 工事をする。 강 위에 가교* 공사를 하다. 　　架橋
11 思った以上に予算が (フク) らんだ。 생각한 이상으로 예산이 팽창했다. 　　膨
12 鳥類 (キヒ) の対策を講じた。 조류 기피 대책을 강구했다. 　　忌避
13 法廷で (コウハン) が開かれた。 법정에서 공판이 열렸다. 　　公判
14 郊外に (ユウギ) 場を建設した。 교외에 유기* 장을 건설했다. 　　遊技
15 企業名の (ユライ) を語った。 기업명의 유래를 얘기했다. 　　由来
16 歴史物語に (カクウ) の人物が登場した。 역사 이야기에 가공의 인물이 등장했다. 　　架空
17 (タテボウ) のグラフを作成した。 세로획 그래프를 작성했다. 　　縦棒
18 (ヒガタ) を埋め立てた。 간석지*를 매립했다. 　　干潟
19 漁師が工事再開を (ソシ) した。 어부가 공사재개를 저지했다. 　　阻止
20 のちに重要となる (ゲンチ) を与えた。 나중에 중요한 언질*을 주었다. 　　言質

◆ 浮世絵(うきよえ) : (에도시대에 성행한) 풍속화　　◆ 가교(架橋) : 다리를 놓음
● 유기(遊技) : 오락으로 하는 어른들의 놀이
♠ 간석지(干潟) : 썰물 때 드러나는 갯벌
＊ 언질(言質) : 나중에 꼬투리나 증거가 될 말

今日の漢字

カッコ内のカタカナを漢字に直しましょう。

01 (センボツ) 者を追悼する会に参列した。 전몰자를 추도하는 모임에 참여했다. — 戦没

02 卒業生 (メイボ) が企業宛に送られてくる。 졸업생 명부가 기업 앞으로 보내져온다. — 名簿

03 合格者の名前が (レッキ) してある。 합격자의 이름이 나열되어 있다. — 列記

04 クラス全員の詩を (サッシ) にする。 학급 전원의 시를 책자로 만든다. — 冊子

05 優勝チームの栄光の (キセキ) を辿る。 우승팀의 영광의 기적을 더듬다. — 軌跡

06 二度と同じ (ヒゲキ) を繰り返さない。 두 번 다시 같은 비극을 반복하지 않는다. — 悲劇

07 クラスを六つの (ハン) に分ける。 학급을 6개의 반으로 나누다. — 班

08 荷物に手紙を (ソ) えた。 짐에 편지를 첨부했다. — 添

09 祖母は魚の (ギョウショウ) に出かけた。 할머니는 생선 행상에 나섰다. — 行商

10 手術の大きな (キズアト) が目立つ。 수술 후의 큰 상처가 눈에 띄다. — 傷跡

11 (ギキョク) とは劇の上演用の脚本だ。 희극이란 극의 상연용의 각본이다. — 戯曲

12 大事件の裁判を (ボウチョウ) した。 대사건의 재판을 방청했다. — 傍聴

13 憲法の制定に (サンカク) する。 헌법의 제정계획에 참여하다. — 参画

14 自信に (ミ) ちた表情だ。 자신에 가득 찬 표정이다. — 充

15 その政策とは一線を (カク) している。 그 정책과는 일선을 긋고 있다. — 画

16 武器と (ダンヤク) を供与した。 무기와 탄약을 제공했다. — 弾薬

17 批判をされた後に態度を (コウカ) した。 비판 받은 후에 태도가 강경해졌다. — 硬化

18 不祥事は決して (カンカ) できない。 불상사를 결코 간과할 수 없다. — 看過

19 溶鉱 (ロ) にひびが入っていた。 용광로에 금이 갔다. — 炉

20 井戸を掘って (スイミャク) を見つけた。 우물을 파고 수맥을 발견했다. — 水脈

◆ 참렬(参列) : 1.반열(班列)에 참여함 2.대열이나 행렬에 참여함
♣ 열기(列記) : 열록. '나열', '나열 기록'으로 순화
● 참획(参画) : 계획에 참여함 ◆ 공여(供与) : 어떤 물건이나 이익 따위를 상대편에게 돌아가도록 함. 제공
✱ 경화(硬化) : 1.굳어짐 2.(태도나 의견이) 강경해짐 3.시세가 오를 낌새를 보임

カッコ内のカタカナを漢字に直しましょう。

01 （ゲンミツ）に言うと彼に責任はない。 엄밀하게 말하면 그에게 책임은 없다.　　厳密

02 同じ（アヤマ）ちをまた犯してしまった。 같은 실수를 또 저질러 버렸다. 　　過

03 政府が都合の悪い情報を（トウセイ）した。 정부가 사정이 나쁜 정보를 통제했다. 　　統制

04 政府の方針に（ツイズイ）する。 정부의 방침에 추종하다. 　　追随

05 入学に際して便宜を（ハカ）った。 입학에 즈음하여 편의를 도모했다. 　　図

06 催眠術と（センノウ）の違いを説明する。 최면술과 세뇌의 차이를 설명하다. 　　洗脳

07 彼は企業の一翼を（ニナ）っている。 그는 기업의 일익을 담당하고 있다. 　　担

08 精神を（キョクゲン）状態まで追い込む。 정신을 극한상태까지 몰아넣다. 　　極限

09 父は（コウウン）にも選挙に当選した。 아버지는 운이 좋게 선거에 당선됐다. 　　幸運

10 ラジオで（ダイホンエイ）の発表を聞く。 라디오에서 대본영의 발표를 듣다. 　　大本営

11 彼には爪を噛む（アクヘキ）がある。 그에겐 손톱을 씹는 나쁜 버릇이 있다. 　　悪癖

12 スクリーンに映像を（トウエイ）した。 스크린에 영상을 비쳤다. 　　投影

13 全国大会出場に（ショウジュン）を合わせた。 전국대회 출장에 조준을 맞췄다. 　　照準

14 欧州（レッキョウ）の植民活動の歴史。 유럽 열강의 식민활동의 역사. 　　列強

15 怒りの（ホコサキ）を第三者に向けた。 분노의 화살을 제3자에게 돌렸다. 　　矛先

16 職場での立場が（アヤウ）い。 직장에서의 입장이 위태롭다. 　　危

17 不用意な発言が事件の（ドウカ）線だった。 부주의한 발언이 사건의 도화선이었다. 　　導火

18 関係諸国と（ホチョウ）をあわせる。 관계제국과 보조를 맞추다. 　　歩調

19 本名より（ツウショウ）の方が有名だ。 본명보다 통칭 쪽이 유명하다. 　　通称

20 （イレイ）碑を建てた。 위령비를 세웠다. 　　慰霊

◆ 추종(追随) : 1.남의 뒤를 따라서 좇음 2.권력이나 권세를 가진 사람이나 자신이 동의하는 학설 따위를 별 판단 없이 믿고 따름
♣ 대본영(大本営) : 전시에 천황에 직속되었던 육해군 최고 통수부
● 도화선(導火線) : 1.폭약이 터지도록 불을 붙이는 심지 2.사건이 일어나게 된 직접적인 원인

今日の漢字

カッコ内のカタカナを漢字に直しましょう。

01 (ケンシキ)に欠けた答弁をする。 견식이 결여된 답변을 하다. — 見識

02 世界において(ルイレイ)がない。 세계에서 유례가 없다. — 類例

03 失礼のない(フクソウ)をして行く。 실례가 안 되는 복장을 하고 가다. — 服装

04 彼は(コマ)かいところによく気がつく。 그는 세밀한 부분에 잘 생각이 미친다. — 細

05 なんとも(クウキョ)な理論だ。 참으로 공허한 이론이다. — 空虚

06 ほんの(サマツ)な問題で対立している。 아주 사소한 문제로 대립하고 있다. — 些末*

07 女性の(トウヨウ)を促進させる。 여성의 등용을 촉진시키다. — 登用

08 可能性の(メ)を摘んでしまう。 가능성의 싹을 따 버리다. — 芽

09 後半戦に向けて体力を(オンゾン)する。 후반전을 향해 체력을 온존♣하다. — 温存

10 俗世間から(カクゼツ)された空間。 속세에서 멀리 떨어진 공간. — 隔絶*

11 教育内容の(ジュウジツ)を最優先にする。 교육내용의 충실을 최우선으로 하다. — 充実

12 ツアーの案内役を(ツト)めた。 여행 안내역을 맡았다. — 務

13 ルールが変わり(キトクケン)を失った。 룰(규칙)이 바뀌어 기득권을 잃었다. — 既得権

14 議会と(セッショウ)する必要があった。 의회와 절충할 필요가 있었다. — 折衝

15 徹夜の(ハンドウ)で体が辛い。 철야의 반동으로 몸이 힘들다. — 反動

16 空気中に物質が(カクサン)した。 공기 중에 물질이 확산되었다. — 拡散

17 彼女は(ヨウゴ)学校の教諭になった。 그녀는 양호학교의 교사가 되었다. — 養護

18 全国で(イッセイ)に試験が行われた。 전국에서 일제히 시험이 시행되었다. — 一斉

19 日本には(ドクトク)の文化がある。 일본에는 독특한 문화가 있다. — 独特

20 ビルの(ケイビ)を強化した。 빌딩의 경비를 강화했다. — 警備

◆ 些末(さまつ) : 사소함, 하찮음
♣ 온존(温存) : 1.소중히 간직함 2.(고치지 않고) 그대로 둠
● 격절(隔絶) : 동떨어짐, 멀리 떨어짐

カッコ内のカタカナを漢字に直しましょう。

01 生ごみを (ヒリョウ) にする。 음식물 쓰레기를 비료로 하다. 　　肥料
02 地球 (オンダン) 化の影響を受ける。 지구 온난화의 영향을 받다. 　　温暖
03 棒の (センタン) を握った。 막대기의 끝을 쥐었다. 　　先端
04 資料室は情報の (ホウコ) だ。 자료실은 정보의 보고다. 　　宝庫
05 人間は自然の (オンケイ) に浴している。 인간은 자연의 은혜를 입고 있다. 　　恩恵
06 この梅干はとても (ス) っぱい。 이 매실 장아찌는 매우 시다. 　　酸
07 桜の (カイカ) 宣言が出た。 벚꽃의 개화◆선언이 나왔다. 　　開花
08 大木◆が寿命で (コシ) した。 큰 나무가 수명이 다되어 고사했다. 　　枯死
09 結果を見 (トド) けてから出かけた。 결과를 확인하고 나서 외출했다. 　　届
10 (ユウダイ) な自然の風景に抱かれる。 웅대한 자연의 풍경에 안기다. 　　雄大
11 その映画は (クウゼン) の大ヒットとなった。 그 영화는 공전의 대히트가 되었다. 　　空前
12 地域 (ツウカ) は市民でも作れる。 지역 통화는 시민이라도 만들 수 있다. 　　通貨
13 支払いは (カワセ) でお願いします。 지불은 외환으로 부탁합니다. 　　為替
14 約束は必ず (リコウ) する。 약속은 반드시 이행하다. 　　履行
15 大統領選挙の有力な (コウホ) だ。 대통령 선거의 유력한 후보이다. 　　候補
16 周囲の助言を (ムシ) した。 주위의 조언을 무시했다. 　　無視
17 しばらく自宅 (リョウヨウ) を命じられた。 잠시 자택 요양을 명령받았다. 　　療養
18 診療費用の (メイサイ) を発行してもらった。 진료비용의 명세를 발행해 받았다. 　　明細
19 (ゲッカン) の科学雑誌を購入した。 월간 과학잡지를 구입했다. 　　月刊
20 正しい (ケンシキ) を持った人間だ。 올바른 견식을 지닌 인간이다. 　　見識

◆ 개화(開花) : 꽃이 핌
♣ 大木(たいぼく) : 큰 나무, 거목(巨木)

今日の漢字

カッコ内のカタカナを漢字に直しましょう。

01 すさまじい (ダクリュウ) に飲み込まれる。 엄청난 탁류* 에 휩쓸리다. 　　　　濁流
02 友人と (コト) を旅行した。 친구와 고도*를 여행했다. 　　　　古都
03 脱脂綿をアルコールに (ヒタ) す。 탈지면을 알코올에 적시다. 　　　　浸
04 大雨でダム (ゾウスイ) の危険がある。 호우로 댐의 증수 위험이 있다. 　　　　増水
05 大雨で自宅が (カンスイ) した。 호우로 자택이 물에 잠겼다. 　　　　冠水*
06 怪我人が (ゾクシュツ) した試合。 부상자가 속출한 시합. 　　　　続出
07 異常気象は自然からの (ケイコク) だ。 이상기상은 자연으로부터의 경고이다. 　　　　警告
08 椰子の木は (ネッタイ) の植物だ。 야자나무는 열대 식물이다. 　　　　熱帯
09 大陸 (ゼンイキ) に感染が広がった。 대륙 전역에 감염이 번졌다. 　　　　全域
10 予算の (サクゲン) が決定した。 예산 삭감을 결정했다. 　　　　削減
11 海外進出による (ヒヤク) を目指した。 해외진출에 의한 비약을 목표로 했다. 　　　　飛躍
12 一躍 (キャッコウ) を浴びた発明だ。 일약 각광을 받은 발명이다. 　　　　脚光
13 後継者を (イクセイ) する。 후계자를 육성하다. 　　　　育成
14 ある程度の (ギョクセキコンコウ) は目をつむる。 어느 정도의 옥석혼효*는 눈을 감는다. 　玉石混交
15 沼や水田など (シッチ) の環境を保全する。 늪이나 논 등 습지의 환경을 보전하다. 　湿地
16 基準値までようやく (トウタツ) した。 기준치까지 간신히 도달했다. 　　　　到達
17 (チョウジュウ) の保護に尽力した。 조수*의 보호에 진력했다. 　　　　鳥獣
18 開発と保全の (トクシツ) を見極める。 개발과 보전의 득실을 확인하다. 　　　　得失
19 干潟は開発の (ヒョウテキ) になりやすい。 간석지는 개발의 표적이 되기 쉽다. 　　　標的
20 今月は懐が (ウルオ) った。 이번 달은 주머니 사정이 두둑해졌다. 　　　　潤

◆ 탁류(濁流) : 흘러가는 흐린 물　　♣ 고도(古都) : 옛 도읍
● 冠水(かんすい) : (홍수로) 물에 잠김
♠ 옥석혼효(玉石混交) : 질 좋은 것과 나쁜 것이 뒤섞여 있음
＊ 조수(鳥獣) : 새와 짐승

カッコ内のカタカナを漢字に直しましょう。

01 （ハギ）れの良い話し方をする。 시원시원한 말투를 하다. 　　歯切
02 企業の不正を（アバ）いた。 기업의 부정을 폭로했다. 　　暴
03 些細なことで人生が（アンテン）した。 사소한 일로 인생이 악화됐다. 　　暗転
04 ご（タクセン）に耳を傾ける。 신탁에 귀를 기울이다. 　　託宣*
05 （チョウボ）を不正に書き換える。 장부를 부정으로 고쳐 쓰다. 　　帳簿
06 県が（コウチョウカイ）を開催した。 현이 공청회를 개최했다. 　　公聴会
07 （アクマ）のような囁きに惑わされた。 악마와 같은 속삭임에 현혹되었다. 　　悪魔
08 企業の（ナイジョウ）をよく知る人物。 기업의 내부사정을 잘 아는 인물. 　　内情
09 彼の手の上で（オド）らされる。 그의 손아귀에 놀아나다. 　　踊
10 だんだん（ハリ）の穴が見えなくなった。 점점 바늘구멍이 보이지 않게 되었다. 　　針
11 世の中を（フウシ）した漫画だ。 세상을 풍자한 만화다. 　　風刺
12 どこに出しても（ハ）ずかしくない実績。 어디에 내놓아도 부끄럽지 않은 실적. 　　恥
13 長い間（コウキョウ）を維持し続けた。 오래 동안 호황을 계속 유지했다. 　　好況
14 この開発は世界の市場を（セッケン）した。 이 개발은 세계의 시장을 석권했다. 　　席巻
15 彼はとても（ゴウヨク）な人間だ。 그는 매우 욕심이 강한 인간이다. 　　強欲
16 強風に（ソナ）えて玄関を補強した。 강풍에 대비하여 현관을 보강했다. 　　備
17 挨拶に行くのが（ツウレイ）だ。 인사하러 가는 것이 관례이다. 　　通例
18 最新の医療（キキ）を揃えた。 최신 의료기기를 갖추었다. 　　機器
19 高（セイノウ）な住宅を建てた。 고성능 주택을 지었다. 　　性能
20 （シンライ）を揺るがすような事件だ。 신뢰를 뒤흔드는 듯한 사건이다. 　　信頼

◆ 託宣(たくせん) : 신이 사람에게 알림. 신탁(神託)

今日の漢字

カッコ内のカタカナを漢字に直しましょう。

01 昨年末に娘が (タンジョウ) した。 작년 말에 딸이 태어났다. — 誕生

02 (コハン) に立つ高級別荘。 호숫가에 자리 잡은 고급별장. — 湖畔*

03 町内会が (シュサイ) している夏祭り。 반상회가 주최하고 있는 여름축제. — 主催

04 夏場は (セツデン) にご協力ください。 여름철은 절전에 협력해 주세요. — 節電

05 今までとは (ギャク) の方法で攻める。 지금까지와는 반대방법으로 공격하다. — 逆

06 商品の (カカク) を見直す。 상품의 가격을 재점검하다. — 価格

07 貧富の (サ) が激しい地域。 빈부의 차이가 심한 지역. — 差

08 我々にとって (ユウエキ) な情報を入手した。 우리들에게 있어 유익한 정보를 입수했다. — 有益

09 この商品の (ゲンカ) を計算する。 이 상품의 원가를 계산하다. — 原価

10 とても (ソン) をした気分だ。 매우 손해를 본 기분이다. — 損

11 交通事故が増えた (シュイン) を探った。 교통사고가 늘어난 주요인을 조사했다. — 主因

12 (ムネ) に手を当てて考えた。 가슴에 손을 대고 생각했다. — 胸

13 彼が疑惑の (カチュウ) にいる人だ。 그가 의혹의 와중에 있는 사람이다. — 渦中

14 経済が右 (カタ) あがりだった時代。 경제가 오른쪽 상승이었던 시대. — 肩

15 戦没者へ (アイトウ) の意を表した。 전몰자에게 애도의 뜻을 표했다. — 哀悼

16 プロに (ヒッテキ) する技術がある。 프로에 필적하는 기술이 있다. — 匹敵

17 地方への人口 (カンリュウ) 策を考える。 지방에 대한 인구 환류책을 생각하다. — 還流

18 財政難からの (ダッキャク) を試みる。 재정난으로부터의 탈각*을 시도하다. — 脱却

19 国外 (ツイホウ) 処分を受けた。 국외 추방 처분을 받았다. — 追放

20 森林破壊に対する (ケイショウ) だろうか。 삼림파괴에 대한 경종일까? — 警鐘

◆ 호반(湖畔) : 호숫가
♣ 탈각(脱却) : (좋지 않은 상태에서) 벗어남. 빠져 나옴

カッコ内のカタカナを漢字に直しましょう。

01 運動場に (コウシンキョク) が流れる。 운동장에 행진곡이 흐른다. 行進曲

02 最近は図書館に行く (キカイ) が減った。 최근에는 도서관에 갈 기회가 줄었다. 機会

03 記念品贈呈の (モクロク) を渡した。 기념품 증정 목록을 건넸다. 目録

04 ニュースで大々的に (ホウ) じられた。 뉴스에서 대대적으로 보도되었다. 報

05 被害者支援の (キウン) が全国的に高まる。 피해자 지원의 기운이 전국적으로 높아지다. 機運

06 とても (セイノウ) の良い車だ。 매우 성능이 좋은 차다. 性能

07 道具を (クシ) して火をおこした。 도구를 사용하여 불을 피웠다. 駆使

08 彼は (タクゼツ) した頭脳を持つ学者。 그는 탁월한 두뇌를 지닌 학자. 卓絶*

09 彼は全く意に (カイ) していない。 그는 전혀 마음에 두고 있지 않다. 介

10 金属の (レッカ) を防ぐ塗装。 금속의 열화*를 방지하는 도장. 劣化

11 書類改ざんの証拠を (インメツ) した。 서류개찬*의 증거를 은멸했다. 隠滅

12 マンションの (ジョウソウ) 階に住む。 맨션의 맨 위층에 살다. 上層

13 食への信頼を (シッツイ) させた。 음식에 대한 신뢰를 실추시켰다. 失墜

14 社長から専務に (コウカク) した。 사장에서 전무로 격하되었다. 降格*

15 (ジョウム) 取締役の任に就いた。 상무이사에 취임했다. 常務

16 先ほどの交信を最後に (ショウソク) を絶った。 조금 전의 교신을 마지막으로 소식을 끊었다. 消息

17 日本酒を (ジョウセイ) した。 일본 술을 빚었다. 醸成*

18 強豪チームを延長戦で (タオ) した。 강호 팀을 연장전에서 쓰러뜨렸다. 倒

19 教育制度を (ヘンカク) した。 교육제도를 변혁했다. 変革

20 初対面で強烈な (インショウ) を受けた。 첫 대면에서 강렬한 인상을 받았다. 印象

◆ 卓絶(たくぜつ) : 탁월. 비길 데 없이 뛰어남　　◆ 열화(劣化) : 품질이나 성능 등이 나빠짐
◆ 개찬(改ざん) : 글의 뜻을 달리하기 위하여 글의 일부 구절이나 글자를 일부러 고침
◆ 강격(降格) : 자격이나 등급, 지위 따위의 격이 낮아짐. 격하
* 양성(醸成) : 1.(술·간장 등을) 빚음 2.기운·상태 등을 조성함

今日の漢字

カッコ内のカタカナを漢字に直しましょう。

01 (ソウギョウ) 当時の苦労話を聞く。 창업 당시의 고생이야기를 듣다. — 創業

02 企業の成り立ちを (シャシ) で学ぶ。 기업의 성립을 회사의 연혁으로 배우다. — 社史*

03 年末に (イナカ) に帰省する。 연말에 시골에 귀성하다. — 田舎

04 応援していた球団が (バイシュウ) された。 응원했던 구단이 매수되었다. — 買収

05 彼は開設 (トウショ) からのメンバーだ。 그는 개설 당시부터의 멤버이다. — 当初

06 改革が徐々に (シントウ) し始めた。 개혁이 서서히 침투하기 시작했다. — 浸透

07 音楽の (イホウ) コピーが見つかった。 음악의 위법 복사가 발견되었다. — 違法

08 ひょんな事から事件が (ハッカク) した。 뜻밖의 일에서 사건이 발각되었다. — 発覚

09 彼の信頼を著しく (ソコ) ねてしまった。 그의 신뢰를 현저하게 저버리고 말았다. — 損

10 ホームページの (モンゴン) を引用する。 홈페이지의 문언을 인용하다. — 文言

11 現在の地位に (アンカン) としている。 현재의 지위에 태평스럽게 지내고 있다. — 安閑*

12 部長に (ショウカク) した。 부장으로 승격되었다. — 昇格

13 掌の血管が (ス) けて見える。 손바닥의 혈관이 비쳐 보이다. — 透

14 これからは (テキザイテキショ) で行こう。 이제부터는 적재적소*로 가자. — 適材適所

15 数日間営業を (ジシュク) した。 며칠간 영업을 자숙했다. — 自粛

16 機能不全を (ロテイ) した改革だ。 기능부전을 드러낸 개혁이다. — 露呈♠

17 鮫は (ハイニョウ) 器官が未発達だ。 상어는 배뇨기관이 발달되어 있지 않다. — 排尿

18 怖い映画を見て (シッキン) しそうになった。 공포영화를 보고 실금* 할 듯 했다. — 失禁

19 人としての (ソンゲン) を考える。 사람으로서의 존엄을 생각하다. — 尊厳

20 仕事で長時間 (コウソク) された。 일로 장시간 구속되었다. — 拘束

◆ 사사(社史) : 창립 이래의 회사의 연혁   ◆ 안한(安閑) : 한가로움, 태평스러움
● 적재적소(適材適所) : 알맞은 인재를 알맞은 자리에 씀. '알맞은 곳', '적절한 자리'로 순화
♠ 노정(露呈) : 드러냄, 드러남
* 실금(失禁) : 대소변이 자신의 뜻과는 관계없이 배설됨

カッコ内のカタカナを漢字に直しましょう。

01 敵国の (クウバク) に備えて訓練する。 적국의 공중폭격에 대비해 훈련하다. 　　空爆
02 (イシツ) の文化を互いに認め合った。 이질* 문화를 서로 인정했다. 　　異質
03 この爆弾は (ツウジョウ) の数百倍の威力だ。 이 폭탄은 통상 수백 배의 위력이다. 　　通常
04 毛糸でマフラーを (ア) む。 털실로 머플러를 짜다. 　　編
05 ホームページを (ウンエイ) している。 홈페이지를 운영하고 있다. 　　運営
06 パンフレットを二千部 (インサツ) した。 팸플릿*을 2천부 인쇄했다. 　　印刷
07 寝る前に戸締りの (テンケン) をする。 자기 전에 문단속 점검을 하다. 　　点検
08 名刺を五百部 (ス) った。 명함을 5백부 인쇄했다. 　　刷
09 この村は (コウレイ) 者の多い地域だ。 이 마을은 고령자가 많은 지역이다. 　　高齢
10 (ナマミ) の人間の姿を伝える。 살아있는 인간의 모습을 전하다. 　　生身
11 環境 (ハカイ) の実態を認識する。 환경 파괴의 실태를 인식하다. 　　破壊
12 雪が降り (ツ) もった。 눈이 내려 쌓였다. 　　積
13 (ツナ) 取りに挑戦する。 쓰나토리*에 도전하다. 　　綱
14 時間と労力を (ツイヤ) した作品。 시간과 노력을 쏟아 부은 작품. 　　費
15 筆と (スミ) を準備する。 붓과 먹을 준비하다. 　　墨
16 敵陣の中央を (キョウコウトッパ) した。 적진의 중앙을 강행돌파했다. 　　強行突破
17 完成まで (ザンテイ) 的に利用する。 완성까지 잠정적으로 이용하다. 　　暫定
18 飛行機が (チャクリク) 態勢に入った。 비행기가 착륙태세에 들어갔다. 　　着陸
19 窓の外に (アヤ) しい人影を見た。 창문밖에 수상한 사람의 그림자를 봤다. 　　怪
20 世界王者のタイトルを (ウバ) われた。 세계왕자 타이틀을 빼앗겼다. 　　奪

◆ 이질(異質) : 성질이 다름
♣ 팸플릿(パンフレット) : 소책자
● 쓰나토리(綱取り) : (일본 씨름에서) 오제키가 좋은 성적을 올려 요코즈나가 되려고 하는 것

今日の漢字

하루 20단어 한자연습

カッコ内のカタカナを漢字に直しましょう。

01 疑惑が徐々に (カイメイ) され始めた。 의혹이 서서히 해명되기 시작했다. 　　解明
02 恐竜が (セイソク) していた時代。 공룡이 서식했던 시대. 　　生息
03 夜空には (シンピ) 的な魅力がある。 밤하늘에는 신비적인 매력이 있다. 　　神秘
04 長い (ネム) りから目覚めた熊。 긴 잠에서 깬 곰. 　　眠
05 恐竜が (ゼツメツ) した理由を探る。 공룡이 멸종한 이유를 찾다. 　　絶滅*
06 組織を新しい体制に (イコウ) させる。 조직을 새로운 체재로 이행시키다. 　　移行
07 先生を (マジ) えた懇談会を企画した。 선생을 섞은 간담회를 기획했다. 　　交
08 恐竜の (コッカク) はとても大きい。 공룡의 골격은 매우 크다. 　　骨格
09 (テンジ) 品には手を触れないでください。 전시품에는 손을 대지 말아 주세요. 　　展示
10 (ミチ) の領域へ踏み込んだ。 미지의 영역에 발을 들여 놓았다. 　　未知
11 (ノホウズ) な生き方を望んでいる。 방약무인한 삶을 희망하고 있다. 　　野放図
12 健康 (ユウリョウ) 児として表彰された。 건강 우량아로서 표창 받았다. 　　優良
13 多国籍企業 (サンカ) の会社。 다국적기업 산하의 회사. 　　傘下
14 (ソトボリ) から埋めていく。 외호*부터 메워 가다. 　　外堀
15 パーティーの日付を (カン) 違いした。 파티의 날짜를 착각했다. 　　勘
16 彼は大統領を (ホサ) している。 그는 대통령을 보좌하고 있다. 　　補佐
17 海外の企業を (シサツ) する。 해외기업을 시찰하다. 　　視察
18 彼は (ショクセキ) をまっとうして退任した。 그는 직책을 완수하고 퇴임했다. 　　職責
19 虎の (イ) を借る狐。 호가호위*. 　　威
20 証拠隠滅は (ゲンゼン) たる事実だ。 증거인멸은 엄연한 사실이다. 　　厳然

◆ 절멸(絶滅) : 아주 없어짐. 또는 아주 없앰. 근절, 멸종
♣ 외호(外堀) : 성의 바깥 둘레의 해자(垓字)
● 호가호위(狐假虎威) : 남의 권세를 빌려 위세를 부림의 비유

カッコ内のカタカナを漢字に直しましょう。

01　地球も銀河系に存在する (ワクセイ) の一つだ。　지구도 은하계에 존재하는 혹성의 하나이다.　　惑星

02　美しい風景をカメラに (オサ) める。　아름다운 풍경을 카메라에 담다.　　収

03　言葉では (ケイヨウ) しがたい悲惨な光景だ。　말로는 형용하기 어려운 비참한 광경이다.　　形容

04　地震で校舎の壁が (クズ) れた。　지진으로 학교 건물 벽이 무너졌다.　　崩

05　彼の姿が (ノウリ) によみがえる。　그의 모습이 뇌리에 되살아나다.　　脳裏

06　目の裏に (ヤ) きついた風景。　눈의 이면에 강렬히 새겨진 풍경.　　焼

07　子供の成長の記録を (エイゾウ) として残す。　아이의 성장 기록을 영상으로 남기다.　　映像

08　大帝国の (セイスイ) を本に記す。　대제국의 성쇠*를 책에 기록하다.　　盛衰

09　(ミチスジ) から離れて山に迷い込んだ。　코스에서 이탈해 산 속을 헤맸다.　　道筋

10　(ベンリ) な世の中になったと思う。　편리한 세상이 되었다고 생각한다.　　便利

11　(キガ) に苦しむ人々を救済する。　기아에 허덕이는 사람들을 구제하다.　　飢餓

12　経営が軌道に乗るまでの (ムショウ) 援助。　경영이 궤도에 오르기까지의 무상원조.　　無償

13　一本一本糸を (ツム) いだ。　실 하나하나를 뽑았다.　　紡

14　(マボロシ) の銘酒を復活させた。　환상의 명주를 부활시켰다.　　幻

15　将来を見 (ス) えた計画を立てる。　장래를 내다본 계획을 세우다.　　据

16　武道を (ショウレイ) した。　무도를 장려했다.　　奨励

17　値段が (ノキ) 並み高騰した。　가격이 일제히 급등했다.　　軒

18　もう (ガマン) の限界だ。　더 이상 참을 수 없다.　　我慢

19　楽団の欠員を (ホジュウ) した。　악단의 결원을 보충했다.　　補充

20　いくつかの (ジレイ) を挙げて説明した。　몇 가지 사례를 들어 설명했다.　　事例

◆ 성쇠(盛衰) : 성하고 쇠퇴함

今日の漢字

カッコ内のカタカナを漢字に直しましょう。

01 (センジュウミン) の独特な文化がある。　선주민◆의 독특한 문화가 있다.　　**先住民**

02 夏場は台所の (エイセイ) に気を使う。　여름철은 부엌의 위생에 신경을 쓴다.　　**衛生**

03 事故現場で応急 (ショチ) を施した。　사고현장에서 응급처치를 실시했다.　　**処置**

04 法改正には (ショウキョク) 的な意見が多い。　법 개정에는 소극적인 의견이 많다.　　**消極**

05 家族が (シュッサン) に立ち会った。　가족이 출산에 입회했다.　　**出産**

06 彼はとても (ガマン) 強い人間だ。　그는 매우 참을성이 많은 사람이다.　　**我慢**

07 この製品はハードな使用に (タ) えない。　이 제품은 하드한 사용에 견디지 못한다.　　**耐**

08 学校に行く (ジュンビ) をする。　학교에 갈 준비를 하다.　　**準備**

09 救急 (タイイン) が現場に駆け付けた。　구급대원이 현장에 부랴부랴 갔다.　　**隊員**

10 発展 (トジョウ) 国での経験を生かす。　발전도상국에서의 경험을 살리다.　　**途上**

11 道に (マヨ) って右往左往した。　길을 잃어 우왕좌왕했다.　　**迷**

12 試合中に足を (フショウ) した。　시합 중에 다리에 부상을 입었다.　　**負傷**

13 (ノジュク) をしながら旅を続けた。　노숙을 하면서 여행을 계속했다.　　**野宿**

14 関連する別の問題が (ハセイ) した。　관련된 다른 문제가 파생했다.　　**派生**

15 優秀な人材を多数 (ハイシュツ) する大学。　우수한 인재를 다수 배출하는 대학.　　**輩出**

16 (ホウソウ) 系の大学へ進学した。　법조계 대학교에 진학했다.　　**法曹**

17 博士課程を (シュウリョウ) した。　박사과정을 수료했다.　　**修了**

18 (ショウガクキン) を受けながら勉学に励んだ。　장학금을 받으면서 면학에 힘썼다.　　**奨学金**

19 彼の言動は (ハイリョ) が足りなかった。　그의 언동은 배려가 부족했다.　　**配慮**

20 彼はクラスーの (シュウサイ) だ。　그는 학급 제일의 수재이다.　　**秀才**

◆ 선주민(先住民) : 먼저 살던 사람

カッコ内のカタカナを漢字に直しましょう。

01 海上の船は (ワンガン) 警備隊のものと似ている。　해상의 배는 만안* 경비대의 것과 비슷하다.　湾岸

02 アメリカの (コクセキ) を取得した。　미국 국적을 취득했다.　国籍

03 外国とさかんに (ボウエキ) をする。　외국과 빈번히 무역을 하다.　貿易

04 企業色を (ゼンメン) に押し出した広告。　기업 색을 전면에 내세운 광고.　前面

05 エネルギー (シゲン) には限りがある。　에너지 자원에는 한계가 있다.　資源

06 熱帯林がどんどん (ショウメツ) している。　열대림이 점점 소멸*하고 있다.　消滅

07 外国と (ギョギョウ) 協定を結ぶ。　외국과 어업협정을 맺다.　漁業

08 眠気を (モヨオ) すような心地良い音楽。　졸음을 느끼게 하는 기분 좋은 음악.　催

09 周囲の環境が (ゲキヘン) した。　주위 환경이 격변*했다.　激変

10 暗い過去に自ら (シュウシフ) を打った。　어두운 과거에 스스로 종지부를 찍었다.　終止符

11 権力 (コウソウ) に巻き込まれた。　권력 다툼에 휘말렸다.　抗争*

12 一般病棟から (カクリ) された。　일반병동에서 격리되었다.　隔離

13 アパルトヘイトを (テッパイ) した。　아파르트헤이트*를 철폐했다.　撤廃

14 植民地 (トウチ) の歴史を学ぶ。　식민지 통치의 역사를 배우다.　統治

15 彼は (テンケイ) 的な企業人間だ。　그는 전형적인 기업인간이다.　典型

16 計画の (ワク) 組みが完成した。　계획의 틀을 완성했다.　枠

17 (ナイジツ) を伴わない改革は評価できない。　내실을 수반하지 않는 개혁은 평가할 수 없다.　内実

18 (テンボウ) 台から景色を眺めた。　전망대에서 경치를 바라보았다.　展望

19 (タテ) 割り社会に反発する。　상하 관계로 움직이는 사회에 반발하다.　縦

20 販売 (センリャク) を練る。　판매 전략을 짜다.　戦略

◆ 만안(湾岸) : 만의 연안　　♣ 소멸(消滅) : 사라져 없어지다
● 격변(激変) : 상황 따위가 갑자기 심하게 변함
♠ 항쟁(抗争) : 맞서 싸움. '다툼'으로 순화
＊ 아파르트헤이트(アパルトヘイト) : (지난날의 남아프리카 공화국의) 흑인에 대한 극단적인 인종 차별·인종 분리 정책

今日の漢字

カッコ内のカタカナを漢字に直しましょう。

01 心に余裕を持って難しい試験に (ノゾ) む。 마음에 여유를 가지고 어려운 시험에 임하다. 臨

02 常識をあっさりと (クツガエ) された。 상식이 완전히 뒤엎어졌다. 覆

03 (カンキュウ) 織り交ぜた攻撃だ。 완급을 곁들인 공격이다. 緩急

04 フィールド内を (ジザイ) に駆け回る。 필드 내를 자유자재로 뛰어다니다. 自在

05 彼は誰かに (アヤツ) られているようだ。 그는 누군가에게 조종당하고 있는 것 같다. 操

06 二人はバスケットが (エン) で結婚した。 두 사람은 농구가 인연이 되어 결혼했다. 縁

07 スポーツの (レンメイ) に団体で加入した。 스포츠 연맹에 단체로 가입했다. 連盟

08 各地で (カイゴウ) が開かれた。 각지에서 회합*이 열렸다. 会合

09 (アイショウ) とはニックネームのことだ。 애칭이란 닉네임을 말한다. 愛称

10 対戦相手に大差をつけ (カイショウ) した。 대전 상대에게 큰 점수 차이로 압승했다. 快勝

11 彼は改革を推進する (ロンカク) だ。 그는 개혁을 추진하는 논객*이다. 論客

12 心臓が (ヒダイ) した。 심장이 비대해졌다. 肥大

13 入会時の (トクテン) が充実している。 입회시의 특전이 충실하다. 特典

14 自らの意見を (ノ) べた。 자신의 의견을 말했다. 述

15 新たな (トッパコウ) を切り開いた。 새로운 돌파구를 개척했다. 突破口

16 新規事業に (サンニュウ) する。 신규사업에 참가하다. 参入*

17 炭水化物は体の (ネンリョウ) になる。 탄수화물은 몸의 연료가 된다. 燃料

18 色々なエネルギー (ゲン) を利用する。 여러가지 에너지원을 이용하다. 源

19 何よりも (ソウゴ) 理解が大切だ。 무엇보다도 상호이해가 중요하다. 相互

20 利用者のために (ベンギ) をはかった。 이용자를 위해 편의를 도모했다. 便宜

◆ 会합(会合): 토론이나 상담을 위하여 여럿이 모이는 일
◆ 논객(論客): 옳고 그름을 잘 논하는 사람
◆ 参入(さんにゅう): 1.귀인을 방문함. 올라가 뵘 2.들어감. 참가함

カッコ内のカタカナを漢字に直しましょう。

01 向こう三 (ゲン) 両隣り。 맞은편 3채가 서로 이웃. 軒
02 彼の一族が代々権力の座を (シ) めた。 그의 일족이 대대로 권력의 자리를 차지했다. 占
03 今晩 (ネ) るホテルを決める。 오늘밤 잘 호텔을 정하다. 寝
04 花見に一番よい場所を (カクホ) した。 꽃구경에 가장 좋은 장소를 확보했다. 確保
05 年末に (タタミ) の張り替えをした。 연말에 다다미의 교체를 했다. 畳
06 暗い星は (ニクガン) では見えづらい。 어두운 별은 육안으로는 보기 힘들다. 肉眼
07 日本は核の (ホユウ) 国ではない。 일본은 핵보유국이 아니다. 保有
08 アメリカの (コクボウ) 長官が来日した。 미국의 국방장관이 방일했다. 国防
09 収入よりも (シシュツ) が多い。 수입보다도 지출이 많다. 支出
10 (ウンメイ) にほんろうされた人生だった。 운명에 농락된 인생이었다. 運命
11 彼は国際社会の (キラ) われ者だ。 그는 국제사회에서 미움 받는 사람이다. 嫌
12 罪のない市民を (ギャクサツ) した。 죄가 없는 시민을 학살했다. 虐殺
13 フーリガン (ゼンレキ) 者を渡航禁止にした。 훌리건* 전력이 있는 사람을 도항금지 시켰다. 前歴
14 台風の被害は (ジンダイ) だ。 태풍의 피해는 막대하다. 甚大
15 (ユイイツ) の楽しみは生け花だ。 유일한 낙은 꽃꽂이다. 唯一
16 政府に損害 (バイショウ) を請求する。 정부에 손해배상을 청구하다. 賠償
17 罪を (マヌガ) れることはできない。 죄를 모면할 수는 없다. 免
18 事実の (ソンピ) を棚上げした。 사실의 존재 여부를 보류했다. 存否*
19 ホームページに (メンセキ) 事項を記載する。 홈페이지에 면책 사항을 기재하다. 免責
20 現実を (セイシ) できない。 현실을 직시할 수 없다. 正視*

◆ 훌리건(フーリガン) : 소동을 일으키는 광적인 축구 팬
♣ 존부(存否) : 1.존폐 2.존재 여부 3.생존 여부
● 정시(正視) : 직시, 바로 봄

今日の漢字

カッコ内のカタカナを漢字に直しましょう。

01 誰も実物の (ユウレイ) は見たことがない。 누구나 실물 유령은 본적이 없다. — 幽霊

02 家宝を (シソン) の代まで伝える。 가보를 자손의 대까지 전하다. — 子孫

03 美しい風景を写真に (ト) る。 아름다운 풍경을 사진으로 찍다. — 撮

04 食糧が (ソコ) をつきかけた。 식량이 바닥을 들어내기 시작했다. — 底

05 世界一周の (タビ) に出る。 세계 일주의 여행에 나서다. — 旅

06 その遺跡は今回 (グウゼン) 発見された。 그 유적이 이번에 우연히 발견되었다. — 偶然

07 彼は (ニク) めない性格をしている。 그는 미워할 수 없는 성격을 가지고 있다. — 憎

08 毎朝 (ネッシン) に観察を続ける。 매일 아침 열심히 관찰을 계속하다. — 熱心

09 大学を (チュウト) で退学する。 대학교를 중도에 퇴학하다. — 中途

10 中途 (ハンパ) な仕事をするな。 어중간한 일을 하지마라. — 半端

11 犯人の乗った車が (メイソウ) している。 범인이 탄 차가 미주 하고 있다. — 迷走

12 市内に私立大学が (シンセツ) された。 시내에 사립대학이 신설되었다. — 新設

13 家賃の支払いが (トドコオ) っている。 집세 지불이 밀려 있다. — 滞

14 一味は全国に (ブンサン) した。 일당은 전국에 갈라져 흩어졌다. — 分散

15 老後のために (チョチク) を始めた。 노후를 위해 저축을 시작했다. — 貯蓄

16 自由な校風が (シントウ) している。 자유로운 교풍이 침투하고 있다. — 浸透

17 今日の天気は (ハ) れだ。 오늘의 날씨는 맑음이다. — 晴

18 図書館の (エツラン) 室を利用した。 도서관의 열람실을 이용했다. — 閲覧

19 それも成功の (イチイン) だ。 그것도 성공의 한 원인이다. — 一因

20 今晩は (ミョウ) に明るい。 오늘밤은 묘하게 밝다. — 妙

◆ 미주(迷走) : 정해진 통로·진로 이외의 길로 달림

すし[寿司]

초밥. 식초로 맛을 낸 밥에 생선과 조개 등을 더한 요리. 혹은 소금으로 절인 생선을 자연 발효 시킨 것을 말한다. 스시에 넣는 재료는 전갱이, 정어리, 가자미, 고등어, 삼치, 꽁치, 방어, 넙치, 다랑어, 뱀장어, 새우, 오징어, 낙지, 전복, 피조개, 성게, 캐비아 등이 쓰인다.

오늘의 漢字(한자)

Part 09

カッコ内のカタカナを漢字に直しましょう。

01 使い方は解説書に (キサイ) してあります。　사용법은 해설서에 기재되어 있습니다.　記載

02 安全を (サイユウセン) に考えた設計をする。　안전을 최우선으로 생각한 설계를 하다.　最優先

03 スケジュールは大幅に (チエン) している。　스케줄은 크게 지연되어 있다.　遅延

04 ことの (ホッタン) は一通の手紙だ。　일의 발단은 한통의 편지이다.　発端

05 私の (ノウリョク) の限界を超えた。　내 능력의 한계를 넘었다.　能力

06 無限の (カノウセイ) が広がっている。　무한한 가능성이 펼쳐져 있다.　可能性

07 (アイツ) いでトラブルが発生した。　잇달아 문제가 발생했다.　相次

08 それは売上に (チョッケツ) した問題だ。　그것은 매상에 직결된 문제이다.　直結

09 彼は (ザイカイ) のドンと呼ばれた。　그는 재계의 보스라고 불렸다.　財界

10 日本の将来を (ウレ) いた趣旨の発言。　일본의 장래를 걱정한 취지의 발언.　憂

11 システムの構築費用を (シサン) した。　시스템의 구축비용을 시산했다.　試算

12 商品を (リョウサン) して薄利多売する。　상품을 양산하여 박리다매하다.　量産

13 国の (チョッカツ) 事業として実施された。　정부의 직할사업으로서 실시되었다.　直轄

14 安全な場所に (ヒナン) をした。　안전한 장소에 피난을 했다.　避難

15 有毒な火山ガスが (フンシュツ) している。　유독한 화산가스가 분출하고 있다.　噴出

16 工事は (イゼン) 進んでいない。　공사는 여전히 진행되고 있지 않다.　依然

17 防災を (ショカン) している機関がある。　방재를 소관◆하고 있는 기관이 있다.　所管

18 安全を (ネントウ) に置いた作業をする。　안전을 염두에 둔 작업을 하다.　念頭

19 村の (コロウ) に昔話を聞いた。　마을 노인에게 옛날이야기를 들었다.　古老

20 毎朝電車で (ツウキン) している。　매일 아침 전차로 통근하고 있다.　通勤

◆ 소관(所管) : 맡아 관리하는 바

今日の漢字

カッコ内のカタカナを漢字に直しましょう。

01 不信任決議案可決で (シッショク) した。 불신임 결의안 가결로 실직했다. 失職

02 彼の父は軍事 (ヒョウロン) 家だ。 그의 아버지는 군사 평론가이다. 評論

03 彼女の表情は (カメン) のようだ。 그녀의 표정은 가면과 같다. 仮面

04 会社員から政治家へ (テンシン) した。 회사원에서 정치가로 전신*했다. 転身

05 政治家を (ナザ) しして批判する。 정치가를 지명하여 비판하다. 名指

06 彼は討論のツボを (ココロエ) ている。 그는 토론의 급소를 알고 있다. 心得

07 愛情は憎悪に (テンカ) していった。 애정은 증오로 변화해 갔다. 転化

08 余分なものを (ハイ) してきた。 필요이상의 것을 배제해왔다. 排

09 ここを (アンジュウ) の地と定めた。 여기를 안주의 땅으로 정했다. 安住

10 無理なのは (ショウチ) の上だ。 무리인 것은 알고 있다. 承知

11 知事選挙で見事に (アッショウ) した。 지사 선거에서 당당히 압승했다. 圧勝

12 いくつかの金属を (ユウゴウ) させた。 몇 가지 금속을 융합시켰다. 融合

13 公共事業への (イゾン) 度が高い。 공공사업에 대한 의존도가 높다. 依存

14 (タイボウ) の新製品が発売された。 대망의 신제품이 발매되었다. 待望

15 彼の意見に (サンドウ) するものが多い。 그의 의견에 찬동하는 자가 많다. 賛同

16 鍋の底が (コ) げついてしまった。 냄비 바닥이 타버렸다. 焦

17 事件現場をとことん (セイサ) した。 사건현장을 철저히 조사했다. 精査*

18 その件については (カクヤク) は出来ない。 그 건에 대해서는 확약*은 할 수 없다. 確約

19 新たな (カンバン) を掲げた。 새로운 간판을 내걸었다. 看板

20 現時点での最善の (ホウサク) を考える。 현시점에서의 최선의 방책을 생각하다. 方策

◆ 전신(転身) : 신분·직업·생활 방침 등을 완전히 바꿈
♣ 정사(精査) : 자세히 조사함
● 확약(確約) : 확실하게 약속함

カッコ内のカタカナを漢字に直しましょう。

01 野原で（アオム）けに転がった。 들판에서 반듯이 누웠다. 　仰向
02 初冬の街を（シグレ）が通り過ぎた。 초겨울의 거리를 비가 지나갔다. 　時雨*
03 特急はこの駅を（ツウカ）します。 특급은 이 역을 통과합니다. 　通過
04 お（ボン）には帰省します。 오봉에는 귀성합니다. 　盆*
05 （ハカ）に布団は着せられず。 효행을 하고 싶을 때는 부모는 없다. 　墓
06 難問続きで精神的に（マイ）った。 어려운 문제가 계속되어 정신적으로 질렸다. 　参
07 大雨の中で蛙が大（ガッショウ）をしている。 호우 속에서 개구리가 대합창을 하고 있다. 　合唱
08 蜂の（タイグン）に襲われたら危険だ。 벌의 대군에 습격을 받으면 위험하다. 　大群
09 デザインを（カッテ）に変更した。 디자인을 제멋대로 변경했다. 　勝手
10 蝶が（ウカ）する瞬間をビデオで撮った。 나비가 우화*하는 순간을 비디오로 찍었다. 　羽化
11 自らの（アヤマ）ちを素直に認めた。 본인의 잘못을 순수하게 인정했다. 　過
12 体制の見直しが（キュウム）だ。 체재의 재검토가 급선무다. 　急務
13 機体に（ビサイ）なキズが見つかった。 기체에 미세한 상처가 발견되었다. 　微細
14 不祥事により（ソウギョウ）を停止した。 불상사로 조업을 정지했다. 　操業
15 その件で（シャクメイ）の余地はない。 그 건으로 변명할 여지는 없다. 　釈明*
16 宇宙から無事（キカン）した。 우주에서 무사히 귀환했다. 　帰還
17 この設計図の（コンカン）をなす部分だ。 이 설계도의 근간을 이루는 부분이다. 　根幹
18 テロ組織の残党が（アンヤク）している。 테러조직의 잔당이 암약*하고 있다. 　暗躍
19 諸勢力を（キュウゴウ）した。 여러 세력을 규합했다. 　糾合
20 捜査は（アンショウ）に乗り上げた。 수사는 암초에 좌초했다. 　暗礁

♦ 時雨(しぐれ) : 1.(늦가을부터 초겨울에 걸쳐) 오다 말다 하는 비 2.한바탕 계속되는 것의 비유
♣ お盆(ぼん) : 우란분재. 백중맞이 [음력 7월 보름]
♠ 우화(羽化) : 곤충의 번데기가 성충이 되어 날개가 돋음
♥ 석명(釈明) : 변명. 해명　　　＊암약(暗躍) : 남에게 알려지지 않도록 책동하는 것

カッコ内のカタカナを漢字に直しましょう。

01 あまりの恐怖に気が (クル) いそうだ。 지나친 공포에 미칠 것 같다. — 狂

02 父は家族に莫大な (イサン) を残した。 아버지는 가족에게 막대한 유산을 남겼다. — 遺産

03 父から土地を (ソウゾク) した。 아버지로부터 토지를 상속했다. — 相続

04 新手＊の犯罪が (キュウゾウ) した。 새로운 수법의 범죄가 급증했다. — 急増

05 (ホウカ) の疑いで事情聴取を受けた。 방화 혐의로 사정청취를 받았다. — 放火

06 (ケイサツ) 官が地域をパトロールしている。 경찰관이 지역을 순찰하고 있다. — 警察

07 日本は (チアン) がいいほうだ。 일본은 치안이 좋은 편이다. — 治安

08 祖父の容態が突然 (アッカ) した。 할아버지의 병세가 갑자기 악화되었다. — 悪化

09 駅の (コウナイ) で待ち合わせをした。 역 구내에서 만나기로 했다. — 構内

10 突然事件の (ヒガイシャ) になった。 갑자기 사건의 피해자가 되었다. — 被害者

11 そのイベントは大好評を (ハク) した。 그 이벤트는 대호평을 받았다. — 博

12 暗闇の中で目を (コ) らしてみた。 어둠 속에서 응시해 봤다. — 凝

13 耳を (ス) ませて風の音を聞いた。 귀를 기울여 바람 소리를 들었다. — 澄

14 彼女は (ハナ) やかな印象の女性だ。 그녀는 화려한 인상의 여성이다. — 華

15 懸命に感情を (ヨクセイ) した。 현명하게 감정을 억제했다. — 抑制

16 チームの再建に力を (ソソ) いだ。 팀의 재건에 주력했다. — 注

17 封建的な組織に (カザアナ) を開けた。 봉건적인 조직에 구멍을 냈다. — 風穴

18 子供の頃は (アサヂエ) だった。 어린 시절에는 잔꾀를 부렸다. — 浅知恵

19 (イッコク) も早い解決を望む。 한시라도 빠른 해결을 바란다. — 一刻

20 不況の影響で工場を (ヘイサ) した。 불황의 영향으로 공장을 폐쇄했다. — 閉鎖

◆ 新手(あらて) : 새로운 수단・방법, 새로운 취향

カッコ内のカタカナを漢字に直しましょう。

01 (ホッキョクケン) にオーロラを見に行く。 북극권에 오로라를 보러 가다. 　北極圏

02 (エンライ) の客を心からもてなす。 멀리서 온 손님을 정성을 다해 대접하다. 　遠来

03 この程度の傷なら (ダイジョウブ) だ。 이 정도의 상처라면 괜찮다. 　大丈夫

04 欧州に数週間 (タイザイ) する予定だ。 유럽에 몇 주일 체재할 예정이다. 　滞在

05 海岸に不審*物が (ヒョウチャク) した。 해안에 수상한 것이 표착*했다. 　漂着

06 祖母の死を (ナゲ) き悲しんだ。 할머니의 죽음을 한탄하며 슬퍼하다. 　嘆

07 (イキョウ) の地に思いを馳せる。 타관을 생각하다. 　異郷

08 彼の (シンソウ) 心理を推し測る。 그의 심층심리를 추측하다. 　深層

09 試合展開に (イッキイチユウ) する。 시합전개에 일희일우하다. 　一喜一憂

10 それは日本 (コライ) の知恵だ。 그것은 일본 예로부터의 지혜다. 　古来

11 学力の (スイジュン) が低下している。 학력 수준이 저하되고 있다. 　水準

12 (キゲン) を切って処理を求めた。 기한을 정하고 처리를 요구했다. 　期限

13 具体的な (ショウコ) を提出した。 구체적인 증거를 제출했다. 　証拠

14 政府は (コヨウ) 対策を促進した。 정부는 고용대책을 촉진했다. 　雇用

15 (ホウカツテキ) な協議が行われている。 포괄적인 협의를 하고 있다. 　包括的

16 物資を (ゴウダツ) された。 물자를 강탈당했다. 　強奪

17 核物質の (サシュ) には重い刑が課される。 핵물질의 사취*에는 중형이 부과된다. 　詐取

18 (キョウハク) 電話が何度もかかってきた。 협박전화가 몇 번이나 걸려 왔다. 　脅迫

19 相当の刑を (カ) された。 상당의 형을 구형받았다. 　科

20 高校生を (シヤ) に入れた商品開発。 고등학생을 시야에 넣은 상품개발. 　視野

◆ 불심(不審) : 의심스러움. 수상함
♣ 표착(漂着) : 1.물결에 떠돌아다니다가 어떤 물에 닿음 2.정처 없이 떠돌아다니다가 일정한 곳에 정착함
● 사취(詐取) : 남의 것을 거짓으로 속여서 빼앗음

今日の漢字

カッコ内のカタカナを漢字に直しましょう。

01 国会で (ドゴウ) が飛び交った。 국회에서 성내는 소리가 난무했다. — 怒号*
02 険悪なムードに (ツツ) まれた。 험악한 분위기에 휩싸였다. — 包
03 彼は周囲との (キョウチョウ) 性に欠けている。 그는 주위와의 협조성이 결여되어 있다. — 協調
04 テロの予告で急遽演説を (チュウダン) した。 테러 예고로 갑작스럽게 연설을 중단했다. — 中断
05 新薬の (ケンキュウ) が日々続いている。 신약 연구가 매일 이어지고 있다. — 研究
06 彼に (ツウレツ) な一言を浴びせた。 그에게 통렬한 한마디를 퍼부었다. — 痛烈
07 事件に対する踏込んだ (ゲンキュウ) をした。 사건에 대한 깊이 파고든 언급을 했다. — 言及
08 対話を重視した外交 (ロセン) を堅持する。 대화를 중시한 외교노선을 견지*하다. — 路線
09 廃れたブランドの (フッケン) に奔走した。 한물간 브랜드의 복권에 분주했다. — 復権
10 失敗の原因を (ジモン) した。 실패의 원인을 자문했다. — 自問
11 (セツジツ) な問題に直面した。 절실한 문제에 직면했다. — 切実
12 その決定は人々を (ラクタン) させた。 그 결정은 사람들을 낙담시켰다. — 落胆
13 悪口の (オウシュウ) に閉口した。 험담의 응수에 질렸다. — 応酬
14 社会の (フウチョウ) を反映している。 사회의 풍조를 반영하고 있다. — 風潮
15 自然界からの (ケイコク) を見逃さない。 자연계로 부터의 경고를 놓치지 않는다. — 警告
16 地方と都会の経済 (カクサ) が拡大した。 지방과 도시의 경제격차가 확대되었다. — 格差
17 企業の (ショクタク) 社員になる。 기업의 촉탁*사원이 되다. — 嘱託
18 政界との (ユチャク) を指摘された。 정계와의 유착*을 지적받았다. — 癒着
19 海外ビジネスを (テガ) けている。 해외 비즈니스에 직접 손을 대고 있다. — 手掛
20 (カンサ) 法人を設立した。 감사법인을 설립했다. — 監査

◆ 노호(怒号) : 성을 내어 소리 지름
♣ 견지(堅持) : 1.어떤 견해나 입장 따위를 굳게 지니거나 지킴 2.굳게 지지함
● 촉탁(嘱託) : 정식 직원이 아니라 업무를 위촉함, 또는 위촉 받은 사람
▲ 유착(癒着) : (비유적으로) 바람직하지 않은 상태로 결합됨

カッコ内のカタカナを漢字に直しましょう。

01　ここは車の（オウライ）が激しい道路だ。　여기는 자동차의 왕래가 빈번한 도로다.　　往来

02　大陸から（ブンブツ）が伝来した。　대륙에서 문물이 전래되었다.　　文物

03　議会の決定に（イギ）を唱えた。　의회의 결정에 이의를 제기했다.　　異議

04　新しいビルの（メイショウ）を一般に公募した。　새로운 빌딩의 명칭을 일반에게 공모했다.　　名称

05　ここはかつて農業用（スイロ）だった。　여기는 옛날에 농업용 수로였다.　　水路

06　彼は（ヒョウジュン）的な体格をしている。　그는 표준적인 체격을 하고 있다.　　標準

07　懐かしいゲームの人気が（サイネン）した。　정다운 게임의 인기가 재연되었다.　　再燃

08　アマゾンの奥地を（タンケン）する。　아마존의 벽지를 탐험하다.　　探検

09　その取り決めには誰も（イロン）あるまい。　그 결정에는 아무도 이론은 없을 것이다.　　異論

10　（メイジツ）ともに優れた青年だ。　명실 공히 뛰어난 청년이다.　　名実

11　郵便局で国債を（コウニュウ）した。　우체국에서 국채를 구입했다.　　購入

12　開業資金を（ユウシ）で賄った。　개업자금을 융자로 조달했다.　　融資

13　本名とペンネームを（ヘイキ）した。　본명과 펜네임을 병기했다.　　併記

14　ここは軍事攻撃の（キョテン）だった。　여기는 군사 공격의 거점이었다.　　拠点

15　地方の（カソ）化が深刻化している。　지방의 과소화가 심각해지고 있다.　　過疎

16　幾つかの（ヘイガイ）が生じた。　몇 가지 폐해가 생겼다.　　弊害

17　議員としての（レンケツ）さに欠けている。　의원으로서의 청렴 결벽이 결여되어 있다.　　廉潔

18　岩の（シンショク）が激しい。　바위의 침식이 심하다.　　浸食

19　（クサ）いものに蓋をした。　구린 것에 뚜껑을 덮다. (추한 것을 드러나지 않게 하다.)　　臭

20　新薬の開発に（キヨ）した。　신약 개발에 기여했다.　　寄与

今日の漢字

カッコ内のカタカナを漢字に直しましょう。

01 一年近く連絡が (トダ) えていた。 1년 가까이 연락이 두절되었다. 　　途絶

02 美しいメロディーを (カナ) でる楽器。 아름다운 멜로디를 연주하는 악기. 　　奏

03 (セイヤ) とはクリスマスイブのことだ。 성야라는 것은 크리스마스이브를 말한다. 　　聖夜

04 業務の (ショウサイ) な解説が欲しい。 업무의 상세한 해설을 원한다. 　　詳細

05 彼は (フクエキ) 中に獄中で亡くなった。 그는 복역 중에 옥중에서 사망했다. 　　服役

06 作品から家庭環境が (スイサツ) できる。 작품에서 가정환경을 짐작할 수 있다. 　　推察

07 旧友との再会に (カンキワ) まった。 옛 친구와의 재회에 너무나 감격했다. 　　感極

08 美しい風景に心が (ナグサ) められた。 아름다운 풍경에 마음을 위로받았다. 　　慰

09 たくさん食べたのでそろそろ (マンプク) だ。 많이 먹어서 이제 슬슬 배가 부르다. 　　満腹

10 その事件は多くの (ハモン) を呼んだ。 그 사건은 많은 파문을 불렀다. 　　波紋

11 高層ビルが (トウカイ) した。 고층빌딩이 부서져 무너졌다. 　　倒壊*

12 彼らは (ドウホウ) 意識が強い。 그들은 동포의식이 강하다. 　　同胞

13 人目を (シノ) んで会いに来た。 남의 눈을 꺼리며 만나러 왔다. 　　忍

14 民族間に大きな (ヘダ) たりがある。 민족 간에 커다란 차이가 있다. 　　隔

15 容疑者として (ミガラ) を拘束された。 용의자로서 신변을 구속당했다. 　　身柄

16 エアコンの温度を (チョウセツ) した。 에어컨의 온도를 조절했다. 　　調節

17 一回に丸薬を二 (ジョウ) 服用している。 1회에 알약을 2정 복용하고 있다. 　　錠

18 数種類の薬を (ヘイヨウ) している。 여러 종류의 약을 병용하고 있다. 　　併用

19 患者に薬を (ショホウ) した。 환자에게 약을 처방했다. 　　処方

20 (アクジュンカン) を繰り返している。 악순환을 되풀이 하고 있다. 　　悪循環

◆ 도괴(倒壊) : 넘어지거나 무너짐

カッコ内のカタカナを漢字に直しましょう。

01 (ショウハイ) は時の運。 승패는 그때의 운이며, 강자가 반드시 이기는 것은 아니다. 　　　勝敗

02 試合は (ハンテイ) に持ち込まれた。 시합은 판정으로 넘겨지게 되었다. 　　　判定

03 ゴミは (ホウチ) してはいけない。 쓰레기는 방치해서는 안된다. 　　　放置

04 雨で試合が (チュウダン) した。 비로 시합이 중단됐다. 　　　中断

05 (コウゲキ) にびくともしない城塞。 공격에 꿈쩍도 않는 성채. 　　　攻撃

06 社員を (ゾウキョウ) して拡大をはかる。 사원을 증강하여 확대를 도모하다. 　　　増強

07 (ケッチャク) がつかず明日に持ち越した。 결말이 나지 않아 내일로 미뤄졌다. 　　　決着

08 エベレスト登頂に (チョウセン) した。 에베레스트 등정에 도전했다. 　　　挑戦

09 奇跡的に (シショウ) 者はゼロだった。 기적적으로 사상자는 제로였다. 　　　死傷

10 (ケンカイ) の相違だと思う。 견해의 차이라고 생각한다. 　　　見解

11 (ヒカン) 的に考えるのはやめよう。 비관적으로 생각하는 것은 그만두자. 　　　悲観

12 アメリカ (イッペントウ) は危険だ。 미국 일변도*는 위험하다. 　　　一辺倒

13 彼女は独特の (フンイキ) がある。 그는 독특한 분위기가 있다. 　　　雰囲気

14 その言葉は (キンモツ) です。 그 말은 금물입니다. 　　　禁物

15 必要事項を (モウラ) した。 필요사항을 망라*했다. 　　　網羅

16 丁寧に (シャレイ) を断った。 정중히 사례(품)를 거절했다. 　　　謝礼

17 彼は (ソッキン) には甘い。 그는 측근에게는 엄하지 않다. 　　　側近

18 財政的 (ハイケイ) のない政策。 재정적 배경이 없는 정책. 　　　背景

19 両党首の (ロンセン) が見物だ。 양 당수의 논전*이 불만하다. 　　　論戦

20 悪の (オンショウ) 地帯。 악의 온상*지대. 　　　温床

◆ 일변도(一辺倒) : 한쪽으로만 치우침, '한쪽 쏠림'으로 순화
♣ 망라(網羅) : 남김없이 모으거나 갖춤
● 논전(論戦) : 논쟁. 서로 다른 의견을 가진 사람들이 각각 자기의 주장을 말이나 글로 논하여 다툼
♠ 온상(温床) : (비유적으로) 좋지 않은 일이 일어나기 쉬운 환경

今日の漢字

カッコ内のカタカナを漢字に直しましょう。

01 服に煙草の匂いが (シ) みついた。 옷에 담배 냄새가 배었다. 　　　染
02 彼はとても (タンセイ) な顔つきをしている。 그는 매우 단정한 얼굴을 하고 있다. 　　　端正
03 修学旅行で (ブツゾウ) を見て回った。 수학여행에서 불상을 보고 돌았다. 　　　仏像
04 町内会で地域の (ジュンカイ) をした。 반상회에서 지역 순찰을 했다. 　　　巡回
05 この辺りは交通の (ヨウショウ) といわれる。 이 부근은 교통 요충지로 불린다. 　　　要衝
06 (ミキ) のしっかりとした大木だ。 나무줄기가 튼튼한 큰 나무이다. 　　　幹
07 内容の (コ) い討論会だった。 내용이 깊은 토론회였다. 　　　濃
08 (セイオウ) の文化を積極的に取り入れた。 서구의 문화를 적극적으로 수용했다. 　　　西欧
09 目を覆いたくなるような (サンジョウ) だ。 눈을 가리고 싶을 만큼의 참상이다. 　　　惨状
10 世界の平和を (キキュウ) している。 세계의 평화를 희구◆하고 있다. 　　　希求
11 ここは文明の (ハッショウ) 地だ。 여기는 문명의 발상지이다. 　　　発祥
12 民衆の不満が (ウズ) 巻いている。 민중의 불만이 소용돌이 치고 있다. 　　　渦
13 上司の決定に (イギ) を申し立てた。 상사의 결정에 이의를 제기했다. 　　　異議
14 (ジュンキョウ) 者ゆかりの地を訪ねる。 순교자 연고지를 방문하다. 　　　殉教
15 交渉が (フクロコウジ) に入り込んでしまった。 교섭이 진퇴유곡에 빠져들고 말았다. 　　　袋小路
16 (タイショコウショ) から物ごとを見る。 넓은 안목에서 사물을 보다. 　　　大所高所
17 (デントウ) 芸能を見に行った。 전통예술을 보러 갔다. 　　　伝統
18 お互いが文書に (ショメイ) をした。 서로가 문서에 서명을 했다. 　　　署名
19 田舎ではまだ (カヤ) を使っていた。 시골에서는 아직 모기장을 사용하고 있었다. 　　　蚊帳
20 怪我人の (シンサツ) をした。 부상자를 진찰했다. 　　　診察

◆ 희구(希求) : 강하게 바라고 구함

カッコ内のカタカナを漢字に直しましょう。

01 戦没者（ツイトウ）式典に出席した。전몰자 추도식전에 참석했다. 追悼

02 これは有名な芸術家の（バンネン）の作品だ。이것은 유명한 예술가의 만년의 작품이다. 晩年

03 これは（ミカン）に終わった交響曲だ。이것은 미완성으로 끝난 교향곡이다. 未完

04 音楽の時間に（リンショウ）をした。음악 시간에 돌림노래를 했다. 輪唱

05 その治療は大変な痛みを（トモナ）う。그 치료는 대단한 통증을 수반한다. 伴

06 中小企業を（シエン）する制度が出来た。중소기업을 지원하는 제도가 생겼다. 支援

07 なかなか手の（コ）んだやり方だ。꽤 치밀하게 짜여진 방식이다. 込

08 戦争（コンゼツ）のために活動する。전쟁 근절을 위해 활동하다. 根絶

09 それは（エイキュウ）不変の真理だ。그것은 영구불변의 진리이다. 永久

10 最良＊の道を（サグ）り続ける。가장 좋은 길을 계속 모색하다. 探

11 （マテンロウ）の群れを突き抜ける高さだ。마천루의 무리를 관통하는 높이다. 摩天楼

12 （キョウシン）的な人間の怖さを痛感する。광신적인 인간의 공포를 통감하다. 狂信

13 間隙を突いた（キシュウ）攻撃が成功した。허를 찌른 기습공격이 성공했다. 奇襲

14 （サツバツ）とした光景が広がっている。살벌한 광경이 펼쳐져 있다. 殺伐

15 戦前には（ダンソンジョヒ）がまかり通っていた。전쟁 전에는 남존여비가 판을 쳤다. 男尊女卑

16 宗教が（ダンアツ）された時代があった。종교가 탄압받았던 시대가 있었다. 弾圧

17 それはあまりにも（ザンコク）な仕打ちだ。그것은 너무나도 잔혹한 처사이다. 残酷

18 （ドレイ）制度を廃止した。노예제도를 폐지했다. 奴隷

19 彼には（テンヨ）の才がある。그에게는 천부적인 재능이 있다. 天与

20 他人の助言を（ケンキョ）に受け止めた。남의 조언을 겸허하게 받아들였다. 謙虚

◆ 최량(最良) : 가장 좋음

今日の漢字

カッコ内のカタカナを漢字に直しましょう。

01 日本を (ダイヒョウ) する作家の一人だ。 일본을 대표하는 작가 중 한사람이다. — 代表

02 友人の (ケッコン) 式に招待された。 친구의 결혼식에 초대받았다. — 結婚

03 この国の文化に (ミ) せられた。 이 나라의 문화에 매료되었다. — 魅

04 強い (ジリョク) に引き寄せられた。 강한 자력에 이끌렸다. — 磁力

05 その言動で (フカイ) な気分になった。 그의 언동으로 불쾌한 기분이 되었다. — 不快

06 窓際で風鈴が (ユ) れる音がする。 창가에서 풍경이 흔들리는 소리가 난다. — 揺

07 彼は明日までの完成を (ダンゲン) した。 그는 내일까지의 완성을 단언했다. — 断言

08 受付は丁寧な (オウタイ) を心がけること。 접수는 정중한 응대에 유의할 것. — 応対

09 多種 (タヨウ) な生き方を尊重する。 다양한 삶의 방식을 존중하다. — 多様

10 これまでの話に (フゲン) して述べる。 지금까지의 이야기에 덧붙여 말하다. — 付言

11 彼らはとても (ハイタテキ) な集団だ。 그들은 매우 배타적인 집단이다. — 排他的

12 台風の (シュウライ) を懸命にしのいだ。 태풍의 내습을 힘껏 견디어 냈다. — 襲来

13 彼らの犯行の可能性が (ノウコウ) だ。 그들의 범행 가능성이 농후하다. — 濃厚

14 不審船を (ツイセキ) した。 수상한 배를 추적했다. — 追跡

15 手紙を (ヒンパン) にやり取りする。 편지를 빈번히 주고받다. — 頻繁

16 自分の姿を鏡に (ウツ) す。 자신의 모습을 거울에 비추다. — 映

17 金融機関の破綻も (ヒッシ) だった。 금융기관의 파탄도 불가피했다. — 必至

18 それは上層部の (クジュウ) の決断だった。 그것은 상층부의 힘든 결단이었다. — 苦渋*

19 交通 (キセイ) を行った。 교통 규제를 실시했다. — 規制

20 後継者が育たない (ドジョウ) だ。 후계자가 자라지 못하는 환경이다. — 土壌

◆ 고십(苦渋) : 1.맛이 쓰고 떫음 2.괴로워함

カッコ内のカタカナを漢字に直しましょう。

01 私は (ジ) らされるのは嫌いだ。 나는 애태워지는 것은 싫다. 　　焦
02 相手の気を引く (センジュツ) を考える。 상대의 관심을 끄는 전술을 생각하다. 　　戦術
03 煙草は健康のために (ヒカ) える。 담배는 건강을 위해 삼가다. 　　控
04 美しい風景を心に (ト) める。 아름다운 풍경을 마음에 새겨두다. 　　留
05 新製品を (ハデ) に宣伝する。 신제품을 화려하게 선전하다. 　　派手
06 不祥事が次々と (ロケン) した。 불상사가 연이어 드러났다. 　　露見
07 そんな噂は (ジジツムコン) だ。 그런 소문은 사실무근이다. 　　事実無根
08 観客を (ア) きさせない演技をする。 관객을 질리게 하지 않는 연기를 하다. 　　飽
09 抗議のために (イスワ) った。 항의를 위해 눌러 앉았다. 　　居座
10 事件の責任を取り (タイジン) した。 사건의 책임을 지고 퇴진했다. 　　退陣
11 彼は卓球部の (ユウレイ) 部員だ。 그는 탁구부의 유령부원이다. 　　幽霊
12 高額収入を得るための (レンキンジュツ)。 고액 수입을 얻기 위한 연금술. 　　錬金術
13 最先端の技術を (クシ) した。 최첨단의 기술을 구사했다. 　　駆使
14 賄賂を貰っているのは (シュウチ) の事実だ。 뇌물을 받고 있는 것은 주지의 사실이다. 　　周知
15 インターネットで情報を (ケンサク) した。 인터넷으로 정보를 검색했다. 　　検索
16 国民の基本的権利を (ヨウゴ) する。 국민의 기본적 권리를 옹호하다. 　　擁護
17 法律の (ゴウケンセイ) が裁判で争われた。 법률의 합헌성을 재판에서 다퉜다. 　　合憲性
18 時代遅れの法律の改正を (サケ) んだ。 시대착오의 법률 개정을 외쳤다. 　　叫
19 長年の裁判で (チクセキ) した判例。 오랜 세월 재판으로 축적*한 판례. 　　蓄積
20 下手に (シゲキ) をしない方がいい。 어설프게 자극을 하지 않는 편이 좋다. 　　刺激

◆ 축적(蓄積) : 지식, 경험, 자금 따위를 모아서 쌓음

今日の漢字

カッコ内のカタカナを漢字に直しましょう。

01 その子は (キセキ) 的に助かった。그 아이는 기적적으로 살았다. — 奇跡

02 友人宅から会社へ (チョッコウ) した。친구 집에서 회사로 직행했다. — 直行

03 著名人が新聞に詩を (キコウ) した。저명인이 신문에 시를 기고*했다. — 寄稿

04 彼は (セイギ) 感の強い人間だ。그는 정의감이 강한 인간이다. — 正義

05 リーグ戦の首位を (ドクソウ) している。리그전의 수위를 독주하고 있다. — 独走

06 彼は三段 (ロンポウ) で押してきた。그는 3단 논법으로 밀고 왔다. — 論法

07 彼の論文は (ハゲ) しい批判を浴びた。그의 논문이 격렬한 비판을 받았다. — 激

08 彼の年代は (タイギ) 名分を重んじる。그의 연대는 대의명분을 중요시 여긴다. — 大義

09 修学旅行は授業の (エンチョウ) だ。수학여행은 수업의 연장이다. — 延長

10 それは (ケッコウ) 難しい問題だ。그것은 상당히 어려운 문제이다. — 結構

11 国際社会で (コリツ) 気味だった。국제사회에서 고립되는 경향이 있었다. — 孤立

12 状況は (コウセイ) に転じた。상황은 공세로 바뀌었다. — 攻勢

13 政権が (テンプク) した。정권이 전복했다. — 転覆

14 迷惑メールの受信を (キョヒ) した。스팸메일의 수신을 거부했다. — 拒否

15 建築用の (シザイ) を運び込んだ。건축용 자재를 운반했다. — 資材

16 (コウジョウ) 的な監視体制を実現した。항상*감시체제를 실현했다. — 恒常

17 結果を (ホウコク) 書にまとめた。결과를 보고서에 정리했다. — 報告

18 (ゲンシロ) 内にひびが入っていた。원자로 내에 금이 갔다. — 原子炉

19 通常では得難い (キョウクン) を得た。통상적으로는 얻기 힘든 교훈을 얻었다. — 教訓

20 天候不順で捜索が (ナンコウ) している。불순*한 날씨로 수색이 난항을 거듭하고 있다. — 難航

◆ 기고(寄稿) : 신문, 잡지 따위에 실기 위하여 원고를 써서 보냄
♣ 항상(恒常) : 일정하여 변화가 없음
● 불순(不順) : 1.공손하지 아니함 2.순조롭지 못함

カッコ内のカタカナを漢字に直しましょう。

01 脳の (カッセイカ) に役立つ本だ。 뇌의 활성화에 도움이 되는 책이다. — 活性化

02 これは心肺 (キノウ) を鍛える運動だ。 이것은 심폐기능을 단련하는 운동이다. — 機能

03 健康保険に (カニュウ) するべきだ。 건강 보험에 가입해야 한다. — 加入

04 努力で (ツ) み上げてきた実績。 노력으로 쌓아온 실적. — 積

05 番組 (シチョウシャ) の声を取り入れる。 프로그램 시청자의 소리를 받아들이다. — 視聴者

06 国から研究を (イタク) された。 정부로부터 연구를 위탁받았다. — 委託

07 面白い (キカク) を考える。 재미있는 기획을 생각하다. — 企画

08 商品開発の名案を (ネ) る。 상품개발의 명안을 짜다. — 練

09 (ゴラク) 映画の鑑賞が趣味です。 오락 영화의 감상이 취미입니다. — 娯楽

10 二十年以上続く (チョウジュ) 番組だ。 20년 이상 계속된 장수 프로그램이다. — 長寿

11 両国間の深い (ミゾ) を埋める。 양국 간의 깊은 틈을 메우다. — 溝

12 (デンゲキ) 的な発表に驚いた。 전격적인 발표에 놀랐다. — 電撃

13 両国間の問題の (キテン) を探る。 양국 간의 문제의 기점♦을 살피다. — 起点

14 交渉を始めるための (フセキ) を打った。 교섭을 시작하기 위한 포석을 두었다. — 布石

15 あまりにも (トウツ) な行動だ。 너무나도 당돌한 행동이다. — 唐突

16 深い反省と (イカン) の意を表した。 깊은 반성과 유감의 뜻을 표했다. — 遺憾

17 彼女の行動に皆が面 (ク) らった♣。 그녀의 행동에 모두가 당황했다. — 食

18 過去に (ツチカ) った技術を生かす。 과거에 배양했던 기술을 살리다. — 培

19 眠っていた能力を呼び (サ) ます。 잠자고 있던 능력을 되살아나게 하다. — 覚

20 祖母には (カイゴ) 者が必要だ。 조모에게는 간호하는 사람이 필요하다. — 介護

◆ 기점(起点) : 어떠한 것이 처음으로 일어나거나 시작되는 곳
♣ 面食(めんく)らう : (갑작스러운 일로) 당황하다, 쩔쩔매다, 허둥대다

今日の漢字

カッコ内のカタカナを漢字に直しましょう。

01 市の (ジョウレイ) に違反する行為だ。 시의 조례에 위반하는 행위이다. 　　条例
02 詐欺の容疑で書類 (ソウケン) された。 사기의 용의로 서류 송청되었다. 　　送検*
03 (アクシツ) な無言電話に悩まされる。 악질적인 무응답 전화에 시달리다. 　　悪質
04 被害当時の様子を (サイゲン) した。 피해 당시의 양상을 재현했다. 　　再現
05 そろそろ閉園の (ジコク) です。 슬슬 폐원 시간입니다. 　　時刻
06 数名の若手議員と新党を (ケッセイ) した。 수명의 젊은 의원과 신당을 결성했다. 　　結成
07 彼は (イッカン) して無実を訴え続けた。 그는 일관되게 무죄를 계속 호소했다. 　　一貫
08 判決を不服として (ジョウコク) した。 판결에 불복하여 상고했다. 　　上告
09 どんな (ビザイ) でも厳しく処罰する。 어떤 작은 죄라도 엄하게 처벌하다. 　　微罪
10 まだ少し事件の (ナゴリ) がある。 아직 조금 사건의 흔적이 있다. 　　名残
11 政府が (タイコバン) を押した政策。 정부가 확실한 보장을 한 정책. 　　太鼓判
12 ときには (アラリョウジ) も必要だ。 때로는 과감한 조치도 필요하다. 　　荒療治*
13 税金の (ムダ) 遣いを許しておけない。 세금의 낭비를 용납해 둘 수 없다. 　　無駄
14 両親もそろそろ (ロウキョウ) に差しかかる。 양친도 슬슬 노경*에 접어들다. 　　老境
15 保険料を (ハラ) いに行った。 보험료를 지불하러 갔다. 　　払
16 報酬はわずか一万円 (アマ) りだ。 보수는 불과 1만원 남짓이다. 　　余
17 年金の (ジュキュウ) 資格を得た。 연금의 수급자격을 얻었다. 　　受給
18 様々な制約に (キュウクツ) な思いをしている。 다양한 제약에 갑갑한 생각을 하고 있다. 　　窮屈
19 (セイガン) や陳情を慎重に審査する。 청원이나 진정*을 신중하게 심사하다. 　　請願
20 審議 (ミリョウ) で採択されなかった。 심의 미료로 채택되지 못했다. 　　未了

◆ 송검(送検) : 송청. 수사 기관에서 피의자를 사건 서류와 함께 검찰청으로 넘겨 보내는 일
♣ 荒療治(あらりょうじ) : 1.거친 치료 2.(비유적으로) 과감한 조치. 대담한 개혁
● 노경(老境) : 늙어서 나이가 많은 때
▲ 진정(陳情) : 실정이나 사정을 진술함

カッコ内のカタカナを漢字に直しましょう。

01 大統領が国を (トウチ) している。 대통령이 나라를 통치하고 있다. — 統治
02 政治の (ヨウショク) に民間の有識者を任命した。 정치의 요직에 민간 유식자를 임명했다. — 要職
03 優秀な人材を次々 (トウヨウ) した。 우수한 인재를 연이어 등용했다. — 登用
04 給料から税金を (ゲンセン) 徴収された。 급료에서 세금을 원천징수 당했다. — 源泉
05 至るところに警備員を (ハイ) した。 도처에 경비원을 배치했다. — 配
06 故郷に錦を飾った人物の (チョウゾウ)。 금의환향한 인물의 조각상. — 彫像
07 社会的 (セイサイ) を加えるのが一番だ。 사회적 제재를 가하는 것이 최상이다. — 制裁
08 国が (キョウケン) 支配の体制を取る。 정부가 강권지배 체제를 취하다. — 強権
09 謙虚な (シセイ) で物事を教わる。 겸허한 자세로 매사를 배우다. — 姿勢
10 石油によって (キョフ) を得た。 석유로 막대한 재산을 얻었다. — 巨富◆
11 音楽隊が (グンカン) マーチを演奏した。 음악대가 군함 행진곡을 연주했다. — 軍艦
12 反対派を (セイアツ) した。 반대파를 제압했다. — 制圧
13 予算の (ワクナイ) で仕事をした。 예산의 범위 내에서 일을 했다. — 枠内
14 難民 (キュウエン) 活動をしている。 난민 구원 활동을 하고 있다. — 救援
15 新しく (コジイン) を建設した。 새롭게 고아원을 건설했다. — 孤児院
16 相手の生き方も (コウテイ) 出来る。 상대의 생활 방식도 긍정할 수 있다. — 肯定
17 一家の生計を (ニナ) っている。 한 집안의 생계를 (책임)지고 있다. — 担
18 出番まで後方 (タイキ) している。 나갈 차례까지 뒤쪽에서 대기하고 있다. — 待機
19 いざというときに (キビン) に対応する。 유사시에 기민♣하게 대응하다. — 機敏
20 オフィスの (カクジュウ) を計画している。 사무실의 확충●을 계획하고 있다. — 拡充

◆ 거부(巨富): 막대한 재산
♣ 기민(機敏): 눈치가 빠르고 동작이 날쌤
● 확충(拡充): 늘리고 넓혀 충실하게 함. '넓혀 보충함'으로 순화

今日の漢字

カッコ内のカタカナを漢字に直しましょう。

01 昨年度と比べた成績の (ラクサ) が激しい。 작년에 비해 성적의 낙차가 심하다. — 落差

02 それは明らかに子供の (シワザ) だ。 그것은 분명히 아이의 소행이다. — 仕業

03 これは (メズラ) しい手口の事件だ。 이것은 별난 수법의 사건이다. — 珍

04 覚えのない (コクハツ) 文書が出回った。 본적이 없는 고발문서가 떠돌아다녔다. — 告発

05 事実無根で怒りを (キン) じえない。 사실무근으로 분노를 금할 수 없다. — 禁

06 命を粗末に (アツカ) ってはいけない。 생명을 허술하게 다루어서는 안 된다. — 扱

07 指摘された自らの非を (ソッチョク) に認めた。 지적받은 스스로의 죄를 솔직히 인정했다. — 率直

08 狂牛病の感染ルートの (キュウメイ) を急いだ。 광우병의 감염 루트의 규명을 서둘렀다. — 究明

09 かけられた疑いに対し (シャクメイ) した。 씌워진 혐의에 대해 해명했다. — 釈明

10 具体的な事例を (マイキョ) して説明した。 구체적인 사례를 하나하나 들어 설명했다. — 枚挙

11 (ユウカイ) 事件の被害者が解放された。 유괴사건의 피해자가 석방되었다. — 誘拐

12 とても (イタ) ましい事件だった。 매우 뼈아픈 사건이었다. — 痛

13 天国と (ジゴク) を繰り返す人生。 천국과 지옥을 반복하는 인생. — 地獄

14 (シンパン) 員の判定に異議を申し立てた。 심판원의 판정에 이의를 제기했다. — 審判

15 (カッコ) たる信念で交渉に臨んだ。 확고한 신념으로 교섭에 임했다. — 確固

16 政府が調査を (イライ) した。 정부가 조사를 의뢰했다. — 依頼

17 熟慮もせず軽挙 (モウドウ) する。 숙고도 하지 않고 경거망동하다. — 妄動

18 株価が急激に (ハ) ねあがった。 주가가 급격히 뛰어올랐다. — 跳

19 国力が (ヒヘイ) している。 국력이 쇠약해져 있다. — 疲弊*

20 交渉の (トビラ) がようやく開き始めた。 교섭의 문이 간신히 열리기 시작했다. — 扉

◆ 피폐(疲弊) : 지치고 쇠약하여짐. '황폐'로 순화

カッコ内のカタカナを漢字に直しましょう。

01 行く先に (アンウン) が立ち込めている。 장래에 암운이 드리우고 있다. 　　暗雲
02 納得のいく (カイトウ) を政府に求めた。 납득이 가는 회답을 정부에 요구했다. 　　回答
03 監督から個人 (シドウ) を受けた。 감독으로부터 개인지도를 받았다. 　　指導
04 事件は (イゼン) 解決の糸口すらない。 사건은 여전히 해결의 실마리조차 없다. 　　依然
05 彼にとって (シキンセキ) となる出来事。 그에게 있어 시금석이 될 사건. 　　試金石
06 日本には日本 (トクユウ) の文化がある。 일본에는 일본 특유의 문화가 있다. 　　特有
07 彼女は舞台で (カレイ) な踊りを披露した。 그녀는 무대에서 화려한 춤을 피로했다. 　　華麗
08 とても良い条件を (テイジ) された。 매우 좋은 조건을 제시받았다. 　　提示
09 簡単に済ませられる (ジアン) ではない。 간단하게 끝낼 수 있는 사안이 아니다. 　　事案
10 被疑者を任意で警察署に (レンコウ) した。 피의자◆를 임의로 경찰서에 연행했다. 　　連行
11 政府の政策には疑問を (テイ) したい。 정부의 정책에는 의문을 제기하고 싶다. 　　呈
12 どの (メイガラ) を買うか検討する。 어느 종목을 살지 검토하다. 　　銘柄
13 車の (ジカ) を自動計算する。 자동차의 시가를 자동 계산하다. 　　時価
14 それは最上級の技術という (ショウサ) だ。 그것은 최상급의 기술이라는 증거이다. 　　証左♣
15 欠点を (コクフク) するために努力した。 결점을 극복하기 위해 노력했다. 　　克服
16 大帝国 (スイタイ) の原因を探る。 대제국 쇠퇴의 원인을 찾다. 　　衰退
17 膠着状態を脱出する (キバクザイ) になった。 교착상태를 탈출하는 기폭제가 되었다. 　　起爆剤
18 今の世界情勢は (ジンジョウ) ではない。 지금의 세계정세는 심상치 않다. 　　尋常
19 両国の関係に (シンテン) が見られた。 양국의 관계에 진전이 보였다. 　　進展
20 草原を馬で (カ) け抜けた。 초원을 말로 달려 나갔다. 　　駆

◆ 피의자(被疑者) : 범죄의 혐의가 있어서 수사 기관의 수사 대상이 되었으나, 아직 공소 제기가 되지 아니한 사람. 용의자
♣ 증좌(証左) : 어떤 사실을 증명하는 데 바탕이 되는 것. 증거

今日の漢字

カッコ内のカタカナを漢字に直しましょう。

01 本人（カクニン）のための身分証明書が必要。 본인 확인을 위한 신분증명서가 필요.　　**確認**

02 言いようのない虚脱感に（オソ）われた。 이루 말할 수 없는 허탈감에 휩싸였다.　　**襲**

03 （ナゼ）彼は去ってしまったのだろう。 왜 그는 가 버렸던 걸까?　　**何故**

04 彼はついに犯行を（ジハク）した。 그는 결국 범행을 자백했다.　　**自白**

05 この場に（フオン）な空気が漂っている。 이 장소에 불온한 분위기가 감돌고 있다.　　**不穏**

06 採用時に（リャクレキ）を書かされた。 채용 시에 약력을 쓰게 되었다.　　**略歴**

07 伝統文化の（コウケイシャ）を育てる土壌。 전통문화의 후계자를 키우는 환경.　　**後継者**

08 体中に生きる（キボウ）がわいてきた。 온 몸에 살아가는 희망이 샘솟았다.　　**希望**

09 （ワザワ）いを転じて福となす。 전화위복*　　**災**

10 全てを（ハクジツ）に晒すしかない。 모든 것을 공개할 수밖에 없다.　　**白日**

11 事実が（ダンペン）的に明かされる。 사실이 단편적으로 밝혀지다.　　**断片**

12 その内容はとても（カッキテキ）だった。 그 내용은 매우 획기적이었다.　　**画期的**

13 子供への（イヤ）がらせ*が起きている。 아이에의 짓궂은 괴롭힘이 일어나고 있다.　　**嫌**

14 （ジュウライ）の方法はもう通用しない。 종래의 방법은 이제 통용되지 않는다.　　**従来**

15 関係諸国は（カイギテキ）な態度を見せた。 관계제국은 회의적인 태도를 보였다.　　**懐疑的**

16 文化祭の後にテントを（テッシュウ）した。 문화제 후에 텐트를 철수했다.　　**撤収**

17 親としての（ケンイ）を失墜した。 부모로서의 권위를 실추*했다.　　**権威**

18 敵の（サクリャク）にはまってしまった。 적의 책략에 빠져 버렸다.　　**策略**

19 勝利を焦って（ジメツ）した。 승리를 애태워 자멸*했다.　　**自滅**

20 彼はチームの（キュウチ）を救った。 그는 팀의 궁지를 구했다.　　**窮地**

◆ 전화위복 : 재앙과 화난이 바뀌어 오히려 복이 됨
♣ 嫌(いや)がらせ : 짓궂게 남을 괴롭히는 일. 일부러 상대가 싫어하는 언행을 함
● 실추(失墜) : 명예나 위신 따위를 떨어뜨리거나 잃음
▲ 자멸(自滅) : 스스로 자신을 망치거나 멸망함

カッコ内のカタカナを漢字に直しましょう。

01 調査の対象には子供も (フク) まれている。 조사의 대상에는 아이도 포함되어 있다.   含

02 事件 (イゴ) 警備が厳しくなった。 사건이후 경비가 엄해 졌다.   以後

03 彼は (ショウガイ) 事件を起こして捕まった。 그는 상해사건을 일으켜 붙잡혔다.   傷害

04 高校の (セイフク) はセーラー服だ。 고등학교 제복은 세일러복이다.   制服

05 苦情の (ケンスウ) が増えた。 불만 건수가 늘었다.   件数

06 市民は議会に (コウギ) 文を送りつけた。 시민은 의회에 항의문을 송부했다.   抗議

07 首脳会談後に (セイメイ) 文を発表した。 정상회담 후에 성명문을 발표했다.   声明

08 ご愛顧に (カンシャ) してセールを行った。 애고* 에 감사하며 세일을 실시했다.   感謝

09 その言動で (ヒンセイ) を疑われた。 그 언동으로 품성을 의심받았다.   品性

10 あまりにも (ジゲン) の違う話だ。 너무나도 차원이 다른 이야기다.   次元

11 村民は湾の (カンタク) に反対している。 촌민은 만의 간척에 반대하고 있다.   干拓

12 彼らにはまるで (セッパク) 感がない。 그들에게는 전혀 절박감이 없다.   切迫

13 数十倍の難関を (トッパ) した。 수십 배의 난관을 돌파했다.   突破

14 彼の心情を (ダイベン) した。 그의 심정을 대변했다.   代弁

15 雑誌の表紙を (カザ) った。 잡지의 표지를 장식했다.   飾

16 多くの (ヨウソ) が複雑に絡み合う。 많은 요소가 복잡하게 서로 얽혀 있다.   要素

17 無条件で査察を (ジュダク) した。 무조건으로 사찰을 수락했다.   受諾

18 彼女は (トマド) いの表情を隠せない。 그녀는 어리둥절한 표정을 감추지 못하다.   戸惑

19 (ダイタイ) エネルギーの開発をする。 대체에너지를 개발하다.   代替

20 閣僚が (イチドウ) に会した。 각료가 한자리에 모였다.   一堂

◆ 애고(愛顧) : 사랑하여 돌보아 줌

今日の漢字

カッコ内のカタカナを漢字に直しましょう。

01　ゴム風船を (フク) らました。　고무풍선을 부풀렸다.　　膨

02　(ドウミャク) を流れるのは鮮血だ。　동맥을 흐르는 것은 선혈이다.　　動脈

03　爆弾が (ハレツ) して被害が甚大だ。　폭탄이 파열하여 피해가 매우 크다.　　破裂

04　その事件は大きな (ショウゲキ) を与えた。　그 사건은 커다란 충격을 주었다.　　衝撃

05　事故を (ミゼン) に防ぐ手立てを探す。　사고를 미연에 방지하는 방법을 찾다.　　未然

06　現在は小康 (ジョウタイ) を保っている。　현재는 소강상태를 유지하고 있다.　　状態

07　彼が (シットウ) を担当する先生です。　그가 집도를 담당하는 선생님입니다.　　執刀

08　医者に漢方薬を (スス) められた。　의사에게 한방약을 추천받았다.　　勧

09　先日の (ケンサ) の結果は異常なかった。　지난날의 검사 결과는 이상이 없었다.　　検査

10　この病室は気分が (ヤワ) らぐ内装だ。　이 병실은 기분이 온화해지는 내부 장식이다.　　和

11　(センザイ) する勢力の結集。　잠재*하는 세력의 결집.　　潜在

12　自衛権の (コウシ) を認めている。　자위권의 행사*를 인정하고 있다.　　行使

13　彼は自分の才能を (カシン) している。　그는 자신의 재능을 과신하고 있다.　　過信

14　新戦略の (ソウアン) を提出した。　신전략의 초안을 제출했다.　　草案

15　(オウヘイ) な口のきき方をした。　거만스럽게 말을 했다.　　横柄*

16　国交が (ダンゼツ) してしまった。　국교가 단절되어 버렸다.　　断絶

17　過去の清算に向けた (ミチスジ) を作る。　과거 청산을 위해 길을 만들다.　　道筋

18　締め切りが明日に (セマ) っている。　마감이 내일로 임박하다.　　迫

19　(テキカク) な表現が思い浮かばない。　적확*한 표현이 떠오르지 않는다.　　的確

20　悲憤に (タ) えない事件だ。　비분*을 참을 수 없는 사건이다.　　堪

♦ 잠재(潜在): 겉으로 드러나지 않고 속에 잠겨 있거나 숨어 있음
♦ 행사(行使): (권리·권력 등을) 실제로 사용함
♦ 横柄(おうへい): 방자하고 거만함, 건방짐
♦ 적확(的確): 정확하게 맞아 조금도 틀리지 아니하다　　*비분(悲憤): 슬프고 분함

カッコ内のカタカナを漢字に直しましょう。

01 大関から (ヨコヅナ) に昇進した。 오제키에서 요코즈나로 승진했다. 　　　横綱

02 あと少しのところで優勝を (ノガ) した。 앞으로 조금 더 라는 곳에서 우승을 놓쳤다. 　　　逃

03 彼の持ち味を十分 (ハッキ) した。 그의 장점을 충분히 발휘했다. 　　　発揮

04 事件 (チョクゴ) から姿が見えない。 사건 직후부터 모습이 보이지 않는다. 　　　直後

05 私の (キュウセイ) は佐々木です。 나의 옛날 성은 사사키입니다. 　　　旧姓

06 私は美しい母を (シタ) っている。 나는 아름다운 어머니를 그리워하고 있다. 　　　慕

07 彼はロックの (ゼンセイ) 期に生まれた。 그는 록의 전성기에 태어났다. 　　　全盛

08 彼は (トウシ) をむき出しにして戦った。 그는 투지를 노골적으로 드러내며 싸웠다. 　　　闘志

09 いよいよ舞台の (センシュウラク) を迎えた。 마침내 무대의 센슈라쿠♦ 를 맞이했다. 　　　千秋楽

10 今どき簾♣ とは (フゼイ) がある。 요즘 발이란 운치가 있다. 　　　風情

11 コンテストに作品を (オウボ) した。 콘테스트에 작품을 응모했다. 　　　応募

12 勉強に (センネン) 出来る環境。 공부에 전념할 수 있는 환경. 　　　専念

13 勤務先を (リショク) し別の仕事を探す。 근무처를 이직하여 다른 일을 찾다. 　　　離職

14 出来るだけ (ケイヒ) を節減したい。 가능한 경비를 절감하고 싶다. 　　　経費

15 被災●者支援のための (キキン) を設ける。 이재민 지원을 위한 기금을 마련하다. 　　　基金

16 企業は (ソクセンリョク) を求めている。 기업은 훈련을 받지 않고도 바로 싸울 수 있는 능력을 요구하고 있다. 　　　即戦力♠

17 この事件の (シンリ) を継続する。 이 사건의 심리를 계속하다. 　　　審理

18 名誉をたたえ (ホウショウ) を与える。 명예를 칭송해 포상을 주다. 　　　褒賞

19 一つの国が表彰台を (ドクセン) した。 한 나라가 표창대를 독점했다. 　　　独占

20 (ユウノウ) な人材を確保した。 유능한 인재를 확보했다. 　　　有能

◆ 센슈라쿠(千秋楽) : (연극·씨름 등에서) 흥행의 마지막 날
♣ すだれ : (볕을 가리거나 하는 데 쓰는) 발
● 被災(ひさい) : 피재, 재해를 입음
♠ 即戦力(そくせんりょく) : 훈련을 받지 않고도 바로 싸울 수 있는 능력

今日の漢字

カッコ内のカタカナを漢字に直しましょう。

01 彼の体験談はとても (キョウミ) 深い。 그의 체험담은 매우 흥미롭다. — 興味

02 首相は改革遂行を (ゲンメイ) した。 수상은 개혁수행을 언명*했다. — 言明

03 (ケッキョク) 私が妥協するしかなかった。 결국 내가 타협할 수밖에 없었다. — 結局

04 少々の (イサ) み足*は大目に見る。 다소의 실패는 너그럽게 봐주다. — 勇

05 複数政党による (レンリツ) 政権。 복수정당에 의한 연립정권. — 連立

06 それは (シジョウ) 最大の作戦だ。 그것은 사상최대의 작전이다. — 史上

07 無責任な批判に (ダマ) っていられない。 무책임한 비판에 잠자코 있을 수 없다. — 黙

08 この提案の細部を (ショウジュツ) する。 이 제안의 세부를 상세히 서술하다. — 詳述

09 敵をうまく (ブンサン) させることに成功した。 적을 잘 분산시키는데 성공했다. — 分散

10 とても (ヤクドウ) 感にあふれた写真だ。 매우 약동감에 넘치는 사진이다. — 躍動

11 (ハクヒョウ) を踏む思いで掴んだ勝利。 살얼음을 밟는 심정으로 잡은 승리. — 薄氷

12 党内の (ユウワ) を心がける。 당내의 융화*에 유의하다. — 融和

13 (ショミン) 的な生活を送っている。 서민적인 생활을 보내고 있다. — 庶民

14 あまりにも (ウキヨ) 離れ*が過ぎる。 너무나도 세속에서 초연하다. — 浮世

15 彼の父は (フグウ) な生涯を送った。 그의 아버지는 불우*한 생애를 보냈다. — 不遇

16 試合を (ユウセイ) に進めている。 시합을 우세하게 진행하고 있다. — 優勢

17 選挙戦は (シュウバン) に差しかかった。 선거전은 종반에 접어들었다. — 終盤

18 子孫の (ハンエイ) を祈願した。 자손의 번영을 기원했다. — 繁栄

19 彼とは妙に (ハチョウ) が合う。 그와는 묘하게 주파수가 맞다. — 波長

20 交通ルールを (ジュンシュ) して運転する。 교통 룰을 준수하여 운전하다. — 順守

◆ 언명(言明): 말이나 글로써 의사나 태도를 똑똑히 나타냄　◆ 勇(いさ)み足(あし): 1.(일본 씨름에서) 상대를 씨름판 가장자리까지 밀고 가다가, 제 힘에 발을 먼저 밖으로 내디뎌 지게 되는 일　2. 기세 좋게 나가다가 목적에서 벗어나거나 실패함
● 융화(融和): 서로 어울려 갈등이 없이 화목하게 됨　● 浮世離(うきよばな)れ: 세속에서 초연함
* 불우(不遇): 1.재능이나 포부를 가지고 있으면서도 때를 만나지 못하여 출세를 못함　2.살림이나 처지가 딱하고 어려움

カッコ内のカタカナを漢字に直しましょう。

01 (シジ) にわたって大変恐縮です。 개인적인 일에 이르러 대단히 죄송합니다. — 私事

02 宮中では盛大な (ウタゲ) が催された。 궁중에서는 성대한 연회가 개최되었다. — 宴

03 裁判で原告が (ショウソ) した。 재판에서 원고가 승소했다. — 勝訴

04 最高裁が上告を (キキャク) した。 최고 재판소(대법원)가 상고를 기각했다. — 棄却

05 被害者の名前の (コウヒョウ) に踏み切った。 피해자 이름을 공표하기로 결단을 내렸다. — 公表

06 彼は精神 (カンテイ) に回された。 그는 정신 감정을 받게 되었다. — 鑑定

07 相手への (ハイリョ) が足りない。 상대에 대한 배려가 부족하다. — 配慮

08 これは傑出した (ゲイジュツ) 作品だ。 이것은 걸출한 예술 작품이다. — 芸術

09 過去を (フ) り返る余裕もなかった。 과거를 되돌아볼 여유도 없었다. — 振

10 無断欠勤は怒られて (トウゼン) だ。 무단결근은 혼이 나도 당연하다. — 当然

11 若手のスタッフを (キヨウ) した。 젊은 스태프를 기용했다. — 起用

12 熾烈な (ハバツ) 争いが勃発した。 치열한 파벌다툼이 발발했다. — 派閥

13 政界再編により (ガッショウレンコウ) が加速した。 정계재편에 의해 합종연횡*이 가속화되었다. — 合従連衡

14 一進一退の (テイメイ) が続いている。 일진일퇴의 침체상태를 계속 벗어나지 못하고 있다. — 低迷

15 彼は (エンマン) 退社した。 그는 원만 퇴사♣했다. — 円満

16 月刊 (ザッシ) を購入している。 월간잡지를 구입하고 있다. — 雑誌

17 台風による (ソンガイ) は甚大だ。 태풍에 의한 손해는 매우 크다. — 損害

18 彼の実家は呉服屋を (イトナ) んでいる。 그의 친정은 포목점을 경영하고 있다. — 営

19 彼は (ドウサツ) 力に優れている。 그는 통찰력에 뛰어나다. — 洞察

20 彼の父は大学の (メイヨ) 教授だ。 그의 아버지는 대학교의 명예교수이다. — 名誉

◆ 合従連衡(合従連衡) : 힘을 합쳐 강적에 대항하는 정책
♣ 원만 퇴사(円満退社) : 사고나 문제를 일으키지 않고 회사를 물러남

今日の漢字

カッコ内のカタカナを漢字に直しましょう。

01 昔の (セイブゲキ) のビデオを見た。 옛날 서부극 비디오를 보았다. 　　西部劇

02 昔は映画の (ホアンカン) に憧れた。 옛날에는 영화 속의 보안관을 동경했었다. 　　保安官

03 部屋の中に不審者が (シンニュウ) した。 방 안에 수상한 자가 침입했다. 　　侵入

04 哲学という単語で (レンソウ) する偉人。 철학이라는 단어로 연상하는 위인. 　　連想

05 東西 (レイセン) 時代の厳しい対立。 동서냉전시대의 냉혹한 대립. 　　冷戦

06 やられる前に (センセイ) 攻撃だ。 당하기 전에 선제공격이다. 　　先制

07 (タンドク) で行動するのは危険だ。 단독으로 행동하는 것은 위험하다. 　　単独

08 (ジャアク) な考えが社会に広がっている。 사악한 생각이 사회에 퍼져 있다. 　　邪悪

09 彼と私は (ニ) たもの夫婦だ。 그와 나는 닮은 부부이다. 　　似

10 暗い過去を (セオ) って生きてきた。 어두운 과거를 짊어지고 살아왔다. 　　背負

11 適不適を決める (シャクド) が不明確だ。 적부적*을 결정하는 척도가 불명확하다. 　　尺度

12 郊外の (ガイカク) 環状道路を整備する。 교외의 외곽환상*도로를 정비하다. 　　外郭

13 民間との (ツ) り合いを考える。 민간과의 균형을 생각하다. 　　釣

14 地域格差の是正を (カンコク) する。 지역격차의 시정을 권고하다. 　　勧告

15 (ショウガイ) を現役で通した達人。 생애를 현역으로 관철한 달인. 　　生涯

16 新しい市が (タンジョウ) した。 새로운 시가 탄생했다. 　　誕生

17 彼の (レンタイ) 保証人になった。 그의 연대 보증인이 되었다. 　　連帯

18 担任と父兄で (コンダン) 会を開いた。 담임과 학부형으로 간담회를 열었다. 　　懇談

19 彼は (ヘイエキ) に就いている。 그는 병역에 복무하고 있다. 　　兵役

20 (ジュウジツ) した学生生活を送った。 충실한 학교생활을 보냈다. 　　充実

◆ 적부적(適不適) : 적합함과 부적합함
♣ 환상(環状) : 고리와 같은 둥근 모양

カッコ内のカタカナを漢字に直しましょう。

01 こじれた関係を (シュウフク) するのは大変だ。 악화된 관계를 수복하는 것은 힘들다. 　　修復
02 努力を積んだ (セイカ) が表れてきた。 노력을 쌓은 성과가 나타났다. 　　成果
03 戦没者の (イコウ) を一冊の本にまとめた。 전몰자의 유고*를 한권의 책에 정리했다. 　　遺稿
04 この本には三つの話が (オサ) めてある。 이 책에는 3가지 이야기가 수록되어 있다. 　　収
05 彼は自ら海軍に (シガン) した。 그는 스스로 해군에 지원했다. 　　志願
06 剣術に一心に (ジョウネツ) を傾けた。 일심으로 검술에 정열을 쏟았다. 　　情熱
07 彼女はとても (カンジュセイ) の強い女性だ。 그녀는 매우 감수성이 강한 여성이다. 　　感受性
08 試写会後に映画の (カンソウ) を求められた。 시사회 후에 영화에 대한 감상을 요청받았다. 　　感想
09 私たちの娘をハナコと (ナヅ) けた。 우리들 딸을 하나코라고 이름짓다. 　　名付
10 事件の (カガイシャ) から事情を聞く。 사건의 가해자로부터 사정을 듣다. 　　加害者
11 こんな事は日常 (サハンジ) だ。 이런 일은 일상다반사다. 　　茶飯事
12 遠方から来た客を (カンゲイ) する。 먼 곳에서 오신 손님을 환영하다. 　　歓迎
13 金銭感覚が (ニブ) っている。 금전감각이 둔해져 있다. 　　鈍
14 (ネンコウジョレツ) の制度を改める。 연공서열* 제도를 고치다. 　　年功序列
15 首相 (カンテイ) での記者会見。 수상 관저에서의 기자회견. 　　官邸
16 伝統的な (ギシキ) を行う神社。 전통적인 의식을 행하는 신사. 　　儀式
17 医療に支払う (ガク) が増加している。 의료에 지불하는 액수가 증가하고 있다. 　　額
18 年金から (キョシュツ) される資金。 연금에서 거출* 된 자금. 　　拠出
19 薬 (ヅ) け* にされる患者。 필요 이상으로 오랫동안 약이 투여되는 환자. 　　漬
20 検査で病状* を (ハアク) した。 검사로 병의 증상을 파악했다. 　　把握

◆ 유고(遺稿) : 죽은 사람이 남긴 원고
♣ 연공서열(年功序列) : 근속 연수나 나이가 늘어 감에 따라 지위가 올라가는 일. 또는 그런 체계
● 거출(拠出) : 같은 목적을 위하여 여러 사람이 돈을 나누어 냄. 갹출.
▲ 약漬(くすりづ)け : 의사가 환자한테 필요 이상으로 오랫동안 약을 투여하는 일　　＊병상(病狀) : 병의 증상. 병의 경과

今日の漢字

カッコ内のカタカナを漢字に直しましょう。

01 それは突然すぎて (ムリ) な要求だ。 그것은 너무 갑작스러워 무리한 요구이다.　**無理**

02 (モノタ) りない答弁に不満が残った。 부족한 답변에 불만이 남았다. 　**物足**

03 彼は鬼監督と (オソ) れられている。 그는 무서운 감독이라고 두려워하고 있다. 　**恐**

04 彼は複雑な (ヒョウジョウ) を見せた。 그는 복잡한 표정을 지었다. 　**表情**

05 (モンク) をつけられる筋合いはない。 트집을 잡힐 이유가 없다. 　**文句**＊

06 彼の言動に (フシンカン) を持った。 그의 언동에 불신감을 가졌다. 　**不信感**

07 彼への淡い想いを胸に (イダ) いた。 그에 대한 아련한 생각을 가슴에 품었다. 　**抱**

08 夜の闇がそこまで (セマ) っている。 밤의 어둠이 거기까지 다가와 있다. 　**迫**

09 (ジュギョウ) をよく聞いていなかった。 수업을 잘 듣지 않았다. 　**授業**

10 世界平和は人々共通の (ネガ) いだ。 세계평화는 사람들의 공통된 바람이다. 　**願**

11 最後 (ツウコク) を突きつける。 최후 통첩을 들이대다. 　**通告**

12 自分の (カミ) をなでつける。 자신의 머리를 쓰다듬다. 　**髪**

13 紙の (テザワ) りを確かめる。 종이의 촉감을 확인하다. 　**手触**

14 政治の (ロンピョウ) をする作家。 정치 논평을 하는 작가. 　**論評**

15 (オロシウリ) 業者を省いて取引する。 도매업자를 제외하고 거래하다. 　**卸売**

16 空気 (セイジョウ) 機のある快適な部屋。 공기청정기가 있는 쾌적한 방. 　**清浄**

17 汚染を (ショリ) する施設へ送る。 오염을 처리하는 시설에 보내다. 　**処理**

18 種類を (シキベツ) する信号を調べる。 종류를 식별하는 신호를 조사하다. 　**識別**

19 大雨で水の (ニゴ) りがひどい。 호우로 수질의 탁함이 심하다. 　**濁**

20 事の (ホッタン) は彼との出会いだ。 일의 발단은 그와의 만남이다. 　**発端**

◆ 文句(もんく) : 1.문구 2.트집

カッコ内のカタカナを漢字に直しましょう。

01 (キュウヤクセイショ) はヘブライ語で書かれた。 구약성서는 헤브라이어로 쓰였다. 旧約聖書

02 今は (ゲンセ) を精一杯生きることだ。 지금은 현세를 힘껏 살아가는 일이다. 現世

03 (イヤオウ) なく同意をさせられた。 하는 수 없이 동의를 하게 되었다. 否応

04 日本には各国の大使が (チュウザイ) している。 일본에는 각국의 대사가 주재하고 있다. 駐在

05 大会開会式で (コッキ) を掲揚した。 대회 개회식에서 국기를 게양했다. 国旗

06 父親の遺志を (ツ) いで医者になる。 부친의 유지를 이어 의사가 되다. 継

07 奇跡的に (セイゾン) が確認された。 기적적으로 생존이 확인되었다. 生存

08 環境問題について (トウロン) する。 환경문제에 대해서 토론하다. 討論

09 彼らは (イチマイイワ) の団結が誇りだ。 그들은 굳은 단결이 자랑이다. 一枚岩

10 あたり一面 (ミワタ) す限りの大草原だ。 부근 일대에 보이는 것은 대초원이다. 見渡

11 首相の (シツム) 室を訪問する。 수상의 집무실을 방문하다. 執務

12 濃い (ケショウ) をした舞台役者。 짙은 화장을 한 무대배우. 化粧

13 政治家の (カガミ) と言われる人。 정치가의 귀감이라 불리는 사람. 鑑

14 (ボク) らの世代とは違う人々。 우리들의 세대와는 다른 사람들. 僕

15 映画の (カイゾク) 版を見つけた。 영화의 해적판을 발견했다. 海賊

16 長い月日を (ヘ) て再開した。 긴 세월을 거쳐 재개했다. 経

17 (ザンリュウ) 塩素が測定された。 잔류 염소가 측정되었다. 残留

18 産業の (クウドウ) 化を招いた。 산업의 공동화를 초래했다. 空洞

19 (ヨウジン) を警護する任務にあたる。 요인을 경호하는 임무를 맡다. 要人

20 彼の (シンイ) を計りかねる。 그의 진의를 헤아리기 어렵다. 真意

◆ 현세(現世) : 이승, 이 세상
♣ 유지(遺志) : 죽은 사람의 생존시의 뜻
● 一枚岩(いちまいいわ) : 1.한 덩어리로 된 넓고 평평한 바위 2.(조직 등이) 튼튼함

今日の漢字

カッコ内のカタカナを漢字に直しましょう。

01 (カク)れた人材を探し出した。 숨은 인재를 찾아냈다.　　隠
02 彼女はいつも (クウソウ) にふけっている。 그녀는 언제나 공상에 잠겨있다.　　空想
03 彼女には (センレツ) な印象を受けた。 그녀에게는 선명하고 강렬한 인상을 받았다.　　鮮烈*
04 自らの (ジンセイカン) を変える出来事。 그들의 인생관을 바꾸는 사건.　　人生観
05 (テンモンガク) 的な値段が並んだ骨董品。 천문학적인 가격이 늘어선 골동품.　　天文学
06 地球は (タイヨウケイ) に含まれる。 지구는 태양계에 포함된다.　　太陽系
07 惑星 (タンサ) 機からの映像を見る。 혹성 탐사기로부터 영상을 보다.　　探査
08 彼は強い (ガンボウ) を抱いている。 그는 강한 소망을 품고 있다.　　願望
09 (キキュウ) に乗って地表を観察する。 기구를 타고 지표를 관찰하다.　　気球
10 彼らの (ドクゼン) 的な発言をとがめた。 친족이 결속하여 들러붙었다.　　独善
11 事故で辺りは (ソウゼン) となった。 사고로 부근은 떠들썩해졌다.　　騒然
12 若者をみると (カクセイ) の感を禁じえない。 젊은이를 보면 격세감을 금할 수 없다.　　隔世
13 (ブヨウ) 劇団に所属している。 무용극단에 소속되어 있다.　　舞踊
14 まずは (モヨウ) 眺めといったところだ。 우선은 상황 관망이라는 정도이다.　　模様
15 見事な演技に (ハクシュ) を送る。 훌륭한 연기에 박수를 보내다.　　拍手
16 大願* (ジョウジュ) を神社で祈る。 큰 소원 성취를 신사에서 기원하다.　　成就
17 制裁が (サ) けられそうにない。 제재를 피할 수 없을 것 같다.　　避
18 原油が (カジョウ) に供給されている。 원유가 과잉 공급되고 있다.　　過剰
19 はかない (ゲンソウ) を抱いている。 덧없는 환상을 안고 있다.　　幻想
20 外国に (モンコ) を開く。 외국에 문호를 열다.　　門戸

◆ 선열(鮮烈) : 선명하고 강렬함
♣ 대원(大願) : 큰 소원

カッコ内のカタカナを漢字に直しましょう。

01 彼の中で（シンキョウ）に変化があったようだ。 그의 속에서 심경에 변화가 있었던 것 같다. 　**心境**
02 彼の気持ちを（オ）しはかる。 그의 마음을 헤아리다. 　**推**
03 海外から選手団が（キコク）した。 해외에서 선수단이 귀국했다. 　**帰国**
04 スター選手が突然（インタイ）を発表した。 스타 선수가 갑자기 은퇴를 발표했다. 　**引退**
05 彼はかなりの（ナンダイ）を抱えてしまった。 그는 상당한 난제를 맡아 버렸다. 　**難題**
06 話し合いの（ソウテン）がぼやけている。 대화의 쟁점이 흐릿해지고 있다. 　**争点**
07 会場の意見がふたつに（ワ）れた。 회장의 의견이 둘로 갈라졌다. 　**割**
08 果実がおいしそうに（ジュク）した。 과실이 맛있게 익었다. 　**熟**
09 水面下で（メンミツ）な計画を練る。 수면 하에서 면밀한 계획을 짜다. 　**綿密**
10 あまりに（トウトツ）な出来事で驚いた。 너무나 갑작스런 사건이어서 놀랐다. 　**唐突**
11 社長（ミズカ）らが足を運んだ。 사장 스스로가 발길을 옮겼다. 　**自**
12 この手法にはリスクが（トモナ）う。 이 수법에는 위험이 따른다. 　**伴**
13 （ジギ）にかなった処置をした。 시의 적절한 조치를 했다. 　**時宜**
14 彼は（ヒトスジナワ）ではいかない性格だ。 그는 어느 방법으로는 안 되는 성격이다. 　**一筋縄**
15 軸受けが（マモウ）している。 베어링이 마모해 있다. 　**摩耗**
16 （ウチワ）だけで結婚式をした。 집안사람끼리 결혼식을 했다. 　**内輪**
17 微生物が（ゾウショク）している。 미생물이 증식하고 있다. 　**増殖**
18 （ヨジョウ）品を処分する羽目になった。 잉여품을 처분할 처지가 되었다. 　**余剰**
19 機体の（ソンショウ）が激しい。 기체의 손상이 심하다. 　**損傷**
20 法律に新しい（ジョウコウ）を加えた。 법률에 새로운 조항을 추가했다. 　**条項**

◆ 난제(難題) : 어려운 문제, 까다로운 일·사항·사건
♣ 마모(摩耗) : 닳아서 얇아짐

今日の漢字

カッコ内のカタカナを漢字に直しましょう。

01 (マ) が差して悪事をはたらく。 문득 나쁜 생각이 들어 나쁜 짓을 하다. — 魔

02 (ゴウカ) な建物に目を見張る。 호화스러운 건물에 눈이 휘둥그레지다. — 豪華

03 国民の (ヒンプ) の差を是正する。 국민의 빈부 차이를 시정하다. — 貧富

04 文化が (レンメン) と受け継がれる。 문화가 연면*히 계승되다. — 連綿

05 年上の人を敬う (チョウヨウ) の序。 손위 사람을 공경하는 장유유서. — 長幼

06 各界の (チョメイジン) が一堂に会した。 각계의 저명인이 한 자리에 모였다. — 著名人

07 山好きの (ドウシ) が集った。 산을 좋아한 동지가 모였다. — 同志

08 宣伝用の (タ) れ幕を作った。 선전용 현수막을 만들었다. — 垂

09 チームは初戦を勝利で (カザ) った。 팀은 첫 시합을 승리로 장식했다. — 飾

10 親族が (ケッソク) して取り組んだ。 친족이 결속하여 들러붙었다. — 結束

11 中古車の価格を (サテイ) する。 중고차의 가격을 사정*하다. — 査定

12 代金支払いの (ク) り延べ*を求める。 대금지불의 연기를 요구하다. — 繰

13 目標が (メイジ) された。 목표가 명시되었다. — 明示

14 政界の (サイヘン) が必至だ。 정계의 재편이 불가피하다. — 再編

15 契約を (リコウ) する。 계약을 이행하다. — 履行

16 努力するも (トロウ) に終わる。 노력하는 것도 헛수고로 끝나다. — 徒労*

17 交渉は (ナンコウ) している。 교섭은 난항*을 겪고 있다. — 難航

18 お互いの見解に (ミゾ) がある。 서로의 견해에 틈이 생기다. — 溝

19 高官同士の会談は (ケツレツ) した。 고관끼리의 회담은 결렬되었다. — 決裂

20 彼の意見に (フゲン) して述べる。 그의 의견에 덧붙여서 말하다. — 付言

◆ 연면(連綿) : 길게 이어져 끊이지 않음
♣ 사정(査定) : 조사하거나 심사하여 결정함
● 繰(く)り延(の)べ : 1.연장 2.연기   ◆ 徒労(とろう) : 헛수고
* 난항(難航) : 1.(배・비행기의) 어려운 항행 2.일이 순조롭게 되어가지 않음

おまつり[御祭り]

마쓰리는 신불・조상을 모시거나 그 의식을 가리킨다. 특정한 날을 선택하여 몸을 청결히 하고 공물을 바쳐 기원・감사・위령 등을 실시한다. 일본의 3대 축제에는 교토 기온 마쓰리, 오사카 텐진 마쓰리, 도쿄 간다 마쓰리가 있다.

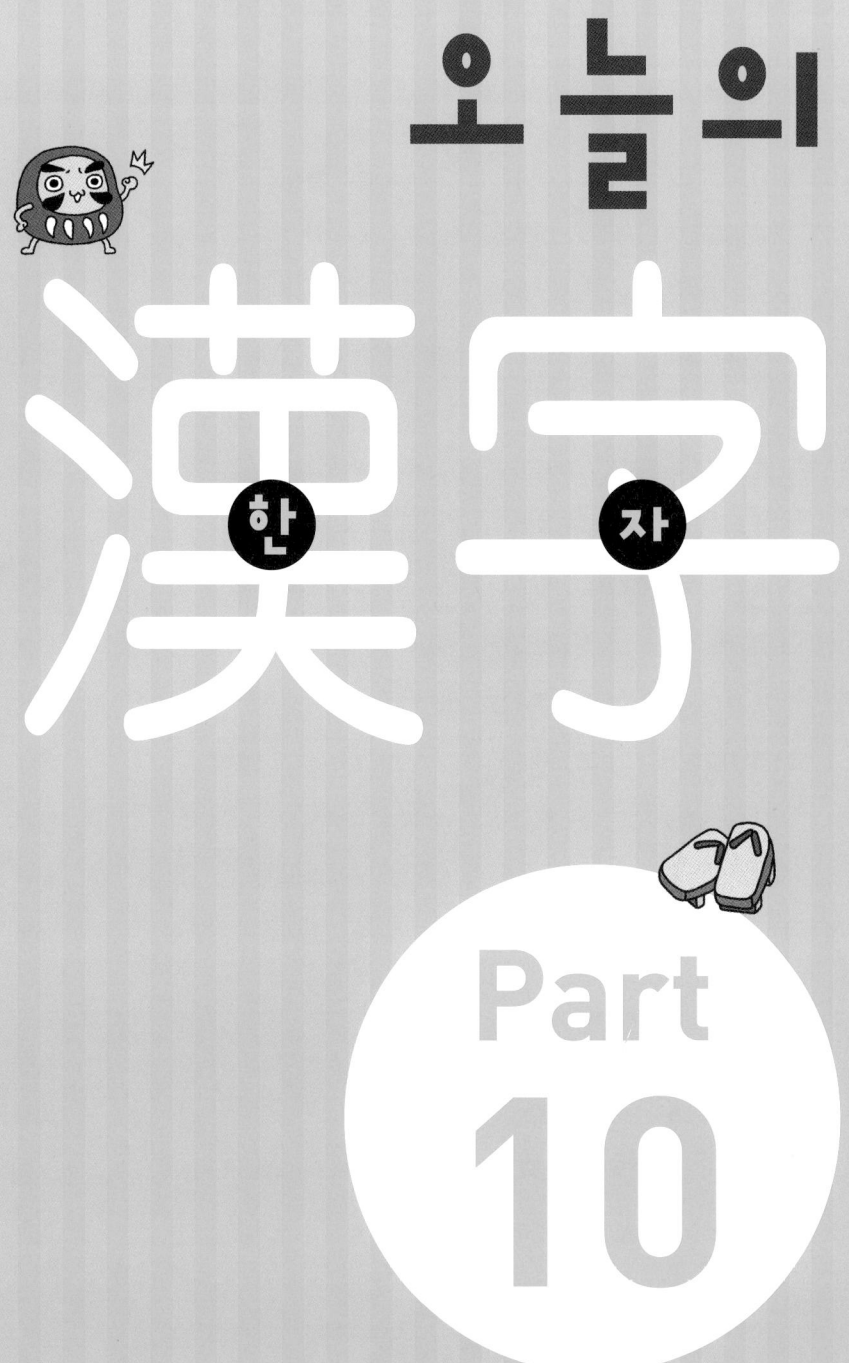

カッコ内のカタカナを漢字に直しましょう。

01 感情の浮き (シズ) みが激しい。 감정의 기복이 심하다. 　　沈
02 別のクラブチームへ (イセキ) した。 다른 클럽 팀으로 이적했다. 　　移籍
03 関係諸国との (カクシツ) がある。 관계제국과의 갈등이 있다. 　　確執*
04 彼らは非常に島国 (イシキ) が強い。 그들은 매우 섬나라 의식이 강하다. 　　意識
05 商人の町として (サカ) えた。 상인의 거리로서 번창했다. 　　栄
06 日本は (キョクトウ) アジアに属している。 일본은 극동아시아에 속해 있다. 　　極東
07 正式決定した名前で (コショウ) する。 정식 결정한 이름으로 호칭하다. 　　呼称
08 会社で (ベッカク) の待遇を受けた。 회사에서 별격의 대우를 받았다. 　　別格
09 紆余 (キョクセツ) を経て完成した製品。 우여곡절을 거쳐 완성한 제품. 　　曲折
10 宇宙の偉大さに (フ) れる出来事。 우주의 위대함에 언급하는 사건. 　　触
11 保険の (カ) け金* が戻ってくる。 보험료가 돌아온다. 　　掛
12 既得権益を (ハイ) して人事を行う。 기득 권익* 을 배제하고 인사를 행하다. 　　排
13 人にも (センド) があると感じる。 사람에게도 신선도가 있다고 느낀다. 　　鮮度
14 業績を買われて (リュウニン) した。 업적을 평가받아 유임* 되었다. 　　留任
15 新しい思想が (シントウ) している。 새로운 사상이 깊이 스며들어 있다. 　　浸透
16 麻薬の密売を (テキハツ) した。 마약 밀매를 적발했다. 　　摘発
17 (サカ) り場は危険が多い。 번화가는 위험이 많다. 　　盛
18 緊急 (シュツゲキ) した部隊。 긴급 출격한 부대. 　　出撃
19 (センニュウカン) で判断するのは危うい。 선입관으로 판단하는 것은 위험하다. 　　先入観
20 外国人を (ハイセキ) する運動。 외국인을 배척하는 운동. 　　排斥

◆ 확집(確執) : 자기주장을 굳이 고집함. 또는 그로 말미암은 불화(갈등)
◆ 掛(か)け金(きん) : 1.부금. 매달 또는 매달 정기적으로 지급하거나 적립하는 돈 2.외상값
● 기득(既得) : 이미 얻어서 차지함   ◆ 권익(権益) : 권리와 그에 따르는 이익
＊ 유임(留任) : 개편이나 임기 만료 때에 그 자리나 직위에 그대로 머무르거나 머무르게 함

今日の漢字

カッコ内のカタカナを漢字に直しましょう。

01 最近は (キョウアク) で巧妙な事件が多い。 최근에는 흉악하고 교묘한 사건이 많다. — 凶悪

02 数々の例を (レッキョ) して症例を解説する。 수많은 예를 열거하여 증세의 예를 해설하다. — 列挙

03 農薬は人に (キガイ) をおよぼす。 농약은 사람에게 위해를 끼친다. — 危害

04 飢饉によって米 (ソウドウ) が起きた。 굶주림에 의해 쌀 소동이 일어났다. — 騒動

05 図書館へ本を (ヘンキャク) した。 도서관에 책을 반납했다. — 返却

06 彼が怒るのは (シゴク) 当然のことだ。 그가 화 내는 것은 지극히 당연한 일이다. — 至極

07 政府の (セイイ) のある対応を望む。 정부의 성의 있는 대응을 바란다. — 誠意

08 彼の言葉には (アクイ) がある。 그의 말에는 악의가 있다. — 悪意

09 辺りに (ブキミ) な唸り声が響き渡った。 주위에 으스스한 신음소리가 울려 퍼졌다. — 不気味

10 そろそろ確定 (シンコク) の時期だ。 슬슬 확정 신고 시기이다. — 申告

11 法案に (シュウシイッカン) して拒否する。 법안에 시종일관* 하여 거부하다. — 終始一貫

12 事態の (ソクメン) も考慮にいれる。 사태의 측면도 고려에 넣다. — 側面

13 (ロンコウコウショウ) 的な昇進を嫌う。 논공행상*적인 승진을 싫어하다. — 論功行賞

14 党の (カンジチョウ) の役職に就く。 당의 간사장의 직책에 취임하다. — 幹事長

15 (リツアン) した意見が採用される。 입안한 의견이 채용되다. — 立案

16 この分野の専門家だと (ジニン) する。 이 분야의 전문가라고 자임* 하다. — 自任

17 予算を (ケイジョウ) して報告する。 예산을 계상* 하여 보고하다. — 計上

18 業績 (フシン) で会社が危ない。 업적부진으로 회사가 위험하다. — 不振

19 両案を (アワ) せて施行する。 양쪽 안을 합쳐 시행하다. — 併

20 時間に (ヨユウ) を持たせて欲しい。 시간에 여유를 주었으면 좋겠다. — 余裕

◆ 시종일관(終始一貫) : 일 따위를 처음부터 끝까지 한결같이 함
♣ 논공행상(論功行賞) : 공적의 크고 작음 따위를 논의하여 그에 알맞은 상을 줌
● 자임(自任) : 1.임무를 자기가 스스로 맡음 2.어떤 일에 대하여 자기가 적임이라고 자부함
▲ 계상(計上) : 계산하여 올림

カッコ内のカタカナを漢字に直しましょう。

01	心身共に緊張の (キョク) に達する。 심신모두 긴장의 극에 달하다.	極
02	被害者の (シイン) を検証する。 피해자의 사인을 검증하다.	死因
03	幼児が自家 (チュウドク) にかかった。 유아가 자가 중독*에 걸렸다.	中毒
04	素材のおいしさが (キワダ) つ料理。 소재의 맛있음이 두드러지는 요리.	際立
05	(イコツ) を壺に納める。 유골을 항아리에 넣다.	遺骨
06	自国の領有権を (オカ) された。 자국의 영유권을 침범 당했다.	侵
07	良し悪しの (ハンダン) が出来ない。 좋고 나쁨의 판단을 할 수 없다.	判断
08	(キョウアツ) 的な政策を変えるべきだ。 강압적인 정책을 바꾸어야 한다.	強圧
09	若干、薬の (フクサヨウ) が大きい。 약간, 약의 부작용이 크다.	副作用
10	成り行き*を (シズ) かに見守る。 경과를 조용히 지켜보다.	静
11	その証拠はなにか (サクイ) 的だ。 그 증거는 무언가 조작되어 있다.	作為*
12	自国民を (キュウシュツ) するための部隊。 자국민을 구출하기 위한 부대.	救出
13	一人の (ゲンドウ) が全員を危機に陥れる。 한사람의 언동이 전원을 위기에 빠트리다.	言動
14	家族の (ユクエ) を探す。 가족의 행방을 찾다.	行方
15	(ウスガミ) をはぐように慎重に削る。 엷은 종이를 벗기듯 신중히 깎다.	薄紙
16	(シャテイ) 距離を計測する。 사정거리를 계측하다.	射程
17	間違いなく (オボエガキ) に署名した。 틀림없이 각서에 서명했다.	覚書
18	他国の (ドウセイ) を逐一*伝える。 타국의 동정을 낱낱이 상세하게 전하다.	動静
19	(センケンタイ) が飛行機で出発する。 선견대가 비행기로 출발하다.	先遣隊*
20	世間話で時間を (カセ) ぐ。 세상이야기로 시간을 벌다.	稼

◆ 자가 중독(自家中毒) : 1.자기 몸 안에서 만들어진 유독성 대사산물로 인한 중독 2.특별한 원인 없이 어린아이가 갑자기 활기를 잃고 식욕 부진, 두통을 일으키며 마침내 구토를 일으키는 병　◆ 成(な)り行(ゆ)き : 되어가는 형편(과정). 경과. 추세.
● 作為(さくい) : 1.꾸밈. 인공. 자연의 상태에 손을 대는 일 2.조작함　◆ 逐一(ちくいち) : 1.하나하나 차례로 2.낱낱이 상세하게
＊ 선견대(先遣隊) : 본부대나 주력 부대에 앞서 파견되는 부대

今日の漢字

カッコ内のカタカナを漢字に直しましょう。

01 戦争で建物が (ソンショウ) を受けた。 전쟁에서 건물이 손상을 입었다. 損傷
02 日頃の努力を (オコタ) ると失敗する。 평소의 노력을 게을리 하면 실패한다. 怠
03 会議の日程を (チョウセイ) する。 회의 일정을 조정하다. 調整
04 その道では (コサン) の職人だ。 그 길에서는 고참인 장인이다. 古参
05 体に (ヒロウ) がたまっている。 몸에 피로가 쌓여 있다. 疲労
06 紛争地域に非武装 (リョウイキ) を設定した。 분쟁지역에 비무장 영역을 설정했다. 領域
07 ビルの解体には (キョガク) の費用がかかる。 빌딩 해체에는 거액의 비용이 든다. 巨額
08 水道の (ハイカン) 工事をする。 수도 배관 공사를 하다. 配管
09 明け方は放射 (レイキャク) でとても寒い。 새벽녘은 방사 냉각으로 매우 춥다. 冷却
10 彼が辞めた (ソンシツ) は大きい。 그가 그만둔 손실은 크다. 損失
11 社会の (ビョウソウ) に切り込む。 사회의 병소를 깊게 베어내다. 病巣
12 (オドロ) くべき出来事。 놀랄만한 사건. 驚
13 資源の (ムダ) を省く。 자원의 낭비를 줄이다. 無駄
14 不祥事が (ハッカク) した。 불상사가 발각되었다. 発覚
15 事業規模の縮小は (イナ) めない。 사업규모의 축소는 부정할 수 없다. 否
16 (タクエツ) した才能の持ち主。 탁월*한 재능의 소유자. 卓越
17 日々の生活に (マイボツ) する。 나날의 생활에 매몰*하다. 埋没
18 従来の方法を (トウシュウ) する。 종래의 방법을 답습*하다. 踏襲
19 その分野に (トッカ) した研究発表。 그 분야에 특화*된 연구발표. 特化
20 長年の修行で技を (ミガ) いた。 오랫동안의 수행으로 기술을 연마했다. 磨

♦ 탁월(卓越) : 남보다 두드러지게 뛰어남
♦ 매몰(埋没) : 보이지 아니하게 파묻히거나 파묻음
♦ 답습(踏襲) : 예로부터 해 오던 방식이나 수법을 좇아 그대로 행함
♦ 특화(特化) : 한 나라의 산업 구조나 수출 구성에서 특정 산업이나 상품이 상대적으로 큰 비중을 차지함

カッコ内のカタカナを漢字に直しましょう。

01 あれ（イライ）彼は姿を見せない。 그날 이후 그는 자취를 감췄다. 　以来
02 この魚の身は（ニクアツ）で食べ応えがある。 이 생선살은 살이 두툼해서 먹을 만하다. 　肉厚
03 銅鐸の原料の一つが（ナマリ）だ。 동탁◆ 원료의 하나가 납이다. 　鉛
04 原案に（ガクジュツ）的な考察を加える。 원안에 학술적인 고찰을 추가하다. 　学術
05 （ジュクレン）した技を見せてもらう。 숙련된 기술을 보다. 　熟練
06 あの刺繍は（ショクニン）技だ。 그 자수는 장인기술이다. 　職人
07 企業の多くは（タテ）割り社会だ。 기업의 대부분은 상하관계로만 움직이는 사회다. 　縦
08 銅鐸の（モンヨウ）が浮き出ている。 동촉의 문양이 볼록 새겨져 있다. 　文様
09 肉の（カタマリ）を切り分ける。 고기 덩어리를 썰다. 　塊
10 陶芸の（コウボウ）を建てた。 도예 공방을 지었다. 　工房
11 改革の（セイヒ）は彼の手腕しだいだ。 개혁의 성패는 그의 수완에 달려있다. 　成否
12 （イレイ）の人事に驚く。 이례적인 인사에 놀라다. 　異例
13 訃報を聞いて（ザンネン）に思う。 부보◆를 듣고 유감스럽게 생각하다. 　残念
14 会社の（ヒキアテキン）額を計算する。 회사의 충당금액을 계산하다. 　引当金
15 基本（コウテイ）の半分まで進んだ。 기본공정의 절반까지 진척되었다. 　工程
16 はじめの（カンモン）を克服する。 첫 관문을 극복하다. 　関門
17 汚染に（ハクシャ）がかかる。 오염이 심해지다. 　拍車
18 軍縮交渉は（ジュンチョウ）に進んだ。 군축교섭은 순조롭게 진행되었다. 　順調
19 異民族との（キョウゾンキョウエイ）を望む。 이민족과의 공존공영을 희망하다. 　共存共栄
20 経済発展が（ドンカ）している。 경제발전이 둔화되고 있다. 　鈍化

◆ 동탁(銅鐸) : 청동기 시대부터 쓰기 시작한, 방울 소리를 내는 의기(儀器)
◆ 부보(訃報) : 부고, 사람의 죽음을 알림

今日の漢字

カッコ内のカタカナを漢字に直しましょう。

01 この雑誌は (シュウカン) 誌だ。 이 잡지는 주간지다. 週刊

02 彼は (エイビン) な頭脳を持っている。 그는 예민한 두뇌를 가지고 있다. 鋭敏

03 イメージが (ヒト) り歩きしてしまった。 이미지가 혼자 걷고 말았다. 独

04 名シーンを胸中で (カイソウ) する。 명장면을 마음속에서 회상하다. 回想

05 この企画の (イト) を説明する。 이 기획의 의도를 설명하다. 意図

06 荷の重い業務に及び (ゴシ) になる。 부담이 큰 업무에 엉거주춤해지다. 腰

07 やり遂げたという (タッセイ) 感がある。 완수했다고 하는 달성감이 있다. 達成

08 短期間では (トウテイ) なし得ない。 단기간으로는 도저히 이룰 수 없다. 到底

09 (ジリュウ) に乗ったファッションだ。 시류에 편승한 패션이다. 時流

10 彼は社内で (コリツ) 無援の状態に陥った。 그는 사내에서 고립무원*의 상태에 빠졌다. 孤立

11 (チャクダン) 地点を計測する。 착탄 지점을 계측하다. 着弾

12 肥沃な土地を (タガヤ) す。 비옥*한 토지를 경작하다. 耕

13 金を (ホ) っている探検家。 금을 파고 있는 탐험가. 掘

14 常に (ソクバク) された状態。 항상 속박된 상태. 束縛

15 軍閥が国土を (カッキョ) する。 군벌*이 국토를 할거*하다. 割拠

16 都市は (カイメツ) 的な打撃を被った。 도시는 괴멸*적인 타격을 입었다. 壊滅

17 (コウネンキ) 特有の体調の変化。 갱년기 특유의 컨디션 변화. 更年期

18 珍しい (ショウジョウ) をしめす病気。 희귀한 병의 증상을 나타내는 병. 症状

19 感染したあとすぐに (ハッショウ) した。 감염된 후 곧 발병했다. 発症

20 (トウニョウビョウ) を治療する。 당뇨병을 치료하다. 糖尿病

◆ 고립무원(孤立無援) : 고립되어 구원을 받을 데가 없음　　● 비옥(肥沃) : 땅이 걸고 기름짐
● 군벌(軍閥) : 1.군인의 파벌 2.군부를 중심으로 한 정치 세력
♣ 할거(割拠) : 땅을 나누어 차지하고 굳게 지킴
＊ 괴멸(壊滅) : 조직이나 체계 따위가 모조리 파괴되어 멸망함

カッコ内のカタカナを漢字に直しましょう。

01　新鮮で (ホウジュン) な果物を沢山頂いた。　신선하고 풍윤* 한 과일을 많이 받았다.　豊潤

02　暗い夜道は (サビ) しい感じがする。　어두운 밤길은 쓸쓸한 느낌이 든다.　寂

03　(ヨク) 年度の計画を立てる。　다음해의 계획을 세우다.　翌

04　背後から (フイ) を突かれた。　배후에서 허를 찔렸다.　不意

05　別れの後には (カス) かな寂しさが残った。　헤어진 후에는 쓸쓸함이 조금 남았다.　幽

06　小説の (ダイ) を決めてから書き始める。　소설의 제목을 정한 후 쓰기 시작하다.　題

07　必要な資金を (ジヒ) でまかなう。　필요한 자금을 자비로 충당하다.　自費

08　それは (オサナ) い日の楽しい思い出だ。　그것은 어린 날의 즐거운 추억이다.　幼

09　失敗の後から (ジセイ) の念を抱いた。　실패 후 자기반성의 마음을 품었다.　自省*

10　異なる物質が (マ) じっている。　다른 물질이 섞여 있다.　混

11　やじと (ドゴウ) が飛び交う。　야유와 노호* 가 난무하다.　怒号

12　(クワ) しい資料を請求する。　상세한 자료를 청구하다.　詳

13　放射線から (カクリ) する施設。　방사선에서 격리하는 시설.　隔離

14　(チクサン) 業に従事する人の多い地区。　축산업에 종사하는 사람이 많은 지구.　畜産

15　特定の業界とつながりを持つ (ゾクギイン)。　특정 업계와 관계를 가지는 족의원.　族議員

16　その説に対しては (カイギ) 的だ。　그 설에 대해서는 회의적* 이다.　懐疑

17　周囲の人々との (マサツ) を生ずる。　주위 사람들과의 마찰을 일으키다.　摩擦

18　質素倹約は生活の (カナメ) だ。　검소 검약은 생활의 가장 중요한 부분이다.　要

19　(カイギシン) をもって人と接する。　회의심을 가지고 사람과 접하다.　懐疑心

20　危うく事故になりかけ (キモ) を冷やす。　하마터면 사고가 일어날 뻔해 간담이 서늘하다.　肝

◆ 풍윤(豊潤) : 풍족하고 윤택함
♣ 자성(自省) : 자기반성
● 노호(怒号) : 성을 내어 소리 지름
♠ 회의적(懐疑的) : 어떤 일에 의심을 품는 것

今日の漢字

カッコ内のカタカナを漢字に直しましょう。

01 あの人はとても (レイギ) 正しい人間だ。 저 사람은 매우 예의바른 인간이다.   **礼儀**

02 私はそこで (イヨウ) な光景を目にした。 나는 거기에서 이상한 광경을 목격했다.   **異様**

03 父の (イダイ) さを改めて痛感した。 아버지의 위대함을 새삼스럽게 통감했다.   **偉大**

04 面倒な作業からようやく (カイホウ) された。 성가신 작업에서 겨우 해방되었다.   **解放**

05 植物が環境に (テキオウ) し始めた。 식물이 환경에 적응하기 시작했다.   **適応**

06 計画は変更を (ヨギ) なくされた。 계획은 부득이 변경할 수밖에 없었다.   **余儀**

07 人心を (マド) わす噂を流した罪は重い。 인심을 현혹하게 하는 소문을 유포한 죄는 무겁다.   **惑**

08 授業で (バクマツ) の歴史を学んだ。 수업에서 막부말의 역사를 배웠다.   **幕末**

09 植物の成長の早さには目を (ミハ) った。 식물의 빠른 성장에는 눈이 휘둥그레졌다.   **見張**

10 徳川幕府が (サコク) をした歴史を学ぶ。 도쿠가와막부가 쇄국을 했던 역사를 배우다.   **鎖国**

11 広告が新聞に (ケイサイ) された。 광고가 신문에 게재되었다.   **掲載**

12 (チョメイ) な文化人。 저명한 문화인.   **著名**

13 卒業 (メイボ) に載っていない。 졸업명부에 실려 있지 않다.   **名簿**

14 (ユウジ) 立法について議論する。 유사*입법에 대해 논의하다.   **有事**

15 両案を (ヘイリツ) して提案する。 양쪽 안을 병립하여 제안하다.   **並立**

16 問題を (サ) けて通る。 문제를 피해 지나가다.   **避**

17 ルールがなし (クズ) しになる。 룰이 무너지다.   **崩**

18 全人口に占める (シュウギョウ) 者の数。 전인구에 차지하는 취업자의 수.   **就業**

19 領収書の (セイリ) をする。 영수증의 정리를 하다.   **整理**

20 配偶者を (フヨウ) する義務がある。 배우자를 부양*할 의무가 있다.   **扶養**

◆ 유사(有事) : 큰일이나 사변이 있음
♣ 부양(扶養) : 생활 능력이 없는 사람의 생활을 돌봄

カッコ内のカタカナを漢字に直しましょう。

01 彼の話し方には妙な (イワカン) がある。 그의 말투에는 묘한 위화감이 있다. 　　違和感

02 二つの議論を (コンドウ) している。 두 가지 논의를 혼동하고 있다. 　　混同

03 気分 (テンカン) に辺りを散歩した。 기분전환으로 주위를 산책했다. 　　転換

04 敏腕な医師の (チリョウ) を受ける。 수완이 좋은 의사의 치료를 받다. 　　治療

05 データの (フイッチ) をチェックする。 데이터의 불일치를 체크하다. 　　不一致

06 室内でコートを (ヌ) いだ。 실내에서 코트를 벗었다. 　　脱

07 これは規格に (テキゴウ) した商品だ。 이것은 규격에 적합한 상품이다. 　　適合

08 その社員は (コウブンショ) 偽造の罪に問われた。 그 사원은 공문서 위조죄를 추궁 받았다. 　　公文書

09 間違いを (テイセイ) して発表した。 잘못을 정정하여 발표했다. 　　訂正

10 せっかくのチャンスを (ボウ) に振った。 모처럼의 찬스를 헛되게 했다. 　　棒

11 テーブルを元の位置に (ス) えた。 테이블을 원래 자리에 설치했다. 　　据

12 くしゃみを (シズ) める薬。 재채기를 진정시키는 약. 　　鎮

13 (ソッコウ) 性のある医薬品。 즉효성이 있는 의약품. 　　即効

14 過去の政策の (コウザイ) を問う。 과거 정책의 공죄*를 묻다. 　　功罪

15 材料を (ギンミ) して調理する。 재료를 음미하여 조리하다. 　　吟味

16 待ちに待った (キッポウ) が届く。 기다리고 기다리던 좋은 소식이 도착하다. 　　吉報*

17 (センダツ) の教えに学ぶ。 선배의 가르침에 배우다. 　　先達*

18 中の部品を (シサイ) に調べる。 안의 부품을 자세하게 조사하다. 　　子細

19 勝利の (エイカン) に輝く。 승리의 영관*에 빛나다. 　　栄冠

20 いつも (クチグセ) のように言う言葉。 언제나 입버릇처럼 하는 말. 　　口癖

◆ 공죄(功罪) : 1.공적과 죄 2.하나의 사물의 좋은 면과 나쁜 면
♣ 길보(吉報) : 좋은 소식
● 先達(せんだつ) : 1.선배, 지도자 2.안내인, 선도자
♠ 영관(栄冠) : 1.영예로운 관 2.성공, 승리, 명예 따위를 비유

今日の漢字

カッコ内のカタカナを漢字に直しましょう。

01 三年目の合格に (カンガイ) 無量だ。 3년째의 합격에 감개무량*이다. 感慨
02 花嫁と花 (ムコ) を写真に収めた。 신부와 신랑을 사진에 담았다. 婿
03 彼の (キビン) で的確な対応を評価した。 그의 기민하고 적확한 대응을 평가했다. 機敏
04 この一粒に旨みが (ギョウシュク) されている。 이 한 방울에 맛있음이 응축되어 있다. 凝縮
05 卒業式で (シュクジ) を述べる。 졸업식에서 축사를 말하다. 祝辞
06 (ダイタン) なアイディアが巧を奏した。 대담한 아이디어가 주효했다. 大胆
07 彼は指導者としての (ケツダン) 力に乏しい。 그는 지도자로서의 결단력이 부족하다. 決断
08 太陽の黒点 (カンソク) を続けている。 태양의 흑점 관측을 계속하고 있다. 観測
09 転勤の話は (ネミミ) に水だ。 전근 이야기는 아닌 밤중에 홍두깨다. 寝耳
10 後輩達の (ハゲ) みとなる活躍をする選手。 후배들의 격려가 될 활약을 하는 선수. 励
11 この球はよく (ハズ) む。 이 공은 잘 튄다. 弾
12 首を (シ) められたような気分だった。 목이 매어지는 듯한 기분이었다. 締
13 (ケンアン) 事項について話し合う。 현안사항에 대해 서로 이야기 하다. 懸案
14 駅までの道を (タズ) ねる。 역까지의 길을 묻다. 尋
15 帰国して (シンキョウ) も変化している。 귀국하여 심경*도 변화하고 있다. 心境
16 まず (キソ) 的知識を身につける。 우선 기초적 지식을 몸에 익히다. 基礎
17 情報の (カイセキ) を試みる。 정보의 해석을 시도해보다. 解析
18 目覚しい (ギョウセキ) を残す。 눈부신 업적을 남기다. 業績
19 成功の (カゲ) に努力あり。 성공 뒤에 노력 있음. 陰
20 時代の (リュウセイ) を誇る企業。 시대의 융성*을 자랑하는 기업. 隆盛

♦ 감개무량(感慨無量) : 마음속에서 느끼는 감동이나 느낌이 끝이 없음
♣ 심경(心境) : 마음의 상태
● 융성(隆盛) : 기운차게 일어나거나 대단히 번성함

カッコ内のカタカナを漢字に直しましょう。

01	彼女はいつも (セケン) 体を気にする。 그녀는 언제나 체면을 걱정한다.	世間
02	彼は法律に関しては全くの (モンガイカン) だ。 그는 법률에 관해서는 전혀 문외한*이다.	門外漢
03	料理屋の (カンジョウ) を済ませる。 요리 가게의 계산을 끝내다.	勘定
04	必要な金額を (サンテイ) する。 필요한 금액을 산정하다.	算定
05	百円 (コウカ) を販売機に入れる。 백엔 동전을 판매기에 넣다.	硬貨
06	二つの出来事は (ヒョウリ) 一体だ。 두 사건은 표리일체*이다.	表裏
07	その事件は (ジュウライ) の概念が通用しない。 그 사건은 종래의 개념이 통용되지 않는다.	従来
08	それは (ソントク) のレベルの話ではない。 그것은 손득의 레벨 이야기가 아니다.	損得
09	災害で (タガク) の被害が出た。 재해로 거액의 손실을 보았다.	多額
10	商店街が (フキョウ) のあおりを受けた。 상점가가 불황의 여파를 입었다.	不況
11	全国を (アンギャ) する。 전국을 행각*하다.	行脚
12	製品の出荷を (ジシュク) する。 제품의 출하를 자숙하다.	自粛
13	生活の (キュウジョウ) を訴える。 생활의 궁상*을 호소하다.	窮状
14	解決すべき (キッキン) の課題。 해결해야 할 긴요한 과제.	喫緊
15	友人の家の (ルス) を頼まれている。 친구 집을 봐 달라고 부탁받다.	留守
16	非難に対して (コウベン) する。 비난에 대해 항변하다.	抗弁
17	陰に (カク) れてよく見えない。 뒤에 숨어 잘 보이지 않는다.	隠
18	調査の内容は (コウハン) にわたる。 조사의 내용은 넓은 범위에 이른다.	広範
19	彼の (ギョウジョウ) を調べる。 그의 행실*을 조사하다.	行状
20	(イッペントウ) の返答しかしない人。 일변도의 대답밖에 하지 않는 사람.	一辺倒

◆ 문외한(門外漢) : 1.어떤 일에 직접 관계가 없는 사람 2.어떤 일에 전문적인 지식이 없는 사람
♣ 표리일체(表裏一体) : 안팎이 한 덩어리가 된다는 뜻으로, 두 가지 사물의 관계가 밀접하게 됨
● 행각(行脚) : 1.어떤 목적으로 여기저기 돌아다님 2.여기저기 돌아다니며 수행함
♠ 궁상(窮状) : 어렵고 궁한 상태   *行状(ぎょうじょう) : 행실. 몸가짐. 일상의 행동

今日の漢字

カッコ内のカタカナを漢字に直しましょう。

01 かつて世界的な (キョウコウ) が起きた。 옛날에 세계적인 공황이 일어났다. — 恐慌

02 (コウゼン) と行われていた差別。 공공연히 행해졌던 차별. — 公然

03 コンテストの (ジュショウ) 式に出席した。 콘테스트의 수상식에 참석했다. — 授賞

04 これは母親から受け継いだ (シシツ) だ。 이것은 어머니로부터 이어받은 자질이다. — 資質

05 対立 (ジンエイ) から批判をされた。 대립 진영에서 비판받았다. — 陣営

06 強敵を前に (ヨワゴシ) になる。 강적을 앞에 두고 소극적인 태도가 된다. — 弱腰

07 明日 (イコウ) にもう一度来てください。 내일 이후에 다시 한 번 와 주세요. — 以降

08 (ネバ) り強い交渉が巧を奏した。 끈기 있는 교섭이 주효했다. — 粘

09 大会前の (ゲバヒョウ) は最下位だった。 대회전의 하마평*은 최하위였다. — 下馬評

10 ここからが我々の (シンコッチョウ) だ。 여기부터가 우리들의 진면목이다. — 真骨頂

11 両軍がにらみ合い (キンパク) した状態だ。 양군이 서로 노려보고 있어 긴박한 상태이다. — 緊迫

12 彼の後ろで (ヒカ) えている。 그의 뒤에서 대기하고 있다. — 控

13 敗走する部隊は (カッコウ) の餌食だ。 패하고 달아나는 부대는 아주 좋은 희생감이다. — 格好

14 採決の結果知事は (シンニン) された。 채결 결과 지사는 신임 받았다. — 信任

15 彼独特の (シュホウ) で問題を解決した。 그는 독특한 수법으로 문제를 해결했다. — 手法

16 異 (キョウト) の侵略を防ぐ。 이교도의 침략을 방지하다. — 教徒

17 歴戦の (モサ) と呼ばれる男。 역전의 맹자로 불리는 사내. — 猛者

18 出来ぬ (シンボウ) を重ねる。 참지 못할 인내를 거듭하다. — 辛抱

19 民族間の戦争は (ドロヌマ) 化した。 민족간 논쟁은 수렁화했다. — 泥沼

20 代表者に (ジカダンパン) する。 대표자에게 직접 담판하다. — 直談判

◆ 하마평(下馬評) : 관직의 인사이동이나 관직에 임명될 후보자에 관하여 세상에 떠도는 풍설. 예전에, 관리들을 태워 가지고 온 마부들이 상전들이 말에서 내려 관아에 들어가 일을 보는 사이에 상전들에 대하여 서로 평하였다는 데서 유래

カッコ内のカタカナを漢字に直しましょう。

01 彼はいつも (リロセイゼン) と話す。 그는 언제나 조리 정연하게 이야기한다. 　理路*整然
02 米の (ソウバ) があがった。 쌀 시세가 올랐다. 　相場
03 何事も (ハラハチブ) が一番だ。 매사에 양껏 먹지 않고 8부정도로 먹는 것이 제일이다. 　腹八分*
04 新しい研究に (トウシ) をする。 새로운 연구에 투자를 하다. 　投資
05 今の若者に (フワライドウ) を感じる。 지금의 젊은이에게 부화뇌동*을 느끼다. 　付和雷同
06 目標を (ミサダ) めて行動する。 목표를 정하고 행동하다. 　見定
07 学力が規定の (スイジュン) に達する。 학력이 규정 수준에 달하다. 　水準
08 専門家の (タッケン) を参考にする。 전문가의 뛰어난 식견을 참고로 하다. 　卓見*
09 商品を (ソコネ) で購入した。 상품을 바닥시세로 구입했다. 　底値
10 その案は (ケイケンソク) でいくと失敗だ。 그 안은 경험칙으로 가면 실패다. 　経験則
11 地域の (フウゾク) を研究する。 지역의 풍속을 연구하다. 　風俗
12 (トクメイ) での通報を受ける。 익명에 의한 통보를 받다. 　匿名
13 珍しい人と (ア) った。 별난 사람과 우연히 만났다. 　遭
14 (ソマツ) な器に盛った料理。 변변치 못한 그릇에 담은 요리. 　粗末
15 今から (コウカイ) しないように努力する。 지금부터 후회하지 않도록 노력하다. 　後悔
16 犯罪を起こした少年が (ホドウ) された。 범죄를 일으킨 소년이 보도*되었다. 　補導
17 市民の支持を得て (ヤクシン) した政党。 시민의 지지를 얻어 약진한 정당. 　躍進
18 計画の成否は (リュウドウ) 的な情勢だ。 계획의 성패는 유동적인 정세이다. 　流動
19 業務を他の部門に (イカン) する。 업무를 다른 부문에 이관하다. 　移管
20 途上国では (シキジリツ) が問題になる。 도상국에서는 식자률이 문제가 된다. 　識字率

◆ 이로(理路): 논리적 줄거리, 조리　　◆ 腹八分(はらはちぶ): 위에 가득 차게 양껏 먹지 않고 8부 정도만 먹음
● 부화뇌동(付和雷同): 뚜렷한 주견(主見)이 없으며 남의 의견·행동에 쉽게 동조함
▲ 탁견(卓見): 뛰어난 의견(식견)
＊ 보도(補導): 도와서 올바른 대로 이끌어 감

今日の漢字

カッコ内のカタカナを漢字に直しましょう。

01	さまざまな (ホウサク) を練る。 다양한 방책을 짜다.	方策
02	パソコンの (エキショウ) 画面が進化した。 컴퓨터의 액정화면이 진화했다.	液晶
03	風に (ユ) れる草木を幽霊と間違う。 바람에 흔들리는 초목을 유령이라고 착각하다.	揺
04	新車の (シジョウ) をさせてもらった。 신차를 시승했다.	試乗
05	地震計の揺れの (ハバ) が大きくなっている。 지진계의 흔들림 폭이 커지고 있다.	幅
06	運動はストレス (カイショウ) になる。 운동은 스트레스 해소가 된다.	解消
07	この皿の (モヨウ) は洒落ている。 이 접시의 모양은 세련되어 있다.	模様
08	顔に深くしわを (キザ) んだ。 얼굴에 깊게 주름을 새겼다.	刻
09	授業中に (イネム) りをしてしまった。 수업 중에 졸고 말았다.	居眠
10	次の駅で新幹線同士を (レンケツ) する。 다음 역에서 신간선 끼리를 연결하다.	連結
11	許されない (ヒレツ) な行為。 용서받지 못할 비열한 행위.	卑劣
12	常識知らずの (ヤバン) な人物。 상식을 모르는 야만적인 인물.	野蛮
13	容疑者が (タイホ) された。 용의자가 체포되었다.	逮捕
14	敵の (ホンキョ) 地を調査する。 적의 본거지를 조사하다.	本拠
15	(ホウイモウ) を徐々に狭める。 포위망을 서서히 좁히다.	包囲網
16	その手口は犯罪者の (ジョウドウ) だ。 그 수법은 범죄자가 지켜야 할 도리이다.	常道*
17	清水の (ブタイ) から飛び下りる。 기요미즈의 무대에서 뛰어내리다. (큰마음을 먹다.)	舞台
18	隣国を (コウゲキ) した独裁国家。 이웃나라를 공격한 독재국가.	攻撃
19	友人と (ユウイギ) な時間を過ごす。 친구와 의미 있는 시간을 보내다.	有意義
20	(イチジル) しい気温の上昇。 현저한 기온 상승.	著

◆ 상도(常道) : 항상 지켜야 할 도리

カッコ内のカタカナを漢字に直しましょう。

01 税を（イチリツ）に引き上げる。 세금을 일률적으로 인상하다. 　　一律
02 昔の武士の（ココロエ）。 옛날 무사의 소양. 　　心得
03 施設の（カクジュウ）を求めた。 시설의 확충*을 요구했다. 　　拡充
04 森林の（ケイタイ）を調査する。 삼림의 형태를 조사하다. 　　形態
05 一人だけ（コリツ）した状態になる。 한 사람만 고립된 상태가 되다. 　　孤立
06 何よりも（ケンコウ）が第一だ。 무엇보다도 건강이 제일이다. 　　健康
07 （レキシ）から多くを学ぶ。 역사에서 많은 것을 배우다. 　　歴史
08 彼は選挙で（フッケン）した。 그는 선거로 복권했다. 　　復権
09 その小説は（セイキ）末文学と言われた。 그 소설은 세기말 문학이라 불리었다. 　　世紀
10 あの人は気（クバ）りが上手だ。 저 사람은 배려를 잘한다. 　　配
11 （ボウガイ）工作が激しい。 방해 공작이 심하다. 　　妨害
12 警察は（チアン）の維持に努めた。 경찰은 치안 유지에 힘썼다. 　　治安
13 反対勢力に対する（ダンアツ）が始まった。 반대세력에 대한 탄압이 시작되었다. 　　弾圧
14 あの政治家は（バンセツ）を全うした。 저 정치가는 만년의 절개를 끝까지 지켰다. 　　晩節*
15 学生が大学を（センキョ）した。 학생이 대학교를 점거*했다. 　　占拠
16 マンションで入居者を（ツノ）っている。 맨션에서 입주자를 모집하고 있다. 　　募
17 その言葉に思わず（ギャクジョウ）した。 그 말에 무심코 그만 이성을 잃었다. 　　逆上*
18 外国語を自由に（アヤツ）る。 외국어를 자유롭게 구사하다. 　　操
19 社員（トウヨウ）試験に合格した。 사원등용*시험에 합격했다. 　　登用
20 その食材はビタミンが（トボ）しい。 그 식품재료는 비타민이 부족하다. 　　乏

◆ 확충(拡充) : 늘리고 넓혀 충실하게 함. '넓혀 보충함'으로 순화
◆ 점거(占拠) : 1.어떤 장소를 차지하여 자리를 잡음 2.점령
◆ 만절(晩節) : 1.만년 2.만년의 절조
◆ 역상(ぎゃくじょう) : 흥분하여 피가 머리로 오름, 이성을 잃음
＊ 등용(登用) : 인재를 뽑아서 씀. '뽑아 씀'으로 순화

今日の漢字

カッコ内のカタカナを漢字に直しましょう。

01 　今年も近くの海岸に渡り鳥が (ヒライ) した。 올해도 인근 해안에 철새가 날아왔다. 　　　**飛来**＊

02 　道路を (ヘダ) てた向こう側の花屋に行く。 도로를 사이에 둔 맞은편 꽃집에 가다. 　　　**隔**

03 　高貴な振る (マ) いを見せる。 고귀한 행동을 보이다. 　　　**舞**

04 　相手の顔をじっと (ギョウシ) する。 상대의 얼굴을 물끄러미 응시하다. 　　　**凝視**

05 　予想外の出来事に (トマド) った。 예상외의 사건에 당황했다. 　　　**戸惑**

06 　その問いかけに皆 (イチヨウ) にうなだれた＊。 그 물음에 모두가 고개를 떨구었다. 　　　**一様**

07 　(カタ) を叩いて健闘をたたえた。 어깨를 두드리며 건투를 치하했다. 　　　**肩**

08 　離れ離れだった (ニクシン) と再会した。 뿔뿔이 흩어졌던 육친과 재회했다. 　　　**肉親**

09 　彼女は常に (ヨウキ) な女性だ。 그녀는 항상 밝고 쾌활한 여성이다. 　　　**陽気**＊

10 　(シャソウ) のカーテンを全て開けた。 차창 커튼을 모두 열었다. 　　　**車窓**

11 　(カンガイ) を込めて挨拶した。 감개를 담아 인사를 했다. 　　　**感慨**

12 　不用意な言葉を (ツツ) しむ。 조심성이 없는 말을 삼가다. 　　　**慎**

13 　仲間を犠牲にする (ヒジョウ) の決断。 동료를 희생으로 삼는 비정＊한 결단. 　　　**非情**

14 　過去の記憶を (ダンペンテキ) に思い出す。 과거의 기억을 단편적으로 떠올리다. 　　　**断片的**

15 　政府に (セイキュウ) な行動を求める。 정부에 성급한 행동을 요구하다. 　　　**性急**

16 　(ボウリ) をむさぼる悪徳業者。 폭리를 탐하는 악덕업자. 　　　**暴利**

17 　(ガクメン) 通りに受け取れぬ話。 액면그대로 받아들일 수 없는 이야기. 　　　**額面**

18 　制度の不備を突く (ダッポウ) 行為。 제도의 불비＊를 찌르는 탈법행위. 　　　**脱法**

19 　情報の (コウシン) を定期的に行う。 정보의 갱신을 정기적으로 행하다. 　　　**更新**

20 　弱者を (ハメツ) させてはいけない。 약자를 파멸시켜서는 안된다. 　　　**破滅**

◆ 飛来(ひらい) : 날아서 옴
♣ うなだれる : (실망・슬픔・수치 등으로) 힘없이 고개를 떨구다
● 陽気(ようき) : 명랑함, 밝고 쾌활함　　　▲ 비정(非情) : 무정, 매정함
＊ 불비(不備) : 충분히 갖추어지지 않음

カッコ内のカタカナを漢字に直しましょう。

01 捜査の網の目を (タク) みにすり抜けた。 수사망의 눈을 교묘하게 빠져나갔다.　　巧
02 恥ずかしさで顔を赤く (ソ) めた。 부끄러움으로 얼굴을 붉게 물들였다. 　　染
03 彼は発言を (フウ) じられた。 그는 발언을 봉쇄당했다. 　　封
04 住民票 (トウロク) の手続きをする。 주민표 등록 절차를 밟다. 　　登録
05 神棚にお (ソナ) え物をする。 집 안에 신위(神位)를 모셔 두고 제사 지내는 선반에 공물을 바치다. 　　供
06 白雪姫にりんごを食べさせた (マジョ)。 백설 공주에게 사과를 먹인 마녀. 　　魔女
07 交渉の (シュドウ) 権を握った。 교섭의 주도권을 쥐었다. 　　主導
08 広く情報網を (ハ) り巡らした。 넓게 정보망을 쳤다. 　　張
09 寒いので完全 (ボウビ) して出かける。 춥기 때문에 완전 방비를 하여 외출하다. 　　防備
10 (ヤクバ) に行って手続きを済ませた。 관공서에 가서 수속을 마쳤다. 　　役場
11 不快な対応に (ゲキド) する。 불쾌한 대응에 격노하다. 　　激怒
12 降伏し (キョウジュン) の意を表す。 항복하고 공순＊한 뜻을 표하다. 　　恭順
13 成果を (コジ) し過ぎて嫌われる。 성과를 너무 과시하여 미움 받다. 　　誇示
14 犯罪者が (ノバナ) しになっている。 범죄자가 방임＊되어 있다. 　　野放
15 自己を (サンビ) した歌を作る。 자기를 찬미한 노래를 만들다. 　　賛美
16 定年を迎えて (ユウタイ) した教官。 정년을 맞이하여 용감하게 물러난 교관. 　　勇退＊
17 どうも (チュウスウ) 神経系に問題がある。 아무래도 중추＊기관에 문제가 있다. 　　中枢
18 政治家への (ゾウワイ) の疑い。 정치가에 대한 증여＊혐의. 　　贈賄
19 警察が事件を (ソウサ) する。 경찰이 사건을 수사하다. 　　捜査
20 判決は求刑どおり無期 (チョウエキ) だ。 판결은 구형대로 무기징역이다. 　　懲役

◆ 공순(恭順): 공손하고 온순함　　◆ 방임: 1.(가축을) 놓아기름. 방목 2.방임함. 멋대로 하게 버려 둠
● 용퇴(勇退): 1.조금도 꺼리지 아니하고 용기 있게 물러남　2.후진에게 길을 열어 주기 위하여 스스로 관직 따위에서 물러남
♣ 중추(中樞): 사물의 중심이 되는 중요한 부분　　♣ 증여(贈與): 1.물품 따위를 선물로 줌　2.(법률) 당사자의 일방이 자기의 재산을 무상으로 상대편에게 줄 의사를 표시하고 상대편이 이를 승낙함으로써 성립하는 계약

今日の漢字

カッコ内のカタカナを漢字に直しましょう。

01 厳しい修行で (ウデ) を上げた料理人。 혹독한 수행으로 솜씨를 늘린 요리인. 腕

02 彼は (リクツ) ばかりこねて行動に移さない。 그는 당치않은 억지말로 떼를 쓸 뿐 행동으로 옮기지 않는다. 理屈

03 そういう話は (シンゾウ) に悪い。 그러한 이야기는 심장에 나쁘다. 心臓

04 実験では (キジュン) 通りの数値が出た。 실험에서는 기준대로의 수치가 나왔다. 基準

05 (シットウ) 医の技術不足を指摘した。 집도의 기술부족을 지적했다. 執刀

06 新薬の (リンショウ) 実験が行われた。 신약의 임상실험이 실시되었다. 臨床

07 賛成意見が過半数に (ミ) たない。 찬성의견이 과반수를 밑돌다. 満

08 制度 (カイカク) の弊害も考えた方がいい。 제도개혁의 폐해*도 생각하는 편이 좋다. 改革

09 お互いの配慮に (カ) ける。 서로의 배려가 부족하다. 欠

10 政府の方針を (シジ) している。 정부의 방침을 지지하고 있다. 支持

11 その話は (オクソク) にすぎない。 그 이야기는 억측*에 지나지 않는다. 憶測

12 (セッソク) にすぎる判断だ。 너무나 졸속*적인 판단이다. 拙速

13 腕前を (ハッキ) する。 솜씨를 발휘하다. 発揮

14 柔軟な予算 (ヘンセイ) をする。 유연한 예산 편성을 하다. 編成

15 見た目は (ヒンジャク) そうな人物。 겉보기는 빈약한 듯한 인물. 貧弱

16 人目を (アザム) く。 남의 이목을 속이다. 欺

17 情報を無作為に (チュウシュツ) する。 정보를 무작위*로 추출하다. 抽出

18 核物質を (ノウシュク) した容器。 핵물질을 농축한 용기. 濃縮

19 外交にも (センジュツ) が必要だ。 외교에도 전술이 필요하다. 戦術

20 下手な脅しは (キンモツ) だ。 서툰 위협은 금물이다. 禁物

◆ 폐해(弊害) : 폐단으로 생기는 해
◆ 억측(憶測) : 이유와 근거가 없이 짐작함
◆ 졸속(拙速) : 어설프고 빠름. 또는 그런 태도
◆ 무작위(無作為) : 통계의 표본 추출에서, 일어날 수 있는 모든 일이 동등한 확률로 발생하게 함

カッコ内のカタカナを漢字に直しましょう。

01 彼は (アイキョウシン) が強い人だ。 그는 애향심*이 강한 사람이다. 　　愛郷心
02 新しい法律の (ソアン) を示した。 새로운 법률의 기본적인 생각을 제시했다. 　　素案*
03 あの議員は疑惑を (ヒテイ) した。 저 의원은 의혹을 부정했다. 　　否定
04 科学分野の研究者の (ヨウセイ) に力を注ぐ。 과학분야의 연구자 양성에 힘을 쏟다. 　　養成
05 三年ぶりに (キキョウ) することになった。 3년 만에 귀향하게 되었다. 　　帰郷
06 彼は間違いを (スナオ) に認めた。 그는 실수를 순순히 인정했다. 　　素直
07 辛い記憶は心の (オク) 深くにしまった。 괴로운 기억은 마음 깊숙한 곳에 간직했다. 　　奥
08 市長の不 (シンニン) 決議案が可決された。 시장의 불신임 결의안이 가결되었다. 　　信任
09 彼は (オドロ) くべき心肺能力の持ち主だ。 그는 놀랄만한 심폐능력의 소유주이다. 　　驚
10 数ヶ国語が飛び (カ) うオフィス。 몇 개 국어가 난무하는 오피스. 　　交
11 昔に比べて (ズイブン) 衰えた。 옛날에 비해 상당히 쇠약했다. 　　随分
12 国会で (クウソ) な論争を続けた。 국회에서 내용이 없는 논쟁을 계속했다. 　　空疎*
13 (セッパ) 詰まった表情。 궁지에 몰린 표정. 　　切羽
14 休日の (ガイトウ) でデモを行う。 휴일 길거리에서 데모를 실시하다. 　　街頭
15 無駄な (ロウヒ) をやめて貯蓄する。 쓸데없는 낭비를 그만두고 저축하다. 　　浪費
16 彼は (ヒマ) を持て余している。 그는 한가한 시간을 주체못하고 있다. 　　暇
17 敵地に密かに (センニュウ) する。 적지에 몰래 잠입하다. 　　潜入
18 (スジョウ) のはっきりしない人物。 성장과정이 분명하지 않은 인물. 　　素性
19 責任は罪を (オカ) した者にある。 책임은 죄를 저지른 자에게 있다. 　　犯
20 事件の解決を (ハカ) る。 사건의 해결을 도모하다. 　　図

◆ 애향심(愛郷心) : 고향을 아끼고 사랑하는 마음
♣ 소안(素案) : 원안보다 앞선 단계의 기본적인 생각
● 공소(空疎) : (겉치레뿐) 내용이 없음

今日の漢字

カッコ内のカタカナを漢字に直しましょう。

01 公園の (シバ) の上で昼寝をする。 공원의 잔디 위에서 낮잠을 자다. — 芝
02 野球部の学生は丸 (ガ) り頭だ。 야구부의 학생은 스포츠머리다. — 刈
03 ガソリンを入れに (キュウユ) 所に寄った。 가솔린을 넣으러 급유소에 들렀다. — 給油
04 交通事故で (ジュウショウ) を負った。 교통사고로 중상을 입었다. — 重傷
05 特別に厳しい (クンレン) を受けてきた隊員。 특별하게 혹독한 훈련을 받아온 대원. — 訓練
06 この事件の犯人像を (スイソク) した。 이 사건의 범인상을 추측했다. — 推測
07 事件は多くの難解な (ヨウソ) が絡んでいる。 사건은 많은 난해한 요소가 얽혀 있다. — 要素
08 彼の顔には (キョウフ) が刻み込まれている。 그의 얼굴에는 공포가 역력하다. — 恐怖
09 彼はとても (レイケツ) な人間だ。 그는 매우 냉혈적인 인간이다. — 冷血
10 まず最初に (ナイユウ) の解決が必要だ。 우선 제일 먼저 내우*의 해결이 필요하다. — 内憂
11 医師の診察を (コバ) む。 의사의 진찰을 거부하다. — 拒
12 老人 (フクシ) の予算を組む。 노인 복지의 예산을 편성하다. — 福祉
13 (シュウエキ) だけを重視してはいけない。 수익만을 중시해서는 안 된다. — 収益
14 議論は (ヘイコウセン) をたどった。 논의는 평행선에 이르렀다. — 平行線
15 改革の (コウソウ) を練る。 개혁의 구상을 짜다. — 構想
16 選択の (ハバ) を広げる。 선택의 폭을 넓히다. — 幅
17 違法建築の (テンケイテキ) な一例。 위법건축의 전형적인 일례. — 典型的
18 (タクチ) を造成する工事。 택지를 조성하는 공사. — 宅地
19 ダムで (スイボツ) した故郷。 댐으로 수몰된 고향. — 水没
20 (イチギテキ) には政府の責任だ。 근본적으로는 정부의 책임이다. — 一義的

◆ 내우(内憂) : 조직 (특히 국가) 내부의 온갖 걱정이나 분규

カッコ内のカタカナを漢字に直しましょう。

01 彼女は素朴で（ジュンジョウ）な人柄だ。 그녀는 소박하고 순정한 인품이다. 　純情

02 詩や（ズイヒツ）を読むのが好きだ。 시나 수필을 읽는 것을 좋아한다. 　随筆

03 反対派の出方を（ケイカイ）しながらの行動。 반대파의 태도를 경계하면서의 행동. 　警戒

04 彼は膝に（バクダン）を抱えている選手だ。 그는 무릎에 폭탄을 안고 있는 선수이다. 　爆弾

05 お客に対して（ケイイ）を持って接する。 손님에 대해 경의를 가지고 응대하다. 　敬意

06 災害で痛手を（コウム）った。 재해로 큰 피해를 입었다. 　被

07 私たちは反対意見を（ヒョウメイ）した。 우리들은 반대의견을 표명했다. 　表明

08 彼は罪状を素直に（ハクジョウ）した。 그는 죄명을 순순히 자백했다. 　白状

09 新聞に企業の（シャザイ）広告が載った。 신문에 기업의 사죄광고가 실렸다. 　謝罪

10 その粗大ゴミは（シマツ）に悪い。 그 대형쓰레기는 처리가 힘들다. 　始末

11 会社の経費を（サクゲン）する。 회사의 경비를 삭감하다. 　削減

12 （ギャクサン）したら数が違った。 역산했더니 숫자가 틀렸다. 　逆算

13 （キュウライ）のシステムを見直す。 종래의 시스템을 재검토하다. 　旧来

14 この橋は（マゴコ）の代まで残る。 이 다리는 자손 대까지 남는다. 　孫子

15 政府（シュノウ）の見解。 정부 수뇌의 견해. 　首脳

16 （フモウ）な議論が延々と続く。 아무런 성과도 없는 논의가 장장 이어지다. 　不毛

17 食べ物の（ウラ）みは恐ろしい。 음식의 원한은 무섭다. 　恨

18 畑違いの部署に（ハイテン）される。 전문 분야가 다른 부서에 배치 전환되다. 　配転

19 会社の（フテギワ）な対応を指摘する。 회사의 서투른 대응을 지적하다. 　不手際

20 思わず（バキャク）を現す。 그만 정체가 탄로나다. 　馬脚

◆ 순정(純情)：순수한 감정이나 애정, 순진함　◆ 역산(逆算)：순서를 거꾸로 하여서 뒤쪽에서 앞쪽으로 거슬러 계산하는 일
● 수뇌(首脳)：1.지도적(주된) 인물 2.주요 부분
♠ 불모(不毛)：1.땅이 메말라서 식물이 자라지 않음 2.아무런 성과도 올리지 못함
＊ 不手際(ふてぎわ)：서투름, 솜씨가 나쁨, 실수

今日の漢字

カッコ内のカタカナを漢字に直しましょう。

01　車内では (ケイタイ) 電話の電源を切る。　차내에서는 휴대전화의 전원을 끄다.　　**携帯**

02　書類を封書*で (ユウソウ) する。　서류를 봉하여 우송하다.　　**郵送**

03　(タンマツ) 装置からシステムにアクセスする。　단말장치에서 시스템에 접속하다.　　**端末**

04　精密機械の技術 (カクシン) が進む。　정밀기계의 기술혁신이 발달하다.　　**革新**

05　商品戦略の (ミョウアン) を思いつく。　상품 전략의 묘안을 떠올리다.　　**妙案**

06　時代の (ゲキリュウ) にのまれる。　시대의 격류*에 휘말리다.　　**激流**

07　鞍上から (テンラク) して大怪我をした。　말안장 위에서 떨어져서 큰 상처를 입었다.　　**転落**

08　不況で人員を (オオハバ) に削減した。　불황으로 인원을 대폭적으로 삭감했다.　　**大幅**

09　文章を (テンヤク) する機械を発明した。　문장을 점역*하는 기계를 발명했다.　　**点訳**

10　音楽をテープに (ロクオン) する。　음악을 테이프로 녹음하다.　　**録音**

11　関税 (ショウヘキ) を撤廃する。　관세 장벽을 철폐하다.　　**障壁**

12　中小 (レイサイ) 企業の経営状況。　중소 영세기업의 경영상황.　　**零細**

13　(リンジ) の職員を募集する。　임시 직원을 모집하다.　　**臨時**

14　自国に (ユウリ) な条件を出す。　자국에게 유리한 조건을 내걸다.　　**有利**

15　車の (リョウリン) のごとく息が合う。　차의 양쪽 바퀴처럼 호흡이 맞다.　　**両輪**

16　(マンセイ) 的に交通が渋滞する。　만성적으로 교통이 정체*하다.　　**慢性**

17　長い (チンモク) を破り発言する。　긴 침묵을 깨고 발언하다.　　**沈黙**

18　病気に対する (メンエキ) ができる。　병에 대한 면역이 생기다.　　**免疫**

19　(リフジン) な要求は受け入れない。　불합리한 요구는 받아들일 수 없다.　　**理不尽***

20　病院の (カシツ) を追及する。　병원의 과실을 추궁하다.　　**過失**

◆ 봉서(封書) : 겉봉을 봉한 편지　　　◆ 격류(激流) : 1.사납고 빠르게 흐르는 물 2.사회적 발전이나 사조 따위의 거센 흐름
◉ 점역(点訳) : 말이나 보통의 글자를 점자로 고침
♠ 정체(渋滞) : 사물이 발전하거나 나아가지 못하고 한자리에 머물러 그침
＊ 理不尽(りふじん) : 도리에 맞지 않음. 불합리함. 억지를 부림

カッコ内のカタカナを漢字に直しましょう。

01 私は (シュウセイ) 彼への恩を忘れない。 나는 평생 그에 대한 은혜를 잊지 않는다. 　　終生*

02 彼は (セイジツ) でまじめな人柄だ。 그는 성실하고 착실한 인품이다. 　　誠実

03 将来性を (カミ) して成績をつける。 장래성을 가미하여 성적을 채점하다. 　　加味

04 彼の声は教室中に (ヒビ) き渡った。 그의 목소리는 온 교실에 울려 퍼졌다. 　　響

05 頭に野球 (ボウ) をかぶる。 머리에 야구 모자를 쓰다. 　　帽

06 都会で (ドウキョウ) の人と会う。 도회에서 같은 고향 사람과 만나다. 　　同郷

07 彼は (ブンダン) でも一目置かれている。 그는 문단에서도 높이 인정받고 있다. 　　文壇

08 才能と (ヨウシ) を兼ね備えている人物。 재능과 용자*를 겸비한 인물. 　　容姿

09 国破れて (サンガ) ありという一節で始まる。 '나라는 망했어도 산하는 그대로 있다.' 라는 한 구절로 시작된다. 　　山河

10 古い友人との再会に (カンムリョウ) だ。 오래된 친구와의 재회에 감개무량하다. 　　感無量

11 若者らしい (ハキ) が感じられる。 젊은이다운 패기가 느껴진다. 　　覇気

12 (エンダン) に登りスピーチをする。 연단에 올라 스피치를 하다. 　　演壇

13 (オウジ) の繁栄を懐かしく思う。 지난날의 번영을 그립게 생각한다. 　　往時*

14 仲間から (オウトウ) が無い。 동료로부터 응답이 없다. 　　応答

15 事業資金を (キョシュツ) する。 사업자금을 갹출하다. 　　拠出*

16 港に五 (セキ) の船が停泊している。 항구에 5척의 배가 정박하고 있다. 　　隻

17 親戚とはしばらく (ソエン) だった。 친척과는 잠시 소원* 했다. 　　疎遠

18 彼は何処に出しても見 (オト) りしない。 그는 어디에 내놓아도 뒤떨어지지 않는다. 　　劣

19 革新的なデザインを (モサク) している。 혁신적인 디자인을 모색하고 있다. 　　模索

20 (ハソン) した箇所を補修する。 파손된 곳을 보수하다. 　　破損

◆ 終生(しゅうせい) : 평생, 일생　　◆ 용자(容姿) : (여성의) 얼굴 모양이나 자태
● 往時(おうじ) : 옛날, 지난날
♠ 갹출(拠出) : 같은 목적을 위하여 여러 사람이 돈을 나누어 냄. 갹출. 추렴
* 소원(疎遠) : 지내는 사이가 두텁지 아니하고 거리가 있어서 서먹서먹함

今日の漢字

カッコ内のカタカナを漢字に直しましょう。

01	物語のような (スウキ) な運命。 이야기와 같은 기구한 운명.	数奇*
02	今は便利な (ホンヤク) ソフトがある。 지금은 편리한 번역소프트가 있다.	翻訳
03	首相が福祉施設を (イモン) した。 총리가 복지시설을 위문했다.	慰問
04	マニアを (コウヨウ) させる新車の登場。 마니아를 고양시키는 신차의 등장.	高揚
05	(ジュウグン) 看護婦として参加した。 종군 간호사로서 참가했다.	従軍
06	武装集団が広場の一部を (センリョウ) した。 무장집단이 광장의 일부를 점령했다.	占領
07	その部隊は砂漠に (シンチュウ) している。 그 부대는 사막에 진주*하고 있다.	進駐
08	彼は (チショウ) として名をはせた。 그는 지장*으로서 이름을 떨쳤다.	知将
09	早々に (センセン) を離脱した。 일찌감치 전선을 이탈했다.	戦線
10	衝撃的な (ジョユウ) デビューだ。 충동적인 여배우 데뷔다.	女優
11	ことの成り行きを (ユウリョ) する。 일의 진행상태를 우려하다.	憂慮
12	犯人を (イカク) 射撃する。 범인을 위협사격하다.	威嚇
13	既存勢力と (シンコウ) 勢力の対立。 기존세력과 신흥세력의 대립.	新興
14	違反を認めて (アヤマ) った。 위반을 인정하고 사과했다.	謝
15	(ジョレツ) を無視して昇進する。 서열을 무시하고 승진하다.	序列
16	思い切って*(アラリョウジ) を受ける。 과감히 조치를 받다.	荒療治
17	顔を (アラ) って目を覚ます。 얼굴을 씻고 잠을 깨다.	洗
18	必要書類の (フビ) を補う。 필요서류의 불비를 보충하다.	不備
19	自分の意向を (ケツゼン) と言い放つ。 자신의 의향을 단호히 말하다.	決然*
20	台風の接近で (フウアツ) が強くなった。 태풍의 접근으로 풍압이 강해졌다.	風圧

◆ 数奇(すうき) : 1.불행함 기구, 불우함 2.운명에 파란이 많음. 기구함
♣ 진주(進駐) : 군대가 쳐들어가거나 파견되어 가서 주둔함   ♥ 지장(知将) : 지혜 있는 장수
♠ 思(おも)い切(き)って : 1.큰맘 먹고, 과감히 2.마음껏, 실컷 3.매우, 몹시, 대단히
✻ 결연(決然) : 결연함. 단호함

カッコ内のカタカナを漢字に直しましょう。

01 弓矢が (ヒョウテキ) に命中する。 화살이 표적에 명중하다.　　標的

02 (コウミョウ) なトリックに引っかかった。 교묘한 트릭에 걸렸다.　　巧妙

03 自分の意見は (メイカク) に主張する。 자신의 의견은 명확하게 주장하다.　　明確

04 こちらの誠意に (リフジン) な仕打ちをされた。 이쪽의 성의에 불합리한 처사를 당했다.　　理不尽

05 試験では努力不足を (ツウカン) させられた。 시험에서는 노력부족을 통감하게 되었다.　　痛感

06 ステージが (アンテン) して場面が変わった。 무대가 암전 하여 장면이 바뀌었다.　　暗転

07 それは (ゲキジョウガタ) といわれる犯罪だ。 그것은 극장형이라고 불리는 범죄다.　　劇場型

08 種も (シカ) けもありません。 속임수도 장치도 없습니다.　　仕掛

09 賃金の不満からストに (トツニュウ) した。 임금 불만으로 파업에 돌입했다.　　突入

10 このミュージカルは百回目の (コウエン) だ。 이 뮤지컬은 100번째 공연이다.　　公演

11 無実の人を罪に (オトシイ) れる。 죄가 없는 사람에게 죄를 뒤집어씌우다.　　陥

12 提案を (ガンキョウ) に拒む。 제안을 완강히 거부하다.　　頑強

13 暴動で商品が (リャクダツ) される。 폭동으로 상품이 약탈되다.　　略奪

14 取調べ中の (ゴウモン) は禁止された。 취조중의 고문은 금지되었다.　　拷問

15 (ソウトウ) 作戦を開始する。 소탕작전을 개시하다.　　掃討

16 古代都市を (セイフク) した皇帝。 고대도시를 정복한 황제.　　征服

17 事態を (カイケツ) するために議論する。 사태를 해결하기 위해 논의하다.　　解決

18 退職者の (ショグウ) を改善する。 퇴직자의 대우를 개선하다.　　処遇

19 事業の (コンカン) をなす計画。 사업의 근간을 이루는 계획.　　根幹

20 (シュウシンコヨウ) 制度を見直す。 종신고용제도를 재검토하다.　　終身雇用

◆ 암전(暗転) : 1.(연극)암전. 막을 내리지 않고 무대를 어둡게 하여 장면을 바꿈 2.일이 좋은 상태에서 나쁜 상태로 전환됨
◆ 처우(処遇) : 조처하여 대우함

今日の漢字

カッコ内のカタカナを漢字に直しましょう。

01 彼はとても口が (タッシャ) な人間だ。　그는 매우 말을 잘하는 사람이다.　　**達者**＊

02 パーティーの (アンナイ) 状を送る。　파티의 안내장을 보내다.　　**案内**

03 名曲誕生後三百年を (コ) えた。　명곡 탄생 후 3백년을 넘었다.　　**超**

04 随所に戦争の (キズアト) が残っている。　도처에 전쟁의 상흔이 남아있다.　　**傷跡**＊

05 東京 (キンコウ) のマンションを購入した。　도쿄 근교의 맨션을 구입했다.　　**近郊**

06 (トクハイン) としてアメリカに赴任する。　특파원으로서 미국에 부임하다.　　**特派員**

07 戦争反対の (ツウセツ) な叫びをあげた。　전쟁반대의 통절＊한 소리를 질렀다.　　**痛切**

08 彼の意見に (キョウカン) を覚えた。　그의 의견에 공감을 느꼈다.　　**共感**

09 この世に生を受けて早 (シハンセイキ) だ。　이 세상에 태어난 지 어느덧 사반세기다.　　**四半世紀**

10 いきいきと (ショウライ) の夢を語る子ども。　생생히 장래의 꿈을 이야기하는 아이.　　**将来**

11 その話題は (フ) せておく。　그 화제는 덮어두다.　　**伏**

12 入力した言葉を (ヘンカン) する。　입력한 단어를 변환하다.　　**変換**

13 引越しの際に (ゲンジョウ) 回復を行う。　이사할 때에 원상회복＊을 실시하다.　　**原状**

14 半年間は機能を (ホショウ) されている。　반년간은 기능을 보장받고 있다.　　**保証**

15 汚職の (ビョウコン) を絶つ。　오직의 근원을 근절하다.　　**病根**

16 敵軍の (シュウチュウホウカ) を浴びる。　적군의 집중포화를 받다.　　**集中砲火**

17 議員の権威は (キュウソク) に衰えた。　의원의 권위는 급속히 쇠약해졌다.　　**急速**

18 (トウゲ) の茶店で休む。　고개에 있는 찻집에서 쉬다.　　**峠**

19 保管されている (ゲキヤク) を使う。　보관되어 있는 극약을 사용하다.　　**劇薬**

20 緊急の (シュツドウ) 要請が入った。　긴급 출동 요청이 들어왔다.　　**出動**

◆ 達者(たっしゃ)：1. 달인, 명인　2.(어떤 분야에) 숙달되어 있는 모양, 능숙한 모양
♣ 傷跡(きずあと)：상흔, 상처 자국, 흉터, 흠
● 통절(痛切)：뼈에 사무치게 절실함
▲ 원상회복(原状回復)：본디의 형편이나 상태로 돌아감

カッコ内のカタカナを漢字に直しましょう。

01 ディスコに (キョウ) じる人たち。 디스코에 흥겨워하는 사람들. 興

02 (ショウドウ) 的に買い物をすると失敗する。 충동적으로 쇼핑을 하면 실패한다. 衝動

03 彼は胸中によからぬ (ヨクボウ) を抱いた。 그는 마음속에 좋지 않은 욕망을 품었다. 欲望

04 彼の背後には (キョウダイ) な力が存在する。 그의 배후에는 강대한 힘이 존재한다. 強大

05 これは気象観測用の (ソウチ) だ。 이것은 기상관측용 장치이다. 装置

06 彼を (ハイゴ) から操作する人物。 그를 배후에서 조작하는 인물. 背後

07 (トウケイ) 調査の結果を発表する。 통계조사 결과를 발표하다. 統計

08 彼は歴史上 (ドクサイシャ) と呼ばれている。 그는 역사상 독재자라고 불리고 있다. 独裁者

09 政治家が何者かに (シサツ) された。 정치가가 어떤 자에게 사살되었다. 刺殺

10 (バクハ) テロの犠牲者。 폭파 테러의 희생자. 爆破

11 不法に土地を (センキョ) している。 불법으로 토지를 점거*하고 있다. 占拠

12 不平が (フンシュツ) している。 불평이 분출하고 있다. 噴出

13 部隊が同時に (トツニュウ) する。 부대가 동시에 돌입*하다. 突入

14 民族の (キキュウ) する和平。 민족이 희구* 하는 평화. 希求

15 生き残った隊員を (テッタイ) させる。 살아남은 대원을 철수시키다. 撤退

16 脅しでは私の行動を (フウサツ) 出来ない。 위협으로는 내 행동을 봉쇄할 수 없다. 封殺*

17 彼は重役を (レキニン) している。 그는 중역을 역임하고 있다. 歴任

18 親戚にお金を (ムシン) された。 친척이 염치없이 돈을 요구했다. 無心*

19 突然の (シュウゲキ) を回避する。 갑작스런 습격을 회피하다. 襲撃

20 高い (ヤチン) の割には狭い部屋。 비싼 방세에 비해서는 좁은 방. 家賃

◆ 점거(占拠):어떤 장소를 차지하여 자리를 잡음
♣ 돌입(突入):세찬 기세로 갑자기 뛰어듦. 돌진
* 희구(希求):바라고 구함   ♠ 封殺(ふうさつ):1.(야구에서) 봉살, 포스아웃 2.봉쇄
* 무심(無心):1.아무 생각이 없음 2.사심이 없음, 순진함 3.염치없이 금품을 요구함

今日の漢字

カッコ内のカタカナを漢字に直しましょう。

01 政府と市民の (イッシンイッタイ) の攻防が続く。 정부와 시민의 일진일퇴의 공방이 이어지다. — 一進一退

02 人は自然の (キョウイ) の前では無力だ。 사람은 자연의 위협 앞에서는 무력하다. — 脅威

03 美しい景色に心を (ウバ) われた。 아름다운 경치에 마음을 빼앗겼다. — 奪

04 彼は人生最大の (キロ) に立っている。 그는 인생 최대의 기로에 서 있다. — 岐路

05 挑戦者を次々と (シリゾ) けた。 도전자를 잇달아 물리쳤다. — 退

06 有事のときこそ落ち着いて (タイオウ) をする。 유사시야말로 차분히 대응을 하다. — 対応

07 彼は心理的 (ジュウアツ) に押し潰された。 그는 심리적 중압감에 뭉개졌다. — 重圧

08 昨年の優勝チームと (タイセン) した。 작년의 우승팀과 대전했다. — 対戦

09 新天地に移る戸 (マド) いは有ると思う。 신천지로 옮기는 망설임은 있다고 생각한다. — 惑

10 彼を (シ) と仰ぐ弟子が沢山いる。 그를 스승으로 우러러보는 제자가 많이 있다. — 師

11 (タンペイキュウ) に結論を出す。 갑작스럽게 결론을 내다. — 短兵急*

12 多くの議題を (ホウカツ) 的に扱う。 많은 의제를 포괄적으로 다루다. — 包括

13 住宅地にタヌキが (シュツボツ) する。 주택지에 너구리가 출몰하다. — 出没

14 (コウチョク) 的な組織を見直す。 경직적인 조직을 재점검하다. — 硬直

15 現地から (ソクジ) 撤退を要求する。 현지로부터 즉시 철수를 요구하다. — 即時

16 様々な (ケイイ) を経て今の地位についた。 다양한 경위를 거쳐 지금의 지위에 앉았다. — 経緯

17 契約獲得の (コウ) で昇進した。 계약을 따낸 공으로 승진했다. — 功

18 いろいろな条件が (カラ) みあう。 여러 가지 조건이 얽히다. — 絡

19 (ゼッコウ) の機会を得る。 절호의 기회를 얻다. — 絶好

20 民主主義を (ハタジルシ) にする。 민주주의를 기치로 내걸다. — 旗印*

◆ 短兵急(たんぺいきゅう) : 갑작스러움, 느닷없음
♣ 旗印(はたじるし) : 행동의 목표를 내세우는 주의(주장), 기치

カッコ内のカタカナを漢字に直しましょう。

01 陰に隠れて（ナミダ）ぐましい努力を積む。 그늘에 숨어 눈물겨운 노력을 쌓다. 　涙
02 極悪（ヒドウ）な振る舞いに身震いした。 극악무도한 행동에 몸서리쳤다. 　非道
03 携帯電話のご使用はご（エンリョ）下さい。 휴대폰의 사용은 사양해 주세요. 　遠慮
04 子供たちが外で（オニ）ごっこをしている。 아이들이 밖에서 술래잡기를 하고 있다. 　鬼
05 （ヤマジ）を二時間かけてゆっくり登る。 산길을 2시간에 걸쳐 천천히 오르다. 　山路
06 厳しい局面の（ダカイサク）を探る。 심각한 국면의 타개책◆을 찾다. 　打開策
07 戦争と言う最悪の（ジタイ）は免れた。 전쟁이라는 최악의 사태는 모면했다. 　事態
08 体のバランスを（タモ）つ食物。 몸의 균형을 유지하는 음식물. 　保
09 （イジ）を通すのも必要だ。 고집을 관철하는 것도 필요하다. 　意地
10 （イチレン）の出来事を思い浮かべる。 일련의 사건을 떠올리다. 　一連
11 雨が降ってきたので（カサ）をさす。 비가 내려서 우산을 쓴다. 　傘
12 その話はしないのが（フブンリツ）だ。 그 이야기는 하지 않는 것이 불문율◆이다. 　不文律
13 南に（ケイシャ）している山の地形。 남쪽으로 경사져 있는 산의 지형. 　傾斜
14 彼と連絡が（トダ）えた。 그와 연락이 끊겼다. 　途絶
15 利害対立が（ケンザイ）化しはじめた。 이해 대립이 표면화하기 시작했다. 　顕在◆
16 不景気の（イタデ）を負う。 불경기의 타격을 입다. 　痛手
17 不正が（アバ）かれた。 부정이 폭로되었다. 　暴
18 家の中ではスリッパを（ハ）いている。 집 안에서는 슬리퍼를 신고 있다. 　履
19 小銭の（カンジョウ）をする。 잔돈 계산을 하다. 　勘定
20 帳簿上の資産を（ショウキャク）する。 장부상의 자산을 상각◆하다. 　償却

♣ 타개책(打開策) : 매우 어렵거나 막힌 일을 잘 처리하여 해결할 방책
♣ 불문율(不文律) : 그 조직・집단의 구성원이 서로 암묵리에 양해하여 지키는 규율. 불문법
● 현재(顕在) : 겉으로 드러나 있음
♣ 상각(償却) : 보상하여 갚아 줌

今日の漢字

カッコ内のカタカナを漢字に直しましょう。

01 監督が審判の判定に (コウギ) する。 감독이 심판 판정에 항의하다.　　**抗議**

02 他人の非を (セ) めることは出来ない。 남의 잘못을 책망할 수는 없다. 　　**責**

03 生物か化学を (センタク) してください。 생물이나 화학을 선택해 주세요.　　**選択**

04 今日の (ハイセン) を次の糧にする。 오늘의 패전을 다음의 양식으로 삼다.　　**敗戦**

05 一度に質問されて (コンラン) した。 한 번에 질문 받아 혼란스러웠다.　　**混乱**

06 母の着物は絶対に (テバナ) さない。 어머니의 기모노는 절대로 손에서 놓지 않는다.　　**手放**

07 彼の言い分も (ムシ) 出来ないところが有る。 그의 주장도 무시할 수 없는 부분이 있다.　　**無視**

08 庭にチューリップの球根を (ウ) えた。 정원에 튤립의 알뿌리*를 심었다.　　**植**

09 (シンカンセン) は日本が誇る高度技術だ。 신간선*은 일본이 자랑하는 고도기술이다.　　**新幹線**

10 卒業式で後輩から (ハナタバ) をもらった。 졸업식에서 후배로부터 꽃다발을 받았다.　　**花束**

11 木版画を (ス) る。 목판화를 인쇄하다.　　**刷**

12 一方の立場に (ヘンチョウ) する。 한쪽의 입장에 편중하다.　　**偏重**

13 電球の (ジュミョウ) が尽きる。 전구의 수명이 다되다.　　**寿命**

14 彼は (テイサイ) を気にしない人だ。 그는 체면을 걱정을 하지 않는 사람이다.　　**体裁**＊

15 有名作家の (ショハン) 本を持っている。 유명작가의 초판본을 가지고 있다.　　**初版**

16 不朽の (タイチョ) とされる本。 불후*의 큰 저작이 될 책.　　**大著**＊

17 作家の (ネンカン) を発売する。 작가의 연감을 발매하다.　　**年鑑**

18 女性雑誌が (カンコウ) される。 여성잡지가 간행되다.　　**刊行**

19 大気汚染で (キカンシ) を傷める。 대기오염으로 기간지에 병이 나다.　　**気管支**

20 バスの (ハイエン) を規制する。 버스의 배연을 규제하다.　　**排煙**

◆ 알뿌리(球根) : 지하에 있는 식물체의 일부인 뿌리나 줄기 또는 잎 따위가 달걀 모양으로 비대하여 양분을 저장한 것
◆ 신간선(新幹線) : JR의 도시간 고속 간선 철도
● 体裁(ていさい) : 1.외관, 겉모양 2.체면, 남의 이목 3.체재 4.빈말.
▲ 불후(不朽) : 언제까지나 썩지 않고 남음. 가치를 언제까지나 잃지 않음　　＊대저(大著) : 큰 저술

まねきねこ [招き猫]
앞발로 사람을 부르는 형태를 한 고양이의 장식물이다. 고양이는 농작물이나 누에를 먹는 쥐를 구제하기 위해 옛날에는 양잠의 길조를 비는 물건이었으나, 양잠이 쇠퇴하고 나서는 장사 번성의 길조를 비는 장식물로 상가(商家)에서 쓰이고 있다.

오늘의 漢字
한 자

Part 11

カッコ内のカタカナを漢字に直しましょう。

01 犯人に対して (ゾウオ) の念を抱く。 범인에 대해 증오의 생각을 품다.　　憎悪
02 (ザンギャク) シーンの多い映画は辛い。 잔혹한 장면이 많은 영화는 괴롭다.　　残虐
03 彼女の立場を (ヨウゴ) する文書を発表した。 그녀의 입장을 옹호하는 문서를 발표했다.　　擁護
04 駅のホームで (キシャ) の到着を待つ。 역 홈에서 기차 도착을 기다리다.　　汽車
05 入社用に (セビロ) を一着仕立てる。 입사용으로 양복을 한 벌 짓다.　　背広
06 過熱する (ホウドウ) にうんざりした。 과열된 보도에 진절머리 났다.　　報道
07 入試問題の傾向と (タイサク) を練る。 입시문제의 경향과 대책을 세우다.　　対策
08 和平への道はなおも (ケワ) しい。 평화에 대한 길은 더욱 험하다.　　険
09 森を抜けると新たな (シカイ) が開けた。 숲을 벗어나자 새로운 시야가 열렸다.　　視界
10 日本の風景に (ト) け込む。 일본의 풍경에 융화되다.　　溶
11 掃除当番が (イチジュン) する。 청소당번이 한 차례 돌다.　　一巡
12 未だかつて ない (カイキョ) だ。 아직 한 번도 없는 쾌거다.　　快挙
13 その分野の先 (ガ) けと言われる人。 그 분야의 선구자라고 일컬어지는 사람.　　駆
14 (ゲンカ) の法律では対応出来ない。 지금의 법률로는 대응할 수 없다.　　現下
15 (カンソ) だが美しい造りの建物。 간소하지만 아름다운 조형 건물.　　簡素
16 市民の陳情に (ダンリョク) 的に対応する。 시민의 진정에 탄력적으로 대응하다.　　弾力
17 無用な特殊法人を (ハイシ) する。 쓸모없는 특수법인을 폐지하다.　　廃止
18 作物の成長を (ソガイ) する物質。 작물의 성장을 저해하는 물질.　　阻害
19 発言の勢いは (シッソク) した。 발언의 기세는 실속했다.　　失速
20 彼の話は (エソラゴト) だ。 그의 이야기는 허풍스럽고 진실성이 없다.　　絵空事

◆ いまだかつて : 지금까지 한 번도, 일찍이, 아직 한 번도　　◆ 現下(げんか) : 지금, 현재
● 진정(陳情) : 실정이나 사정을 진술함
♠ 실속(失速) : 비행기의 비행에 필요한 속도・부력을 잃고 위험하게 되는 일
＊ 絵空事(えそらごと) : 실제에는 없는 것, 허풍스럽고 진실성이 없는 것

今日の漢字

カッコ内のカタカナを漢字に直しましょう。

01 (ゲンマイ)を機械で精白した。 현미를 기계로 정백*했다. —— 玄米
02 ご(ハン)を三杯もおかわりした。 밥을 세 그릇이나 더 먹었다. —— 飯
03 畑で無(ノウヤク)野菜を作った。 밭에서 무농약 야채를 재배했다. —— 農薬
04 (ソザイ)の味を大事にした調理方法。 소재의 맛을 소중히 한 조리방법. —— 素材
05 レストランの(ジョウレン)客になる。 레스토랑의 단골손님이 되다. —— 常連
06 病院の(メンカイ)時間が過ぎてしまった。 병원의 면회시간이 지나 버렸다. —— 面会
07 彼は(ブキヨウ)な性格をしている。 그는 융통성이 없는 성격을 가지고 있다. —— 不器用
08 毎月少しずつ(チョキン)した。 매월 조금씩 저금했다. —— 貯金
09 上司の還暦を(イワ)った。 상사의 환갑을 축하했다. —— 祝
10 夢うつつ*で(ゲンカク)を見た。 비몽사몽간에 환각을 보았다. —— 幻覚
11 (ゴケン)を主張している野党。 호헌*을 주장하고 있는 야당. —— 護憲
12 大臣の職務は(タキ)にわたる。 대신의 직무는 다방면에 걸친다. —— 多岐
13 輸入規制を(ハツドウ)する。 수입규제를 발동하다. —— 発動
14 反対意見の(ロンキョ)を示す。 반대의견의 논거*를 제시하다. —— 論拠
15 外国では(チョウヘイ)制度がある国もある。 외국에서는 징병제도가 있는 나라도 있다. —— 徴兵
16 将来の発展を(シヤ)に入れた議論。 장래의 발전을 시야에 넣은 논의. —— 視野
17 (サイゲン)無く繰り返される。 한없이 반복되다. —— 際限
18 自分の未熟さを(ツウカン)する。 자신의 미숙함을 통감하다. —— 痛感
19 市民の意見を(ハンエイ)する。 시민의 의견을 반영하다. —— 反映
20 首相の(コウセン)を望む。 수상의 공직자 선거를 희망하다. —— 公選*

◆ 정백(精白) : 1.순백 2.곡식을 쓿어 희게 함   ◆ 夢うつつ : 1.꿈과 현실 2.비몽사몽
● 호헌(護憲) : 헌법을 보호하여 지킴
♠ 논거(論拠) : 어떤 이론이나 논리, 논설 따위의 근거
✱ 공선(公選) : 일반 유권자의 투표에 의한, 국회의원, 지사 등 공직자의 선거, 민선

カッコ内のカタカナを漢字に直しましょう。

01 (ホドウキョウ) を渡って対岸*の店に行く。 육교를 건너 맞은편 가게에 가다.　　歩道橋

02 計画が (チュウ) に浮いた。 계획이 엉거주춤했다.　　宙

03 (コウズ) を決めてシャッターを押した。 구도를 정하고 셔터를 눌렀다.　　構図

04 計画を (ダンネン) せざるを得ない。 계획을 단념하지 않을 수 없다.　　断念

05 大きな河川に橋を (カ) けた。 커다란 하천에 다리를 놓았다.　　架

06 委員会に (ユウシキシャ) を招いた。 위원회에 유식자*를 초대했다.　　有識者

07 環境問題への (テイゲン) をする。 환경문제에 대한 제언*을 하다.　　提言

08 派手な服装は (カッコウ) の攻撃の的だ。 화려한 복장은 알맞은 공격의 대상이다.　　格好

09 それはとても (イキ) な計らいだ。 그것은 매우 멋진 조처이다.　　粋

10 電車の数が少ないと (フベン) だ。 전차의 수가 적으면 불편하다.　　不便

11 契約を (コウカイ) してもらう。 계약을 다시 갱신해 받다.　　更改

12 怪我で (ケワ) しい表情でプレーする。 다쳐서 험악한 표정으로 플레이하다.　　険

13 これだけ貯蓄すれば老後も (アンタイ) だ。 이것만 저축하면 노후도 무사태평이다.　　安泰*

14 解散の (セトギワ) に追い込まれる。 해산의 갈림길에 몰리다.　　瀬戸際

15 彼女の (サイフ) の紐は堅い。 그녀의 지갑의 끈은 견고하다. (좀처럼 낭비를 하지 않는다.)　　財布

16 畑の害虫を (タイジ) する。 밭의 해충을 퇴치하다.　　退治

17 (ヒンプ) の差を埋める税制。 빈부의 차이를 메우는 세제.　　貧富

18 問題の (ヒダネ) を抱える。 문제의 불씨를 안고 있다.　　火種

19 契約 (フリコウ) では申し訳が無い。 계약 불이행으로는 면목이 없다.　　不履行

20 不況を (キンシュク) 財政でしのぐ。 불황을 긴축재정으로 견디어내다.　　緊縮

♦ 대안(対岸) : (강·호수 등의) 건너편 기슭
♦ 유식자(有識者) : 폭넓은 학문과 지식이 있는 사람
♦ 제언(提言) : 생각이나 의견을 냄
♦ 안태(安泰) : 평안하고 태평함. 무사태평

今日の漢字

カッコ内のカタカナを漢字に直しましょう。

01 自分の力を (コジ) する武装集団。 자신의 힘을 과시하는 무장집단. — 誇示
02 光の反射や (クッセツ) を学習する。 빛의 반사나 굴절을 학습하다. — 屈折
03 ドラマが面白い (テンカイ) になってきた。 드라마가 재미있는 전개가 되었다. — 展開
04 午前五時を (キ) して戦いを開始した。 오전 5시를 기해서 전투를 개시했다. — 期
05 残念ながら一回戦で (ハイタイ) した。 유감스럽지만 1회전에서 지고 물러갔다. — 敗退
06 そんなのは (ジョウダン) に決まっている。 그런 것은 농담으로 정해져 있다. — 冗談
07 思わず真実を (クチバシ) ってしまった。 그만 진실을 말하고 말았다. — 口走
08 彼は烈火のごとく (イカ) りだした。 그는 열화와 같이 화를 내기 시작했다. — 怒
09 彼の発言で (ザ) が一気にしらけた。 그의 발언으로 자리가 단숨에 흥이 깨졌다. — 座
10 希望の企業に (シュウショク) できた。 희망 기업(원하는 기업)에 취직할 수 있었다. — 就職
11 既成概念の (カベ) を壊す。 기성 개념의 벽을 부수다. — 壁
12 若い人の (ハツアン) で行動する。 젊은 사람의 발안*으로 행동하다. — 発案
13 自然環境の豊かな (ヨウチエン) がある。 자연환경이 풍부한 유치원이 있다. — 幼稚園
14 製品の (ホショウ) 書を見る。 제품의 보증서를 보다. — 保証
15 可能性の芽を (ツ) んではいけない。 가능성의 싹을 따서는 안 된다. — 摘
16 すぐには回復が (フノウ) だ。 당장은 회복이 불가능하다. — 不能
17 余分な (シサン) を売却する。 여분의 자산을 매각하다. — 資産
18 (ゲンカショウキャク) 費を計上する。 감가상각비*를 계상*하다. — 減価償却
19 計算機が (クル) った。 계산기가 고장 났다. — 狂
20 国民を無視した行為は (ロンガイ) だ。 국민을 무시한 행위는 논외*다. — 論外

◆ 발안(発案) : 1.안을 생각해 냄 2.토의에 부칠 안건을 내어놓음
♣ 감가상각비(減価償却費) : 감가상각액을 충당하는 비용
● 계상(計上) : 계산하여 올림
♠ 논외(論外) : 논의의 범위 밖

カッコ内のカタカナを漢字に直しましょう。

01　山の斜面が（ホウラク）した。　산의 경사면이 무너졌다.　崩落

02　生存を（ゼツボウ）視され打ちひしがれる。　생존이 절망시되어 풀이 죽었다.　絶望

03　わが身をじっと（カエリ）みた。　나를 가만히 되돌아봤다.　省

04　論点の矛盾を（シテキ）された。　논점의 모순을 지적받았다.　指摘

05　女性の登用は（ゼンダイミモン）の出来事。　여성의 등용은 전대미문＊의 사건.　前代未聞

06　不安要素を取り（ノゾ）いた。　불안요소를 제거했다.　除

07　（ゼンアクセイジャ）の判断を誤った政治家。　선악정사＊의 판단을 그르친 정치가.　善悪正邪

08　この問題は子供の（シテン）で考える。　이 문제는 아이의 시점에서 생각한다.　視点

09　保守的な（タイシツ）が抜けないお役所。　보수적인 체질을 벗어나지 못하는 관공서.　体質

10　我々の認識が（アマ）かった。　우리들의 인식이 물렀다.　甘

11　旧来＊の（アクヘイ）を取り除く。　종래의 나쁜 풍습을 제거하다.　悪弊

12　患者に（マスイ）を注射する。　환자에게 마취주사를 놓다.　麻酔

13　（ヒッシュウ）科目と選択科目。　필수과목과 선택과목.　必修

14　この施設は（カクダン）に優れている。　이 시설은 현격히 우수하다.　格段

15　（オ）しい人が居なくなったものだ。　아까운 사람이 죽었군.　惜

16　不法な（トウキ）が後を絶たない。　불법 투기가 끊이지 않는다.　投棄

17　（トウメン）は予算が足りている。　당면은 예산이 충분하다.　当面

18　資源の（ジュンカン）を考えた施設。　자원의 순환을 생각한 시설.　循環

19　リサイクル可能な（ヨウキ）にする。　리사이클 가능한 용기로 하다.　容器

20　（ホウソウ）する紙を準備する。　포장할 종이를 준비하다.　包装

◆ 전대미문(前代未聞) : 이제까지 들어본 적이 없음
♣ 정사(正邪) : 옳고 그름. 선악
● 구래(旧来) : 예전부터 내려옴. 이전부터, 종래

今日の漢字

カッコ内のカタカナを漢字に直しましょう。

01 今日の新聞に私の投書が (ケイサイ) された。 오늘 신문에 내 투서가 게재되었다. — 掲載

02 これを (ケイキ) に一層頑張ります。 이것을 계기로 더욱 분발하겠습니다. — 契機

03 チームは好調で上げ (シオ) だ。 팀은 호조로 상승세이다. — 潮

04 真夜中に首相が (ダンワ) を発表した。 한밤중에 수상이 담화를 발표했다. — 談話

05 冷えるので (ウワギ) を羽織った。 쌀쌀해져 겉옷을 걸쳤다. — 上衣

06 食糧の (ハイキュウ) に列を作った。 식량 배급에 열을 지었다. — 配給

07 チョークの (コナ) が飛んできた。 분필 가루가 날아왔다. — 粉

08 数十年前の法律は (アラタ) められるべきだ。 수십 년 전의 법률은 개정되어야 한다. — 改

09 創刊号の記事を (サイロク) した。 창간호의 기사를 다시 수록했다. — 再録

10 有名な俳優の (シキョ) が伝えられた。 유명한 배우의 사망이 전해졌다. — 死去

11 交通事故が (ヒンパツ) する場所。 교통사고가 빈발한 장소. — 頻発

12 合意を (ジッコウ) あるものにする。 합의를 실효* 가 있는 것으로 하다. — 実効

13 (ベット) 記載する内容に従う。 별도 기재할 내용에 따르다. — 別途

14 欧州を (レキホウ) する首相。 유럽주를 역방* 할 수상. — 歴訪

15 通訳を (リッパ) に務めた。 통역을 훌륭하게 수행했다. — 立派

16 感情の (キフク) が激しい。 감정의 기복이 심하다. — 起伏

17 (バクゼン) として具体的ではない。 막연해서 구체적이 아니다. — 漠然

18 型破りの (イタン) 児と呼ばれる。 파격적인 이단아라고 불리다. — 異端

19 選挙に (ザンパイ) して辞任する。 선거에 참패하여 사임하다. — 惨敗

20 不公平な提案を (キョゼツ) する。 불공평한 제안을 거절하다. — 拒絶

◆ 실효(実効) : 실제로 나타나는 효력(효과)
♣ 역방(歴訪) : 차례로 방문함

カッコ内のカタカナを漢字に直しましょう。

01　幾つかの (キョクセツ) があったと語った。 몇 가지 곡절이 있었다고 말했다.　　曲折

02　疑いの (マナザ) しが向けられた。 의심의 시선이 보내졌다.　　眼差

03　昔は (バンコウ) が多く見られた。 옛날에는 만행을 많이 볼 수 있었다.　　蛮行

04　(イッシュン) の油断に注意する。 순간의 방심에 주의하다.　　一瞬

05　(コウカイ) しても始まらない。 후회해도 소용없다.　　後悔

06　これは条文からの (バッスイ) です。 이것은 조문에서 발췌*한 것입니다.　　抜粋

07　(コジイン) で生まれたが出世した。 고아원에서 태어났지만 출세했다.　　孤児院

08　その町を (ヘ) て目的地に向かった。 그 마을을 거쳐 목적지로 향했다.　　経

09　拍手で (ムカ) えられた。 박수로 맞이했다.　　迎

10　彼は (ムザン) な姿で現れた。 그는 무참한 모습으로 나타났다.　　無残

11　政党の (ジュウチン) らしい意見を述べた。 야당의 중진다운 의견을 말했다.　　重鎮

12　(セ) りで手に入れた絵画。 경매로 손에 넣은 회화.　　競

13　楽な (シセイ) で本を読む。 편안한 자세로 책을 읽다.　　姿勢

14　自分の言葉で (ジバク) 状態だ。 자신이 한 말로 자신을 옭아맨 상태이다.　　自縛*

15　木の芽が (フク) らんできた。 나무 싹이 부풀어 올랐다.　　膨

16　(エンコ) 者を探す。 연고자를 찾다.　　縁故

17　外国企業を (ユウチ) する。 외국기업을 유치하다.　　誘致

18　(ムボウ) にもヒマラヤ登頂を目指した。 무모하게도 히말라야 등정을 목표로 했다.　　無謀

19　(シケツ) 薬が必要だ。 지혈약이 필요하다.　　止血

20　毎月 (ゲンシュウ) で困ったものだ。 매월 수입이 줄어 어려움을 겪고 있다.　　減収*

◆ 발췌(抜粋) : 책, 글 따위에서 필요하거나 중요한 부분을 가려 뽑아냄
◆ 자박(自縛) : 1.스스로 자신을 옭아 묶음 2.자기가 주장한 의견에 구속되어 자유를 잃음
◆ 감수(減収) : 수입이나 수확이 줆

今日の漢字

カッコ内のカタカナを漢字に直しましょう。

01 大臣が工事現場を (シサツ) した。 대신이 공사현장을 시찰했다. — 視察

02 学校の (エンカク) を本にまとめる。 학교의 발자취를 책으로 정리하다. — 沿革*

03 景気の (ゲンキョウ) と見通しを考察する。 경기의 현황과 전망을 고찰하다. — 現況

04 人々が (タイキョ) して押し寄せる。 사람들이 대거로 밀려들다. — 大挙

05 ツアーの (イッコウ) が旅館に到着した。 투어의 일행이 여관에 도착했다. — 一行

06 郵政事業の (ミンエイカ) を進める。 우정사업의 민영화를 추진하다. — 民営化

07 後輩たちの (テホン) となる振る舞い。 후배들의 본보기가 되는 행동. — 手本*

08 自分に課された役目を (リッパ) に果たす。 자신에게 부과된 임무를 훌륭히 다하다. — 立派

09 自衛隊の (カンブ) 候補生試験に合格した。 자위대의 간부 후보생 시험에 합격했다. — 幹部

10 住みよい社会を (ケイセイ) する。 살기 좋은 사회를 형성하다. — 形成

11 長々と書いたが (シフク) も尽きた。 장황하게 썼지만 지면이 다 되었다. — 紙幅

12 枯木の中は (クウドウ) になっていた。 고목 안은 속이 비어 있었다. — 空洞

13 不況からの (ダッキャク) を図る。 불황으로부터의 탈각*을 도모하다. — 脱却

14 薬品の成分を (ブンセキ) する。 약품의 성분을 분석하다. — 分析

15 (ジジョ) 努力がないと進歩しない。 자조*노력이 없으면 진보하지 않는다. — 自助

16 医薬品の (ホキュウ) をしてもらう。 의약품을 보급해 받다. — 補給

17 (コロモガ) えの季節は風邪をひきやすい。 옷을 갈아입는 계절은 감기에 걸리기 쉽다. — 衣替

18 注文に (ジンソク) に対応する店。 주문에 신속히 대응하는 가게. — 迅速

19 無遠慮なものの言い方を (ツツ) しむ。 멋대로 행동하는 말투를 삼가다. — 慎

20 男は顔で笑って腹で (ナ) け。 남자는 얼굴로 웃고 마음으로 울어라. — 泣

◆ 연혁(沿革) : 변천하여 온 과정, '내력', '발자취'로 순화 ◆ 手本(てほん) : 1.글씨본, 그림본 2.모범, 본보기
◆ 탈각(脱却) : (좋지 않은 상태에서) 벗어남, 빠져 나옴, 버림
◆ 자조(自助) : 자기의 발전을 위하여 스스로 애씀
* 衣替(ころもが)え : 1.(옷을) 갈아입음, 특히 철 따라 갈아입음 2.(비유적으로 점포 등이) 장식·겉모양 등을 바꿈, 새로 단장함

カッコ内のカタカナを漢字に直しましょう。

01 今日の (ハイボク) を明日の糧にする。 오늘의 패배를 내일의 양식으로 삼다. 敗北
02 前回の (クツジョク) をようやく晴らした。 지난번의 굴욕을 간신히 풀었다. 屈辱
03 カリフォルニアの (シュウト) を答える。 캘리포니아의 주도*를 대답하다. 州都
04 (コウミン) は政治に参加する権利を持つ。 공민은 정치에 참가할 권리를 가진다. 公民
05 彼の父親は教会の (ボクシ) をしている。 그의 아버지는 교회 목사를 하고 있다. 牧師
06 新人と (ゲンショク) の知事が争う。 신인과 현직 지사가 다투다. 現職
07 なんとも (ハラン) に満ちた人生だ。 정말로 파란만장한 인생이다. 波乱
08 大 (ジシン) が都心を襲った。 대지진이 도심을 습격했다. 地震
09 地方と都心では一票の (カクサ) が大きい。 지방과 도심 사이에서는 한 표의 격차가 크다. 格差
10 彼女は真面目な (セイカク) だ。 그녀는 성실한 성격이다. 性格
11 (カワ) 製の手袋を買った。 가죽 제품의 장갑을 샀다. 革
12 容疑者の (テジョウ) をはずす。 용의자의 수갑을 벗기다. 手錠
13 骨格を (キョウセイ) してもらう。 골격을 교정해 받다. 矯正
14 犯行現場から (トウソウ) する。 범행 현장에서 도주하다. 逃走
15 野球の試合を (ロクガ) した。 야구 시합을 녹화했다. 録画
16 被告人を (コウチショ) に収容する。 피고인을 구치소에 수용하다. 拘置所
17 建物を (カイソウ) ごとに調べる。 건물을 층계마다 조사하다. 階層*
18 古い樹木に (ツ) ぎ木をする。 오래된 수목에 접목*을 하다. 接
19 蛇の (ダッピ) を観察する。 뱀의 탈피를 관찰하다. 脱皮
20 いつも人に (オントウ) に対応する。 늘 남에게 온당하게 대응하다. 穏当

◆ 주도(州都) : 주를 행정 단위로 하는 국가에서 주의 정치, 문화 따위의 중심 도시
✦ 계층(階層) : 1.건물의 층계 2.사회를 구성하는 여러 층, 계층
● 접목(接ぎ木) : 1.나무를 접붙임 2. 둘 이상의 다른 현상 따위를 알맞게 조화하게 함

今日の漢字

カッコ内のカタカナを漢字に直しましょう。

01 好き嫌いが (コクフク) 出来た喜び。 좋아함과 싫어함을 극복할 수 있었던 기쁨. — 克服
02 その題名は少々 (オオギョウ) すぎる。 그 제목은 다소 과장되다. — 大仰
03 手術で腫瘍を (セツジョ) した。 수술로 종양을 절제*했다. — 切除
04 国外への退去 (カンコク) をうける。 국외로의 퇴거 권고를 받다. — 勧告
05 あまりの (ゲキム) に体調を崩した。 심한 격무에 몸 상태가 나빠졌다. — 激務
06 日本代表メンバーに (フッキ) した。 일본대표 멤버로 복귀했다. — 復帰
07 我々は企画の実現に (ツト) めた。 우리들은 기획의 실현에 힘썼다. — 努
08 癌が再び (ハツビョウ) してしまった。 암이 다시 발병하고 말았다. — 発病
09 開業のための (グンシキン) にあてた。 개업을 위한 군자금*에 충당했다. — 軍資金
10 苦しいのは (カクゴ) の上で挑戦する。 고된 것은 각오하고 도전하다. — 覚悟
11 災害補償の (キュウフ) 金を配る。 재해보상의 급부금*을 배부하다. — 給付
12 (メンドウ) な事に巻き込まれる。 성가신 일에 휘말리다. — 面倒
13 慣れるまで (クンレン) を繰り返す。 익숙해질 때까지 훈련을 반복하다. — 訓練
14 本業に関連した (フタイ) 事業。 본업에 관련된 부대사업*. — 付帯
15 競技を怪我で (キケン) する。 경기를 부상으로 기권하다. — 棄権
16 提案を喜んで (ジュダク) した。 제안을 기꺼이 수락했다. — 受諾
17 面白い (モヨウ) の洋服を見た。 재미있는 모양의 양복을 보았다. — 模様
18 仕事を (エンカツ) に進める。 일을 원활하게 추진하다. — 円滑
19 (ワセン) 両様で交渉を行う。 화친과 전쟁의 두 가지 방식으로 교섭을 하다. — 和戦*
20 他国への (セイサイ) を検討する。 타국에 대한 제재를 검토하다. — 制裁

◆ 절제(切除) : (병에 걸린 나쁜 부분을) 잘라 냄
◆ 군자금(軍資金) : 1.군사상 필요한 모든 자금 2.어떤 일을 하는 데 필요한 자금
◆ 급부금(給付金) : 주로 국가나 공공 단체에서 내어 주는 돈　　◆ 부대사업(付帯事業) : 주가 되는 사업에 덧붙여서 하는 사업
＊ 화전(和戦) : 1.화친과 전쟁 2.전쟁을 중지하고 화해함

カッコ内のカタカナを漢字に直しましょう。

01 ロダンの (チョウコク) を鑑賞する。 로댕의 조각을 감상하다. 　　彫刻

02 大選手になる (ソザイ) を持っている。 대선수가 될 소재를 가지고 있다. 　　素材

03 女優の見事な (シタイ)。 여배우의 아름다운 자태.* 　　姿態

04 (フシギ) な出来事はよくあるものだ。 불가사의한 사건은 자주 있는 법이다. 　　不思議

05 峠を越えて (フモト) に至る。 고개를 넘어 산기슭에 도달하다. 　　麓

06 暴漢に (オソ) われる。 폭한*에게 습격당하다. 　　襲

07 周辺は (キュウリョウ) に囲まれている。 주변은 구릉에 둘러싸여 있다. 　　丘陵

08 しばらく (ゲンカク) 状態が続いた。 잠시 환각* 상태가 이어졌다. 　　幻覚

09 あの事故が (ノウリ) から離れない。 저 사고가 뇌리에서 떠나지 않는다. 　　脳裏

10 すぐ一週 (キ) になってしまった。 금방 1주기가 되고 말았다. 　　忌

11 相手方の (カシツ) を主張した。 상대방의 과실을 주장했다. 　　過失

12 ニューヨークに３ヶ月 (タイリュウ) した。 뉴욕에 3개월 체류했다. 　　滞留

13 簡単にものごとを (ウ) け負うな。 간단히 매사를 맡지 마라. 　　請

14 最近のお役所は (タイマン) だ。 최근의 관공서는 태만이다. 　　怠慢

15 企ては常に (メンミツ) にたてるべきだ。 계획은 항상 면밀히 세워야 한다. 　　綿密

16 相手の事情も (コウリョ) しなさい。 상대의 사정도 고려하세요. 　　考慮

17 (キンチョウ) して震えていた。 긴장하여 떨고 있었다. 　　緊張

18 心を (キョ) にして耳を傾ける。 마음을 텅비우고 귀를 기울이다. 　　虚

19 同じような事件が (グウハツ) した。 동일한 사건이 우연히 발생했다. 　　偶発

20 危険物を (ハイジョ) する作業。 위험물을 배제하는 작업. 　　排除

◆ 자태(姿態): 어떤 모습이나 모양. 주로 여성의 고운 맵시나 태도에 대하여 이르며 식물, 건축물, 강, 산 따위를 사람에 비유하여 이르기도 함
♣ 폭한(暴漢): 난폭한 행동을 하는 사나이
● 환각(幻覚): 감각 기관을 자극하는 외부 자극이 없는데도 마치 어떤 사물이 있는 것처럼 지각함

今日の漢字

カッコ内のカタカナを漢字に直しましょう。

01 機器の (ホシュ) 管理を欠かさない。 기기의 보수 관리를 빠뜨리지 않는다.　　保守

02 (コドク) 感にさいなまれた日々。 고독감에 떨었던 하루하루.　　孤独

03 道路の幅がどんどん (セバ) まってきた。 도로의 폭이 점점 좁혀졌다.　　狭

04 盛大な (モヨオ) しが行われている。 성대한 행사가 실시되고 있다.　　催

05 広場はデモ (タイ) でいっぱいだ。 광장은 데모대로 가득하다.　　隊

06 政治的運動を (ヨクアツ) する時代を経験した。 정치적 운동을 억압하는 시대를 경험했다.　　抑圧

07 この寺では (ジャクシャ) を救済している。 이 절에서는 약자를 구제하고 있다.　　弱者

08 田舎は (ホシュテキ) なところが多い。 시골은 보수적인 곳이 많다.　　保守的

09 その案は (ゼンカイイッチ) で可決された。 그 안은 만장일치로 가결되었다.　　全会一致

10 敵国への (リンセンタイセイ) を整える。 적국에 대한 임전* 태세를 갖추다.　　臨戦態勢

11 水深二十メートルまで (モグ) る。 수심 20미터까지 잠수하다.　　潜

12 赤ん坊が (ウブゴエ) をあげる。 아기가 첫 울음소리를 터뜨리다.　　産声

13 団体 (コウニン) のマスコットを作る。 단체 공인의 마스코트를 만들다.　　公認

14 今回の問題は誠に (イカン) だ。 이번 문제는 정말로 유감이다.　　遺憾

15 なんとか表面を取り (ツクロ) う。 어떻게든 표면을 얼버무려 넘기다.　　繕

16 針治療を (ホドコ) して治す。 침 치료를 하여 고치다. (침을 놓아 고치다.)　　施

17 次の任務まで (タイキ) する。 다음 임무까지 대기하다.　　待機

18 新しい用語を (テイギ) した。 새로운 용어를 정의했다.　　定義

19 事件の (リンカク) がはっきりしてきた。 사건의 윤곽이 명확해졌다.　　輪郭

20 意味の無い単語の (ラレツ) だ。 의미가 없는 단어의 나열이다.　　羅列

◆ 임전(臨戦) : 전쟁에 나아감

カッコ内のカタカナを漢字に直しましょう。

01 こどもの (カワイ) らしい歌声。 아이들의 귀여운 노랫소리. 可愛

02 普通はありえない (キカイ) な事件。 보통은 있을 수 없는 기괴한 사건. 奇怪

03 そんな話は (ゲンソウ) にすぎない。 그런 이야기는 환상에 지나지 않는다. 幻想

04 その時の出来事はよく (キオク) している。 그 때의 사건은 잘 기억하고 있다. 記憶

05 大一番を前に (ムシャ) 震いする。 중요한 대진을 앞에 두고 긴장하여 몸을 떨다. 武者

06 (マヨナカ) に目が覚めたら眠れなくなった。 한밤중에 잠을 깼더니 잠을 이루지 못했다. 真夜中

07 それは (イッケン) 普通に見える風景だ。 그것은 일견 보통으로 보이는 풍경이다. 一見

08 (カンランシャ) からの眺めは最高だ。 관람차에서 바라본 경치는 최고이다. 観覧車

09 休日に (ラクゴ) を聞きに寄席に行った。 휴일에 만담을 들으러 요세에 갔다. 落語

10 足跡はここで (トギ) れている。 발자국은 여기서 끊겨 있다. 途切

11 父の (エイキョウ) を強く受ける。 아버지의 영향을 강하게 받다. 影響

12 電車が立ち (オウジョウ) する。 전차가 꼼짝 못하다. 往生

13 (シンロウ) が重なり床に伏す。 정신적인 피로가 겹쳐 병상에 드러눕다. 心労

14 相手を (チョウハツ) する発言。 상대를 도발하는 발언. 挑発

15 信念と (タンリョク) のある人。 신념과 담력이 있는 사람. 胆力

16 法案の (サクテイ) に心血を注ぐ。 법안의 책정에 심혈을 쏟다. 策定

17 彼らと (ケツベツ) する意思を固める。 그들과 결별할 의사를 굳히다. 決別

18 製品の (トクシツ) を宣伝する。 제품의 특성을 선전하다. 特質

19 わが社のサービスは (ヒョウバン) が良い。 우리 회사의 서비스는 평판이 좋다. 評判

20 文化的に (キチョウ) な資料を見る。 문화적으로 귀중한 자료를 보다. 貴重

◆ 기괴(奇怪) : 외관이나 분위기가 괴상하고 기이함
♣ 요세(寄席) : 만담·야담·요술·노래 등의 대중 연예를 흥행하는 연예장

今日の漢字

カッコ内のカタカナを漢字に直しましょう。

01 船に (タイリョウ) 祈願の旗を立てる。 배에 풍어 기원의 기를 달다. — 大漁
02 親友の美しい花 (ヨメ) 姿に見とれた。 친구의 아름다운 신부 모습에 넋을 잃었다. — 嫁
03 特効薬として (チンチョウ) されている植物。 특효약으로서 귀하게 여겨지는 식물. — 珍重
04 大量のまぐろが陸 (ア) げされた。 대량의 다랑어가 양륙* 되었다. — 揚
05 一定の (シュウキ) で発光を繰り返す星。 일정한 주기로 발광을 되풀이하는 별. — 周期
06 (ハイク) には季語*を入れること。 하이쿠에는 기고(季語)를 넣을 것. — 俳句
07 秋刀魚の (ギョカク) 量が落ちこんだ。 꽁치의 어획량이 떨어졌다. — 漁獲
08 地殻に (イヘン) が起きているようだ。 지각에 이변이 일어나고 있는 것 같다. — 異変
09 乗客数は季節によって (ゾウゲン) する。 승객수는 계절에 따라 증감한다. — 増減
10 彼が会社に復帰するのを (ノゾ) む。 그가 회사에 복귀하는 것을 바라다. — 望
11 不摂生は病気の (ゲンキョウ) だ。 불섭생*은 병의 원흉이다. — 元凶
12 会計で (ジョウヨ) 金が出る。 회계에서 잉여금이 나오다. — 剰余
13 中央省庁に勤務する (カンリョウ)。 중앙 성청에 근무하는 관료. — 官僚
14 リストラを (ダンコウ) する必要がある。 정리해고를 단행할 필요가 있다. — 断行
15 関連業界と (ユチャク) する議員。 관련업계와 유착하는 의원. — 癒着
16 株価の動きは (ケンチョウ) に推移している。 주가의 동향은 시세가 서서히 오르는 경향으로 추이하고 있다. — 堅調*
17 (ガイジュ) だけを目当てには出来ない。 외수만을 목적으로는 할 수 없다. — 外需
18 足を滑らせ (テンラク) しそうになる。 다리가 미끄러져 전락* 할 뻔하다. — 転落
19 (コクイッコク) と移り変わる季節を感じる。 시시각각 변하는 계절을 느끼다. — 刻一刻
20 休む (ヨユウ) があまり無い。 쉴 여유가 별로 없다. — 余裕

◆ 양륙(陸揚げ) : 뱃짐을 뭍 ◆ 季語(きご) : 연가・하이쿠 등에서 계절감을 나타내기 위해 넣도록 정해진 말
◆ 불섭생(不摂生) : 몸을 소중히 하지 않고 건강을 해치는 짓을 함
♠ 견조(堅調) : (거래에서) 시세가 서서히 오르는 경향에 있음
＊ 전락(転落) : 1.아래로 굴러 떨어짐 2.나쁜 상태나 타락한 상태에 빠짐

カッコ内のカタカナを漢字に直しましょう。

01 (ジュダク) 後に調印した。 수락 후에 조인했다. 受諾
02 作家同士の (ショカン) 集が本になった。 작가끼리의 서간집이 책이 되었다. 書簡
03 現在犯人を (ツイセキ) 中です。 현재 범인을 추적중입니다. 追跡
04 彼はいつも (ロコツ) な表現をする。 그는 언제나 노골적인 표현을 한다. 露骨
05 あの人に (チュウカイ) してもらった。 저 사람에게 중개해 받았다. 仲介
06 大統領は (アンサツ) を免れた。 대통령은 암살을 면했다. 暗殺
07 味方の陣地が (バクゲキ) された。 아군의 진지가 폭격당했다. 爆撃
08 小鳥に (ショウテン) を合わせた。 작은 새에 초점을 맞췄다. 焦点
09 新しい集団の (トウリョウ) になった。 새로운 집단의 우두머리가 되었다. 頭領
10 政治家として (ナノ) りをあげた。 정치가로서 경함에 나섰다. 名乗
11 (テイサツ) 飛行機を準備する。 정찰 비행기를 준비하다. 偵察
12 (イントク) 物を押収する。 감춘 물건을 압수하다. 隠匿*
13 次回まで決定を (リュウホ) する。 다음번까지 결정을 보류하다. 留保*
14 ふもとの人々にとっては (シンセイ) な山だ。 산기슭 사람들에게 있어서는 신성한 산이다. 神聖
15 (ダンジキ) による健康法もある。 단식에 의한 건강법도 있다. 断食
16 (ダンアツ) に屈せず抵抗した。 탄압에 굴하지 않고 저항했다. 弾圧
17 彼は (インシツ) な性格だ。 그는 음습*한 성격이다. 陰湿
18 心の (コウハイ) が心配だ。 마음의 황폐가 걱정이다. 荒廃
19 哲学の体系を (コウチク) した。 철학의 체계를 구축했다. 構築
20 規定が (カイテイ) された。 규정이 개정되었다. 改訂

◆ 은닉(隠匿) : 남의 물건이나 범죄인을 감춤
♣ 유보(留保) : 어떤 일을 당장 처리하지 아니하고 나중으로 미루어 둠. 보류
● 음습(陰湿) : 그늘지고 축축함

今日の漢字

カッコ内のカタカナを漢字に直しましょう。

01 国が彼らの安全を (ホショウ) した。 국가가 그들의 안전을 보장했다. — 保障

02 今年の経済 (シヒョウ) が発表になった。 올해의 경제 지표가 발표되었다. — 指標

03 彼は周りに (ケム) たがられている。 그는 주위에 경원당하고 있다. — 煙

04 その行動は (キョヨウ) 範囲外だ。 그 행동은 허용 범위 밖이다. — 許容

05 私の (ソコク) は日本です。 나의 조국은 일본입니다. — 祖国

06 (ゲキドウ) の幼少時代をすごした。 격동의 유년시절을 보냈다. — 激動

07 他国の衰退を (ハンメンキョウシ) とした。 타국의 쇠퇴를 나쁜 본보기로 삼았다. — 反面教師

08 夫婦 (エンマン) の秘訣を伝授する。 부부 원만의 비결을 전수하다. — 円満

09 ようやく (ヘイオン) な生活を手に入れた。 겨우 평온한 생활을 손에 넣었다. — 平穏

10 各地域で資格試験が (ジッシ) された。 각 지역에서 자격시험이 실시되었다. — 実施

11 首脳陣が全員 (シッキャク) した。 수뇌진이 전원 실각*했다. — 失脚

12 (ゲキドウ) の時代を生き抜く。 격동의 시대를 꿋꿋이 살아가다. — 激動

13 仕上げに (サイシン) の注意を払う。 완성에 세심한 주의를 기울이다. — 細心

14 (オクソク) で物を言わないほうが良い。 억측으로 말을 하지 않는 편이 좋다. — 憶測

15 対立はますます (シンカ) してきた。 대립은 더욱 더 심화되었다. — 深化

16 潮の流れの複雑な (カイキョウ)。 조류의 흐름이 복잡한 해협. — 海峡

17 大統領の (ソッキン) を務める。 대통령의 측근을 맡다. — 側近

18 難しい仕事に (フントウ) する毎日だ。 어려운 일에 분투하는 매일이다. — 奮闘

19 支援団体に資金を (キョウヨ) する。 지원단체에 자금을 공여*하다. — 供与

20 兄弟と意思の (ソツウ) が取れない。 형제와 의사소통이 되지 않는다. — 疎通

◆ 실각(失脚) : 1.발을 헛디딤 2.일에 실패하여 있던 지위에서 물러남
♣ 공여(供与) : 제공. 어떤 물건이나 이익 따위를 상대편에게 돌아가도록 함

カッコ内のカタカナを漢字に直しましょう。

01 この問題は (ヒカクテキ) 簡単なほうだ。 이 문제는 비교적 간단한 편이다.　　比較的

02 相手に (ウム) を言わせない行動力。 상대에게 유무를 말하게 하지 않는 행동력。　　有無

03 彼は弁護士として大 (カツヤク) している。 그는 변호사로서 대활약하고 있다.　　活躍

04 編集長に (ゴヤク) を訂正された。 편집장이 오역을 정정해 주었다.　　誤訳

05 民法の (ジョウブン) に記載がある。 민법의 조문에 기재가 있다.　　条文

06 非核三原則は既に (ジメイ) なことだ。 비핵 3원칙은 이미 자명한 사실이다.　　自明

07 このドラマの結末は (イガイセイ) があった。 이 드라마의 결말은 의외성이 있었다.　　意外性

08 その店は私には (シキイ) が高い。 그 가게는 나에게는 문턱이 높다.　　敷居

09 新システムは作業時間を (タンシュク) できる。 신 시스템은 작업시간을 단축할 수 있다.　　短縮

10 企業は (ジンソク) な対応を求められた。 기업은 신속한 대응이 요구되었다.　　迅速

11 自身の業績を (サイテン) する。 자신의 업적을 채점하다.　　採点

12 契約は (メイブンカ) する必要がある。 계약은 명문화◆할 필요가 있다.　　明文化

13 支店の開設を (ジュンビ) する。 지점의 개설을 준비하다.　　準備

14 部族の (シュチョウ) に敬意をはらう。 부족의 수장에게 경의를 표하다.　　首長

15 河川の (ゲンセン) を見つける。 하천의 원천을 발견하다.　　源泉

16 環境団体に (キフ) をする。 환경단체에 기부를 하다.　　寄付

17 業務を (イタク) した会社。 업무를 위탁한 회사.　　委託

18 税の (コウジョ) を申告する。 세금 공제♣를 신고하다.　　控除

19 (リクツ) をこねて逃げる。 당치않은 억지말로 이기죽거리며 도망치다.　　理屈

20 (ダツゼイ) して捕まった。 탈세하여 체포되었다.　　脱税

◆ 명문화(明文化) : 1.문서로써 명백히 함　2.법률의 조문에 명시함
♣ 공제(控除) : 받을 몫에서 일정한 금액이나 수량을 뺌

今日の漢字

カッコ内のカタカナを漢字に直しましょう。

01 あの時の失敗が今だに (ク) やまれる。 그때의 실패가 여태껏 후회된다. 悔

02 (ジセキ) の念に駆られる。 자책하는 마음에 사로잡히다. 自責

03 ついに家宝の (フウイン) を解いた。 마침내 가보의 봉인을 풀었다. 封印

04 金持ちの友人から (シャクザイ) する。 부자인 친구로 부터 빚지다. 借財

05 その話を聞いて (ムゴン) で涙を流した。 그 이야기를 듣고 말없이 눈물을 흘렸다. 無言

06 この荷物は (ヨクジツ) にお届けする予定です。 이 짐은 다음날에 전할 예정입니다. 翌日

07 私は父の (セナカ) を見て育った。 나는 아버지의 등을 보고 자랐다. 背中

08 いわれのない (ザイアクカン) に襲われた。 까닭 없는 죄악감에 휩싸였다. 罪悪感

09 (ナカマ) と苦労を分かち合った。 동료와 고생을 서로 나누었다. 仲間

10 世間の偏見と (タタカ) う。 세상의 편견과 싸우다. 闘

11 使者に信書を (タク) す。 사자에게 신서*를 맡기다. 託

12 通貨の (シンニン) が高まる。 통화의 신임이 높아지다. 信認

13 橋の改修事業に (チャッコウ) した。 다리의 개수사업에 착공했다. 着工

14 無責任な (カラテガタ) を出す。 무책임한 공어음*을 발행하다. 空手形

15 (キショウ) 生物を絶滅*から守る。 희소생물을 멸종에서 지키다. 希少

16 古い条約を (テッパイ) する。 오래된 조약을 철폐하다. 撤廃

17 酒を飲みすぎて (デイスイ) した。 술을 너무 마셔 만취했다. 泥酔

18 彼女は店の (カンバン) 娘だ。 그녀는 가게의 손님을 끌어들이는 매력적인 아가씨이다. 看板

19 (インショク) 費を計上する。 음식비를 계상*하다. 飲食

20 彼との不仲は (シュウチ) の事実だ。 그녀와의 불화는 주지의 사실이다. 周知

◆ 신서(信書) : (개인 사이의) 편지
♣ 공어음(空手形) : 융통 어음. 실제의 상거래가 없이 순수하게 자금을 조달하려고 발행한 어음
● 절멸(絶滅) : 아주 없어짐. 멸종. 근절
♠ 계상(計上) : 계산하여 올림

カッコ内のカタカナを漢字に直しましょう。

01	まずは自己（ショウカイ）をしてください。 우선은 자기소개를 해 주세요.	紹介
02	仕事の合間を（ヌ）って外出する。 일 도중에 짬을 내어 외출하다.	縫
03	小説に詩の一節を（インヨウ）した。 소설에 시의 한 구절을 인용했다.	引用
04	父を事故で亡くした交通（イジ）です。 아버지를 사고로 잃은 교통 유아입니다.	遺児
05	体験を一冊の（シュキ）にまとめた。 체험을 한권의 수기에 정리했다.	手記
06	情報を社内で（キョウユウ）している。 정보를 사내에서 공유하고 있다.	共有
07	（ユクエ）不明者の捜索活動をする。 행방불명자의 수색활동을 하다.	行方
08	国家（シュセキ）が式典に出席した。 국가 주석이 식전에 참석했다.	主席
09	軍の（アッセイ）に苦しんだ。 군의 압제정치에 고통스러워했다.	圧制
10	将来を（サユウ）する一大事だ。 장래를 좌우하는 중대사이다.	左右
11	証拠（カイジ）を請求する。 증거 개시를 청구하다.	開示
12	雑誌の原稿を（キソウ）する。 잡지의 원고를 기초*하다.	起草
13	不法に（コウキン）された人を救う。 불법으로 구금되었던 사람을 구하다.	拘禁
14	音楽での（イアン）を行う。 음악으로 위로를 삼다.	慰安
15	禁煙条例が（セイテイ）された。 금연조례가 제정되었다.	制定
16	悪徳商法は（サギ）の一種だ。 악덕상법은 사기의 일종이다.	詐欺
17	犯罪の（ヨウギ）がかけられた。 범죄 용의*가 씌어졌다.	容疑
18	長く（ゼツエン）状態にある親類。 오랫동안 절연*상태에 있는 친척.	絶縁
19	栄養の取りすぎで（コ）え太る。 영양을 과다 섭취해 비만이 되다.	肥
20	国連（ケンショウ）を読み返す。 국제연합헌장을 다시 읽다.	憲章

◆ 기초(起草) : 글의 초안을 잡음
♣ 용의(容疑) : 범죄의 혐의
● 절연(絶縁) : 인연·관계를 끊음

今日の漢字

カッコ内のカタカナを漢字に直しましょう。

01 彼の権威はついに (シッツイ) した。　그의 권위는 마침내 실추 했다.　　**失墜**

02 洋書の (ホウヤク) 版が出版された。　양서의 일본 번역판이 출판되었다.　　**邦訳**

03 社長と (ジカダンパン) して話をつける。　사장과 직접 담판하여 결말을 짓다.　　**直談判**

04 これまでの (ケイイ) を振り返る。　지금까지의 경위를 뒤돌아보다.　　**経緯**

05 (イセイ) のいい生徒が多い学級。　위세가 좋은 학생이 많은 학급.　　**威勢**

06 批判の (ヤオモテ) に立たされる。　비판을 정면으로 받는 처지에 서게 되다.　　**矢面**

07 彼は事件以来固く心を (ト) ざした。　그는 사건이후 굳게 마음을 닫았다.　　**閉**

08 その主張はあまりにも (キョウコウ) 過ぎた。　그의 주장은 너무나 강경했다.　　**強硬**

09 抵抗勢力に (センセンフコク) した。　저항세력에 선전포고했다.　　**宣戦布告**

10 盛大な拍手 (カッサイ) をうけた。　성대한 박수갈채를 받았다.　　**喝采**

11 周囲の圧力には (クッ) しない。　주위의 압력에는 굴하지 않는다.　　**屈**

12 仕事と育児の (リョウリツ) は大変だ。　일과 육아의 양립은 힘이 든다.　　**両立**

13 契約を (コウシン) する。　계약을 갱신하다.　　**更新**

14 身も心も (チヂ) む思いだ。　몸도 마음도 오그라드는 심정이다.　　**縮**

15 患者は (ヨダン) を許さない状態だ。　환자는 예측을 불허하는 상태이다.　　**予断**

16 ワインを (ニツ) めて作る。　와인을 졸여서 만들다.　　**煮詰**

17 (カンテイ) 主導の政治改革。　관저 주도의 정치개혁.　　**官邸**

18 責任の (イッタン) は私にある。　책임의 일부는 나에게 있다.　　**一端**

19 海軍の (カンテイ) が入港する。　해군의 함정이 입항하다.　　**艦艇**

20 適用期間を定めた (ジゲンリッポウ) 。　적용기간을 정한 시한입법.　　**時限立法**

◆ 실추(失墜) : 명예나 위신 따위를 떨어뜨리거나 잃음
◆ 관저(官邸) : 정부에서 장관급 이상의 고관들이 살도록 마련한 집

カッコ内のカタカナを漢字に直しましょう。

01　これは (アンカ) で手頃な商品だ。　이것은 싸고 적당한 상품이다.　　安価

02　全国の名所を (メグ) る旅になった。　전국 명소를 순회하는 여행이 되었다.　　巡

03　展覧会用にきちんと (チンレツ) された陶器。　전람회용으로 제대로 진열된 도기.　　陳列

04　(シコウサクゴ) の末にようやく成功した。　시행착오 끝에 겨우 성공했다.　　試行錯誤

05　これはとても (スバラ) しい発見だ。　이것은 매우 훌륭한 발견이다.　　素晴

06　これはまだ (シサクヒン) の段階です。　이것은 아직 시험 제작품의 단계입니다.　　試作品

07　パンにジャムを (ヌ) る。　빵에 잼을 바르다.　　塗

08　(ネダン) に見合った出来栄えだ。　가격에 걸 맞는 솜씨다.　　値段

09　環境に優しい (ネンリョウ) の研究をする。　친환경 연료 연구를 하다.　　燃料

10　目にも留まらぬ (ハヤワザ) だった。　눈에도 띄지 않는 재빠른 솜씨였다.　　早業

11　海洋 (オセン) が深刻になった。　해양 오염이 심각해졌다.　　汚染

12　麻薬を (ショジ) していた犯人。　마약을 소지하고 있던 범인.　　所持

13　密輸品を (オウシュウ) する。　밀수품을 압수♦하다.　　押収

14　君に (ケッサイ) を下す権利はない。　자네에게 결재를 할 권리는 없다.　　決裁

15　悪事は (ミズギワ) で防ぐ。　나쁜 일은 상륙하기 직전에 막는다.　　水際

16　(セイド) の高い温度計。　정밀도가 높은 온도계.　　精度

17　荷物が重くて (ナンギ) をする。　짐이 무거워서 고생을 하다.　　難儀♣

18　(シ) きつめられた赤いじゅうたん。　빈틈없이 깔려진 붉은 양탄자.　　敷

19　青信号が (テントウ) している。　파란신호가 점등하고 있다.　　点灯

20　僅かな (ダンサ) で転ぶ。　약간의 차이로 구르다.　　段差

◆ 압수(押収): 물건 따위를 강제로 빼앗음
♣ 難儀(なんぎ): 1.고생, 고통 2.귀찮음, 폐 3.어려움, 힘듦

今日の漢字

カッコ内のカタカナを漢字に直しましょう。

01 若者を (タイショウ) とした調査を行った。 젊은이를 대상으로 한 조사를 실시했다. — 対象
02 敵軍の総 (コウゲキ) の的になってしまった。 적군의 총공격 대상이 되고 말았다. — 攻撃
03 円は日本の (ツウカ) だ。 엔은 일본의 통화이다. — 通貨
04 このカードはとても (ウス) い。 이 카드는 매우 얇다. — 薄
05 (メダ) った増減は見られない。 두드러진 증감은 볼 수 없다. — 目立
06 (フンソウ) の当事者になる。 분쟁의 당사자가 되다. — 紛争
07 前半戦は首位で終わった。 전반전은 수위*로 끝났다. — 首位
08 努力が結果に (ハンエイ) される。 노력이 결과로 반영되다. — 反映
09 (ゴトウ) が多かった問題。 오답이 많았던 문제. — 誤答
10 スポーツの (キョウカイ) を新たに発足させた。 스포츠 협회를 새롭게 발족시켰다. — 協会
11 馬の (タヅナ) を引く。 말의 고삐를 끌다. — 手網
12 組織の (キリツ) を守る。 조직의 규율을 지키다. — 規律
13 (ロウキュウカ) した建物を修復する。 노후화된 건물을 수복*하다. — 老朽化
14 早寝早起きを (ショウレイ) する。 일찍 자고 일찍 일어나기를 장려하다. — 奨励
15 経費を (ヨブン) にもらう。 경비를 여분으로 받다. — 余分
16 高速道路の (カクチョウ) を求めた。 고속도로의 확장을 요구했다. — 拡張
17 (ダイタン) で新しい発想だ。 대담하고 새로운 발상이다. — 大胆
18 出発の (キョカ) を得る。 출발 허가를 얻다. — 許可
19 ロケットは大きな (スイシン) 力が必要だ。 로켓은 커다란 추진력이 필요하다. — 推進
20 既得 (ケンエキ) にとらわれている。 기득 권익*에 사로잡혀 있다. — 権益

◆ 수위(首位) : 첫째가는 자리나 우두머리가 되는 자리
♣ 수복(修復) : 고쳐서 본모습과 같게 함
⊙ 기득(既得) : 이미 얻어서 차지함
▲ 권익(権益) : 권리와 그에 따르는 이익

カッコ内のカタカナを漢字に直しましょう。

01	美しい (サイク) の塗り物だ。 _{うつく　　　　　　ぬ　もの}	아름다운 칠기 세공이다.	細工
02	防水加工を (ホドコ) した製品。 _{ぼうすい か こう　　　　　　せいひん}	방수가공을 한 제품.	施
03	巾着の先に (ネツケ) をつける。 _{きんちゃく さき}	주머니 끝에 조그마한 세공품을 달다.	根付
04	発車寸前の電車に間一髪 (スベ) りこんだ。 _{はっしゃすんぜん でんしゃ かんいっぱつ}	발차직전의 전차를 아슬아슬하게 탔다.	滑
05	長年使用して (アイチャク) がある万年筆。 _{ながねん し よう　　　　　　　　　まんねんひつ}	오랫동안 사용하여 애착이 가는 만년필.	愛着
06	その問いに対しての (ゲンキュウ) を避けた。 _{と　　たい　　　　　　　　　　　さ}	그 물음에 대한 언급을 피했다.	言及
07	我が家は笑い声が (タ) えない。 _{わ や わら ごえ}	우리 집은 웃는 소리가 끊이지 않는다.	絶
08	学歴よりも (ヒトガラ) を重視する企業。 _{がくれき　　　　　　　　じゅうし き ぎょう}	학력보다도 인품을 중시하는 기업.	人柄
09	彼の姿勢は後世への (ハン) を示した。 _{かれ し せい こうせい　　　　　　　　しめ}	그의 자세는 후세에 대한 모범을 보였다.	範
10	(リョウヨク) を広げて飛ぶ鳥。 _{ひろ　　と　とり}	양 날개를 펴서 나는 새.	両翼
11	被災者を (アイトウ) する集会。 _{ひ さいしゃ　　　　　　　　しゅうかい}	이재민을 애도하는 집회.	哀悼
12	慈善団体に (セキ) を置く。 _{じ ぜんだんたい　　　　　　お}	자선단체에 적(籍)을 두다.	籍
13	(ヒトガラ) が良いので人気がある。 _{よ　　　　にんき}	인품이 좋기에 인기가 있다.	人柄
14	彼とは (キュウチ) の間柄だ。 _{かれ　　　　　　　　　あいだがら}	그와는 오랫동안 알고 지내는 사이이다.	旧知
15	喜んで新天地に (オモム) く。 _{よろこ　しんてん ち}	기꺼이 신천지로 향하다.	赴
16	外国に (シンゼン) 大使として行く。 _{がいこく　　　　　　　　たい し　　　　　い}	외국에 친선대사로서 가다.	親善
17	友を亡くした (ソウシツ) 感に苦しむ。 _{とも な　　　　　　　　　　かん　くる}	친구를 잃은 상실감에 괴로워하다.	喪失
18	緊急時に (ソクオウ) する為の制度。 _{きんきゅうじ　　　　　　　　　　ため せい ど}	긴급시에 즉시 응하기 위한 제도.	即応
19	トップのまま (ドクソウ) を続ける。 _{つづ}	톱인 채 독주를 계속하다.	独走
20	法律で (チツジョ) を守る。 _{ほうりつ　　　　　　　　　　まも}	법률로 질서를 지키다.	秩序

◆ 적(籍) : 1.호적 2.신분・자격
♣ 즉응(即応) : 그때그때의 상황마다 곧바로 응함

今日の漢字

カッコ内のカタカナを漢字に直しましょう。

01 一本道を車で (シック) する。 외길을 차로 질주하다. 　　　疾駆*
02 運動会の楽しみはやはり (キバ) 戦だ。 운동회의 즐거움은 역시 기마전이다. 　　　騎馬
03 彼の (ユウシ) を目に焼き付ける。 그의 용감하고 씩씩한 모습을 눈에 깊이 새기다. 　　　雄姿*
04 夏に (トウオウ) へ旅行した。 여름에 동유럽으로 여행했다. 　　　東欧
05 達人に (ヒッテキ) するような技術だ。 달인에 필적하는 기술이다. 　　　匹敵
06 消防車が五台 (シュツドウ) した。 소방차가 5대 출동했다. 　　　出動
07 大統領は反対勢力を (ダンアツ) した。 대통령은 반대세력을 탄압했다. 　　　弾圧
08 被災地に全国から (キュウエン) 物資が届いた。 이재 지역에 전국으로부터 구원물자가 도착했다. 　　　救援
09 彼は (メイモク) 上の社長だ。 그는 명목상의 사장이다. 　　　名目
10 お供え物を神社に (ホウ) 納する。 공양물을 신사에 봉납*하다. 　　　奉
11 (ジュウライ) 型の選挙体勢では駄目だ。 종래형의 선거 태세로는 안 된다. 　　　従来
12 古代の (チカク) 変動を調査する。 고대의 지각변동을 조사하다. 　　　地殻
13 (ゲンショク) 知事の汚職が発覚した。 현직지사의 오직이 발각되었다. 　　　現職
14 国民の (コンラン) を鎮める。 국민의 혼란을 진정시키다. 　　　混乱
15 初めの意志を (ツラヌ) く。 처음의 의지를 관철하다. 　　　貫
16 荒地の (コウサク) を始める。 황무지의 경작을 시작하다. 　　　耕作
17 (ユウキュウ) 地をたくさん持っている。 쓰지 않고 놀리는 땅을 많이 가지고 있다. 　　　遊休*
18 建物の (チンシャク) 契約をする。 건물의 임차계약을 하다. 　　　賃借
19 戦争によって (ムホウチタイ) になった。 전쟁으로 무법지대가 되었다. 　　　無法地帯
20 新しい雇用を (ソウシュツ) する。 새로운 고용을 창출하다. 　　　創出

◆ 질구(疾駆) : 차나 말을 빨리 몲
♣ 웅자(雄姿) : 용감하고 씩씩한 모습
● 봉납(奉納) : 물품 따위를 바침
▲ 遊休(ゆうきゅう) : 쓰지 아니하고 놀림

カッコ内のカタカナを漢字に直しましょう。

01 最新型の気象（エイセイ）を打ち上げる。　최신형의 기상 위성을 쏘아 올리다.　　衛星

02 交差点での（ショウトツ）事故を目撃した。　교차로에서의 충돌사고를 목격했다.　　衝突

03 日本人の平均（ジュミョウ）が伸びている。　일본인의 평균수명이 늘고 있다.　　寿命

04 いつまでも昔話は（ツ）きない。　언제까지나 옛날이야기는 끝이 없다.　　尽

05 地球は（ギンガ）系の中にある。　지구는 은하계 안에 있다.　　銀河

06 巨万の富で（オク）万長者になった。　거만◆의 부로 억만장자가 되었다.　　億

07 セーターが（チヂ）んでしまった。　스웨터가 오그라들고 말았다.　　縮

08 瓦礫の下から間一髪（ダッシュツ）した。　와력(瓦礫)♣밑에서 아슬아슬하게 탈출했다.　　脱出

09 宇宙の（シュウマツ）を予想する。　우주의 종말을 예상하다.　　終末

10 彼は（トクイ）な体質の人間だ。　그는 특이한 체질의 인간이다.　　特異

11 テレビは世界中に（フキュウ）した。　TV는 전 세계에 보급되었다.　　普及

12 製造する（カテイ）で故障した。　제조하는 과정에서 고장이 났다.　　過程

13 職務（タイマン）のそしりを受ける。　직무 태만의 비난을 받다.　　怠慢

14 新しい（イブキ）が感じられる。　새로운 숨결이 느껴진다.　　息吹

15 犯罪被害者に（ホショウ）する。　범죄 피해자에게 보상하다.　　補償

16 （キッスイ）の江戸っ子の心意気。　순수한 도쿄 토박이의 기상.　　生粋

17 社会福祉の（イチヨク）を担う。　사회복지의 일익을 담당하다.　　一翼

18 （メンミツ）な打ち合わせをする。　면밀한 협의를 하다.　　綿密

19 最悪の事態を（ソウテイ）して計画する。　최악의 사태를 상정하여 계획하다.　　想定

20 他とは違う（フンイキ）のホテル。　다른 곳과는 다른 분위기의 호텔.　　雰囲気

◆ 거만(巨万) : 막대한 수량이나 금액
♣ 와력(瓦礫) : 기와와 자갈

今日の漢字

カッコ内のカタカナを漢字に直しましょう。

01 首相の発言は (ブツギ) をかもした。 총리의 발언은 물의를 빚었다.   物議

02 容疑者を厳しく (ツイキュウ) した。 용의자를 엄하게 추궁했다.   追及

03 国家の (キミツ) 資料が盗まれる一大事。 국가 기밀자료를 도둑맞은 중대사이다.   機密

04 購読者の投稿 (ラン) に意見が載せられた。 구독자의 투고란에 의견이 실렸다.   欄

05 なんとも (ヒニク) な結果に終わった。 정말로 짓궂은 결과로 끝났다.   皮肉

06 人権 (ヨウゴ) 団体の活動を調査する。 인권 옹호 단체의 활동을 조사하다.   擁護

07 会議中は (シゴ) 厳禁だ。 회의 중에는 사담 엄금이다.   私語

08 生活に (フヨウ) な品物が多い。 생활에 불필요한 물건이 많다.   不要

09 前の人の (コウトウブ) が見える。 앞 사람의 후두부가 보이다.   後頭部

10 勝利は (ショクン) の肩にかかっている。 승리는 제군의 어깨에 달려 있다.   諸君

11 将来の増税を (シサ) する。 장래의 증세를 시사하다.   示唆

12 部活では (ジョウイカタツ) がモットー*だ。 동아리에서는 상의하달*이 모토다.   上意下達

13 職業の (ショウカイ) をしてもらう。 직업을 소개 받다.   紹介

14 障害者の為の施設も (ヘイセツ) した。 장애자를 위한 시설도 병설했다.   併設

15 石炭は国の (キカン) 産業だった。 석탄은 나라의 기간산업이었다.   基幹

16 宅地を (ゾウセイ) する。 택지를 조성하다.   造成

17 空港の (カッソウ) 路。 공항의 활주로.   滑走

18 前言を (テッカイ) してはならない。 앞서 한 말을 철회해서는 안 된다.   撤回

19 近所の駅の (リベンセイ) が良くない。 근처 역의 편리성이 좋지 않다.   利便性

20 (キョヒ) を投じて制作された映画。 막대한 비용을 투자하여 제작된 영화.   巨費

◆ 상의하달(上意下達) : 윗사람의 뜻이나 명령을 아랫사람에게 전함
♣ モットー : 살아 나가거나 일을 하는 데 있어서 표어나 신조 따위로 삼는 말. 모토

カッコ内のカタカナを漢字に直しましょう。

01 有力政治家が (シッキャク) する。 유력 정치가가 실각*하다. 　　失脚

02 なるべく質素 (ケンヤク) に努めるべきだ。 가능한 한 검소검약에 힘써야 한다. 　　倹約

03 国の (サイシュツ) を削減する。 나라의 세출을 삭감하다. 　　歳出

04 (センケン) 性に富んだ経営者が揃った。 선견성이 뛰어난 경영자가 한데 모였다. 　　先見

05 気が (ユル) んだ途端に急に眠くなった。 마음이 느슨해진 순간 갑자기 졸리기 시작했다. 　　緩

06 雨の翌日は川の水が (ニゴ) っている。 비가 내린 다음 날은 강물이 탁하다. 　　濁

07 彼は遂に欲望の (ゴンゲ) と化した。 그는 마침내 욕망의 화신으로 둔갑했다. 　　権化

08 彼の将来性に (チャクモク) している。 그의 장래성에 주목하고 있다. 　　着目*

09 昼休みを (ハサ) んで仕事を再開した。 점심시간을 끼고 일을 재개했다. 　　挟

10 (セヒョウ) の基準は時代で違う。 세상 평가 기준은 시대에 따라 다르다. 　　世評

11 (ヤッキ) になってうわさを否定する。 기를 쓰고 소문을 부인하다. 　　躍起

12 (キョショク) に満ちた生活。 허식*에 찬 생활. 　　虚飾

13 少々の危険は (カクゴ) している。 다소의 위험은 각오하고 있다. 　　覚悟

14 予想より (バイキャク) 益が少ない。 예상보다 매각 이익이 적다. 　　売却

15 次の議長は (ジュントウ) にいけば彼だ。 차기 의장은 순조롭게 가면 그 사람이다. 　　順当

16 将来 (ユウボウ) な若者を育てる。 장래 유망한 젊은이를 키우다. 　　有望

17 産業 (ハイキ) 物の処理場。 산업 폐기물 처리장. 　　廃棄

18 政治改革に (シュワン) を発揮する。 정치개혁에 수완을 발휘하다. 　　手腕

19 タレントが実業家に (テンシン) した。 탤런트가 실업가로 전신*했다. 　　転身

20 契約を (カイショウ) する予定だ。 계약을 취소할 예정이다. 　　解消

◆ 실각(失脚) : 일에 실패하여 있던 지위에서 물러남
♣ 착목(着目) : 어떤 일을 주의하여 봄. 착안. 주목
● 허식(虚飾) : 실속이 없이 겉만 꾸밈. 겉치레
▲ 전신(転身) : 다른 곳으로 몸을 옮김

今日の漢字

カッコ内のカタカナを漢字に直しましょう。

01　妙なうわさが (ルフ) している。　묘한 소문이 떠돌고 있다.　　流布

02　(ブタイ) の上で見事な演技を披露した。　무대 위에서 훌륭한 연기를 피로했다.　　舞台

03　みんなの都合を (コウリョ) する。　모두의 형편을 고려하다.　　考慮

04　公式から答えを (ミチビ) き出す。　공식에서 해답을 이끌어내다.　　導

05　私達は同じような (キョウグウ) を経てきた。　우리들은 동일한 경우를 거쳐 왔다.　　境遇

06　その道の (センダツ) による指導。　그 길의 지도자에 의한 지도.　　先達*

07　英文をわかりやすく (イヤク) する。　영문을 알기 쉽게 의역하다.　　意訳

08　この場面を (ダカイ) する知恵を出そう。　이 장면을 타개할 지혜를 내자.　　打開

09　大戦で家族と (リベツ) してしまった。　큰 전쟁에서 가족과 이별하고 말았다.　　離別

10　財政が (テヅ) まり状態だ。　재정이 벽에 부딪힌 상태이다.　　手詰

11　有力候補同士の (イッキ) 打ち。　유력후보끼리의 일대일 승부.　　一騎

12　健闘むなしく (セキハイ) する。　건투도 보람 없이 석패*하다.　　惜敗

13　果実が (セイジュク) する。　과실이 무르익다.　　成熟

14　彼女は高級な (ケショウ) 品を好む。　그녀는 고급스런 화장품을 즐긴다.　　化粧

15　帝国に (クンリン) した暴君。　제국에 군림한 폭군.　　君臨

16　(イロド) りの鮮やかな器。　채색이 선명한 그릇.　　彩

17　肉を鍋で (ニ) て食べる。　고기를 냄비에 삶아 먹다.　　煮

18　その程度の誤差は (キョヨウ) 範囲だ。　그 정도의 오차는 허용범위이다.　　許容

19　日々の (カテ) を得る。　나날의 양식을 얻다.　　糧

20　補給路を (タ) たれて困る。　보급로가 차단되어 곤란하다.　　断

◆ 先達(せんだつ) : 1.(그 방면의) 선배. 지도자 2.안내인. 선도자
♣ 석패(惜敗) : 경기나 경쟁에서 약간의 점수 차이로 아깝게 짐

カッコ内のカタカナを漢字に直しましょう。

01 上層部は（タイメン）を保とうと必死だ。 상층부는 체면을 유지하려고 필사적이다. 　体面

02 引き出しの中に（ジョウビ）薬がある。 서랍 속에 상비약이 있다. 　常備

03 パソコンにデータを（チクセキ）する。 컴퓨터에 데이터를 축적하다. 　蓄積

04 先生の話を（シンケン）に聞く生徒たち。 선생님의 이야기를 진지하게 듣는 학생들. 　真剣

05 遠足で生徒たちを（インソツ）した。 소풍에서 학생들을 인솔했다. 　引率

06 焼却（ロ）でごみを燃やす。 소각로에서 쓰레기를 태우다. 　炉

07 株価が急（ハンテン）した。 주가가 급반전했다. 　反転

08 日本への（テイジュウ）を希望している。 일본에 대한 정주를 희망하고 있다. 　定住

09 苦手な人に無理（ジ）いは出来ない。 서투른 사람에게 억지로 하게 할 수 없다. 　強

10 君が（オ）い目を感じることはない。 자네가 부담을 느낄 필요는 없다. 　負

11 老いてますます（イキケンコウ）だ。 늙어 점점 의기가 드높다. 　意気軒高

12 ひとり（シバイ）を演じる。 혼자 연극을 하다. 　芝居

13 その年齢では（ヒョウジュン）的な収入。 그 연령에는 표준적인 수입. 　標準

14 自分の主張を（ガン）として譲らない。 자신의 주장을 완강하게 양보하지 않는다. 　頑

15 サーカスの（サル）を見て楽しむ。 서커스의 원숭이를 보고 즐기다. 　猿

16 すぐに意見を変え（セッソウ）がない。 곧 의견을 바꿔 지조가 없다. 　節操

17 新たな取引条件を（ダシン）する。 새로운 거래조건을 타진하다. 　打診

18 （コワ）い話を聞くのは苦手だ。 무서운 이야기를 듣는 것은 서툴다. 　怖

19 税金は国民に（カンゲン）すべきだ。 세금은 국민에게 환원해야 한다. 　還元

20 自身の（テイケン）を述べる。 자신의 일정한 견식을 말하다. 　定見＊

◆ 정견(定見) : 일정한 견식

今日の漢字

カッコ内のカタカナを漢字に直しましょう。

01 今日は (ジゴク) のような暑さだ。 오늘은 지옥과 같은 더위이다. — 地獄

02 私の投稿 (キジ) が新聞に掲載された。 내 투고 기사가 신문에 게재되었다. — 記事

03 首相の (ホウシン) 演説を聞いた。 수상의 방침 연설을 들었다. — 方針

04 今月は家計が (ウルオ) いそうだ。 이번 달은 가계가 넉넉해질 것 같다. — 潤

05 貿易立国の (センペイ) となった。 무역 입국의 선봉장이 되었다. — 先兵＊

06 訪米の (ジキ) を検討する。 방미 시기를 검토하다. — 時期

07 政府は密かに情報を (エ) ていた。 정부는 몰래 정보를 얻고 있었다. — 得

08 彼女に熱い視線を (ソソ) いだ。 그녀에게 뜨거운 시선을 쏟았다. — 注

09 トラブルを (マネ) いた原因を調べる。 트러블을 초래한 원인을 조사하다. — 招

10 朝晩の寒さが (イチダン) と厳しくなった。 아침저녁의 추위가 한층 엄해졌다. — 一段

11 (カンイッパツ) で危険を切り抜ける。 아슬아슬하게 위험을 모면하다. — 間一髪

12 新型の (リョカクキ) は巨大だ。 신형 여객기는 거대하다. — 旅客機

13 危険を (サッチ) して回避する。 위험을 알아차리고 회피하다. — 察知

14 (ドジョウ) の汚染を嘆く。 토양의 오염을 한탄하다. — 土壌

15 その行動に (タイギ) は無い。 그 행동에 대의는 없다. — 大義

16 貧富の格差を (ゼセイ) する。 빈부의 격차를 시정하다. — 是正

17 事業の終了まで (ユウヨ) を残す。 사업의 종료까지 유예＊를 남기다. — 猶予

18 被害の (サンジョウ) に目を覆う。 피해의 참상에 눈을 가리다. — 惨状

19 企業の (チュウカク) をなす部署。 기업의 중심을 이루는 부서. — 中核

20 (ジョウチュウ) の警備員を雇う。 상주＊ 경비원을 고용하다. — 常駐

◆ 첨병(先兵) : 행군의 맨 앞에서 경계・수색하는 임무를 맡은 병사. '선봉장'으로 순화

♣ 유예(猶予) : 1.망설여 일을 결행하지 아니함 2.일을 결행하는 데 날짜나 시간을 미룸 3.소송 행위를 하거나 소송 행위의 효력을 발생시키기 위하여 일정한 기간을 둠

● 상주(常駐) : 군대 따위가 언제나 머물러 있음

さどう[茶道]

다도는 중국에서 들어와 무로마치(1336-1573)시대에 무라다 슈코(村田珠光)에 의해 형성되어, 그의 제자인 센노리큐(千利休)에 의해 완성되었다. 다도는 좁은 공간 속에서 전통적인 양식에 따라 손님에게 가루차를 대접하고, 선(禪)의 사상을 통해 인생의 깊이를 되짚어보는 시간을 갖게 된다. 이 다도를 통해 접하게 되는 일기일회(一期一会: 일생에 단 한 번의 만남)라는 말은 손님과 맞이하는 사람의 소중한 만남을 느끼게 해 준다. 그리고 다도의 깊이를 이해하려면 도구나 다실에 장식된 여러 미술품 등을 차분히 보는 것 또한 필요하다.

カッコ内のカタカナを漢字に直しましょう。

01 まるで (キヌ) のような肌触りのシャツ。 마치 비단과 같은 감촉이 좋은 셔츠. 　　絹
02 山の途中の (キュウケイ) 所で一息ついた。 산의 도중의 휴게소에서 한숨 돌렸다. 　　休憩
03 名残 (オ) しいが出発する時間だ。 헤어지기 섭섭하지만 출발할 시간이다. 　　惜
04 悪いものを食べて (ハ) き気がする。 나쁜 것을 먹고 구토가 나다. 　　吐
05 仕掛けの (ハグルマ) が突然外れた。 장치를 한 톱니바퀴가 갑자기 빠졌다. 　　歯車
06 伝統的な (オ) り物産業の街。 전통적인 직물 산업 거리. 　　織
07 (トンヤ) を通さずに販売する。 도매상을 통하지 않고 판매하다. 　　問屋
08 通信教育を (ジュコウ) して資格を取得する。 통신교육을 수강하여 자격을 취득하다. 　　受講
09 この仕事に (ネンレイ) は関係無い。 이 일에 연령은 관계없다. 　　年齢
10 昔ながらの (フウア) いが表現されている。 옛날 그대로의 촉감이 표현되어 있다. 　　風合
11 農業には不向きな (ジバン) の土地。 농업에는 적합하지 않은 지반의 토지. 　　地盤
12 (トウトツ) なことを言われて驚く。 당돌한 말을 들어 놀라다. 　　唐突
13 会社の倒産は (マヌカ) れた。 회사의 도산은 모면했다. 　　免
14 果てしない (リサンシュウゴウ) を繰り返す。 끝없는 이산집합♣을 되풀이하다. 　　離散集合
15 答えは全てそこに (キケツ) する。 대답은 모두 거기에 귀결♣한다. 　　帰結
16 時代の (チョウリュウ) を読む。 시대의 조류를 읽다. 　　潮流
17 未来の (テンボウ) を語る。 미래의 전망을 이야기하다. 　　展望
18 人生の (キロ) に立たされる。 인생의 기로에 놓이다. 　　岐路
19 緊急 (ドウギ) を採択する。 긴급동의를 채택하다. 　　動議
20 ゴールを (シシュ) する選手。 골을 사수하는 선수. 　　死守

◆ 이산집합(離散集合) : 임의의 두 원소 사이가 연속된 형태가 아닌 집합
♣ 귀결(帰結) : 어떤 결말이나 결과에 이름

今日の漢字

カッコ内のカタカナを漢字に直しましょう。

01　(ボウキョウ) の思いが日増しに強くなる。　망향*의 심정이 날이 갈수록 강해지다.　　望郷

02　彼は第一(インショウ) がとてもよかった。　그는 첫인상이 매우 좋았다.　　印象

03　なにしろ (トツゼン) のことで驚いている。　여하튼 갑작스런 일로 놀라고 있다.　　突然

04　朝の (シンセン) な空気を吸い込んだ。　아침의 신선한 공기를 마셨다.　　新鮮

05　視力が (オトロ) えてきた。　시력이 나빠졌다.　　衰

06　(ボジョウ) を誘う演奏を耳にした。　모정을 자아내는 연주를 들었다.　　慕情

07　すごい (イキオ) いで流れている川。　굉장한 기세로 흐르고 있는 강.　　勢

08　今年の流行の (ケイコウ) をいち早く掴む。　올해 유행 경향을 (남보다) 빨리 파악하다.　　傾向

09　帰宅 (トチュウ) でお土産を買う。　귀가 도중에 선물을 사다.　　途中

10　(ゲンジョウ) を打破する努力が必要だ。　현상을 타파하는 노력이 필요하다.　　現状

11　お祭りに (シュウギ) 袋を持参する。　축제에 축의금 봉투를 지참하다.　　祝儀

12　会議の (ボウトウ) にあいさつする。　회의 첫머리에 인사하다.　　冒頭

13　村に公共施設を (ユウチ) する。　촌에 공공시설을 유치하다.　　誘致

14　福祉政策の (カクジュウ) を求める。　복지정책의 확충을 요구하다.　　拡充

15　裁判所で意見を (チンジュツ) する。　재판소에서 의견을 진술하다.　　陳述

16　(シュウワイ) 容疑で逮捕状が出る。　수회*혐의로 체포장이 발부되다.　　収賄

17　(トクシュ) な事情があるらしい。　특수한 사정이 있는 것 같다.　　特殊

18　怒り過ぎると子供は (イシュク) する。　너무 화내면 아이는 위축된다.　　委縮

19　自国での食料 (カクホ) が必要だ。　자국에서의 식료 확보가 필요하다.　　確保

20　(オオゼイ) に見守られて演技する。　여러 사람이 지켜보는 가운데 연기하다.　　大勢

◆ 망향(望郷) : 고향을 그리워하며 생각함
♣ 수회(収賄) : 뇌물을 받음. 수뢰

カッコ内のカタカナを漢字に直しましょう。

01　お金の無駄遣いを (イマシ) める。 돈 낭비를 금하다.　　　戒
02　息子の活躍は私の (ホコ) りだ。 아들의 활약은 나의 긍지이다.　　　誇
03　(アヤ) うく事故に遭うところだった。 위태롭게 사고를 당할 뻔했다.　　　危
04　大量 (ギャクサツ) 事件の現場。 대량학살 사건의 현장.　　　虐殺
05　遠く (ソセン) から受け継いだ文化。 옛날 조상으로부터 계승한 문화.　　　祖先
06　他人の問題に (カイニュウ) したがる。 남의 문제에 개입하고 싶어하다.　　　介入
07　反対意見が (タイセイ) を占める。 반대 의견이 대세를 차지하다.　　　大勢
08　部外者には (ハイタテキ) な地域。 부외* 자에게는 배타적인 지역.　　　排他的
09　納税は国民の三大 (ギム) の一つだ。 납세는 국민의 3대 의무의 하나이다.　　　義務
10　その件の問題 (テイキ) を考えている。 그 건의 문제 제기를 생각하고 있다.　　　提起
11　中海は海水と淡水の混じった (キスイ) 湖だ。 중해는 바닷물과 민물이 섞인 기수호이다.　　　汽水
12　洪水に備え (テイボウ) を築く。 홍수에 대비해 제방을 쌓다.　　　堤防
13　(シュウチ) を結集して難局を乗り越える。 중지*를 결집해서 난국을 극복하다.　　　衆知
14　問題が次々と (レンサ) 的に起こる。 문제가 연이어 연쇄적으로 일어나다.　　　連鎖
15　戦争で国力が (ヒヘイ) した。 전쟁으로 국력이 피폐* 했다.　　　疲弊
16　病原菌を (ボクメツ) する。 병원균을 박멸하다.　　　撲滅
17　信頼関係の (ジョウセイ) に努める。 신뢰관계의 조성에 힘쓰다.　　　醸成
18　紛争の (チョウテイ) を頼まれる。 분쟁의 조정을 부탁받다.　　　調停
19　困難を (コクフク) した先に未来がある。 곤란을 극복한 앞날에 미래가 있다.　　　克服
20　事態は (シュウソク) へと向かった。 사태는 수습으로 향했다.　　　収束

◆ 부외(部外) : 기관이나 조직에서 부 단위로 구분되는 업무 부서의 밖
♣ 중지(衆知) : 1.많은 사람이 알고 있음 2.많은 사람이 가지고 있는 지혜
● 피폐(疲弊) : 지치고 쇠약하여짐. '황폐'로 순화

今日の漢字

カッコ内のカタカナを漢字に直しましょう。

01 花の名前の (ユライ) を雑誌で読む。 꽃 이름의 유래를 잡지에서 읽다. 　　由来

02 狭い道路を (カクチョウ) する工事。 좁은 도로를 확장하는 공사. 　　拡張

03 森林 (バッサイ) で環境が悪化した。 삼림 벌채로 환경이 나빠졌다. 　　伐採

04 自分で自分の首を (シ) める行為だ。 스스로 자신의 목을 조르는 행위이다. 　　絞

05 (ゲキ) 薬は注意して取り扱う必要がある。 극약은 주의하여 취급할 필요가 있다. 　　劇

06 (カ) れ木も山のにぎわいだ。 설령 보잘 것 없는 것이라도 없는 것보다는 낫다. 　　枯

07 部下の (シンゲン) を聞き入れる。 부하의 진언을 받아들이다. 　　進言

08 陰から (テッポウ) 隊で待ち伏せをした。 뒤에서 소총대로 매복을 했다. 　　鉄砲

09 秋の (ラクヨウ) する光景。 가을이 낙엽지는 광경. 　　落葉

10 (ハダカ) になって体重を測る。 알몸으로 체중을 재다. 　　裸

11 紛争発生の事態を (ユウリョ) する。 분쟁 발생의 사태를 우려하다. 　　憂慮

12 点検の為に機械を (テイシ) する。 점검을 위해 기계를 정지하다. 　　停止

13 実験の (ケイカ) 報告を行う。 실험의 경과보고를 실시하다. 　　経過

14 事態の (シュウシュウ) を任される。 사태의 수습을 맡게 되다. 　　収拾

15 映画の良い出来に (ハクシュ) が起こった。 영화의 좋은 성과에 박수가 일었다. 　　拍手

16 忘れ物に気づいて家に (モド) る。 잊어버린 물건이 생각나서 집에 돌아가다. 　　戻

17 (キミョウ) な光景を目にする。 기묘한 광경을 목격하다. 　　奇妙

18 奉納の (スモウ) 大会を開催する。 봉납* 스모대회를 개최하다. 　　相撲

19 (トウソツ) の取れた動きを見せる。 통솔된 움직임을 보이다. 　　統率

20 行方不明者の (シュツジ) を調べる。 행방불명자의 출신을 조사하다. 　　出自*

◆ 봉납(奉納) : 물품 따위를 바치거나 거두어들임
♣ 出自(しゅつじ) : 출신, 태생

カッコ内のカタカナを漢字に直しましょう。

01 運動会の（ツナ）引きは人気がある。 운동회의 줄다리기는 인기가 있다. 綱

02 事態の成り行きを（セイカン）する。 사태의 진전을 정관*하다. 静観

03 作品展の入選を心から（シュクフク）した。 작품전의 입선을 진심으로 축복했다. 祝福

04 彼女の発想には（ダツボウ）する。 그녀의 발상에는 경의를 표한다. 脱帽

05 議長の（サイテイ）に我々は不満をもっている。 의장의 재정*에 우리들은 불만을 가지고 있다. 裁定

06 不利な軍に（カセイ）する。 불리한 군에 가세하다. 加勢

07 隊員は（レキセン）の勇士だ。 대원은 역전의 용사이다. 歴戦

08 現状打開のための思い切った（ケツダン）。 현상 타개를 위한 과감한 결단. 決断

09 （シュノウ）同士の会談は長時間に及んだ。 수뇌끼리의 회담은 장시간에 이르렀다. 首脳

10 絶えて（ヒサ）しい話題。 사라진지 오래된 이야깃거리. 久

11 救助隊の出動を（ヨウセイ）する。 구조대의 출동을 요청하다. 要請

12 自分の力を他人に（コジ）する。 자신의 힘을 남에게 과시하다. 誇示

13 夏場には（コクショ）になる地域。 여름철에는 무더위가 되는 지역. 酷暑*

14 一気に情勢は（キンパク）した。 단숨에 정세는 긴박했다. 緊迫

15 攻撃を（ヨウニン）する方針だ。 공격을 용인*할 방침이다. 容認

16 既に（カクリツ）された方法を用いる。 이미 확립된 방법을 이용하다. 確立

17 国際（フンソウ）の調停に乗り出す。 국제분쟁의 조정에 착수하다. 紛争

18 容疑者の身柄を（コウソク）した。 용의자의 신병을 구속했다. 拘束

19 職権（ランヨウ）は嫌われる。 직권남용은 미움을 산다. 濫用

20 自分を犠牲にして（ホウコウ）する。 자신을 희생하여 봉사하다. 奉公*

◆ 정관(静観): 실천적 관여의 입장을 떠나 현실적 관심을 버리고 순 객관적으로 바라보는 것
♣ 재정(裁定): 옳고 그름을 판단하여 결정함　● 혹서(酷暑): 몹시 심한 더위
♠ 용인(容認): 용납하여 인정함
＊ 봉공(奉公): 1.나라·조정을 위하여 일함　2. 고용살이

今日の漢字

カッコ内のカタカナを漢字に直しましょう。

01 裁判官に (タイホ) 状を請求する。 재판관에게 체포장을 청구하다. — 逮捕
02 才能を (カシン) すると失敗を招く。 재능을 과신하면 실패를 초래한다. — 過信
03 救急救命士の (ショチ) 範囲。 구급대원의 처치 범위. — 処置
04 晩年は (フグウ) な日々を過ごす。 만년은 불우한 나날을 보내다. — 不遇
05 基本的人権の (ソンチョウ) は憲法が保障する。 기본적 인권의 존중은 헌법이 보장한다. — 尊重
06 東洋 (テツガク) の理論を研究する。 동양 철학의 이론을 연구하다. — 哲学
07 銅像の (ソバ) で待ち合わせをした。 동상의 옆에서 만나기로 하고 기다렸다. — 側
08 土地の (センユウ) 面積を測る。 토지의 점유 면적을 측정하다. — 占有
09 自分にかけられた (ヨウギ) を晴らした。 자신에게 씌워진 혐의를 풀었다. — 容疑
10 この道は都心から郊外へ (イタ) る。 이 길은 도심에서 교외로 이른다. — 至
11 費用を二人で (セッパン) する。 비용을 둘이서 절반씩 나누다. — 折半
12 制度を (バッポン) 的に見直す。 제도를 발본◆적으로 재점검하다. — 抜本
13 英語を (キソ) から学びなおす。 영어를 기초부터 다시 배우다. — 基礎
14 減税した分の (ザイゲン) を確保する。 감세된 분의 재원을 확보하다. — 財源
15 彼も (ダンカイ) の世代だ。 그도 단카이세대♣이다. — 団塊
16 身の潔白を (リッショウ) する。 자신의 결백을 입증하다. — 立証
17 (ジュクリョ) を重ねて決断した。 숙고한 끝에 결단했다. — 熟慮
18 世のため人のために (ツ) くす。 세상을 위해 남을 위해 진력하다. — 尽
19 情報はすべて (ハアク) している。 정보는 모두 파악하고 있다. — 把握
20 (チンセイザイ) は少量に抑える。 진정제는 소량으로 억제하다. — 鎮静剤

◆ 발본(抜本) : 좋지 않은 일의 근본 원인이 되는 요소를 완전히 없애 버림
♣ 단카이세대(団塊世代) : 1947년에서 1949년 사이에 태어난 일본의 베이비 붐 세대

カッコ内のカタカナを漢字に直しましょう。

01 病院の (カンイ) ベッドで仮眠する。 병원의 간이침대에서 선잠자다. 　　簡易

02 ツアーの添乗員＊を (テハイ) する。 여행 가이드를 수배하다. 　　手配

03 無人の機械を電波で (ユウドウ) する。 무인 기계를 전파로 유도하다. 　　誘導

04 建物の (シュウヘン) を警備する。 건물 주변을 경비하다. 　　周辺

05 厚生年金の (ジュキュウ) 資格。 후생연금의 수급자격. 　　受給

06 生活様式は (イチジル) しく変化した。 생활양식은 현저하게 변화했다. 　　著

07 公共の (フクシ) について考える。 공공복지에 대해 생각하다. 　　福祉

08 困った時は (ケイケン) がものを言う。 곤란했을 때는 경험이 말을 해 준다. 　　経験

09 彼女の励ましに (ハップン) する。 그녀의 격려에 분발하다. 　　発奮

10 軽やかに (シッソウ) する名馬。 경쾌하게 질주하는 명마. 　　疾走

11 (ドタンバ) で力を発揮する。 막판에 힘을 발휘하다. 　　土壇場

12 別の方式も (ヘイキ) しておく。 다른 방식도 병기＊해 두다. 　　併記

13 毎年同じ (ホウフ) を言う。 매년 같은 포부를 말하다. 　　抱負

14 混乱の (ウズ) に巻き込まれる。 곤란의 소용돌이에 휘말리다. 　　渦

15 ひとつの (コトガラ) に集中する。 하나의 사항에 집중하다. 　　事柄

16 その候補者は (ジョガイ) された。 그 후보자는 제외되었다. 　　除外

17 彼の (チョジュツ) に矛盾を見つける。 그의 저술에 모순을 발견하다. 　　著述

18 あまりに (ゲンカク) な掟を嫌う。 너무 엄격한 규칙을 싫어하다. 　　厳格

19 試合の (キテイ) を変更する。 시합의 규정을 변경하다. 　　規定

20 値段の関係で (チョクセツ) 取引する。 가격 관계로 직접 거래하다. 　　直接

◆ 添乗員(てんじょういん) : 단체 여행에 수행・안내하는 여행사 직원
♣ 발분(発奮) : 분발
● 병기(併記) : 함께 나란히 적음

今日の漢字

カッコ内のカタカナを漢字に直しましょう。

01 思わぬ（クキョウ）に立たされる。 생각지도 않은 곤경에 처하게 되다.　　苦境

02 彼はさまざまな（ケイレキ）の持ち主だ。 그는 다양한 경력의 소유자다.　　経歴

03 二人の性格は全く（タイショウ）的だ。 두 사람의 성격은 전혀 대조적이다.　　対照

04 木に仏像を（ホ）る職人がいる。 나무에 불상을 파는 장인이 있다.　　彫

05 事後の同意を一般的に（ツイニン）という。 사후의 동의를 일반적으로 추인◆이라고 한다.　　追認

06 法案はいまだ委員会で（シンギ）中だ。 법안은 아직도 위원회에서 심의중이다.　　審議

07 万事が（ジュンチョウ）に進んでいる。 만사가 순조롭게 진행되고 있다.　　順調

08 （キテイ）のルールを改める。 기정 룰을 고치다.　　既定

09 工事の（リケン）を得ようとする議員。 공사의 이권을 얻으려고 하는 의원.　　利権

10 値札の金額は税金を（フク）んでいない。 가격표의 금액은 세금을 포함하고 있지 않다.　　含

11 国民は大統領を（スウハイ）していた。 국민은 대통령을 숭배했다.　　崇拝

12 反応が（ケンチョ）にあらわれた。 반응이 현저히 나타났다.　　顕著

13 試合に破れ（ジボウジキ）になる。 시합에 패해 자포자기하다.　　自暴自棄

14 現状（イジ）に努める。 현상 유지에 힘쓰다.　　維持

15 それは単なる（ダキョウ）だと言われた。 그것은 단순한 타협이라는 말을 들었다.　　妥協

16 彼はとても（レイテツ）な男だ。 그는 매우 냉철한 사내이다.　　冷徹

17 過去を（セイサン）するのは難しい。 과거를 청산하는 것은 어렵다.　　清算

18 敵国の進撃を（ハバ）んだ。 적국의 진격을 저지했다.　　阻

19 いやな（チョウコウ）が現れた。 싫은 징후가 나타났다.　　兆候

20 変化の（キザ）しを見つける。 변화의 조짐을 발견하다.　　兆

◆ 추인(追認) : 지나간 사실을 소급하여 추후에 인정함

カッコ内のカタカナを漢字に直しましょう。

01 毎日都心まで (ツウキン) している。 매일 도심까지 통근하고 있다. 　　通勤
02 (センリョウ) されていた地域を奪還した。 점령된 지역을 탈환했다. 　　占領
03 街の (チツジョ) が回復した。 거리의 질서가 회복되었다. 　　秩序
04 強く手を (ニギ) られた。 (상대방이)손을 강하게 쥐었다. 　　握
05 鉄 (ボウ) が得意だった。 철봉을 잘했었다. 　　棒
06 毎朝 (コンザツ) する駅。 매일아침 혼잡한 역. 　　混雑
07 父親と似た (キシツ) を持つ。 아버지와 닮은 기질을 가지다. 　　気質
08 (ジシュ) 自立の地方政治を目指す。 자주자립의 지방정치를 지향하다. 　　自主
09 さっと肩に (フ) れた。 살짝 어깨에 닿았다. 　　触
10 (ケッコウ) ですと断られた。 '됐어요' 라고 거절당했다. 　　結構
11 (ドヒョウ) に塩はつきものだ。 씨름판에 소금은 으레 따르기 마련이다. 　　土俵
12 酒を飲んで (キエン) を吐いた。 술을 마시고 기염을 토했다. 　　気炎
13 使用人を (クシ) する主人。 사용인을 혹사하는 주인. 　　駆使
14 彼が軍隊の (シレイトウ) だ。 그가 군대의 사령탑이다. 　　司令塔
15 ペナントレースも (シュウバン) だ。 페넌트레이스도 종반이다. 　　終盤
16 あと一歩のところで (ダンネン) した。 나머지 한걸음이라는 곳에서 단념했다. 　　断念
17 人命に (ケイジュウ) はない。 인명에 경중은 없다. 　　軽重
18 彼は (ミジ) めな暮らしをしていた。 그는 비참한 생활을 하고 있었다. 　　惨
19 法律の (バッポン) 的な改正が必要だ。 법률의 발본적인 개정이 필요하다. 　　抜本
20 (リッショウ) 責任は検察官にある。 입증 책임은 검찰관에 있다. 　　立証

◆ 페넌트 레이스(ペナントレース) : (주로, 프로 야구에서) 그 해의 패권을 겨루는 리그전
♣ 발본(抜本) : 좋지 않은 일의 근본 원인이 되는 요소를 완전히 없애 버림

今日の漢字

カッコ内のカタカナを漢字に直しましょう。

01 (シュウトウ) な計画を練った犯罪者。 (용의) 주도한 계획을 짠 범죄자. — 周到

02 (マギ) らわしい表現は避けて欲しい。 헷갈리는 표현은 피했으면 좋겠다. — 紛

03 私は福祉の仕事に (タズサ) わっている。 나는 복지 일에 종사하고 있다. — 携

04 もっと (クワ) しい資料がほしい。 좀 더 자세한 자료를 갖고 싶다. — 詳

05 対立し組織から (リハン) する。 대립하여 조직에서 이반* 하다. — 離反

06 体調を (クズ) し静養* している。 몸의 상태가 좋지 않아 요양하고 있다. — 崩

07 空襲で街を (ハカイ) された。 공습으로 마을이 파괴되었다. — 破壊

08 本社の (ショザイ) 地を知らせる。 본사의 소재지를 알리다. — 所在

09 (セイゾウ) 物責任法にのっとった表記。 제조물 책임법에 따른 표기. — 製造

10 サンプルの (テイキョウ) 期限を延長する。 샘플 제공 기한을 연장하다. — 提供

11 新しい理論を (トナ) える。 새로운 이론을 주창하다. — 唱

12 (エン) 石をひっくり返す。 블록을 뒤집다. — 縁

13 他国の侵略を (ソシ) する。 타국의 침략을 저지하다. — 阻止

14 災害時の緊急 (ヒナン) 場所。 재해시의 긴급 피난 장소. — 避難

15 みんなの意見を (シュウヤク) する。 모두의 의견을 집약* 하다. — 集約

16 (ヨウシャ) のない厳しい指導。 가차 없는 엄격한 지도. — 容赦

17 産業の (スイタイ) が懸念される。 산업의 쇠퇴가 걱정되다. — 衰退

18 違法駐車が通行を (サマタ) げる。 위법주차가 통행을 방해하다. — 妨

19 大きな荷物が (トド) いた。 큰 짐이 도착했다. — 届

20 (カトキ) に入ったとも言える。 과도기에 들어갔다고도 할 수 있다. — 過渡期

◆ 이반(離反) : 인심이 떠나서 배반함
♣ 정양(静養) : 몸과 마음을 안정하여 휴양함
● 집약(集約) : 한데 모아서 요약함

カッコ内のカタカナを漢字に直しましょう。

01	年間の気温変動が (ハゲ) しい。 연간의 기온변동이 심하다.	激
02	金額を日本円に (カンサン) する。 금액을 일본 엔으로 환산하다.	換算
03	肩 (コ) りと腰痛に悩まされている。 어깨 결림과 요통에 시달리고 있다.	凝
04	自動券売機で (キップ) を買う。 자동매표기로 표를 사다.	切符
05	企業同士の (テイケイ) が進む。 기업끼리의 제휴가 진행되다.	提携
06	試験の準備に (ヨネン) がない。 시험 준비에 여념이 없다.	余念
07	彼の意外な (チャクソウ) に驚いた。 그의 뜻밖의 착상에 놀랐다.	着想
08	思わぬ (ヨトク) に喜んだ。 생각지도 않은 부수입에 기뻐했다.	余得
09	会社の (ギョウセキ) を上方修正する。 회사의 업적을 상향수정하다.	業績
10	役所への届け出の (コウセイ) 手続き。 관공서에 대한 신고 경정♦ 수속.	更正
11	県内 (ズイイチ) の観光名所。 현내 제일의 관광명소.	随一
12	最強の (フジン) を敷いたチーム。 최강의 포진을 깐 팀.	布陣
13	要望には (ジュウナン) に対処する。 요망에는 유연히 대처하다.	柔軟
14	互いの意見が (ショウトツ) する。 서로의 의견이 충돌하다.	衝突
15	彼の (マンシン) ぶりは目に余る。 그의 교만스런 태도는 눈꼴사납다.	慢心
16	応援の手紙に (フンキ) して励む。 응원 편지에 분발하여 노력하다.	奮起
17	売り上げの伸びが (ドンカ) した。 매상의 신장이 둔화되었다.	鈍化
18	とても (ミリョク) 的な人物だ。 매우 매력적인 인물이다.	魅力
19	(ゼント) 洋々とした若者たち。 전도양양한 젊은이들.	前途
20	彼には (オウブン) の謝礼が必要だ。 그에게는 응분♣ 의 사례가 필요하다.	応分

♦ 경정(更正) : 고쳐서 바로잡음
♣ 포진(布陣) : 전쟁이나 경기 따위를 치르기 위하여 진을 침
♣ 응분(応分) : 어떠한 분수나 정도에 알맞음

今日の漢字

カッコ内のカタカナを漢字に直しましょう。

01　背中に鋭い (ショウゲキ) を受けた。　등에 예리한 충격을 입었다.　　衝撃

02　逮捕された容疑者には (モクヒ) 権がある。　체포된 용의자에게는 묵비권이 있다.　　黙秘

03　この書類が事件の動かぬ (ショウコ) だ。　이 서류가 사건의 확실한 증거이다.　　証拠

04　彼らの主張は (シリゾ) けられた。　그들의 주장은 철회되었다.　　退

05　新しい計画の (ゼンヨウ) が見えた。　새로운 계획의 전모가 보였다.　　全容*

06　会場内は (イヨウ) な雰囲気に包まれた。　회장 내는 이상한 분위기에 휩싸였다.　　異様

07　犯人は (インサン) な表情をしている。　범인은 참담한 표정을 하고 있다.　　陰惨

08　犯行の (ドウキ) がいまだにわからない。　범행의 동기를 지금까지 모른다.　　動機

09　(ケンサツ) 庁に知り合いがいる。　검찰청에 아는 사람이 있다.　　検察

10　(イゾク) への保障制度を確立させた。　유족에 대한 보장 제도를 확립시켰다.　　遺族

11　大きな目標を (カカ) げる。　커다란 목표를 내걸다.　　掲

12　寒い朝は (ハ) く息が白くなる。　추운 아침에는 내뱉는 입김이 하얗게 된다.　　吐

13　地震で道路が (スンダン) された。　지진으로 도로가 촌단*되었다.　　寸断

14　事態を (セイカン) している場合ではない。　사태를 정관하고 있을 때가 아니다.　　静観

15　(テイネイ) な手つきで作業する。　정중한 손놀림으로 작업하다.　　丁寧

16　契約を (ゼンテイ) に話を進める。　계약을 전제로 이야기를 진행시키다.　　前提

17　(ショウマッセツ) の議論に終始する。　지엽말절*의 논의로 시종(일관)하다.　　枝葉末節

18　それは (ミヒツ) の故意*とも言える。　그것은 미필적 고의라고도 할 수 있다.　　未必

19　再 (シンリ) の要求を願い出る。　재심리 요구를 신청하다.　　審理

20　彼女の (コウソ) は棄却された。　그녀의 공소는 기각되었다.　　控訴

◆ 전용(全容) : 전체의 모습, 전모
♣ 촌단(寸断) : 짤막짤막하게 여러 토막으로 끊어짐
● 지엽말절(枝葉末節) : 1.중요하지 않은 사항 2.하찮고 자질구레한 부분

カッコ内のカタカナを漢字に直しましょう。

01 人生は (ヒキ) こもごもだ。 인생은 희비가 엇갈린다. 　　悲喜
02 夢と現実が (コウサク) した。 꿈과 현실이 뒤얽혔다. 　　交錯*
03 慰安旅行の参加者を (ボシュウ) する。 위로 여행 참가자를 모집하다. 　　募集
04 新春 (コウレイ) の出初式* を見に行った。 신춘향례 신년소방의식을 보러 갔다. 　　恒例
05 二年間待ちに待った (ロウホウ) が届いた。 2년간 기다리고 기다렸던 낭보가 도착했다. 　　朗報
06 ルール違反の (オウコウ) は許せない。 제멋대로 규칙위반 하는 것은 용서할 수 없다. 　　横行*
07 新しい研究の (コウソウ) を練り続けた。 새로운 연구의 구상을 계속 다듬었다. 　　構想
08 昔から (ギシン) 暗鬼を生ずという。 옛날부터 "한번 의심하게 되면 공연한 것을 상상하여 더욱 의심이 들고 두려워진다"고 한다. 　　疑心
09 (ケンイ) にすがっては駄目だ。 권위에 기대서는 안 된다. 　　権威
10 食品 (テンカ) 物の危険性。 식품 첨가물의 위험성. 　　添加
11 一年中 (カドウ) し続ける機械。 1년 내내 계속 가동하는 기계. 　　稼働
12 言葉に (セイイ) が感じられない。 말에 성의가 느껴지지 않는다. 　　誠意
13 反対意見を (マッサツ) する。 반대의견을 말살하다. 　　抹殺
14 この (テイ) たらく* は実に情けない。 이 몰골은 실로 한심하다. 　　体
15 資金を (キョウヨ) している団体。 자금을 공여하고 있는 단체. 　　供与
16 (キト) している事を秘密にする。 기도하고 있는 것을 비밀로 하다. 　　企図
17 誤解に対して (シャクメイ) する。 오해에 대해 해명하다. 　　釈明
18 (ボウチョウ) 席から会議を見守る。 방청석에서 회의를 지켜보다. 　　傍聴
19 大軍を (ヒキ) いて遠征する。 대군을 이끌고 원정가다. 　　率
20 ここが一番の (ショウネンバ) だ。 여기가 가장 중대한 고비이다. 　　正念場*

◆ 교착(交錯): 뒤얽힘　　◆ 出初式(でぞめしき): (소방서에서) 신년에 하는 소방 의식 〈참고〉보통 1월 6일 아침에 함
● 橫行(횡행): 1.멋대로 다님, 제멋대로 행동함 2.(악이) 멋대로 설침, 활개침
♠ 体(てい)たらく: 모양새, 꼬락서니, 몰골
＊ 正念場(しょうねんば): 진가를 발휘하여 할 가장 중요한 장면

今日の漢字

カッコ内のカタカナを漢字に直しましょう。

01 始めは（ハヤク）からのスタートだった俳優。 시작은 단역에서 출발했던 배우.　　端役

02 彼は観客を（ミリョウ）する歌声を持っている。 그는 관객을 매료하는 노랫소리를 지니고 있다.　　魅了

03 彼は見かけほど（ヘイボン）ではない。 그는 겉모습만큼 평범하지 않다.　　平凡

04 昔はこの辺りに（サンゾク）が出没した。 옛날에는 이 부근에 산적이 출몰*했다.　　山賊

05 犯人の人相（フウテイ）を詳しく話す。 범인의 인상 차림을 자세하게 이야기하다.　　風体

06 強い（ロウニン）が活躍する時代劇。 강한 무사가 활약하는 시대극.　　浪人*

07 演技に（ハクリョク）を求められた。 연기에 박력이 요구되었다.　　迫力

08 （ヒョウバン）以上の出来に感服する。 평판 이상의 솜씨에 감탄하다.　　評判

09 一人では（ビョウマ）と戦えない。 혼자서는 병마와 싸울 수 없다.　　病魔

10 これは（キキ）迫る表情の写真だ。 이것은 오싹할 정도로 무서운 표정의 사진이다.　　鬼気

11 （ハイグウ）者を大切にする。 배우자를 소중히 하다.　　配偶

12 改正した（シュウロウ）規定を公表する。 개정한 취업 규정을 공표하다.　　就労

13 目的地の（ショウサイ）な地図を得る。 목적지의 상세한 지도를 얻다.　　詳細

14 彼は妻と子を（フヨウ）している。 그는 아내와 아이를 부양하고 있다.　　扶養

15 麺を（ノ）ばして作る。 면을 늘려 만들다.　　延

16 つい（ヒカン）的になりがちだ。 그만 비관적이 되기 쉽다.　　悲観

17 投稿した俳句が新聞に（ノ）った。 투고한 하이쿠가 신문에 실렸다.　　載

18 作品に（ドクソウ）性を求める。 작품에 독창성을 바라다.　　独創

19 人口の（ブンプ）を定期的に調べる。 인구의 분포를 정기적으로 조사하다.　　分布

20 言動が（ホンマツテントウ）では困る。 언동이 본말전도* 이어서는 곤란하다.　　本末転倒

◆ 출몰(出没) : 어떤 현상이나 대상이 나타났다 사라졌다 함
♣ 낭인(浪人) : 1.무가시대에, 봉록을 잃고 섬길 주인이 없는 사람 또는 무사 2.진학이나 취직을 못하고 있는 사람
● 본말전도(本末転倒) : 1.일이 처음과 나중이 뒤바뀜 2.일의 근본 줄기는 잊고 사소한 부분에만 사로잡힘

カッコ内のカタカナを漢字に直しましょう。

01 人は (シンコウ) を捨てては生きられない。 사람은 신앙을 버려서는 살아갈 수 없다.　信仰

02 (ゲンセイリン) を大気汚染から守る。 원생림을 대기오염에서 지키다.　原生林

03 傷口を (サ) いた布で押さえる。 상처 부위를 찢은 천으로 누르다.　裂

04 地下鉄工事で (ガンバン) を削る。 지하철 공사로 인해 암반을 깎다.　岩盤

05 桜の花が (チ) り始めた。 벚꽃이 지기 시작했다.　散

06 いまだ推測の (イキ) を出ない段階だ。 여태까지 추측의 영역을 벗어나지 못한 단계이다.　域

07 熱帯雨林の (ショクセイ) を調査する。 열대우림의 식생◆을 조사하다.　植生

08 障害者の為の (ボキン) 活動をする。 장애자를 위한 모금활동을 하다.　募金

09 平均 (コウスイリョウ) が近年減っている。 평균 강수량이 최근 몇 년 감소하고 있다.　降水量

10 神社の (グウジ) が儀式をとりおこなった。 신사의 신관이 의식을 행했다.　宮司

11 議事進行は (エンカツ) に進んだ。 의사진행은 원활히 진행되었다.　円滑

12 国境で (ブンダン) された民族。 국경에서 분단된 민족.　分断

13 こうなったら (ゼヒ) もない。 이렇게 된 이상 별 수 없다.　是非

14 その結論には (コンキョ) が無い。 그 결론에는 근거가 없다.　根拠

15 数多い証拠から (タゲン) 的に分析する。 수많은 증거에서 다원적으로 분석하다.　多元

16 新型の装置を (トウサイ) した機械。 신형 장치를 탑재한 기계.　搭載

17 星の周回 (キドウ) を観察する。 별의 주위 궤도를 관찰하다.　軌道

18 仕事の (ハッチュウ) が多くなった。 일의 발주가 많아졌다.　発注

19 その事件が (テンキ) になった。 그 사건이 전기가 되었다.　転機

20 新規の (コキャク) を開拓する。 신규 고객을 개척하다.　顧客

◆ 식생(植生) : 일정 지역에 많이 모여 자라는 식물의 집단
♣ 주회(周回) : 1.둘레, 주위 2.둘레를 돎

今日の漢字

カッコ内のカタカナを漢字に直しましょう。

01 (キョウイ)的な進歩を遂げた技術。경이적인 진보를 이룬 기술. 　　驚異

02 (カゲ)ながら活躍を祈っている。뒤에서 활약을 기원하고 있다. 　　陰

03 気まずい雰囲気に(クショウ)する。서먹한 분위기에 쓴 웃음 짓다. 　　苦笑

04 介護保険について(キソ)から学んだ。개호보험에 대해 기초부터 배웠다. 　　基礎

05 (コワ)れた電化製品を自分で修理した。부서진 전기제품을 스스로 수리했다. 　　壊

06 収支に誤りが無いか(チョウアイ)をとる。수지에 잘못이 없는지 장부에 기입하여 손익을 계산하다. 　　帳合＊

07 ホームに(フツウ)電車が到着した。홈에 보통전차가 도착했다. 　　普通

08 (ジツガク)を重視したカリキュラムを組んだ。실학을 중시한 커리큘럼을 편성했다. 　　実学

09 昔より(ミブン)の差は縮まった。옛날보다 신분의 차이는 줄어들었다. 　　身分

10 物価は下降しデフレ(ケイコウ)にある。물가는 내려가 디플레 경향에 있다. 　　傾向

11 昭和初頭の世界(キョウコウ)。쇼와 초기의 세계공황. 　　恐慌

12 (イサギヨ)い身の処し方だった。미련없는 처신이었다. 　　潔

13 鮮やかな(シキサイ)の絵画。선명한 색채의 회화. 　　色彩

14 (センイ)製品の輸入が目立つ。섬유 제품의 수입이 눈에 띈다. 　　繊維

15 既に(シャヨウ)産業となった業種。이미 사양산업이 된 업종. 　　斜陽

16 業界で(チュウケン)とされている企業。업계에서 중견으로 되어 있는 기업. 　　中堅

17 大量仕入れで(ハクリタバイ)。대량구입으로 박리다매. 　　薄利多売

18 新役員の(ジンヨウ)が固まった。새 임원의 진용＊이 굳어졌다. 　　陣容

19 (メイロウ)快活な性格の人。명랑 쾌활한 성격의 사람. 　　明朗

20 今度の計画の(ガイヨウ)を発表する。이번 계획의 개요를 발표하다. 　　概要

◆ 帳合(ちょうあい):장부 기입, 손익 계산
♣ 진용(陣容):1.한 단체가 집단을 이루고 있는 구성원의 짜임새 2.진영의 형편 또는 상태

カッコ内のカタカナを漢字に直しましょう。

01 荒廃した町の (フッコウ) に尽力した。 황폐한 마을의 부흥에 진력했다. 復興

02 国際 (ジョウセイ) が一気に緊迫した。 국제정세가 단숨에 긴박해졌다. 情勢

03 軍事攻撃への (カタン) に断固反対する。 군사공격에 대한 가담에 단호히 반대하다. 加担

04 都心部の (ワンガン) に道路を建設する。 도심부의 연안에 도로를 건설하다. 湾岸

05 民主的な (ケンポウ) が制定された。 민주적인 헌법이 제정되었다. 憲法

06 異 (キョウト) の巡礼を取材する。 이교도의 순례를 취재하다. 教徒

07 津波の (ヒサイチ) に救助を送る。 쓰나미의 이재지역에 구조를 보내다. 被災地

08 年代を超えた (ロンギ) の場を設けている。 연대를 초월한 논의의 장을 마련하고 있다. 論議

09 対抗チームの (ダトウ) を誓う。 대항 팀의 타도를 맹세하다. 打倒

10 雪祭りに (ジエイタイ) が協力する。 눈 축제에 자위대가 협력하다. 自衛隊

11 自信に満ちて (イセイ) が良い。 자신에 차서 위세가 좋다. 威勢

12 言葉と行動が (ウラハラ) だ。 말과 행동이 정반대이다. 裏腹

13 ここ一番で本領◆を (ハッキ) する。 여기다 하는 곳에서 본래의 특색을 발휘하다. 発揮

14 自分の仕事を自画 (ジサン) する。 자신의 일을 자화자찬하다. 自賛

15 患者は (エンメイ) を望んだ。 환자는 연명◆을 희망했다. 延命

16 (トウテイ) 理解しがたい話だ。 도저히 이해하기 힘든 이야기다. 到底

17 費用は寄付金で (マカナ) われる。 비용은 기부금으로 충당된다. 賄

18 栄養を (カド) に与える。 영양을 과도하게 공급하다. 過度

19 入場 (ケン) を事前に購入する。 입장권을 사전에 구입하다. 券

20 子供の成人を (キ) に隠居する。 아이들이 성인이 된 것을 계기로 은거◉하다. 機

◆ 본령(本領) : 본래의 특색
♣ 연명(延命) : 수명을 연장함
◉ 은거(隠居) : 은퇴한 노인

今日の漢字

カッコ内のカタカナを漢字に直しましょう。

01 新たな事実が (フジョウ) した。 새로운 사실이 부상했다. 　　浮上
　　あら　　じじつ

02 討論会に備えて理論 (ブソウ) する。 토론회에 대비하여 이론무장하다. 　　武装
　　とうろんかい そな　　りろん

03 (ゲキレツ) な競争が展開される。 격렬한 경쟁이 전개되다. 　　激烈
　　　　　　　　　きょうそう　てんかい

04 普段は (メガネ) をかけている。 보통은 안경을 쓰고 있다. 　　眼鏡
　　ふだん

05 強引* な手法に (ヒナン) が集まる。 막무가내인 수법에 비난이 모이다. 　　非難
　　ごういん　　しゅほう　　　　　　あつ

06 火災現場の (キンパク) した映像。 화재현장의 긴박한 영상. 　　緊迫
　　かさいげんば　　　　　　　　　えいぞう

07 知らずに (ジギャク) 的な行為を繰り返す。 모른 채 자학적인 행위를 되풀이하다. 　　自虐
　　し　　　　　　　　てき こうい く かえ

08 その事件は (スデ) に解決している。 그 사건은 이미 해결했다. 　　既
　　　　じけん　　　　　かいけつ

09 男女の (シキジョウ) を描いた小説。 남녀의 색정을 그린 소설. 　　色情
　　だんじょ　　　　　　　えが しょうせつ

10 宗教団体の (ソウホンザン) がある場所。 종교단체의 총본산이 있는 장소. 　　総本山
　　しゅうきょうだんたい　　　　　　　ばしょ

11 病院の (シンリョウ) 時間。 병원의 진료시간. 　　診療
　　びょういん　　　　　　じかん

12 お年寄りの (チョウジュ) を祝う。 노인의 장수를 축하하다. 　　長寿
　　としよ　　　　　　　いわ

13 温度上昇で気体が (ボウチョウ) する。 온도 상승으로 기체가 팽창하다. 　　膨張
　　おんどじょうしょう きたい

14 患者の (トウヤク) 量を調節する。 환자의 투약량(복용량)을 조절하다. 　　投薬
　　かんじゃ　　　　　りょう ちょうせつ

15 今日の株の (デキダカ) を調べる。 오늘의 주식 거래 총액을 조사하다. 　　出来高
　　きょう かぶ　　　　　　　しら

16 法律に (テイショク) する恐れがある。 법률에 저촉될 우려가 있다. 　　抵触
　　ほうりつ　　　　　　　　おそ

17 長年 (ツチカ) った経験を生かす。 오랫동안 축척한 경험을 살리다. 　　培
　　ながねん　　　　　けいけん い

18 あらゆる方法を (クシ) する。 모든 방법을 구사하다. 　　駆使
　　　　　　ほうほう

19 死後 (コウチョク) が始まった遺体。 사후 경직이 시작된 유해(시체). 　　硬直
　　しご　　　　　　　はじ　　　いたい

20 状況を (チュウシ) して判断する。 상황을 주시하여 판단하다. 　　注視
　　じょうきょう　　　　　　はんだん

◆ 強引(ごういん) : 반대나 장애를 무릅쓰고 억지로 함

カッコ内のカタカナを漢字に直しましょう。

01 地形の (キフク) が大きい山間部。 지형의 기복이 큰 산간부. 起伏
02 時代とともに (ヘンヨウ) する社会。 시대와 함께 변모하는 사회. 変容
03 経済成長で国が (ハッテン) する。 경제 성장으로 국가가 발전하다. 発展
04 ハトは平和の (ショウチョウ)。 비둘기는 평화의 상징. 象徴
05 暴飲暴食を続けると健康を (ソコ) ねる。 폭음폭식을 계속하면 건강을 해친다. 損
06 使い捨ての (フウチョウ) を戒める。 한 번 쓰고 버리는 풍조를 경계하다. 風潮
07 芸術の才能に (ト) んでいる。 예술 재능이 풍부하다. 富
08 この店は (カイドウ) 沿いにある。 이 가게는 간선 도로가에 있다. 街道
09 東京郊外に別荘を (ケンチク) した。 도쿄 교외에 별장을 건축했다. 建築
10 結果の (ヨソク) を報告した。 결과의 예측을 보고했다. 予測
11 これまでの因習を (ダハ) する。 지금까지의 인습을 타파하다. 打破
12 国際会議に代表団を (ハケン) する。 국제회의에 대표단을 파견하다. 派遣
13 薬でかぜの症状が (カンワ) された。 약으로 감기 증상이 완화되었다. 緩和
14 新しい会議の (ザチョウ) に選ばれる。 새로운 회의의 진행자로 선출되다. 座長
15 (ハイソウ) する敵を追いかける。 패주*하는 적을 쫓아가다. 敗走
16 大きな (ギセイ) を払って成功した。 커다란 희생을 치르고 성공했다. 犠牲
17 首都圏の (キンコウ) に住居を持つ。 수도권의 근교에 주거지를 가지다. 近郊
18 近所に (ビカン) を損ねる建物がある。 근처에 미관을 해치는 건물이 있다. 美観
19 採択を (キョウコウ) して批判される。 채택을 강행하여 비판받다. 強行
20 古い (ヨウシキ) で造られた家屋。 낡은 양식으로 만들어진 가옥. 様式

◆ 패주(敗走) : 싸움에 져서 달아남

今日の漢字

カッコ内のカタカナを漢字に直しましょう。

01 ここからは上司に判断を (ユダ) ねる。 여기부터는 상사에게 판단을 맡긴다. 　　委
02 (エイリ) な刃物で切った形跡だ。 예리한 칼로 자른 흔적이다. 　　鋭利
03 彼の魂の (サケ) びが伝わる作品。 그의 영혼의 외침이 전해지는 작품. 　　叫
04 事件の (シンソウ) はいまだに闇の中だ。 사건의 진상은 아직도 어둠속이다. 　　真相
05 緊急 (ジタイ) にも迅速に対応する。 긴급사태에도 신속히 대응하다. 　　事態
06 才能の有無を見 (キワ) める。 재능의 유무를 확인하다. 　　極
07 親類を (タヨ) って外国へ避難する。 친척을 의지해 외국에 피난하다. 　　頼
08 国会で予算の改正を (ケントウ) している。 국회에서 예산 개정을 검토하고 있다. 　　検討
09 彼の (イコウ) ははっきりしている。 그의 의향은 분명하다. 　　意向
10 会議で (ソッチョク) な発言をする。 회의에서 솔직한 발언을 하다. 　　率直
11 ここが (シュワン) の見せどころだ。 여기가 수완을 보일 장면이다. 　　手腕
12 先代から財産を (ケイショウ) した。 전대로부터 재산을 계승했다. 　　継承
13 夜間警備で犯罪を (ヨクシ) する。 야간 경비로 범죄를 억제하다. 　　抑止
14 会社の人事を (サッシン) する。 회사의 인사를 쇄신* 하다. 　　刷新
15 一陣の (トップウ) が吹いた。 일진*의 돌풍이 불었다. 　　突風
16 教会で (ケッコン) 式を挙げる。 교회에서 결혼식을 올리다. 　　結婚
17 どうも (シャクゼン) としない話だ。 아무래도 석연치 않은 이야기다. 　　釈然
18 (レンラク) が取れない友人。 연락이 되지 않는 친구. 　　連絡
19 初めて見る (マゴ) の顔。 처음 보는 손자 얼굴. 　　孫
20 契約締結の (タチアイニン) をした。 계약체결의 입회인을 했다. 　　立会人

◆ 쇄신(刷新) : 나쁜 폐단이나 묵은 것을 버리고 새롭게 함
♣ 일진(一陣) : 한바탕 몰아치거나 몰려오는 구름이나 바람 따위

カッコ内のカタカナを漢字に直しましょう。

01 暴動鎮圧用の (サイルイ) ガス。 폭동 진압용 최루가스. 催涙

02 外国人の不法 (タイザイ) を取り締まる。 외국인의 불법 체재를 단속하다. 滞在

03 以前から見た事のある (フウケイ) だ。 이전부터 본 적이 있는 풍경이다. 風景

04 (オ) さば引けという例えがある。 누르면 물러나라는 예가 있다. 押

05 磁気の影響で時計が (クル) った。 자기의 영향으로 시계가 맞지 않았다. 狂

06 彼の考えを (ダイベン) する意見。 그의 생각을 대변하는 의견. 代弁

07 (コウハン) な分野に興味を持つ。 광범위한 분야에 흥미를 가지다. 広範

08 子供は外で (カッパツ) に遊んでいる。 아이는 밖에서 활발하게 놀고 있다. 活発

09 優勝校の地元は (ヨロコ) びにわき返った。 우승교인 그 고장은 기쁨에 들끓었다. 喜

10 薬で (ショウキ) を取り戻した。 약으로 제정신이 들었다. 正気

11 予算の (シト) を公開する。 예산의 용도를 공개하다. 使途

12 見えない (シカ) けを施す。 보이지 않는 장치를 하다. 仕掛

13 (ハキョク) を予感する物語。 파국을 예감하는 이야기. 破局

14 (カガミ) の向こうの世界。 거울 맞은편의 세계. 鏡

15 工場全体を (トウギョ) する装置。 공장 전체를 제어하는 장치. 統御

16 会議を一時 (チュウダン) する。 회의를 일시 중단하다. 中断

17 独特の (キジュツ) をしたレポート。 독특한 기술을 한 리포트. 記述

18 (シュウシ) 一貫した発言を繰り返す。 시종일관된 발언을 반복하다. 終始

19 見えない危険が (キュウハク) している。 보이지 않는 위험이 급박해 있다. 急迫

20 改善案を (サイサン) 要求する。 개선안을 재삼 요구하다. 再三

◆ 統御(とうぎょ) : 거느려서 제어함
♣ 급박(急迫) : 사태가 조금도 여유가 없이 매우 급함

今日の漢字

カッコ内のカタカナを漢字に直しましょう。

01　その解読には (ショセツ) の見解がある。　그 해설에는 여러 설의 견해가 있다.　　諸説

02　土の中で (ゲントウ) を忍ぶ生き物。　흙 속에서 혹독한 겨울을 참는 생물.　　厳冬

03　自然の (ヨウコウ) を取り入れた設計。　자연의 햇살을 도입한 설계.　　陽光

04　(カイシャク) の違いを互いに話し合った。　해석의 차이를 서로 말했다.　　解釈

05　実験結果を (コウサツ) してみる。　실험결과를 고찰해 보다.　　考察

06　この地方は (キュウレキ) の正月を祝う。　이 지방은 음력 정월을 축하하다.　　旧暦

07　文学を (アイコウ) する人々が集っている。　문학을 애호하는 사람들이 모여 있다.　　愛好

08　以前は (イモ) がおやつだった。　이전에는 감자가 간식이었다.　　芋

09　舞台に突然 (シュツゲン) した悪役。　무대에 갑자기 출현한 악역.　　出現

10　いつも (ミカタ) とは限らない。　언제나 자기편이라고는 할 수 없다.　　味方

11　時が経って (コウリョク) が薄れている。　시간이 흘러 효력이 약해지고 있다.　　効力

12　その制度は (テンカン) 期を迎えている。　그 제도는 전환기를 맞이하고 있다.　　転換

13　仕事で (タイザイ) 期間を延長する。　업무로 체재기간을 연장하다.　　滞在

14　身体に (フタン) をかけて働く。　몸에 부담을 가하며 일하다.　　負担

15　友好条約に (チョウイン) する為の会議。　우호조약에 조인하기 위한 회의.　　調印

16　忘れていた憎しみが (サイネン) する。　잊고 있던 증오가 다시 일다.　　再燃

17　運河を (コウエキ) 船が通る。　운하를 교역선이 다니다.　　交易

18　株主に利益を (カンゲン) する。　주주에게 이익을 환원하다.　　還元

19　自由の為の (トウソウ) を続ける。　자유를 위한 투쟁을 계속하다.　　闘争

20　この地ではかつて (ギャクサツ) が行われた。　이 지역에서는 옛날에 학살이 이루어졌다.　　虐殺

カッコ内のカタカナを漢字に直しましょう。

01 昔の自分の考え方は (オサナ) かった。 옛날 자신의 사고방식은 유치했다. 　幼
02 お土産に特産品のお (カシ) を持参した。 선물로 특산품인 과자를 지참했다. 　菓子
03 たまには (コウシュウ) 電話を使う。 가끔 공중전화를 사용한다. 　公衆
04 あの旅館には大 (ヨクジョウ) がある。 저 여관에는 큰 욕실이 있다. 　浴場
05 主人は (タサイ) な趣味の持ち主だ。 주인은 다채로운 취미의 소유자이다. 　多彩
06 (コウタク) のある生地を使った衣装。 광택이 있는 천을 사용한 의상. 　光沢
07 環境に (ジュンノウ) する能力に欠けている。 환경에 순응할 능력이 결여되어 있다. 　順応
08 相手によっては (ジュウジュン) にもなる。 상대에 따라서는 고분고분해지기도 한다. 　従順
09 彼からの心の温まる (オク) り物だ。 그로부터의 마음이 훈훈해지는 선물이다. 　贈
10 公式の場では (スワ) り方にも気をつける。 공식 석상에서는 앉는 법에도 조심한다. 　座
11 核 (ダントウ) の設計図は極秘になっている。 핵탄두 설계도는 극비로 되어 있다. 　弾頭
12 (ジュンコウ) 速度を守って飛行する。 순항 속도를 지켜 비행하다. 　巡航
13 仲間を (キュウゴウ) して運動をする。 동료를 규합♦하여 운동을 하다. 　糾合
14 女性の (ユウワク) にはかなわない。 여성의 유혹에는 당할 수 없다. 　誘惑
15 デフレ解消に (ジッコウ) 性が乏しい。 디플레 해소에 실효성이 부족하다. 　実効
16 核実験は人類の (キョウイ) だ。 핵실험은 인류의 위협이다. 　脅威
17 比較するための (シスウ) を調べる。 비교하기 위한 지수를 조사하다. 　指数
18 努力して (ゲンジョウ) を打破する。 노력하여 현상을 타파하다. 　現状
19 誰にもそんな (ケンゲン) は無い。 누구에게도 그런 권한은 없다. 　権限
20 目標の (タッセイ) に全力を注ぐ。 목표 달성에 전력을 기울이다. 　達成

♦ 규합(糾合) : 어떤 일을 꾸미려고 세력이나 사람을 모음
♣ 현상(現状) : 나타나 보이는 현재의 상태

今日の漢字

カッコ内のカタカナを漢字に直しましょう。

01 戦地の情勢は混迷の (ヨウソウ) を呈してきた。 전쟁터의 정세는 혼미의 양상을 나타냈다. — 様相

02 (カンケツ) な言い回しに込められた真意。 간결한 말의 표현에 담겨진 진의. — 簡潔

03 新しい研究 (リョウイキ) に踏み出した。 새로운 연구 영역에 착수했다. — 領域

04 地位も (メイヨ) も欲しいままにしている人物。 지위도 명예도 마음대로 하는 인물. — 名誉

05 二十歳の (タンジョウ) 日を皆で祝う。 20살의 생일을 모두 축하하다. — 誕生

06 (ミリョク) 的なファッションの女性だ。 매력적인 패션의 여성이다. — 魅力

07 若年層の (ショウヒ) の傾向を探る。 젊은 층의 소비 경향을 살피다. — 消費

08 交通安全の (ヒョウゴ) を募集する。 교통안전 표어를 모집하다. — 標語

09 非常に (カタ) い材質で出来た器。 매우 딱딱한 재질로 만들어진 그릇. — 硬

10 改革を (モクゼン) にして国会を解散する。 개혁을 목전에 앞두고 국회를 해산하다. — 目前

11 全国の仏閣を (ジュンレイ) する旅。 전국 불각*을 순례하는 여행. — 巡礼

12 地域紛争が (ドロヌマ) 化した。 지역분쟁이 수렁화했다. — 泥沼

13 つい (カジョウ) に反応してしまう。 그만 과잉되게 반응해 버린다. — 過剰

14 小さな違反も (モクニン) できない。 작은 위반도 묵인할 수 없다. — 黙認

15 他の団体と (コオウ) して行う。 다른 단체와 호응하여 행동하다. — 呼応

16 温暖な地域に (ニュウショク) した。 온난한 지역에 입식*했다. — 入植

17 世界の人々と手を (タズサ) える。 세계 사람들과 손을 잡다. — 携

18 一方の立場に (カタヨ) りすぎだ。 한쪽 입장에 지나치게 치우치다. — 偏

19 君と (イッショ) にいた女性は誰だい。 자네와 함께 있던 여성은 누구지? — 一緒

20 米国式の (ケイエイ) 方式を取り入れる。 미국식 경영방식을 도입하다. — 経営

◆ 불각(仏閣) : 절의 건물, 사원
♣ 입식(入植) : 개간하기 위해 식민지나 개간지에 이주함

カッコ内のカタカナを漢字に直しましょう。

01 忙しくて休む（ヒマ）がない。 바빠서 쉴 틈이 없다. 　　　暇
02 退職後は生まれ育った（コキョウ）で過ごす。 퇴직 후에는 태어나 자란 고향에서 지내다. 　　　故郷
03 何度も同じことを（ク）り返すだけだ。 몇 번이고 같은 일을 반복할 뿐이다. 　　　繰
04 電線を地中に（ウ）め込んだ。 전선을 땅속에 매설했다. 　　　埋
05 犯罪に（ア）わないよう注意する。 범죄를 당하지 않도록 주의하다. 　　　遭
06 法律についての知識が（トボ）しい。 법률에 대한 지식이 부족하다. 　　　乏
07 会議には（ダイリ）人を行かせる。 회의에는 대리인을 보내다. 　　　代理
08 関西風の（ゾウニ）を堪能した。 관서풍의 떡국을 만끽했다. 　　　雑煮*
09 天気は（シダイ）に回復した。 날씨는 점점 회복되었다. 　　　次第
10 ついに政局改変の（キウン）が熟した。 마침내 정국 개변의 기운이 무르익었다. 　　　機運
11 世界の平和を（キネン）する。 세계의 평화를 기념하다. 　　　祈念
12 十分（ナットク）のいくサービス。 충분히 납득이 가는 서비스. 　　　納得
13 （ショウヘイ）の志気が上がる。 장병의 사기가 오르다. 　　　将兵
14 過去の（クウシュウ）の傷跡を取材する。 과거의 공습 상처를 취재하다. 　　　空襲
15 今までの（コウショク）選挙法を改正する。 지금까지의 공직선거법을 개정하다. 　　　公職
16 国際関係悪化への（ケネン）。 국제관계 악화에 대한 우려. 　　　懸念
17 難しい試験問題に（イド）む。 어려운 시험문제에 도전하다. 　　　挑
18 彼の活躍が（キワ）立って光る。 그의 활약이 눈에 띄게 빛나다. 　　　際
19 予算案を締切りまでに（テイシュツ）する。 예산안을 마감까지 제출하다. 　　　提出
20 機械の（ズノウ）と呼ばれる箇所。 기계의 두뇌라고 불리는 곳. 　　　頭脳

◆ 雑煮(ぞうに)：신년 축하 요리의 하나. 나물・무・토란 등과 닭고기・생선묵 등을 넣고 된장이나 간장으로 간을 맞춰 끓인 떡국

今日の漢字

カッコ内のカタカナを漢字に直しましょう。

01 絵画の (テンランカイ) に足を運ぶ。 회화 전람회에 발걸음을 옮기다. — 展覧会
02 雑誌の (レンサイ) 記事を読む。 잡지의 연재기사를 읽다. — 連載
03 通りがかりの人に道を (タズ) ねた。 지나가는 사람에게 길을 물었다. — 尋
04 彼は記念の (ウデ) 時計をはめていた。 그는 기념 손목시계를 차고 있었다. — 腕
05 新しく (ソウサク) された物語の人気があがる。 새롭게 창작된 이야기의 인기가 올라가다. — 創作
06 社会を (フウシ) した漫画を描く。 사회를 풍자한 만화를 그리다. — 風刺
07 文学作品を (ヒョウカ) している団体。 문학작품을 평가하고 있는 단체. — 評価
08 自分の実力を (ミト) めたくない。 자신의 실력을 인정하고 싶지 않다. — 認
09 (ハンガ) の手法を真似た独自のスタイル。 판화 수법을 모방한 독자적인 스타일. — 版画
10 病気の (ホッサ) を抑える薬が発明された。 병의 발작을 억제하는 약이 발명되었다. — 発作
11 あらゆる手立てを (コウ) じる。 모든 방책을 강구하다. — 講
12 会社で (コウレイ) の行事がある。 회사에서 항례* 행사가 있다. — 恒例
13 無理な (サンダン) で失敗した。 무리한 변통수로 실패했다. — 算段*
14 原点 (カイキ) を求める。 원점 회귀*를 요구하다. — 回帰
15 彼の (コウニン) の人事を決める。 그의 후임 인사를 결정하다. — 後任
16 仕事に (シュウジュク) している。 일에 익숙해져 있다. — 習熟
17 (ゾウキ) の売買が行われている。 장기 매매가 이루어지고 있다. — 臓器
18 生物の (サイボウ) 分裂を観察する。 생물의 세포분열을 관찰하다. — 細胞
19 約束の時間に (オク) れてしまった。 약속 시간에 늦어 버렸다. — 遅
20 なかなか (コンチ) しにくい病気だ。 좀처럼 완치하기 어려운 병이다. — 根治

◆ 항례(恒例) : 상례, 보통 있는 일
♣ 算段(さんだん) : (돈·물건을) 마련할 대책을 세움. 수단·방법을 궁리함. 변통수
● 회귀(回帰) : 일주하여 제자리로 돌아옴

カッコ内のカタカナを漢字に直しましょう。

01 現代の若者の (シシン) となる書籍。 현대 젊은이의 지침이 될 서적.　　指針

02 私には (イギ) 深い体験だった。 나에게는 뜻 깊은 체험이었다.　　意義

03 領土の (キゾク) を巡る争い。 영토의 귀속을 둘러싼 다툼.　　帰属

04 彼の決意は何があっても (ユ) るがない。 그의 결의는 무슨 일이 있어도 흔들리지 않는다.　　揺

05 (ナヤ) み事を友人に相談する。 고민거리를 친구에게 의논하다.　　悩

06 専門的な (チシキ) を身につける。 전문적인 지식을 몸에 익히다.　　知識

07 彼には現代の若者特有の (キシツ) がある。 그에게는 현대 젊은이 특유의 기질이 있다.　　気質

08 農作物を (センベツ) して出荷する。 농작물을 선별하여 출하하다.　　選別

09 病状が悪化して (マッキ) 症状が現れた。 병의 증세가 악화하여 말기 증상이 나타났다.　　末期

10 工場に新しい機械を (ドウニュウ) する。 공장에 새로운 기계를 도입하다.　　導入

11 商品の (コウニュウ) 手続き。 상품의 구입 절차.　　購入

12 多額の (ホウシュウ) を得る。 고액의 보수를 얻다.　　報酬

13 (メッシホウコウ) が私の信条だ。 멸사봉공◆이 나의 신조이다.　　滅私奉公

14 (セツド) を守った行為。 절도를 지킨 행위.　　節度

15 (コクモツ) の輸入が増加する。 곡물 수입이 증가하다.　　穀物

16 体に疲労が (チクセキ) している。 몸에 피로가 축적되어 있다.　　蓄積

17 全会一致で平和 (センゲン) を採択する。 만장일치로 평화선언을 채택하다.　　宣言

18 一定の (ハイレツ) をした組織。 일정한 배열을 한 조직.　　配列

19 難しい仕事を (ブンタン) して行う。 어려운 일을 분담하여 실시하다.　　分担

20 (ショクリョウ) 不足が問題の国。 식량부족이 문제인 나라.　　食糧

◆ 멸사봉공(滅私奉公) : 사욕을 버리고 공익을 위하여 힘씀

今日の漢字

カッコ内のカタカナを漢字に直しましょう。

01 テーブルの上に花を (カザ) る。 테이블 위에 꽃을 장식하다. — 飾
02 相手の (イヒョウ) をつく行動。 상대의 의표를 찌르는 행동. — 意表
03 (フシン) な男が辺りをうろついている。 수상한 남자가 주위를 어슬렁거리고 있다. — 不審
04 彼は事件の鍵を (ニギ) る人物だ。 그는 사건의 열쇠를 쥔 인물이다. — 握
05 父は企業の (カンブ) に昇進した。 아버지는 기업 간부로 승진했다. — 幹部
06 (キャッコウ) を浴びて登場した。 각광을 받고 등장했다. — 脚光
07 彼は (テキセツ) な対応をした。 그는 적절한 대응을 했다. — 適切
08 そういう言い方には (テイコウ) がある。 그런 말투에는 저항이 있다. — 抵抗
09 親戚は地方の (センギョウ) 農家だ。 친척은 지방의 전업농가이다. — 専業
10 内部抗争によって大帝国は (ジカイ) した。 내부 항쟁◆에 의해 대제국은 스스로 무너졌다. — 自壊◆
11 途上国の財政を (エンジョ) する。 도상국의 재정을 원조하다. — 援助
12 たばこは (キツエン) 所でどうぞ。 담배는 흡연실에서 부탁합니다. — 喫煙
13 社会人としての (キハン) を守る。 사회인으로서의 규범을 지키다. — 規範
14 歯並びを (キョウセイ) する。 치열을 교정하다. — 矯正
15 知人の (サソ) いに応じる。 지인의 권유에 응하다. — 誘
16 部屋の中が (ザツゼン) としている。 방 안이 어수선하다. — 雑然◆
17 道路 (ヒョウシキ) を設置した道。 도로 표식을 설치한 도로. — 標識
18 良い立地の (テンポ) を借りる。 입지◆가 좋은 점포를 빌리다. — 店舗
19 伝統的な (ソウショク) を施した衣装。 전통적인 장식을 한 의상. — 装飾
20 (ケンキョ) 率の向上を目指す。 검거율 향상을 목표로 하다. — 検挙

◆ 항쟁(抗争) : 맞서 싸움. '다툼'으로 순화
♣ 자괴(自壊) : 스스로 붕괴됨
● 잡연(雑然) : 어수선한 모양
▲ 입지(立地) : 인간이 경제 활동을 하기 위하여 선택하는 장소

カッコ内のカタカナを漢字に直しましょう。

01 鉄道 (コウカ) 橋の下を歩く。 철도 고가다리 밑을 걷다. 　　高架
02 最近彼の (スガタ) を見かけない。 최근 그의 모습을 보지 못하다. 　　姿
03 今朝は (ズイブン) 冷え込んだ。 오늘 아침은 제법 날씨가 추웠다. 　　随分
04 (センパク) な知識をふりまわす。 천박한 지식을 과시하다. 　　浅薄
05 ドイツには職人を育てる (カンキョウ) がある。 독일에는 장인을 키우는 환경이 있다. 　　環境
06 (キンチョウ) の連続でさすがに疲れた。 긴장의 연속으로 역시 지쳤다. 　　緊張
07 会社の (ケイエイ) は全て君に任せた。 회사 경영은 모두 자네에게 맡겼다. 　　経営
08 薬だけでは (エイヨウ) の補給は出来ない。 약만으로는 영양 보급은 할 수 없다. 　　栄養
09 村人は戦う (スベ) を持たない。 마을 사람들은 싸울 방법을 가지고 있지 않다. 　　術
10 (リャク) 語を多用した文章は読みづらい。 약어*를 다용한 문장은 읽기 힘들다. 　　略
11 本にしおりを (ハサ) む。 책에 책갈피를 끼우다. 　　挟
12 長年 (シンショク) を共にした仲間。 오랜 세월 침식을 함께 한 동료. 　　寝食
13 常識を (コンテイ) からくつがえす。 상식을 근본부터 뒤엎다. 　　根底
14 (リフジン) な仕打ちに怒る。 불합리한 처사에 화를 내다. 　　理不尽
15 (カガヤ) かしい記録を残した選手。 눈부신 기록을 남긴 선수. 　　輝
16 (イクタ) の辛苦を乗り越える。 숱한 고생을 극복하다. 　　幾多
17 (コクウ) を見るような眼差し。 허공을 보는 듯한 눈빛. 　　虚空
18 人に (フイ) に呼ばれて驚く。 사람이 갑자기 불러 놀라다. 　　不意
19 (アイセキ) の表情を浮かべる。 애석한 표정을 짓다. 　　愛惜
20 (バンカン) の思いがこみ上げてくる。 만감*의 심정이 복받쳐 오르다. 　　万感

◆ 약어(略語) : 준말. 단어의 일부분이 줄어든 것
◆ 다용(多用) : 많이 씀
◆ 만감(万感) : 솟아오르는 온갖 느낌

今日の漢字

カッコ内のカタカナを漢字に直しましょう。

01 (マドギワ)に鉢植えを並べた。 창가에 화분을 늘어놓았다. 　　窓際
02 カメラの(ヒシャタイ)を決めた。 카메라의 피사체를 결정했다. 　　被写体
03 遺伝子は進化の(カテイ)を記憶している。 유전자는 진화의 과정을 기억하고 있다. 　　過程
04 相手国に経済(セイサイ)を行う。 상대국에 경제 제재를 실시하다. 　　制裁
05 故人の名前を(ボヒョウ)に刻む。 고인의 이름을 묘비에 새기다. 　　墓標
06 居間に(ホウモン)客を待たせてある。 거실에 방문객이 기다리고 있다. 　　訪問
07 (ショウニ)医療の技術を研究する。 소아의료 기술을 연구하다. 　　小児
08 (ホウシャ)状に描いた曲線。 방사상에 그린 곡선. 　　放射
09 丈夫な(ソウコウ)をした車両。 튼튼한 장갑*차량. 　　装甲
10 事故現場に(シュザイ)班が向かった。 사고 현장에 취재반이 향했다. 　　取材
11 首相への(テイゲン)をまとめる。 수상에 대한 제언*을 정리하다. 　　提言
12 国の支出を(ヨクセイ)する。 국가의 지출을 억제하다. 　　抑制
13 工事の資材を(チョウタツ)する。 공사 자재를 조달하다. 　　調達
14 (コワ)れた部品を交換する。 부서진 부품을 교환하다. 　　壊
15 旅先の料理の味は(カクベツ)だ。 여행지의 요리 맛은 각별하다. 　　格別
16 人々の(クノウ)を表現する小説。 사람들의 고뇌를 표현하는 소설. 　　苦悩
17 素敵な女性と(コンヤク)した。 멋진 여성과 약혼했다. 　　婚約
18 資料を検討して(スイケイ)する。 자료를 검토하여 추계*하다. 　　推計
19 (キワ)立った才能の持ち主。 특출한 재능의 소유자. 　　際
20 彼の外見は(イッペン)した。 그의 외견은 일변*했다. 　　一変

◆ 장갑(装甲) : 두꺼운 강철판을 입힘
♣ 제언(提言) : 생각이나 의견을 냄
♥ 추계(推計) : 추산. 일부를 가지고 전체를 미루어 계산함
▲ 일변(一変) : 완전히 바뀜

今日の漢字

カッコ内のカタカナを漢字に直しましょう。

01	彼女は（ジュンスイ）な心の持ち主だ。그녀는 순수한 마음의 소유자다.	純粋
02	現実から空想の世界へ（トウヒ）する。현실에서 공상 세계로 도피하다.	逃避
03	その説明には明らかな（ムジュン）点がある。그의 설명에는 명백한 모순점이 있다.	矛盾
04	場合によっては訴訟も（ジ）さない。경우에 따라서는 소송도 불사한다.	辞
05	彼の仮説が正しかったことを（カクシン）した。그의 가설이 맞았다는 것을 확신했다.	確信
06	なかなか（ヨウイ）には解きづらい難問だ。좀처럼 쉽게는 풀기 어려운 문제이다.	容易
07	日光を良く（ア）びせて栽培した農作物。햇빛을 잘 받게 하여 재배한 농작물.	浴
08	穏健派の（ダイトウリョウ）が就任した。온건파 대통령이 취임했다.	大統領
09	（ヒサン）な体験を語って聞かせる。비참한 체험을 알아듣게 가르치다.	悲惨
10	骨折で（セイケイ）外科に通う。골절로 정형외과에 다니다.	整形
11	一生（ケンメイ）頑張ります。열심히 노력하겠습니다.	懸命
12	（キョウアク）事件が増加している。흉악한 사건이 증가하고 있다.	凶悪
13	会員の資格を（ソウシツ）した。회원의 자격을 상실했다.	喪失
14	温泉に入って疲れを（イヤ）す。온천에 들어가 피로를 풀다.	癒
15	雑誌の（ケンショウ）に応募する。잡지의 현상(모집)에 응모하다.	懸賞
16	言い伝えを（フウカ）させたくない。전언을 풍화시키고 싶지 않다.	風化
17	市役所で書類を（トウシャ）する。시청에서 서류를 등사*하다.	謄写
18	新しい（シュトウ）の臨床検査を行う。새로운 종두의 임상검사를 실시하다.	種痘
19	あの団体とは（テキタイ）する関係だ。저 단체와는 적대 관계이다.	敵対
20	（チシ）量を超えた有害物質。치사량을 넘은 유해물질.	致死

◆ 등사(謄写) : 등초, 원본에서 베껴 옮김
♣ 종두(種痘) : 천연두를 예방하기 위하여 백신을 인체의 피부에 접종하는 일

**중앙에듀북스
중앙경제평론사**

Joongang Edubooks Publishing Co./Joongang Economy Publishing Co.

중앙에듀북스는 폭넓은 지식교양을 함양하고 미래를 선도한다는 신념 아래 설립된 교육·학습서 전문 출판사로서 우리나라와 세계를 이끌고 갈 청소년들에게 꿈과 희망을 주는 책을 발간하고 있습니다.

오늘의 한자 섀도잉으로 일본어 N1·N2 격파하라

초판 1쇄 인쇄 | 2012년 4월 20일
초판 1쇄 발행 | 2012년 4월 25일

지은이 | JC교육연구소(JC Educational Institute, Inc.)
옮긴이 | 강봉수(Bongsoo Kang)
펴낸이 | 최점옥(Jeomog Choi)
펴낸곳 | 중앙에듀북스(Joongang Edubooks Publishing Co.)

대   표 | 김용주
책임편집 | 강봉수
본문디자인 | 오미영

출력 | 현문자현   종이 | 한솔PNS   인쇄·제본 | 현문자현

잘못된 책은 바꾸어 드립니다.
가격은 표지 뒷면에 있습니다.

ISBN 978-89-94465-12-8(13730)

원서명 | 今日の漢字

등록 | 2008년 10월 2일 제2-4993호
주소 | ㉾ 100-826 서울시 중구 다산로20길 5(신당4동 340-128) 중앙빌딩 4층
전화 | (02)2253-4463(代) 팩스 | (02)2253-7988
홈페이지 | www.japub.co.kr 이메일 | japub@naver.com japub21@empas.com
♣ 중앙에듀북스는 중앙경제평론사·중앙생활사와 자매회사입니다.

이 책은 중앙에듀북스가 저작권자와의 계약에 따라 발행한 것이므로 본사의 서면 허락 없이는 어떠한 형태나 수단으로도 이 책의 내용을 이용하지 못합니다.

▶ 홈페이지에서 구입하시면 많은 혜택이 있습니다.

※ 이 도서의 **국립중앙도서관 출판시도서목록(CIP)**은 e-CIP 홈페이지(**www.nl.go.kr/cip.php**)에서 이용하실 수 있습니다.(CIP제어번호: CIP2012001495)

"한자능력검정시험(8~3급) 합격이 보인다!"

한자공부의 혁신을 일으킨
김미화 선생님의 〈한자공부 시리즈〉

중학교 900자 漢번에 끝내字

초·중등 수준에서 꼭 익혀야 할 교육용 중학교 900자를 누구나 쉽게 익힐 수 있도록 풀이했으며, 한국어문회 8~4급 배정한자를 수록했다.

김미화 글·그림 | 올컬러판 | 340쪽 | 값 19,500원

고등학교 한자 900 漢번에 끝내字

교육용 한자 1800자 가운데 고등학교용 900자를 15개 테마로 묶어 자원(字源)을 설명했으며, 한국어문회 8~3급 배정한자를 실었다.

김미화 글·그림 | 올컬러판 | 364쪽 | 값 19,500원

현직 한문선생님이 들려주는 한자를 알면 세계가 좁다

63개 핵심 고사성어와 그 구성 한자 2100여 자를 다양한 그림을 곁들여 흥미진진하게 풀이한 일석오조의 한자백과사전이다.

김미화 글·그림 | 올컬러판 | 800쪽 | 값 28,500원

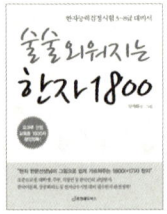

술술 외워지는 한자 1800

20여년 경력의 현직 한문선생님이 한자학습의 비법을 정리한 정통 한자학습서로, 교육용 한자 1800자를 쉽고 재미있게 익힐 수 있다.

김미화 글·그림 | 올컬러판 | 480쪽 | 값 22,000원

한국간행물윤리위원회 청소년권장도서 선정

알면 알수록 신비한
인간 유전
100가지

▼ 화제의 책

사마키 에미코 외 지음 | 홍영남 감수 | 박주영 옮김
신국판 변형 | 424쪽 | 값 15,000원

**초·중·고생, 대학생, 일반 교양인들이
꼭 알아야 할 최신 인간 유전자 지식 총망라!**

'생명이란 무엇인가' 라는 질문부터 시작하여 유전자와 생물 진화의 관계 등 많은 사람들이 궁금해 하는 인간 유전에 관한 100가지 최신 정보를 세밀화를 곁들여 알기 쉽게 설명해준다. DNA란 어떤 물질인지, 유전자와 진화의 관계, 그리고 유전자 조작의 구체적인 사례들이 담겨 있다. 생명윤리 관점에서 설명했기 때문에 기존의 유전 관련 책과는 전혀 다른 느낌을 주는 책이다.

'일반인이 꼭 알아야 할 인간 유전 기초 상식' 이라는 부제답게 어렵게만 느껴지는 생명공학 관련 내용을 100가지 질문으로 알기 쉽게 짚어냈다. – 중앙일보

암은 유전되는 것일까, 술 잘 마시는 유전자와 술 못마시는 유전자는 있는 것일까 등 인간 유전에 관한 100가지 궁금증을 흥미있게 풀어준다. – 한국일보

염색체, 유전자, 게놈, 생명공학 등 헷갈리기 쉬운 용어들을 설명하고, 또 그런 것들이 어떻게 자신과 어떤 관계를 맺고 있는지 정리했다. – 서울경제

주요 내용

단 하나의 세포가 일으키는 기적 | DNA 암호는 어떻게 해독되었을까 | DNA, 염색체, 유전자, 게놈… 헷갈리기 쉽다 | 술 잘 마시는 유전자, 술 못 마시는 유전자 | 생물은 이기적인 유전자의 이동 수단인가 | 가짜 유전자와 쓰레기 유전자 | 복제 동물은 어떻게 사용할 수 있을까 | 보험에 들지 못하는 사람도 나온다? | 당신도 먹고 있는 유전자 재조합 작물

품격일본어 교습소

일본 유학 약 6년 6개월 / N1 180 만점 / 원장 직강

- 모집대상 : 초/중/고/성인(소수 정예수업)
- 수업편성 : 초급/중급/고급 회화반
  시험대비반(新JLPT, JPT)
- 개인 수준별 맞춤지도
- 수업료 : 주3회(110분씩 수업) 12만원
  주2회(105분씩 수업) 8만원

私も日本語のプロになって日本語で大学に行ける。
나도 일본어 짱이 되어 일본어로 대학 갈 수 있다.

교육상담 ☎ 010-5180-9150
광양중학교와 경남아너스빌 중간 1층(자양2동)